Für Hella, Magdalena, Charlotte und für alle anderen Lehrerinnen und Lehrer, die ich in meinem Leben habe und haben durfte.
Vielen herzlichen Dank.

Christian Kohlhof

München im Herbst 2020

Für meine Eltern Anna Portz und Josef Portz.

Ich danke euch für das Fundament, das ihr mir ermöglicht habt,
und für eure immerwährende Unterstützung.

Michael Portz

Den folgenden wunderbaren Menschen gilt unser besonderer Dank.

Leonie Schulze Bölling - wir finden es fabelhaft, wie du die Transkripte unserer saloppen Podcast-Gespräche auf schriftstellerisches Niveau gebracht hast. Ohne dich wäre dieses Buch nicht, was es ist.

Andy Haines und Leon Cayford von Origami in Neuseeland sowie Jade Robertson - danke, für die Magie eurer Designs und Illustrationen, die uns immer wieder erstrahlen lassen.

Zakira Karthigeyan in Indien - danke für den hervorragenden Schriftsatz, mit dem du uns zur Ziellinie gebracht hast.

Michael Asshauer und Paula Lotte Thurm - danke für eure Inspiration und eure Tipps zu unserem Podcast.

Wir danken euch allen von Herzen, dass ihr es uns ermöglicht habt dieses Buch Realität werden zu lassen.

Christian & Michael

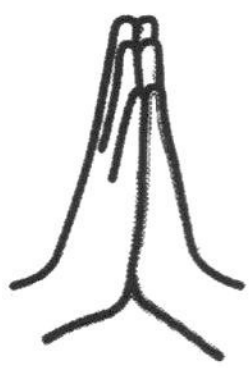

First edition printed October 2020

Website: coa.academy

CoA
ACADEMY™

VORWORT

Als sich Michaels, Christians und mein Weg Anfang des Jahres kreuzten, dachte ich zunächst, es sei ein glücklicher Zufall. Die zwei berichteten mir von ihrem Buchvorhaben, und dass es dabei um entspannte Produktivität und Purpose-Driven Leadership geht. Ich erzählte, dass ich ebenfalls ein Buch schreibe und mir als Innovationsberaterin ihre Themen durchaus vertraut sind. Viel zu viele Menschen klagen über mangelnde Motivation im Job, fehlende Führungskompetenz ihrer Vorgesetzten und damit einhergehend: Sinkende Leistungsbereitschaft, bis hin zur Kündigung. Vielen fehlt es schlichtweg an Sinn in dem, was sie tun.

Ich begann den *Chief of Anything* Podcast zu hören und verstand, dass es nicht einfach nur ein Zufall war. Seit Ende 2019 folge ich meinem eigenen Purpose, meiner persönlichen Vision. Je mehr Episoden ich Christian und Michael zuhörte, desto klarer wurde mir, dass unsere Begegnung die logische Konsequenz unseres Strebens nach der Erfüllung unseres jeden Purpose war.

Als die beiden mich fragten, ob ich sie bei ihrem Buchprojekt unterstützen würde, willigte ich sofort ein. „Na klar", dachte ich. Eine bessere Gelegenheit, meiner Leidenschaft für das Schreiben und meinen Herzensthemen nachzugehen, wird es kaum geben. Außerdem konnte ich noch eine Menge dazulernen. Die NLP-Werkzeugkiste ist auch für mich neu und die Erfahrung zweier so erfolgreicher Leader ist gold wert. Die Zusammenarbeit und unsere gemeinsamen Diskussionen haben mir sehr viel Spaß gemacht.

Vielleicht geht es dir beim Lesen dieses Buches ähnlich wie mir. Ein paar meiner Gedanken, als unvoreingenommene Leserin - und Zuhörerin - habe ich am Ende jedes Kapitels zusammengefasst. Es dient dazu, die Quintessenz dessen, was Michael und Christian vermitteln, herauszuarbeiten und eine weitere Perspektive einzunehmen. Möglicherweise dient es dir als Denkanstoß, mit dem du dich auseinandersetzen kannst.

Ich wünsche dir viel Spaß und entspanntes Lernen.

Leonie Schulze Bölling

INHALT

EINE FRAGE NOCH

3 – LEADING TEAMS

WORLD-CLASS-HIGH-PERFORMANCE-VIRTUOSO-KICK-ASS TEAMS

FORDERN & FÖRDERN

DIESER RHYTHMUS, DASS JEDER MIT MUSS

4 – LEADING ORGANISATIONS

THIS IS HOW WE'RE GOING TO RUN THIS COMPANY

ANHÄNGE

EINLEITUNG

Stell dir vor, du stehst vor der Himmelspforte. All deine Freunde erwarten dich dort und fragen dich ganz aufgeregt: „Na endlich. Da bist du ja. Wie war dein Urlaub?" Du lachst und fragst: „Was meint ihr? Von welchem Urlaub sprecht ihr?" Sie sagen: „Na, du warst doch gerade auf der Erde. Du hattest dir den Urlaub wirklich verdient. Jetzt musst du erst wieder tausend Jahre mit uns hier oben Harfe spielen, bis du mal wieder für ein Menschenleben auf die Welt darfst. Und bevor wir gleich mit dem Harfespiel loslegen, erzähl' schon. Wie war es? Wie hast du dein Leben geführt?"

Wie lautet deine Antwort auf diese Frage? Wie hast du dein Leben geführt?

Wir sind Christian Kohlhof und Michael Portz, und unser Zweck ist es, dich zu unterstützen, eine einfache und zufriedenstellende Antwort auf diese Frage zu finden. Wir haben beide einiges erlebt und dabei viel gelernt — auch dass wir niemals aufhören werden zu lernen.

Manche würden uns als erfolgreiche Manager oder Unternehmer bezeichnen, vielleicht sogar als erfolgreiche Menschen. Wenn das stimmt, dann empfinden wir die Tatsache, dass wir uns in den vergangenen 20 Jahren sehr viel mit dem Thema Führung beschäftigt haben, als eine Ursache für unseren Erfolg. Auf unserer Reise haben wir viele Tiefschläge eingesteckt und dabei auch viel Demut und Dankbarkeit gelernt. Wir hatten viele Weggefährten, manche haben es uns leichter gemacht, manche vermeintlich schwieriger. Und jeder von ihnen hat uns geholfen, an den Punkt zu gelangen, an dem wir heute stehen. Dafür drücken wir allen unsere tiefe Dankbarkeit aus.

Um uns selbst zurückzubesinnen auf das, was unser Zweck im Leben ist und was wir in unserem Leben erreichen möchten, haben wir diese Sammlung an Methoden, Erfahrung, Wissen und Nichtwissen zusammengestellt. Was wir teilweise hart erlernt haben, halten wir hier für uns fest und teilen es gerne mit allen, die es interessiert und weiterbringt.

Verstehe dieses Buch bitte als persönliche Erfahrungswissenschaft zweier Unternehmer, die so einiges erlebt, gelernt und erfahren haben und ihre

Erkenntnisse gerne teilen — und nicht als wissenschaftliche Abhandlung über Mitarbeiterführung.

Die im Folgenden zusammengetragenen Führungsmethoden und Techniken haben sich für uns bewährt und können vielleicht auch dein berufliches und privates Leben auf der Erde leichter machen. Wir hoffen, dich damit zu unterstützen, im Leben, im Team und im Unternehmen ein richtig guter Chef oder eine richtig gute Chefin zu sein.

Nach vielen Jahren des Stresses folgen wir beide heute lieber dem Prinzip der *entspannten Produktivität*. Wir haben immer noch große Ziele und Ambitionen und nehmen uns vor, diese leicht und glücklich zu erreichen. Wie wir das umsetzen, werden wir in diesem Buch erläutern.

Der *Purpose* unserer Zusammenarbeit ist, die Arbeitswelt leichter und besser für alle Beteiligten zu machen. Wir möchten einen Beitrag leisten, noch mehr Unternehmen zu noch positiveren Orten zu machen, an denen Menschen gerne zusammenarbeiten, um gemeinsame Ziele zu erreichen, für ein glückliches und erfolgreiches Leben aller Beteiligten. Wenn wir den Weg unserer Leser mit diesem Buch ein kleines bisschen entspannter und produktiver gestalten und dich dabei unterstützen können, in deinem Leben einen Schritt weiterzukommen, dann haben wir unseren Zweck erfüllt.

Für uns ist dieses Buch ein großes Herzensprojekt, vor dem wir gewaltigen Respekt hatten. Um dieses Projekt entspannt zu realisieren, haben wir das getan, was wir am besten können: uns gegenseitig von unseren Erfahrungen erzählt. Wir haben in den letzten zwölf Monaten sechzig Podcast-Episoden rund um das Thema Führung aufgenommen, veröffentlicht und daraus CHIEF OF ANYTHING als Buch produziert. Da wir nicht den zehntausendsten, verkrampften und anstrengenden Ratgeber-Schinken schreiben wollten, haben wir die Dialogform beibehalten. Es fühlt sich für uns viel leichter, wirkungsvoller und erfrischender an. Wir hoffen, dass es auch dir gefällt und es dir vielleicht ab und zu ein Lächeln ins Gesicht zaubern wird.

Für uns sind alle Menschen gleichwertig — unabhängig von Geschlecht, Alter, ethnischer Herkunft und allen weiteren Verschiedenheiten. Deshalb wechseln wir gerne zwischen der männlichen, weiblichen und sachlichen Form, anstatt jedes Mal alle grammatikalischen Geschlechter aufzulisten.

Mit dieser Schreibform betonen wir, wie wichtig uns Vielfältigkeit ist — unabhängig von der grammatikalischen Korrektheit.

Wir freuen uns über ehrliches Feedback. Teile es uns einfach über den von dir präferierten Kanal mit — wir sind über die meisten digitalen oder analogen Kanäle erreichbar.

Das alles verändernde Geheimnis über Führung haben wir selber erst recht spät verstanden. Wir wünschen dir, dass du es früher verinnerlichst, damit dir alles andere noch leichter fällt. Deswegen starten wir im ersten Abschnitt mit *Mich selbst führen*. Wenn ich verstanden habe, wer ich bin, wie ich selbst funktioniere und wie einzigartig ich bin, begreife ich die vielen guten Gründe, wofür es sich lohnt, mein Verhalten und meine Ausstrahlung im Zusammensein mit anderen Menschen geschickt und authentisch anzupassen. Damit kann ich auf andere positiv Einfluss nehmen und erfolgreicher führen — als Unternehmer, als Chef, als Lebensgefährte, als Freund und als Vater oder Mutter. Die Erkenntnis, dass Glück und Erfolg bei uns selbst beginnen, war ein *Mindblowing-Moment* für uns beide. Mein Kopf und das, was darin passiert, ist der Dreh- und Angelpunkt für Erfolg und Misserfolg im Leben.

Der zweite Abschnitt widmet sich der Herausforderung *Andere zu führen*. Hier zeigen wir die Verschiedenartigkeit von Menschen und Persönlichkeiten auf, wie unterschiedlich wir alle denken, fühlen, sehen und hören. Es gibt sehr coole Methoden, diese Unterschiede zu verstehen und damit im Alltag besser umgehen zu können. Sie helfen mir, andere Menschen wertzuschätzen und jede Stärke nutzbar zu machen, auch die, die ich selbst nicht habe.

Im dritten Abschnitt unterhalten wir uns darüber, wie ich ein *Team führe*. Ob aus einer Gruppe von Menschen ein erfolgreiches Team wird, entscheidet Vertrauen, eine gemeinsame Vision und die Übereinstimmung von Werten. Nur wenn das *Wofür* klar ist und sich alle darauf verständigt haben, können wir Großes erreichen. Wir werden daher viel über Purpose, unseren Lebenszweck und den Zweck von Unternehmen sprechen.

Am Ende steht dann die Königsdisziplin, das Führen von Unternehmen und Organisationen. Im vierten und letzten Abschnitt beleuchten wir die Bedeutung von Kultur und wie ich eine Firmenkultur bewusst gestalte und etabliere. Außerdem diskutieren wir darüber, was es mit dem Geldverdienen wirklich auf sich hat.

Seit wir wissen, was erfolgreiches Führen bedeutet, fällt es uns leichter, öfter mal zu folgen, nämlich dann, wenn wir gut geführt werden. Auch das hilft auf dem Weg zur entspannten Produktivität.

Dieses Buch haben wir 2020 geschrieben, just in der Zeit als die Corona-Pandemie uns alle dazu bewegte, unsere Welt und uns selbst anders und schneller zu verändern als erwartet. Wir werden oft gefragt, welchen Einfluss diese Veränderungen auf das Thema Führung hat. Unsere Hypothese ist, dass die Prinzipien von erfolgreicher Führung auch in der Welt von *Remote Work* weiterhin Bestand haben. Nur die Kanäle, in denen wir Führung leben und ausüben, ändern sich und werden digitalisiert — schneller, als wir erwartet hatten. In dieser neuen Welt agieren wir mit viel Neugier und Experimentierfreude. Wir lernen weiter und stellen uns zuversichtlich der Herausforderung, auch diese Situation mit entspannter Produktivität zu meistern.

Eins noch: Jeder von uns geht seinen eigenen Weg und jeder macht seine eigenen Erfahrungen. Über das Leben dürfen wir nicht nur lesen, wir dürfen es ausprobieren.

Was wir gelernt haben und hier teilen, mag auch für dich funktionieren — oder vielleicht auch nicht. Die Verantwortung für dich, dein Leben, deine Firma und dein Team trägt nur einer —Du!

Wir freuen uns nun über dieses Buch und sagen Danke an all unsere Begleiter, Weggefährten, Mentoren und Schattengestalten, von denen wir all das lernen durften.

Viel Spaß beim Lesen und Ausprobieren!

Christian Kohlhof und Michael Portz

1.

LEADING MYSELF

„KENNE DICH SELBST"

— SUN TZU, 500 V.CHR.

SELBSTERFÜLLENDE PROPHEZEIUNGEN

GESCHICHTEN, DIE ICH MIR SELBST ERZÄHLE

Christian: Lass uns doch mal über Geschichten sprechen.

Michael: Och, schön.

Christian: Über Geschichten, die wir uns selber erzählen. Ich erinnere mich zum Beispiel gut an eine Geschichte aus meiner Jugend. In der Schule war ich ganz gut in Mathe. Darum haben viele Lehrer und auch meine Eltern zu mir gesagt: „Da du gut in Mathe bist, bist du bestimmt schlecht in Sport und in Sprachen. Denn man ist entweder in dem einen oder in dem anderen gut. Aber nie in beiden Disziplinen gleichzeitig." Das habe ich dann tatsächlich zu meiner eigenen Geschichte gemacht. Also war ich derjenige, der Physik studiert hat, sogar theoretische Physik. Denn dazu brauchte ich nicht gut in Sport zu sein und es reichte Englisch zu sprechen. Andere Sprachen wurden nicht verlangt. Doch irgendwann habe ich gemerkt, dass ich ganz gut in Sprachen bin und wenn ich die richtige Sportart für mich gefunden habe, bin ich auch ganz gut in Sport. Das heißt, ich habe mir eine Geschichte von mir selbst erzählt, die mein Leben sehr stark beeinflusst hat und gar nicht stimmte. Die Geschichte war nicht wahr.

Michael: Woher weiß ich denn, ob eine Geschichte wahr ist?

Christian: Sie ist dann wahr, wenn ich sie für wahr halte.

Michael: Ah, genau.

Christian: So war es in meinem Fall. Wenn ich mir die ganze Zeit erzähle: „Boah, ich bin so schlecht in Sport", dann wird das zu einer *Selffulfilling Prophecy*[1]. Wenn ich mir hingegen sage: „Hey, ich bin gut in Sprachen, ich habe nur noch nicht genug gelernt in den letzten Jahren." Dann kann ich womöglich richtig Gas geben und ein super Sprachensprecher werden.

1 Eine selbsterfüllende Prophezeiung ist eine Vorhersage, die ihre Erfüllung selbst bewirkt. Mehr dazu: https://www.britannica.com/topic/self-fulfilling-prophecy

Michael: Da fällt mir der Begriff des selbstlimitierenden Glaubenssatzes ein: *Self-limiting Believe* oder *Self-limiting Decision*. Das ist die Entscheidung für eine solche Limitierung. Das heißt also, du hast dich zu einem früheren Zeitpunkt in deinem Leben, wenn auch vielleicht unbewusst, aktiv dafür entschieden, dass du in Sprachen und in Sport nicht so gut bist.

Christian: Ja. Denn es gibt die Kinder, die gut in Sprachen sind, die Kinder, die gut in Sport sind, und die, die Mathe beherrschen. Es ist ein Teil der Geschichte, dass es ausschließlich diese Kategorien gibt. Also *Entweder-oder*. Ich bin entweder in dem einen gut **oder** in dem anderen. Mittlerweile weiß ich, ich kann überall so gut sein, wie ich will.

Michael: Weißt du, was mir da einfällt? Die Definition von *or* und *xor* aus der Informatik. *or* steht für *oder* und lässt beides zu, den Befehl davor und dahinter. *xor* ist exklusiv, d.h. es wird automatisch eine Entscheidung getroffen, ein *exklusives Oder*. Beides gleichzeitig kann nicht sein.

Christian: Du bist also entweder gut in Sport und in Sprachen *xor* in Mathe.

Michael: Nun, das ist ja gar nicht unbedingt so schlimm. Wie bist du denn damit umgegangen? Wie hat sich das in deinem Leben ausgedrückt?

Christian: Das hat sich eigentlich ganz gut ausgedrückt. Ich habe Physik und theoretische Physik studiert, da dies so weit weg von Sprachen und Sport war, wie es überhaupt nur ging. Davon war ich überzeugt, das habe ich geglaubt. Es war zeitweise ganz schön anstrengend, denn mich lies das Gefühl nicht los: „Hey, da ist doch noch etwas anderes in mir, was ich gerne ausprobieren möchte, etwas, das mich reizt."

Michael: Was ist dann passiert?

Christian: Dann habe ich mich immer mehr von der reinen Mathematik und der reinen Physik entfernt und einen intensiveren Umgang mit Menschen und Sprache gesucht. Seit ein paar Jahren mache ich viel mehr Sport und es macht mir total Spaß.

Michael: Das heißt, du hast irgendwann eine andere Entscheidung getroffen. Du hast die Entscheidung getroffen, dich von diesem früheren Glaubenssatz aus der Kindheit nicht mehr aufhalten zu lassen?

Christian: Genau. Ich habe angefangen, mir eine andere Geschichte über mich zu erzählen. Nämlich die Geschichte, dass ich alles schaffen kann, was ich will.

Michael: Ja, sehr cool. Da warst du wieder *at cause*, also am Ursprung, an der Ursache und nicht in der Wirkung. Du warst nicht Opfer, sondern Gestalter.

Christian: So ist es. Es ist wohl relativ bekannt, dass sich Menschen selbst Geschichten erzählen, oder?

Michael: Sicher, ich hätte da auch ein paar zu bieten.

Christian: Erzähl doch mal eine Geschichte, die du dir selber erzählt hast.

Michael: Ich habe mir gerne die Geschichte erzählt, dass ich nicht gut singen kann.

Christian: Oh!

Michael: Ja. Ich war immer der Junge im Chor, der am Klavier gesessen und Klavier gespielt hat. Daher habe ich nie gesungen. Daraus wurde dann meine Geschichte: „Ich kann eben nicht singen, dafür kann ich Klavierspielen."

Christian: Ja. Denn du kannst entweder Klavier spielen *xor* singen.

Michael: So sieht's aus. Das hat sich bei mir manifestiert. Ich habe dann auch vier Jahre lang kein besonders gutes Feedback zu meinem Gesang bekommen. Dann habe ich eine Entscheidung getroffen. Ich habe zu mir gesagt: „Michael, du singst gut." Ich habe angefangen, mich mit meinem Gesang zu beschäftigen. Ich habe überlegt, was ich tun muss, damit ich ein guter Sänger werde. Ich behaupte jetzt nicht, dass ich dort schon angekommen bin. Doch ich habe angefangen, ein paar Sachen anders zu machen und mich damit auseinandergesetzt. Und irgendwann bekam ich auch tatsächlich positives Feedback. Jemand hat ganz erstaunt zu mir gesagt: „Du kannst ja richtig gut singen." *Move your mind and your body will follow*. So ist es bei mir wirklich gewesen. Es hat zwar etwas gedauert und ich bin immer noch nicht am Ziel angekommen, doch ich bin deutlich besser geworden. Ich habe diesen limitierenden Glaubenssatz aufgelöst. Es hat auch bloß zwanzig Jahre gedauert [*lacht*]. Aber was soll's. Das sind alles schöne Beispiele von uns. Bei dir das Analytische wie die Mathematik und die Physik versus Sprachen und Sport. Bei mir trat das Klavier gegen den Gesang an. Was heißt das denn jetzt für mich als Chef? Wie kann ich mir das zunutze machen?

Christian: Ich kann mir nun, auch als Chef, überlegen, welche Geschichten ich mir selbst über mich erzähle. Du zum Beispiel hast irgendwann angefangen dir die Geschichte zu erzählen: "Ich kann gut singen." Das Feedback, welches du von anderen bekommen hast, hat das vielleicht auch noch bestärkt. Zudem wusstest du nicht, warum die Menschen dir vorher ein nicht so positives Feedback gegeben haben. Möglicherweise lag es nicht an dir, sondern an den anderen. Oder die Zuhörer hatten auch den *Limiting Belief*, dass der Michael entweder gut Klavier spielen oder gut singen kann.

Michael: Bin ich nun *at cause* oder *at effect* — an der Ursache oder an der Wirkung? *At cause* bedeutet, ich nehme die Welt so, wie sie ist. Ich nehme also das Feedback der anderen, so wie es ist, an und überlege mir, was ich damit mache, was ich ausstrahle und wie ich mich verhalte. Das wäre die Schlussfolgerung von *Cause and Effect*. Ich bin die Ursache für alles, was in meinem Leben passiert. Das heißt, ich bin auch die Ursache dafür, dass ich gut singen kann. Ich bin auch die Ursache dafür, dass ich ein guter Chef bin. Ich bin die Ursache dafür, dass ich gut führen kann. Auch wenn es vielleicht noch etwas Übung bedarf, ich kann und ich will das. Ich bin an der Ursache und treffe die Entscheidung, ein guter Chef zu sein. Das ist eine Entscheidung, die ich als Chef treffen kann: „Ich bin ein guter Chef."

Christian: Okay, schauen wir uns das genauer an. Die erste Entscheidung ist, überhaupt Chef sein zu wollen. Ich kenne viele Unternehmerinnen und Unternehmer, die zu sich selbst sagen: „Wir sind alle ein Team und befinden uns alle auf Augenhöhe. Ich will gar nicht Chefin oder Chef sein. Denn dann werden Dinge von mir verlangt, die ich gar nicht tun will. Dinge, die nicht zu meiner Geschichte von mir selbst passen."

Michael: Ja. Das kenne ich auch von mir in der Vergangenheit und von einigen meiner Klienten.

Christian: Die zweite Entscheidung ist, ein guter Chef und eine gute Chefin zu sein. Wann bin ich ein guter Chef?

Michael: Gute Frage.

Christian: Ich bin ein guter Chef, wenn ich Ergebnisse erziele und meine Mitarbeiter halte.

Michael: Ich wusste, dass du das jetzt sagen würdest.

Christian: Hatte ich das schon mal erwähnt?

Michael: Das ist dein berühmter Spruch nach Peter Drucker: Die Aufgabe von Management und Führung ist es, Ergebnisse zu erzielen und Mitarbeiter zu halten.

Christian: Wenn ich mich also entscheide, ein guter Chef zu sein, dann entscheide ich mich dafür, Ergebnisse zu erzielen und diese so zu erreichen, dass die Mitarbeiter gerne bei mir bleiben.

Michael: Und nun wieder zurück zu den Storys, die ich mir selber erzähle — unser aktuelles Thema [*grinst*]. Bei mir laufen diese Storys die ganze Zeit ab. Der auditorisch-digitale Kanal, meine innere Stimme, ist bei mir sehr ausgeprägt. Ich rede eigentlich die ganze Zeit mit mir selber. Ich bin sehr froh, dass das nicht nach außen dringt.

Christian: Was hörst du? Was passiert da so?

Michael: Ich höre viele Stimmen. Nein, eigentlich sind das keine Stimmen, also nicht verschiedene Stimmen. Es ist nur meine innere Stimme, die mich häufig kritisiert. Sie ist quasi ein andauernder Subtext für alles, was passiert. Wie ein Untertitel. Ein eigener Monolog: „Das hättest du jetzt besser machen können" oder „Das hat jetzt wohl nicht so gut geklappt." Es ist viel Kritik in meinem Kopf. Das ist nicht gut. Es ist anstrengend. Daher habe ich gelernt, meine innere Stimme zu positivieren. Mir aktiv zuzureden, mich selbst zu unterstützen. Ich habe gelernt, mich zu affirmieren, also mich selbst durch meine innere Stimme zu bestätigen und zu bestärken. Ich übe das immer noch. Schon vor einigen Jahren habe ich gelernt, dass mit der inneren Stimme in meinem Kopf alles anfängt. Des Übels Wurzel ist in meinem Kopf. Sie ist es nämlich, die mich ab und zu ganz schön runter macht. Den ganzen Mist, den ich mir manchmal erzähle, ist meine innere Stimme. Seit ich das begriffen habe, komme ich im Leben schneller weiter. Wenn ich mir gut zurede und mir selbst bestätige, dass ich es kann und lernen werde, ist es viel einfacher. Klar kann ich einige Dinge noch besser machen und ab und zu ärgere ich mich immer noch über mich selbst, wenn ich etwas noch nicht so gut mache. Doch ich spüre richtig, wie ich mit der Zeit immer entspannter mit mir selbst bin und mich selbst so akzeptiere, wie ich bin. Bei Fehlern spreche ich mir positiv zu, dass ich es noch besser kann. *Leading myself* – genau darum geht es in diesem ersten Kapitel.

Christian: Okay, ich sage also zu mir, dass ich ein guter Chef sein will. Aber ich bin noch kein guter Chef, jedenfalls noch nicht. Nicht nach meinen Kriterien. Die Stimme in meinem Kopf sagt immer noch: „Du kannst noch besser werden, hieran darfst du noch arbeiten." Ein Ansatz wäre so zu tun, als wäre ich bereits ein guter Chef. *Fake it, till you make it.*

Michael: I love it.

Christian: Einfach sagen: „Ich bin ein guter Chef." Und deswegen tue ich jetzt dies oder jenes. Mal schauen, was passiert. Dann bekomme ich Feedback. Und egal, wie dieses Feedback ausfällt, ich habe vorher schon die Entscheidung getroffen, mir diese Geschichte über mich zu erzählen. Denn „Ich bin at cause – Ich bin an der Ursache", ich erzähle mir diese Geschichte über mich. „Ich bin ein guter Chef und ich glaube daran." Dann werde ich die Tools lernen, die mir helfen, das zu werden, woran ich glaube, denn ich bin aufmerksam und offen dafür, mich zu verbessern.

Michael: Es gibt noch etwas, was mich fasziniert. Nehmen wir an, ich treffe nun die Entscheidung, ein guter Chef zu sein. Ich weiß nun auch, ich kann ein noch besserer Chef werden. Noch besser als *gut*, was ich ja schon bin. Das bedeutet, ich kann noch mehr dazulernen, mich weiterentwickeln und verbessern. Meine Chef-Skills noch weiter ausbauen. Wie mache ich das nun?

Christian: Ich richte meine Aufmerksamkeit und meine Sinne genau darauf — auf die Umwelt. Ich beobachte und finde heraus, wer ist ein guter Chef. Wie verhält sich eine gute Chefin? Ich bastele kontinuierlich an meiner Geschichte. Ich nehme Teile heraus, füge neue hinzu. Ein guter Chef macht wöchentliche Meetings mit allen Mitarbeitern oder mit jedem Mitarbeiter einzeln, eine gute Chefin macht Teammeetings, vielleicht macht sie ein *Daily*

Huddle[2]. Ich höre dann in unserem Podcast: „Ein guter Chef macht auch noch dies und das." So lasse ich Stück für Stücke meine Geschichte entstehen. Es fällt mir leicht, weil ich weiß, dass ich mir diese Geschichte erzählen will.

Michael: Wie fange ich mit dieser Reise am besten an? Nachdem ich die Entscheidung getroffen habe: „Ich bin ein guter Chef und ich werde mich stetig weiterentwickeln, um auch später noch ein guter Chef zu sein." Wie kann ich das angehen? Nehmen wir also an, ich möchte mich als Chef ganz bewusst entwickeln.

Christian: Es gibt Menschen, die sagen jeden Morgen zwanzig Mal vor dem Spiegel zu sich selbst: „Ich bin ein guter Chef." Das wäre ein Ansatz.

Michael: Okay. Gibt es auch noch andere Methoden? Ich denke zum Beispiel an so etwas wie 360-Grad-Tools. Ich meine, wo sich alle Leute gegenseitig Feedback geben und das Ganze dann sortiert wird. Oder das 1-on-1-Gespräch. Ich könnte meine Mitarbeiter ja einfach fragen: „Sag mal, wie siehst du mich als Chef? Was mache ich als Chef gut und was kann ich noch besser machen?" Welche solcher Methoden gibt es noch? Ich habe lange gebraucht, bis ich mir meiner Stärken bewusst geworden bin. Meine Schwächen waren mir relativ schnell klar. Bis mir klar wurde, welche Stärken ich habe, habe ich länger gebraucht. Wie kann ich das also beschleunigen?

Christian: Die eigenen Stärken zu finden?

Michael: Ja.

Christian: Ich habe mal an einem Seminar teilgenommen, in dem haben wir Folgendes gemacht. Jeder von uns Teilnehmern durfte fünfzig Dinge aufschreiben, in denen wir richtig gut sind.

Michael: Cool.

Christian: Am nächsten Tag haben wir mit fünfzig Dingen, die uns Spaß machen, weitergemacht. Als wir die beiden Listen dann verglichen haben, haben wir gesehen, dass jeder in den Dingen, die ihm Spaß machen, auch häufig richtig gut ist.

2 Daily Huddles sind tägliche, häufig morgendliche, kurze und pointierte Meetings zum Projektstatus.

Michael: Das ist clever.

Christian: Das hat meinen Fokus auf die Dinge gelenkt, in denen ich wirklich gut bin. Ich hatte plötzlich ein sehr viel positiveres Mindset. Statt ständig darauf zu achten, was ich nicht so gut kann, was ich falsch mache oder worin ich schlecht bin, wurde mir plötzlich bewusst, worin ich richtig gut bin. Fünfzig Dinge, bei denen ich bisher erfolgreich war und an denen ich dranbleiben kann.

Michael: Muss ich denn als Chef alles gut können? Das ist natürlich eine rhetorische Frage. Ich bin dennoch auf deine Antwort gespannt [*schmunzelt*].

Christian: Muss ich als Dirigent denn jedes Instrument beherrschen?

Michael: Gute Antwort, die merke ich mir.

Christian: Es hilft natürlich schon, etwas Ahnung zu haben. Als Dirigent kann es nicht schaden zu wissen, wie ein Fagott oder eine Oboe funktioniert oder einschätzen zu können, was eine Geige spielen kann. Um jedes Instrument wirklich zu beherrschen, habe ich dann meine Profis im Team.

Michael: Das heißt, in meiner Rolle als Chef brauche ich auch nicht jedes Instrument eines Chefs spielen zu können?

Christian: Das vielleicht schon. Ein Dirigent ist nun mal der Meister am Taktstock.

Michael: Okay, verstehe. Auch unter den Dirigenten gibt es verschiedene Spezialisten. Der eine ist gut darin, Wagner zu dirigieren, der andere ist bekannt für Beethoven.

Christian: Dreivierteltakt oder Viervierteltakt. [*lacht*]

Michael: Übertragen auf die Chef-Sache denke ich zum Beispiel, ich bin eher der zackige Typ. Ich komme gerne schnell voran. Damit ecke ich auch schon mal an. Ich bin nicht unbedingt der super einfühlsame Typ. Muss ich nun als Chef die ganze Bandbreite von Verhaltensweisen beherrschen? Hilft mir das?

Christian: Eine gewisse Flexibilität im Verhalten hilft definitiv. Auch ich habe dazu in den letzten Jahren viel gelernt. Zum Beispiel habe ich in unserer

Zusammenarbeit viel über deine rote Energie gelernt und wie ich damit umgehe. Wie du schon sagtest, manchmal ecken wir an [*grinst*]. Manchmal denke ich: „Was hat er denn jetzt? Wo ist plötzlich die Harmonie hin?"

Michael: Ja, genau.

Christian: Damit umzugehen, habe ich gelernt. Ich werde von Mal zu Mal besser. In solchen Momenten erzähle ich mir auch eine Geschichte: „Ich bin gut darin, mich flexibel zu verhalten."

Michael: *Ultimative Verhaltensflexibilität* — Diesen Ausdruck habe ich mal in einem Seminar gelernt. Die Seminarleiterin hat ihn an ein Whiteboard geschrieben und von *Ultimate behavioral flexibility* gesprochen. Mein erster Gedanke war: „Was ist das für ein Bullshit? Schon wieder so ein Modewort." *Ultimative Verhaltensflexibilität* — jetzt wird mir immer klarer, was das bedeutet. Das zu verinnerlichen ist in einer Führungsrolle schon verdammt hilfreich. Es bedeutet, sich auf andere Menschen flexibel einstellen zu können und dies auch nach außen auszustrahlen. Als Führungskraft gilt es zu verstehen, was meine Mitarbeiter — jeder Einzelne von ihnen braucht, damit wir alle gemeinsam gut zusammenarbeiten können und am Ende unsere Ziele und Ergebnisse erreichen. Es kann für mich sehr anstrengend sein, weil es auch bedeutet, manchmal anders zu sein oder mich anders zu verhalten, als ich es sonst tue oder unbedacht tun würde. Einige Dinge sind mir hingegen dadurch auch leichter gefallen. Dieses Einfühlsamkeits-Ding ist mir früher sehr schwergefallen. Mittlerweile kann ich das besser. [*hält inne*] Eine schöne Geschichte, die wir uns heute erzählt haben.

Christian: Und das war nur eine Geschichte. Höchstwahrscheinlich gibt es noch tausend weitere Geschichten.

Michael: Ja, viele Versionen. 7,7 Milliarden Menschen in der Welt und jeder hat seine eigene Story im Kopf.

Die Erkenntnis für alles, was in meinem Leben passiert, die Ursache zu sein, fühlt sich für mich wie ein Befreiungsschlag an, ein bisschen wie bei Pippi Langstrumpf. Wenn das stimmt, was ihr sagt und ich diese Macht über mich selbst habe, alles zu können, was ich können will und mir dafür nur die passende Geschichte über mich selbst erzählen muss, klingt es wie Musik in meinen Ohren. „Ich mache mir die Welt, wie sie mir gefällt." Gleichzeitig empfinde ich auch eine wahnsinnige Last auf meinen Schultern. Zu überprüfen, ob all die Geschichten in meinem Kopf, all die Worte und Sprüche meiner inneren Stimme wirklich stimmen, könnte anstrengend werden. Wenn all das, was ich bis gerade geglaubt habe zu wissen, vielleicht gar nicht stimmt – es nur eine Geschichte ist, die ich aus meiner Kindheit, von meinen Eltern oder meinen Lehrern übernommen habe, bedeutet das, dass ich über alles, was ich denke und tue, nun eine erneute Entscheidung treffen muss? Ich darf alles, was ich selber denke und tue, immer wieder hinterfragen. Will ich das oder will ich das nicht?

LEADER STATT OPFER

CAUSE AND EFFECT

Christian: Wir haben darüber gesprochen, dass ich alles erreichen kann, was ich will, wenn ich mir nur die richtige Geschichte in meinem Kopf erzähle. Ich kann mich einfach dafür entscheiden, ein guter Chef zu sein. Das klingt nun so, als wäre ich die Ursache für die Ziele, die ich erreichen kann.

Michael: Ja, prima. So ist es. Das würde ich direkt unterstreichen. Damit wäre diese Episode ja schon fertig.

Christian: Meinst du, wir bekommen an diesen Knochen noch ein bisschen intellektuelles Fleisch dran?

Michael: Puh, das ist aber ganz schön viel rote Energie. Die Frage ist also, wer ist verantwortlich dafür, dass ich meine Ziele erreiche, oder?

Christian: Ja. Natürlich ich. Ich bin verantwortlich.

Michael: Und wenn etwas schief geht? Das Ziel wird also nicht erreicht. Wer ist es dann schuld?

Christian: Natürlich die anderen.

Michael: Genau. Der Hund hat nämlich meine Hausaufgaben gefressen.

Christian: Und dann war da noch dieses Erdbeben. Der Zug ist ausgefallen.

Michael: Es war ein Stau auf der Autobahn.

Christian: Wenn ich etwas Gutes erreiche, habe ich es geschafft. Wenn es nicht läuft, sind die anderen schuld.

Michael: Könnte ich so sehen. Nein, könnte ich nicht so sehen. Ich habe es vielleicht früher mal so gesehen.

Christian: Das heißt, egal was passiert, ich bin die Ursache.

Michael: Ja. Ich bin die Ursache von all dem, was in meinem Universum passiert. Auch dazu habe ich einen Spruch: *It appears in life that you either achieve the results that you want or you get the excuses that you make* — Es scheint im Leben so zu sein, dass ich entweder die Ergebnisse erhalte, die ich mir wünsche oder ich erhalte die Ausreden, die ich vorschiebe.

Christian: Entweder komme ich an meinem Ziel an oder ich habe eine Entschuldigung wie: „So ein Ärger, da waren so viele Dinge, die ich tun musste: Das Inhaltsverzeichnis musste ich dringend erstellen, so viele Podcasts musste ich aufnehmen und und und. Danach hatte ich dann keine Lust mehr."

Michael: Schau mal, was passiert, wenn ich den hinteren Satzteil herausstreiche. Das, was übrig bleibt, ist ein absoluter Killerspruch. Dann heißt es nur noch: *„Ich bekomme im Leben entweder die Ergebnisse, die ich erreichen will oder die Entschuldigungen, die ich mache."* Kleiner Mindfuck. [*schmunzelt*]

Christian: Wenn ich also dieses Buch schreibe und mir unentwegt Gedanken darüber mache, wie viel Arbeit das bedeutet, dann bekomme ich auch viel Arbeit.

Michael: Genau.

Christian: Dann fühlt es sich auch an wie viel Arbeit.

Michael: Und wenn du den Gedanken, über die viele Arbeit einfach streichst, dann erhältst du nur noch das Ergebnis, das du haben willst: das Buch.

Christian: Und dazwischen ist überhaupt keine Arbeit — die wollte ich ja ohnehin nicht.

Michael: Die hast du jetzt nicht mehr im Kopf.

Christian: Ich habe nicht einmal darüber nachgedacht.

Michael: Genau.

Christian: Das klingt nun nach entspannter Produktivität.

Michael: Absolut. Sieht auch so aus.

Christian: Hört sich auch so an.

Michael: Ursache und Wirkung. Ich bin die Ursache für alles, was in meinem Leben passiert. Ich habe alles in der Hand. Das ist eine grundsätzliche Geisteshaltung.

Christian: Das Mindset-Thema!

Michael: Genau. Wie ist meine Grundhaltung gegenüber dem, was passiert? Wähle ich der Michael zu sein, der von dem Hund erzählt, der die Hausaufgaben gefressen hat oder der, der vom Stau auf der Autobahn berichtet oder wähle ich der Michael zu sein, der seine Ziele erreicht. Die letztere Version gefällt mir besser.

Christian: Hast du dann keine Staus mehr auf der Autobahn?

Michael: Doch. Klar. Ich gehe eben nur anders damit um. Es ist ja nichts Neues, dass es Staus gibt. Ich fahre also früher los. Ich kümmere mich darum, dass ich mein Ziel erreiche. Wenn es mein Ziel ist, pünktlich zu sein, und ich dieses Ziel erreichen will, dann weiß ich, wie ich mich darum zu kümmern habe.

Christian: Weil du der Experte für dich selbst bist? Du weißt, wie der Michael es macht, dass er im Stau feststeckt.

Michael: Das ist ja im Grunde bloß wieder diese Stimme im Kopf, die mir selber erklärt, wie meine Ausrede lauten könnte. Ich erzähle mir selbst: „Da war Stau", „Die Kinder haben mir beim Frühstück Kakao über die Hose geschüttet", „Bla, bla, bla." Ich lege mir im Kopf die Ausreden zurecht, damit ich sie nachher glaubwürdig herüberbringen kann. Im Grunde weiß ich, dass das Bullshit ist, totaler Quatsch. Ich bin einfach nicht rechtzeitig losgefahren. Ich hätte mich, wenn ich es gewollt hätte, darum kümmern können. Das ist die Wahrheit.

Christian: Gestehst du dir das ein?

Michael: Immer häufiger. Sagen wir so, mit steigendem Alter und angeblich steigender Weisheit, gestehe ich mir ein, die volle Verantwortung zu tragen für alles, was in meinem Leben passiert. Damit fahre ich besser. Dann weiß ich, ich bin schuld. Wie in der Vereinbarung, die ich mit meiner Frau getroffen habe. [*lacht*] Bei allem, was passiert und was schiefgeht, weiß ich, dieses Jahr bin ich schuld. Nächstes Jahr ist sie alles Schuld, oder wieder ich, ist ja auch egal. Hauptsache, die Schuldfrage ist schon mal geklärt. Ab da geht es nur noch um die Ergebnisse, die wir zusammen erzielen.

Christian: Nun ist *Schuld haben* ja etwas sehr Negatives. Im Grunde ist es vollkommen einfach und wertneutral. Du bekommst das, was du möchtest. Es erscheint in deinem Leben. Ist das nun Schuld oder deine Leistung? Eigentlich vollkommen unerheblich, es ist wertneutral. Ich habe mir das erschaffen.

Michael: Im Englischen wird es deutlicher. Das Wort *responsible* bedeutet: *I have the ability to respond*. Wenn ich also sage: „Ich bin verantwortlich", nehme ich gewahr, dass ich die Fähigkeit habe, auf eine Sache zu reagieren und zu antworten. Ich kann also etwas damit tun, um ein anderes Ergebnis zu erzielen. Ich bin *respons-able — verantwortungsfähig*. Bin ich nicht *verantwortungsfähig*, dann bin ich nur ein Subjekt. Etwas, was in der Welt passiert, an dem die anderen Schuld sind und weshalb der Staat etwas ändern sollte. Meine Freunde wären dann alle blöd, weil die mich schließlich so und so behandeln. Bei der Arbeit wäre alles ungerecht, weil auch hier die anderen etwas falsch machen. Wo bringt mich das im Leben hin? Nirgendwo. Ab dem Augenblick, wo ich Verantwortung übernehme und die Entscheidung treffe, etwas aus der Situation zu machen und etwas ändere, komme ich weiter. Wenn ich es in die Hand nehme, kann ich überall hinkommen.

Christian: Die Umwelt spiegelt uns häufig unser Verhalten. Wenn ich durch die Straßen gehe und denke: „All die Autofahrer, die mich anhupen, sind Vollpfosten", dann hat das viel mehr mit mir zu tun als mit den Autofahrern. Denn all die Autofahrer fahren höchstwahrscheinlich jeden Tag genauso, wie sie heute auch fahren. Die einen in diese Richtung, die anderen in die andere Richtung. Wenn nun plötzlich die ganze Welt voller autofahrender Vollpfosten ist, ist es sehr wahrscheinlich, dass ich der einzige Vollpfosten bin.

Michael: Das Gefährliche dabei ist, dass ich das, was ich denke, häufig auch ausstrahle. Nehmen wir an, ich halte die Autofahrer alle für Vollpfosten und komme dann in die Situation, mit ihnen zu sprechen. Wenn ich dann immer noch denke: „Boah, was sind das bloß für Vollpfosten", dann strahle ich das auch aus — auf unbewusste Art und Weise. Das bedeutet, dass mein Gegenüber dies — auf bewusste oder unbewusste Art und Weise mitbekommt und womöglich tatsächlich zum Vollpfosten wird. Dann habe ich ihm dabei geholfen, ein Vollpfosten zu sein, obwohl ich gar keinen Vollpfosten in meinem Umfeld haben will. Wir haben doch schon mal von der *Selffulfilling Prophecy* gesprochen. Wenn ich an etwas glaube, bewirke ich dabei etwas und lasse etwas wahr werden, was eigentlich gar nicht wahr ist. Durch mein Verhalten und meine Ausstrahlung bin ich wieder an der Ursache dessen, was passiert. Nämlich dass der andere sich genauso verhält, wie ich es vorher befürchtet habe. Wenn ich also in ein Meeting gehe und denke: „Boah, da ist diese eine Mitarbeiterin, die ist so blöd. Die geht mir total auf die Nerven", dann lege ich mir vorher ein Mindset zurecht. Ich werde alles andere ausblenden und nur noch die Aussagen der Mitarbeiterin wahrnehmen, die mein Bild bestätigen. Alle cleveren Aussagen von ihr blende ich total aus. Meine Ausstrahlung und damit meine Wirkung auf sie wird es ihr einfach machen, nur noch Blödes von sich zu geben. Mache ich mir hingegen vorab ein positives Bild über sie, gehe ich vielleicht lächelnd in das Meeting und verhalte mich entsprechend positiv. Ich werde ganz überrascht darüber sein, wie ausgesprochen clever sich diese Mitarbeiterin auf einmal verhält. Siehe da, durch mein Verhalten ändert sich auch das der anderen. Wenn ich einen Raum betrete und lächle, werde ich ebenfalls angelächelt. Wie ich in den Wald hineinrufe, so schallt es auch hinaus. Okay, okay. Ich schmeiße einen Euro ins Phrasenschwein.

Christian: [*lacht*] Und es stimmt. Es geht letztlich um mein Verhalten. Mit meinem Verhalten löse ich immer etwas bei meinem Gegenüber aus. Ihr Verhalten ist abhängig von meinem Verhalten und so kommt wieder ein anderes Verhalten dabei heraus, auf das ich wiederum reagieren kann. Hinzu kommt, dass nicht nur mein Verhalten über die fünf Sinneskanäle beeinflusst, wie sich mein Gegenüber verhält, sondern auch meine Erwartungen an sie. Das, was ich von meinem Gegenüber erwarte, wird mit hoher Wahrscheinlichkeit auch passieren.

Michael: *Cause and Effect* nennt sich das Ganze auf Englisch. Ursache und Wirkung. Ich kann die Ursache von allem sein. Ich bin sogar die Ursache für das Verhalten von anderen Menschen.

Christian: In meiner Welt.

Michael: In meiner auch. Wir sind also schon zu zweit.

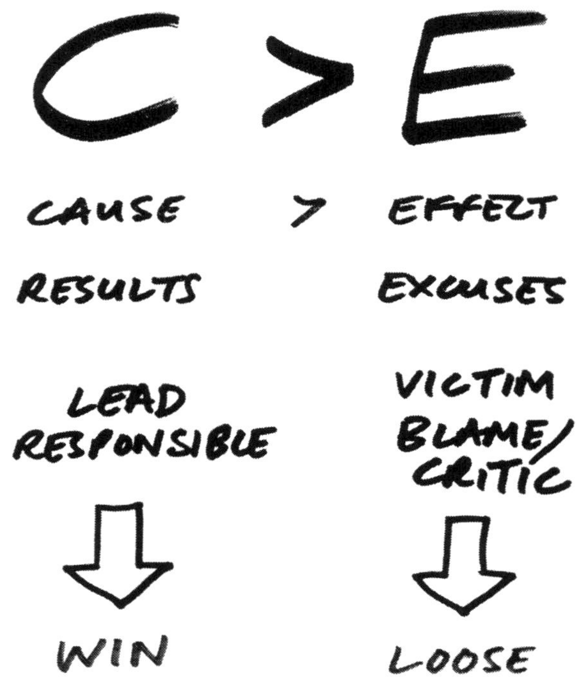

Abbildung: Cause & Effect
Ich bekomme im Leben entweder die Ergebnisse, die ich erreichen will oder die Ausreden, die ich vorbringe.

Christian: Kennst du den Song von den Lassie Singers *Jeder ist in seiner eigenen Welt, aber meine ist die richtige*? Super.

Michael: Blöd nur, dass es über sieben Milliarden Welten gibt. Wenn wir die alle für die richtige halten, na dann gute Nacht.

Christian: *Cause and Effect*. Ich bin die Ursache für alles, was in meinem Leben passiert.

Michael: Und ich habe alles in der Hand. Ich hatte mal einen Mentor, habe ich das schon erzählt?

Christian: Was genau?

Michael: Dieser Mentor war der Chairman einer richtig großen Firma. Er war siebzig Jahre alt und grauhaarig. Bevor er mein Mentor war, durfte ich ihm mal etwas präsentieren. Er war CEO von einer großen, internationalen Bank, bevor er dann Chairman in dem Konzern wurde, in dem ich damals gearbeitet habe. Er war auf jeden Fall ein krasser Typ. Er saß also dort mit einem weiteren Board Member aus dieser großen Firma — alles Männer, die extrem erfolgreich waren und extrem reich. Sie saßen also dort mit uns, am Ende der Welt in Katar und ich habe präsentiert. Einer sagte plötzlich: „You know, you can do anything in life that you want. That is what life is all about." Da hat es in meinem Kopf echt Krach gemacht. Ich dachte erst, es wäre ein Scherz und die feixen hier nur herum. Doch das stimmte nicht. Es war ihre absolute Überzeugung. „You can do anything that you want in life. That is what life is all about." Das war das Mindset dieser Typen. Und sie waren damit mega erfolgreich. Alles, was sie sich erträumen konnten, haben sie erreicht. Es war ihr Mindset. Seit dem habe ich es verinnerlicht: Es ist die Geisteshaltung, mein Mindset — ich kann alles erreichen, was ich erreichen will. Ich bin an der Ursache. Ich habe es in der Hand. Ich kann etwas daraus machen. Manchmal dauert es eine Weile. Für ein paar meiner Ziele habe ich zehn, zwölf, fünfzehn Jahre oder länger gebraucht, um dort anzukommen. Bisher habe ich alles erreicht, was ich erreichen wollte. Jetzt, im Nachhinein erkenne ich einen kleinen Haken bei dem Thema „Ziele erreichen." Die Frage, die ich mir manchmal stelle, ist, ob die Ziele, die ich mir damals gesetzt habe, eigentlich die richtigen waren.

Christian: Das verstehe ich. Das will gelernt sein. Welche Ziele setze ich mir denn eigentlich?

Michael: *Be careful what you wish for cause you just might get it*[3]. Zumindest, wenn ich an der Ursache bin, dann bekomme ich es auch. Damit muss ich dann klar kommen.

Christian: Klasse Michael, vielen Dank. Ich bin an der Ursache dieses Kapitels und ich will, dass wir jetzt zum Ende kommen.

3 Aus dem Song „When I grow up" der Band The Pussycat Dolls, 2008

Schon wieder sprecht ihr von Verantwortung. Ich trage die Verantwortung für alles, was um mich herum passiert. Das ist ein ganz schöner Hammer. Ich verstehe, dass meine Einstellung die Grundlage meines Erfolges ist, unabhängig davon, was ich als Erfolg definiere. Wenn es nur nicht so schwierig wäre, mein eigenes Mindset zu verändern. Es reicht ja nicht aus, dass ich zu mir etwas sage, dass sich gut anfühlt. Damit ich wirklich erfolgreich sein kann, muss ich es schaffen, mich selbst davon zu überzeugen.

SELBSTVERANTWORTUNG

DIE FRAGE NACH DEM WOFÜR

Michael: Es geht um das Thema *Warum* und darum, dass *Warum* manchmal viel besser sein kann als *Wofür*.

Michael: Und es geht darum, dass *Wofür* manchmal noch besser sein kann.

Christian: Sag mal, warum kommst du eigentlich immer zu spät zu unseren Podcast-Aufnahmen?

Michael: Ja, wie?!

Christian: Ja, das interessiert mich. Warum?

Michael: Weil der Hund meine Hausaufgaben gefressen hat.

Christian: Soll ich mich etwa um deinen Hund kümmern?!

Michael: Das Taxi kam zu spät.

Christian: Dann nimm' doch ein Uber.

Michael: Es war sehr neblig heute Morgen.

Christian: Dann fahr' halt früher los.

Michael: Die U-Bahn hatte Verspätung, es gab ein Problem mit dem Gleis. Okay, okay — ich bin nicht früh genug losgefahren.

Christian: Du bist also daran schuld?

Michael: Na klar, bin ich daran schuld. Dieses Jahr bin ich an allem schuld.

Christian: Echt? Das ist hervorragend.

Michael: Die Vereinbarung habe ich mit meiner Frau getroffen.

Christian: Dass du jetzt grundsätzlich an allem schuld bist?

Michael: Ja. Wir haben festgestellt, dass dieses ganze *Wer hat Schuld?*-Thema gar nichts bringt. Deshalb haben wir schon Anfang letzten Jahres entschieden, dass in dem Jahr meine Frau an allem schuld ist und ich dieses Jahr an allem schuld bin. So haben wir die Schuldfrage schon mal geklärt und brauchen uns darüber gar nicht streiten. Wir können uns direkt der Lösungsfindung widmen.

Christian: Das heißt, ihr startet dann direkt mit der Frage nach dem *Warum*? Warum hast du die Spülmaschine nicht ausgeräumt?

Michael: Warum fragst du das? Warum fragst du dauernd *Warum*-Fragen?

Christian: Darauf möchte ich jetzt noch nicht antworten. Lass uns mal schauen, was hier gerade passiert. Du kommst zu spät zum Podcast und ich frage dich: „Warum?" Daraufhin erhalte ich von dir lauter Ausreden. Das bringt mich natürlich nicht weiter. Denn was sollte ich als deine Führungskraft nun machen? Soll ich mich darum kümmern, dass du frühzeitig ein Taxi bestellst? Soll ich deine Uber-App einrichten? Oder für dich die Spülmaschine ausräumen? Obwohl es für dich schön wäre, ist es nicht meine Aufgabe. Wenn ich also dich oder einen meiner Mitarbeiter nach dem *Warum* frage, erhalte ich lauter Antworten, mit denen ich überhaupt nichts anfangen kann und die ich ehrlicherweise auch nicht hören will.

Michael: Das stimmt, ich bin direkt in der Defensive und versuche mich zu verteidigen. Ich suche nach einer Rechtfertigung, um darauf zu antworten und um mich zu erklären. „Warum?" ist eine schwierige Frage.

Christian: Was wäre denn eine bessere Frage?

Michael: Was kannst du anders machen, damit du in Zukunft immer pünktlich bist?

Christian: Damit läge die Verantwortung bei dir.

Michael: So ist es ja auch. Ich bin nun mal zu spät gekommen. Nur um das klarzustellen, ich bin natürlich nicht zu spät gekommen.

Christian: Wir tun nur so.

Michael: Danke, ich fühle mich die ganze Zeit schon so schuldig.

Christian: [*ernst*] Warum tust du das?

Michael: Ich fühle mich direkt schuldig. Ich komme sofort in Erklärungsnot und möchte mich rechtfertigen. Dabei war ich doch pünktlich.

Christian: Wenn ich dich frage: „Was kannst du in Zukunft anders machen?“, klingt es schon etwas besser, oder?

Michael: Ja, absolut. Du sprichst immer noch das Problem an, während sich meine Gedanken nun direkt auf die Lösung richten: „Okay, verstehe. Beim nächsten Mal mache ich es vielleicht besser so und so.“ Die Vergangenheit fühlt sich nicht so düster und schuldig an, sondern ich überlege einfach, was ich beim nächsten Mal anders machen kann — sehr lösungsorientiert.

Christian: Denn du bist der Experte für dich selber. Du weißt selbst, wie es dazu kam, dass du zu spät gekommen bist.

Michael: Schön formuliert. Ich bin der Experte für mich selber. Natürlich weiß ich, warum ich zu spät gekommen bin.

Christian: Du weißt auch, was du anders machen könntest. Zum Beispiel könntest du deinen Wecker früher stellen, früher aufstehen, nicht so lange duschen, schneller frühstücken, organisierter sein. Das sind alles Vorwürfe, die ich nicht ernst meine.

Michael: Das ist schon okay, dafür bin ich ja hier.

Christian: Was wäre denn noch besser?

Michael: Am allerbesten wäre natürlich, wenn ich von Anfang an die volle Verantwortung übernehme und mir Gedanken mache, wie ich es schaffe, pünktlich zu sein. Wenn ich also in der Konsequenz überlege, was ich tun kann, um das Ergebnis zu erreichen, was ich haben möchte. Am allerbesten wäre es, wenn das jeder von uns tun würde.

Christian: Dann wäre die Ansage von meiner Seite nur noch: „Michael, komm‘ doch bitte pünktlich zum Podcast.“

Michael: Ja, genau. Idealerweise ist eine solche Ansage gar nicht nötig, weil ich durch mein Mindset bereits akzeptiert habe, dass alles bei mir anfängt. Ich bin die Ursache für alles, was in meinem Leben passiert. Auch in unserem Beispiel: Ich bin mir von Anfang an bewusst, dass ich die Ursache dafür bin, pünktlich oder unpünktlich zu sein. Im NLP-Katalog heißt dieses Konzept *Cause and Effect*.

Christian: Was bedeutet das?

Michael: Das wollte ich dich auch gerade fragen. Übersetzt heißt es *Ursache und Wirkung*. Im Grunde ist es ein altes Konzept, welches schon Immanuel Kant vor mehreren hundert Jahren in der Philosophie populär gemacht hat. *Ursache und Wirkung* bedeutet, dass es für alles, was in der Welt geschieht, eine Ursache gibt. Das ist die Erkenntnis von Kant — ein alter Hut. Für unser Mindset heißt das, ich kann entweder an der Ursache sein oder an der Wirkung.

Christian: In unserem Beispiel *Du kommst zu spät*, ist die Ursache, dass du zu spät aufgestanden bist.

Michael: Fangen wir mit der Wirkung an. Wenn ich *at effect*, also bei der Wirkung bin, sage ich: „Der Zug kam zu spät, das Taxi ist nicht gekommen, es war neblig, der Hund hat meine Hausaufgaben gefressen." In diesen Fällen bin ich den Wirkungen ausgesetzt, die in der Welt passieren. Ich bin Opfer dieser Wirkungen, nicht die Ursache. *To be at effect* bedeutet, *in der Opferrolle sein*. Nicht ich selbst bin schuld, sondern die Umstände. Die Welt ist schuld dafür, was um mich herum passiert.

Christian: Und die Alternative ist, dass du Gestalter statt Opfer deiner Wirklichkeit bist?

Michael: Genau. Ich bin die Ursache von allem, was in meinem Leben passiert. Das ist der Punkt. Dieser Gedanke hat mir total geholfen, mein Leben freier zu gestalten und in die Hand zu nehmen. Am Anfang fiel es mir schwer, das zu akzeptieren, denn es gibt scheinbar vieles, für das ich nicht die Ursache bin oder sein möchte. Doch ich habe erkannt, dass das Quatsch ist. Ich bin die Ursache von allem, was in meinem Leben passiert.

Christian: Auch dafür, dass der Zug zu spät kommt, bist du die Ursache. Daran bist du auch schuld.

Michael: Daran bin ich gewissermaßen auch schuld, denn ich habe nicht einkalkuliert, dass der Zug zu spät kommen könnte. Das ist ja leider keine Seltenheit, dass ein Zug zu spät kommt. Ich kann es einkalkulieren. Um sicher pünktlich zu sein, nehme ich einen Zug früher. Oder ich wähle ein anderes Verkehrsmittel. Oder ich reise am Vorabend an, um am nächsten Morgen zu Fuß gehen zu können, ohne auf die Bahn angewiesen zu sein.

Christian: Pufferzeiten einplanen macht alles viel entspannter.

Michael: Wenn ich die Ursache bin, also *at cause* für alles, was in meinem Leben passiert, kalkuliere ich das ein. Ich und niemand anderes. *It appears in life that you either achieve the results that you want or you get the excuses that you make* — Es scheint im Leben so zu sein, dass ich entweder die Ergebnisse erhalte, die ich mir wünsche oder ich erhalte die Ausreden, die ich vorbringe. Eins von beiden bekomme ich immer — das hatten wir schon mal.

Christian: Du meinst, wenn du dich also darauf vorbereitest, dass der Zug zu spät kommt, dann kommt er auch zu spät? *Law of attraction* — Du richtest die Energie darauf.

Michael: Bingo, *Law of attraction, Ursache und Wirkung, Results and Excuses* — Das sind alles dieselben Themen. Ich übernehme Verantwortung für mich selbst.

Christian: „Warum kommst du zu spät?" Wenn ich dich nach dem *Warum* frage, lädst du deine ganzen Entschuldigungen bei mir ab. Das möchte ich als Vorgesetzter natürlich nicht. Ich möchte das alles gar nicht wissen. Es ist viel einfacher, dir zu sagen, was ich von dir erwarte: „Ich möchte, dass du pünktlich bist."

Michael: Sonst habe ich direkt im Kopf, dass der Hund die Hausaufgaben gefressen hat und der Zug zu spät war, es neblig war und dass auch das Taxi nicht gekommen ist.

Christian: Außerdem war der Tank leer, das Auto wurde geklaut und dann war da noch dieses Erdbeben.

Michael: Als Vorgesetzter fange ich an, nach Lösungen zu suchen. Ich erkläre dir dann, wie du dein Taxi pünktlich bestellst und was du bei Nebel tun kannst. Ich fange an, die Probleme aller anderen zu lösen.

Christian: Ich sehe es regelrecht vor mir. Früher hätte ich das auch gemacht. Früher hätte ich bestimmt auch die Taxi-App auf dem Handy meines Mitarbeiters installiert und ihm erklärt, wie das funktioniert.

Michael: Du hast ein Problem? Lass es mich doch für dich lösen.

Christian: Genau. Dann bin ich der tolle Hecht, der alles macht. Helfen tut es tatsächlich niemandem. Ich mache mir das Leben als Manager viel leichter, indem ich einfach sage, was ich haben möchte, anstatt zu sagen, was ich nicht haben möchte: „Ich möchte, dass du pünktlich bist."

Michael: Ich bin *at cause*, an der Ursache. So löse ich das Ergebnis aus, was ich haben möchte. Nämlich, dass der Mitarbeiter seine Aufgaben und Probleme selbstständig löst.

Christian: Erfolgreiche Manager bauen zudem eine gute Beziehung zu ihren Mitarbeitern auf. Dazu gehört auch, zu verstehen, wie es ihren Mitarbeitern geht und welche Herausforderungen sie zu bewältigen haben. Wie passt das jetzt zusammen?

Michael: Gute Frage. Wir haben bisher davon gesprochen, was es bedeutet, Verantwortung für mich selbst zu übernehmen. Das ist meine Aufgabe als Chef. Gleichzeitig erwarte ich als Chef, dass auch meine Mitarbeiter Verantwortung für sich selbst übernehmen. Der Schlüssel heißt Empathie. Ich darf natürlich mitfühlen und Verständnis für die Situation meiner Mitarbeiter haben. Nehmen wir an, ein Mitarbeiter entschuldigt sich und sagt: „Es tut mir leid, dass ich zu spät war, ich habe meine Mutter ins Krankenhaus gefahren. Sie ist schwer krank und es ist mir wichtig, für sie da zu sein." In diesem Fall drücke ich natürlich mein Mitgefühl aus und antworte vielleicht: "Es tut mir leid, das zu hören. Ich hoffe, deiner Mutter wird es bald besser gehen." Trotzdem erwarte ich immer noch, dass der Mitarbeiter die Verantwortung für sich selbst übernimmt — natürlich im Kontext der selbst gewählten Prioritäten. Jeder entscheidet für sich, was im Leben wichtig ist. Das bedeutet natürlich nicht, sich ignorant zu verhalten und dem Mitarbeiter zu sagen: „Das ist mir alles egal, komm bitte pünktlich." Das hilft auch nicht dabei, das Ergebnis zu erzielen, welches ich erzielen möchte. Auch hier bin ich als Chef wieder die Ursache und habe die Möglichkeit, meine Kommunikation so zu gestalten, dass ich am Ende das Ziel erreiche, welches ich erreichen möchte: Nämlich einen glücklichen Mitarbeiter und Ergebnisse für das Unternehmen.

Christian: Auch darauf kann ich als Chef reagieren. Ich kann zum Beispiel vorschlagen, das nächste Meeting um 10:00 Uhr statt um 9:00 Uhr zu starten. Ich könnte etwas sagen wie: „Ich habe Verständnis für deine Situation. Es wird dir sicher helfen, wenn wir das Meeting um eine Stunde nach hinten verschieben. Sei bitte morgen pünktlich um 10:00 Uhr da, damit wir rechtzeitig anfangen können."

Michael: Wir machen also einen anderen Plan. Wir sind an der Ursache und gestalten es einfach anders.

Christian: *Warum* ist also eine schlechte Frage. Obwohl einige Leute dringlich empfehlen, *Start with why*, sagen wir nun, *Warum?* ist keine gute Frage.

Michael: Simon Sinek hat schon einen Punkt. *Start with why* ist ein tolles Buch von ihm zum Thema Purpose. Genau darauf bezieht sich nämlich die Frage nach dem *Why* oder dem *Warum*. Wofür existiere ich? Welchen Unterschied mache ich in der Welt? Welchen Unterschied macht meine Firma? Das sind valide Fragen. Im Deutschen kann ich das *Warum* einfach durch *Wofür*? ersetzen, dann wird es klarer. Im Englischen wäre es *For what purpose?* statt *Why? What is the purpose of doing ...?* Dabei geht es nicht um die Schuldfrage, sondern darum, welchen Zweck ich oder mein Unternehmen in der Welt erfülle. Darum, was wir Gutes in der Welt bewirken. Daher habe ich nicht das Gefühl, mich verteidigen zu dürfen.

Christian: Es geht dabei sozusagen um eine strategische Frage. Während es in unserem Beispiel des Zuspätkommens um das Verhalten eines Mitarbeiters geht. Ich möchte ja nicht von ihm wissen, *Wofür* er zu spät kommt im Sinne von: *Du willst mich doch sicher ärgern*. Wenn das zutrifft, habe ich wohl noch ein ganz anderes Problem.

Michael: Vielleicht sollten wir Simon Sinek mal einladen und ihm erklären, dass statt *Why*, *Wofür* die bessere Frage ist. Dann lernt er vielleicht Deutsch. Denn im Englischen funktioniert es nicht ganz so gut: *For what purpose* ist ein bisschen lang für einen knackigen Buchtitel.

Christian: [*lacht*] Vielen Dank.

Michael: Wofür?

Christian: Für deinen Beitrag.

Bevor ich meinen Mitarbeitern oder Mitmenschen also eine Frage stelle, hilft es mir, mich in mein Gegenüber hineinzuversetzen. Ich stelle mir selbst die Frage und überlege, was ich wohl darauf antworten würde. Einige meiner Fragen werde ich mir dann sicher sparen können. Ich versuche also nicht, meinen Unmut über das Fehlverhalten eines Mitarbeiters durch eine dämliche Frage wie: „Warum tust du das?" bei ihm loszuwerden, sondern ich gehe zunächst davon aus, dass er selbst die Verantwortung für sein Handeln trägt und es einen validen Grund für das eigene Verhalten gibt. Ich versuche also besser sachlich mit ihm an einer Lösung zu arbeiten, und zeige Verständnis. „Kann ich dir dabei helfen, beim nächsten Mal pünktlich zu sein? Deine Anwesenheit ist wichtig für uns." Gleiches gilt natürlich auch für mich selbst. Auch ich darf mich fragen, ob meine Antwort auf eine Frage eine Ausrede ist oder ich wirklich die Verantwortung meines Handelns selber trage.

WER BIN ICH?

PRÄFERENZ, KOMPETENZ UND WERTE

Christian: Wer ist eigentlich dieser Christian, von dem du immer sprichst?

Michael: Na, du.

Christian: Ich? Wer bin ich denn?

Michael: Wer bin ich? Wohin gehe ich? Wofür machen wir das alles?

Christian: Was, wenn nicht? Wer bin ich?

Michael: Na, du bist der Christian.

Christian: Mein Name ist klar. Ich kenne auch mein Geburtsdatum, ich kenne ein paar meiner Maße wie meinen Blutdruck, meine Körpergröße, mein Gewicht. Ich weiß, wo ich wohne und kenne all die demographischen Informationen über mich.

Michael: Ich bin beruhigt, du erinnerst dich.

Christian: Ich erinnere mich. Ich habe das Gefühl, das könnte für mich als Führungskraft wichtig sein.

Michael: Soso, wo kommt dieses Gefühl her?

Christian: Ich erinnere mich an einen Chinesen, der mal gesagt hat: „Kenne dich selbst. Wenn du dich selbst und deinen Feind kennst, brauchst du keine Schlacht zu fürchten." Deswegen interessiert mich, wer ich eigentlich bin. Wie kannst du mir helfen, das herauszufinden?

Michael: Mal sehen. Du hast ja gerade schon einige Informationen über dich genannt. Du kennst deinen Namen, dein Geburtsdatum und deinen Blutdruck. Du erinnerst dich offensichtlich an diese Dinge. Könnte ich also behaupten, dass ein Teil von dem, wer du bist, deine Erinnerungen sind?

Christian: Ja, ich denke schon.

Michael: Gut. Also gibt es schon mal Erinnerungen in dir. Was macht dich denn sonst noch aus?

Christian: Hmm, mal sehen. Mein Zweck im Leben. Meine Motivation dafür, warum ich überhaupt auf der Welt bin, also mein Purpose zum Beispiel. Außerdem noch meine Werte, meine Interessen, meine Kompetenzen und meine Präferenzen.

Michael: Das sind eine Menge Dinge, die dich ausmachen. Was noch?

Christian: Das, was ich den ganzen Tag tue. Meine Taten.

Michael: Ich fasse nochmal zusammen: Dinge, die beschreiben, wer du bist, sind deine Werte, Interessen, Kompetenzen, Präferenzen und deine Taten. Fangen wir mal mit den Werten an. Welche Werte zeichnen dich aus?

Christian: Gute Frage. *Erkenntnis* ist einer meiner Werte. Ich möchte viel verstehen und viel lernen in meinem Leben. Dann ist es mir wichtig, produktiv zu sein. Außerdem ist *Happiness* einer meiner Werte. Ich treffe die Entscheidung, happy zu sein oder es zumindest so lange zu versuchen, bis ich es wirklich bin. Fehlt noch etwas? Mir fallen sicher noch mehr Werte ein.

Michael: Wo kommen diese Werte denn her? Es ist schön zu hören, was dir im Leben wichtig ist. Denn das ist es ja, was Werte sind: Dinge, die einem wichtig sind. Wie bist du auf diese Werte gekommen?

Christian: Diese Werte haben sich im Laufe der Jahre für mich ergeben. Ich schätze, etwa 30 % sind genetisch und 70 % sind durch Erfahrung entstanden.

Michael: Du sagst also, einige kommen einfach aus deiner Substanz heraus. Sie sind quasi durch die genetische Struktur vorgegeben und andere hast du erfahren. Denkst du, du kannst diese Werte ändern?

Christian: Schwierig. Das will ich gar nicht. Ich glaube, sie sind so fest in mir verankert, dass ich sie gar nicht ändern möchte.

Michael: Nehmen wir an, du würdest sie gerne ändern wollen, könntest du sie vielleicht mit psychologischen Methoden ändern?

Christian: Ich glaube schon. Definitiv.

Michael: Okay. Was glaubst du denn noch?

Christian: Ich glaube, dass ich gut in Mathe bin. Sind wir jetzt beim Thema Glaubenssätze?

Michael: Sieht so aus. Wo kommt denn dieser Glaubenssatz her, dass du gut in Mathe bist? Wieso glaubst du das?

Christian: Ich habe früher in der Schule gute Noten erhalten und viele Leute haben damals über mich gesagt: „Der Junge ist gut in Mathe" [*Pause*], „Dafür ist er schlecht in Sprachen und Sport."

Michael: Hast du das dann auch geglaubt?

Christian: Ja, klar. Das habe ich auch geglaubt. Dann habe ich Physik studiert, theoretische Elementarteilchen-Physik. Da durfte ich ziemlich viel rechnen. Ich glaube, das konnte ich ganz gut.

Michael: Du hast schon wieder das Wort *glauben* benutzt. Was glaubst du noch so?

Christian: Mittlerweile glaube ich, dass ich auch lernen kann, gut in Sprachen zu sein. Ich glaube auch daran, dass ich alles lernen kann, was ich lernen will — segeln, fliegen, Musikinstrumente spielen — alles, was ich lernen will, kann ich lernen.

Michael: Bei Glaubenssätzen denke ich immer gleich an Glaube, also an Religion. Woran glaubst du in religiöser Hinsicht?

Christian: Puh, danach suche ich immer noch. Ich habe schon mal eine Art Test gemacht. Es ging darum herauszufinden, welche Religion und Lebensphilosophie am besten zu mir passt. Das Ergebnis war der Buddhismus.

Michael: Dafür gibt es einen Test?

Christian: Ja. In dem Test habe ich angekreuzt, an welche der Glaubenssätze von verschiedenen Religionen und Philosophien ich glaube und an welche nicht. Mit dem Buddhismus und seiner europäischen Variante, dem Stoizismus, hatte ich die meisten Übereinstimmungen.

Michael: Du hast also durchaus einen Glauben. Du glaubst, dass es da noch irgendetwas außer uns, dich und mich im Hier und Jetzt gibt?

Christian: Ja, ich bin überzeugt, dass da noch etwas ist. Ich erlebe und spüre es jeden Tag.

Michael: Dann haben wir also schon zwei der Facetten, die dich ausmachen, kennengelernt. Wir kennen deine Werte und wissen etwas über deinen Glauben. Dann kommen wir doch noch einmal zu deinen Erinnerungen. An was erinnerst du dich aus deinem Leben besonders?

Christian: Offengestanden bin ich froh, dass es einige Dinge gibt, an die ich mich nicht erinnere. Auch das ist einer meiner Glaubenssätze. Ich höre oft meine Mutter, die zu mir sagt: „Christian, weißt du noch damals, als ...?" „Nein, weiß ich nicht mehr", denke ich dann oft. Und das ist auch gut so. Bestimmt könnte ich diese Erinnerungen mit Tiefenpsychologie zurückholen, doch ich bin überzeugt, dass ich auf einige meiner Erinnerungen gut verzichten kann. Es ist gar nicht notwendig, mich an alles zu erinnern.

Michael: [*schmunzelt*] Gut, haben wir das geklärt. Im Grunde leben wir ja auch im Hier und Jetzt, wer braucht da schon Erinnerungen. Wir haben also über Werte gesprochen, über Glaubenssätze und Religion und über Erinnerungen. Bleiben noch Präferenzen und Kompetenzen. Wie sieht es bei dir mit Präferenzen aus? Hast du welche?

Christian: Absolut. Meine Präferenzen habe ich dank dir kennengelernt. Durch dich ist mir klar geworden, dass ich voller gelber Energie stecke. Ich habe also gerne Spaß und spreche gerne mit Menschen. Bis dahin hatte ich immer geglaubt, dass meine Präferenz vor allem die Mathematik ist. Das mathematische Verständnis, das genaue Arbeiten — diese Kompetenz habe ich mir viele Jahre angeeignet. Ich kann mich auch jetzt noch hinsetzen und irgendwelche Zahlen rechnen. Das macht mir auch nach wie vor eine gewisse Zeit lang Spaß. Es ist nur nicht meine Präferenz. Ich möchte das nicht mein Leben lang tun.

Michael: Was denkst du denn, wo deine Präferenzen herkommen? Also das, was dir leicht fällt, was du gerne machst und was so locker läuft — deine sogenannte *Comfort Zone*.

Christian: Bei den Präferenzen, würde ich sagen, ist der Anteil der Genetik höher, vielleicht bei 70 %. Die restlichen 30 % kommen durch meine Umwelt, also meine frühkindliche Prägung. Die Kindheit ist immer mit schuld.

Michael: Du meinst, so ähnlich wie deine Leistung beim Hochspringen? Du hast mir mal erzählt, wie leicht es dir gefallen ist, beim Hochspringen eine Urkunde zu erhalten, weil du so groß bist. Du hast zu mir gesagt: „Da bin ich einfach zu dieser Latte gelaufen, hoch gehüpft und habe meinen Körper in der Luft umgeklappt. Und schon gab mir jemand eine Urkunde." Das fiel dir leicht, weil es sich aufgrund deiner Substanz angeboten hat.

Christian: [*lacht*] Ich habe früher auch gedacht, dass olympische Schwimmer durch das viele Training ein breites Kreuz und kurze Beine bekommen. Jetzt denke ich, es ist genau andersherum. Sie sind gute Schwimmer, weil sie ein breites Kreuz und kurze Beine haben.

Michael: Du meinst, weil ihre Grundsubstanz das Schwimmen erleichtert.

Christian: Ja, natürlich trainieren sie auch hart, um gut zu schwimmen, und bauen ihre Präferenz zu einer sehr hohen Kompetenz aus. Was ich sagen will, ist, ich habe einfach zu lange Beine, um Schwimmweltmeister zu werden. Außerdem wäre es mir auch zu langweilig.

Michael: Du hast bestimmt schon mal etwas von stärkenbasiertem Management gehört. Es geht darum, die eigenen Stärken zu identifizieren und zu managen. Diese hängen ja irgendwie mit meinen Präferenzen zusammen. Wenn ich meine Präferenzen, also das, was mir leicht fällt, was die Natur mir mitgegeben hat, auch als meine Stärke entdecke, kann ich diese zu einer starken Kompetenz weiterentwickeln. Ich kann also wirklich Weltmeister werden.

Christian: Jedenfalls in dem Bereich, in dem ich gut bin.

Michael: Kommen wir also zu unserer Ausgangsfrage zurück. Diese lautete: *Wer ist eigentlich dieser Christian?* oder allgemein ausgedrückt: *Wer bin ich?* Wir haben Vieles über dich gelernt. Zugegeben, über deine Erinnerungen haben wir nicht viel erfahren. Wie wir dennoch wissen, hast du welche, und zwar verschachtelte und kodierte Erinnerungen. Alles, was du auf den fünf *VAKOG*-Kanälen in der Vergangenheit wahrgenommen hast: visuell, auditorisch, kinästhetisch, olfaktorisch und gustatorisch.

Abbildung: VAKOG
Jeder von uns nimmt jeden Tag, jede Sekunde eine Vielzahl an Sinneseindrücken über diese Kanäle wahr. Die Rechenleistung und Speicherkapazität pro Kanal sind für jeden Menschen individuell verschieden. Jeder präferiert einen eigenen Kanal-Mix.

Es wäre bei anderer Gelegenheit sicher spannend zu hören, welche Erinnerungen du gespeichert hast. Über deine Werte haben wir auch etwas erfahren. Darüber, was tief in dir drin und wichtig für dich ist. Dazu hast du etwas gesagt wie: „Meine Werte sind Spaß, Erkenntnis und Produktivität", „Das möchte ich gar nicht ändern. Das ist gut so wie es ist." Danach haben wir über Glaubenssätzen gesprochen. Du glaubtest früher, du seist vor allem gut in Mathe und nicht in Sprachen, doch später hast du erkannt, dass du auch mit Menschen und mit Sprache ganz gut umgehen kannst. Also glaubst du, dass du alles lernen kannst, was du können willst. Ich kann also steuern und wählen, was ich glaube. Sogar in puncto Religion. Dann hatten wir das Thema Präferenzen, also Dinge, die mir von Natur aus leicht fallen, weil meine Substanz das mitbringt. Kompetenzen sind die Dinge, die ich mir aneigne, selbst wenn ich lange Beine und kurze Arme habe und trotzdem Schwimmweltmeister werden möchte.

Christian: Nun, du wirst vielleicht kein Weltmeister.

Michael: Was meinst du nun, wer bist du? Wer ist dieser Christian?

Christian: Ich bin dieser Christian. Mit all diesen Facetten, Erinnerungen, Werten, Glaubenssätzen, Kompetenzen und Präferenzen. Das weiß ich jetzt. Wie hilft mir das nun, mich zu führen? Führungstätigkeit beginnt ja bei mir selbst. Es bedeutet in erster Linie, mich zu führen, dann andere zu führen, um dann schließlich „keine Schlacht mehr fürchten zu müssen."

Michael: Du kennst also den ersten Teil — dich selbst. Der Spruch von Sun Tzu, dem besagten chinesischen Militärstrategen und Philosoph, lautet in etwa: „Kenne dich selbst und kenne deinen Feind, dann gewinnst du 100 % aller Schlachten." Du weißt also nun, wer du bist in den fünf Dimensionen Erinnerungen, Werte, Glaubenssätze, Präferenzen und Kompetenzen. Du darfst also herausfinden, wer nun diejenigen sind, die du führst und inwiefern sie sich von dir unterscheiden. Nehmen wir an, du hast weiterhin den Glaubenssatz: „Ich bin gut in Mathematik und ich bin gut in Sprachen." Ein anderer in deinem Team steht nun vor einer mathematischen oder sprachlichen Aufgabe, hat aber andere Glaubenssätze als du. Wie gehst du damit um?

Christian: Die eigenen Glaubenssätze zu kennen ist schon mal ein wichtiger Schritt, damit kann ich arbeiten. Ich gebe dir ein Beispiel aus der Zeit meiner Kaffeebar-Firma *chicco di caffe*. Weil ich der Physiker in der Firma war und mit Zahlen umgehen konnte, war ich natürlich zunächst auch verantwortlich für die Buchhaltung des Unternehmens. Ich habe den Bereich vom Steuerberater übernommen und den Finanzbereich aufgebaut. Irgendwann ist mir klar geworden, dass jemand anderes deutlich besser darin war als ich. Mir hat es Spaß gemacht, den Bereich aufzubauen und mich auch in das Kassenbuch hineinzufuchsen. Das fand ich total spannend. Allerdings macht mir so etwas nur so lange Spaß, bis ich weiß, wie es geht und es zur Routine wird. Ab dem Moment übergebe ich es dann besser an jemand anderen. Wenn ich weiß, welche Tätigkeiten mir leicht fallen und für welche ich eher weniger Energie benötige, um dennoch ein gutes Ergebnis zu erzielen, kann ich diese Aufgaben annehmen. Wenn ich hingegen weiß, dass mich eine Tätigkeit eher eine Menge Energie kostet, während jemand anderem die gleiche Aufgabe viel leichter fällt, gebe ich diese besser ab. Idealerweise an denjenigen, der sagt: „Ich kann jeden Tag stundenlang das Kassenbuch machen, das fällt mir leicht."

Michael: Wenn ich es richtig verstehe, heißt das also für mich als Vorgesetzter, wenn ich weiß, wo meine eigenen Fähigkeiten liegen, und die meiner Mitarbeiter, kann ich Aufgaben so delegieren, dass jeder das erledigt, was er am besten kann, was ihm leicht fällt und wo er oder sie die besten Ergebnisse erzielt. Die Gesamtleistung des Teams wäre in diesem Fall insgesamt höher und das Ergebnis besser.

Christian: Es muss gar nicht unbedingt delegiert werden. Die Aufgaben können auch einfach gemeinsam verteilt werden, sodass wir zusammen darüber sprechen und die Fähigkeiten der anderen noch besser kennenlernen.

Michael: So wie auch wir kooperieren?

Christian: „Mach du das mal lieber, da bist du besser als ich." Na klasse. Danke, dass ich das machen darf.

Michael: Ich finde diese Arbeitsweise super. Ein Teil von dem, *wer du bist,* ist sehr auditorisch. Du hörst gerne zu und du sprichst gerne. Für den auditorischen Kanal hast du eindeutig eine Präferenz. Deswegen kam auch von dir die Idee für unseren Podcast. Das liegt dir einfach. Ich bin eher der visuelle Typ. Ich hole gerne ein Flipchart dazu und fange an zu malen oder tippe etwas auf meiner Tastatur, damit ich es sehen kann. Wenn ich nichts sehe, kann ich nicht denken. Daher kümmere ich mich um unsere Videos und um die Grafik. Das ist eine super Aufteilung entsprechend unseren Stärken. Es macht auch viel mehr Spaß, wenn ich die Dinge machen kann, die mir leicht fallen und in denen ich gut bin. Um die Dinge, die ich nicht so gerne mache, kümmert sich jemand anderes. Jemand, der darin richtig gut ist. So fühlt sich das ganze Team super und hat Spaß bei der Arbeit.

Christian: Wir haben in einer Abteilung mal eine Übung dazu gemacht. Jeder hat aufgeschrieben, welche Aufgaben er den ganzen Tag erledigt, welche ihm davon Spaß machen und welche nicht. Am Ende hatten wir fünf Blätter voller Aufgaben. Diese haben wir dann zusammengelegt und die Aufgaben so verteilt, dass jeder hauptsächlich Aufgaben bekommen hat, die ihm Spaß machen. Die Produktivität des Teams ist enorm gestiegen und es war für alle viel leichter.

Michael: Das ist eine großartige Idee. Das heißt, ich setze mich mit meinem Team zusammen, jeder schreibt zehn Aufgaben auf, an denen er gerade arbeitet und versieht diese mit einem Spaßfaktor — wenig, mittel, viel. Dann legen wir das alles zusammen und jeder sucht sich das heraus, was ihm am meisten Spaß macht. „Ach, was, das macht dir Spaß? Das wusste ich gar nicht, na dann bitteschön. Der Job gehört dir." Gute Sache. Dann sind alle viel glücklicher und das Ergebnis wird besser.

Christian: Ganz genau. So machen wir es im Grunde ja auch — nur implizit.

Michael: Jetzt habe ich am Ende nur noch eine Frage: Du bist Christian. Wer bin ich?

Christian: Du bist der Michael.

Die Übung zu verstehen, wer ich wirklich bin, welche Präferenzen und Kompetenzen ich wirklich habe, ist eine großartige Idee für das gesamte Team. Es schafft Verständnis und lenkt die Aufmerksamkeit viel bewusster auf die Stärken jedes Einzelnen. Es schafft Wertschätzung. Ich weiß sofort, an wen ich mich mit welchem Thema wenden kann. Allerdings befürchte ich, dass in vielen Unternehmen Aufgaben und Projekte von Mitarbeitern und Führungskräften dennoch gerne nach Sichtbarkeit und Prestige gewählt werden, weniger nach den eigenen Skills. Wie ehrlich darf ich mir und dem Team gegenüber also sein? Was passiert, wenn meine Präferenzen und meine Kompetenzen nicht die Erwartungen an meine Rolle erfüllen? Gerade als Chefin sind die Erwartungen an mich sehr hoch. Darf ich sein, wer ich bin? Deutet die Antwort auf diese Frage auf einen möglichen Wertekonflikt hin?

ICH BIN, WER ICH WILL

ICH HABE DIE MACHT MICH ZU VERÄNDERN

Christian: Sag mal, was hattest du eigentlich für einen IQ, als du klein warst?

Michael: Ich hatte tatsächlich mal die Gelegenheit, als Kind an einem IQ-Test teilzunehmen. Das Ergebnis lag irgendwo zwischen 115 und 125, soweit ich mich erinnere. Vielleicht war es auch 105, irgendetwas mit 5, vielleicht einfach nur 5.

Christian: *[grinst]* Ich hatte 240.

Michael: Das war mir klar.

Christian: Jedenfalls ist das die Geschichte, die ich mir gerne erzähle.

Michael: Was machst du denn dann überhaupt noch hier?

Christian: Gute Frage, das versuche ich herauszufinden.

Michael: 240 ist ja eine Wahnsinns-Zahl.

Christian: Ach was. Ich habe nie einen offiziellen IQ-Test gemacht, nur immer mal wieder solche Aufgaben geübt. Dabei ist mir schnell langweilig geworden. Häufig habe ich dabei Lösungen gefunden, die nicht der offiziellen Lösung entsprechen. Daher glaube ich, ich bin einfach zu intelligent für diese Tests. Oder ich war einfach unkonzentriert.

Michael: Ich glaube, es ist ganz gut, dass du nie einen offiziellen Test gemacht hast.

Christian: Weil ich sonst wüsste, wie übermäßig intelligent ich bin?

Michael: Nun ja, stell dir mal vor, es wäre wirklich ein Ergebnis von 240 herausgekommen? Wenn ich mir vorstelle, ich hätte einen IQ von 240, würde ich mich ständig unter Druck gesetzt fühlen. Ich hätte ständig das Gefühl, das größte Genie der Erde sein zu müssen.

Christian: Definitiv.

Michael: Wenn ich dann mal etwas nicht weiß oder nicht kann, was mache ich denn dann?

Christian: Du würdest in Schwierigkeiten mit dir selbst und deinen Geschichten geraten. Es gäbe eine Inkongruenz zwischen dem, was du erlebst und deinen Geschichten, die du dir erzählst.

Michael: Wie klingt die Geschichte in meinem Kopf, die dann abläuft?

Christian: Es könnten unterschiedliche Geschichten sein, die du hörst. Eine könnte etwa so klingen: „Ich bin das größte Genie und die anderen merken es nicht einmal. Sie verhalten sich so komisch, womöglich sind sie einfach zu doof."

Michael: Meinst du, man könnte extrapolieren, wie es dann in deinem sozialen Umfeld gelaufen wäre?

Christian: Du meinst, wenn ich tatsächlich einen IQ-Test gemacht hätte und es wäre so ein Genie-Ergebnis herausgekommen? Ich wäre vermutlich unausstehlich geworden.

Michael: [*lacht*] Gut zu wissen.

Christian: Deswegen bin ich ganz froh, dass ich es nie gemacht habe. Ich habe schnell gemerkt, dass diese Intelligenztestaufgaben etwas sind, was ich wahrscheinlich nie lernen werde. Dafür muss man eine ganze Menge Konzentration aufbringen. Es ist auch Übungssache, sich darauf zu konzentrieren. Das war eher nichts für mich.

Michael: Ist es nicht eigentlich genau der Punkt bei diesen Tests, dass man sie nicht üben kann? Ich dachte, ich kann diese Tests nicht faken, da sie eben testen sollen, wie intelligent ich wirklich bin.

Christian: Ich glaube schon, dass ich das Ergebnis durch Übung beeinflussen kann.

Michael: Vermutlich hast du recht. Als ich diesen Test damals gemacht habe, gab es tatsächlich Leute, die mit einem IQ von 130 oder 160 abgeschnitten haben. Das ist schon sehr nah am Genie-Level. Mein Ergebnis war nicht schlecht, und auch nicht richtig gut. Ich habe mich danach nicht unter Druck gesetzt gefühlt. Meine Geschichte lautete eher so: „Na gut, wenn ich von Natur aus nicht so intelligent bin wie andere, gleiche ich es einfach durch etwas anderes aus. Ich lerne mehr dazu, arbeite härter und bilde mich fort." Das hat mich motiviert. Es hat mich richtig angetrieben.

Christian: Das ist doch gar nicht schlecht, oder?

Michael: Ja, ich denke, es war sogar sehr hilfreich. Ein Ergebnis oder ich sage fast besser, die Diagnose eines IQs von 240 kann ich mir durchaus als einen mentalen Fuck-up vorstellen. Es ist vielleicht gar nicht so leicht, damit umzugehen.

Christian: Drehen wir das Ganze mal um. Stell dir vor, du erwischst einen schlechten Tag, an dem du den Test absolvierst. Das Ergebnis liegt bei 80 Punkten. Ein IQ von 80 ist eher unterdurchschnittlich. Wie wäre dein Leben dann verlaufen? Wie würde deine Geschichte dann klingen?

Michael: Wow. Das wäre wahrscheinlich eine *Selffulfilling Prophecy* geworden, eine selbstverwirklichende Prophezeiung. Wenn mir als Kind jemand erzählt: „Du hast einen IQ von 80. Das ist unterhalb der Norm", klingen die Geschichten in meinem Kopf vermutlich so: „Viele andere Kinder sind intelligenter als ich", „Ich bin nicht so gut wie andere." Eventuell wird dann genau diese Story zur Wahrheit und ich werde ein Versager. Einfach nur, weil ich es mir selbst einrede und mich damals diesem blöden Test ausgesetzt habe.

Christian: Ich brauche gar nicht unbedingt einen IQ-Test zu machen, um meinen Kindern einen schlechten IQ zu attestieren. Wenn ich meinen Kindern ständig sage: „Na, du Dummerchen. Was hast du heute wieder Dummes angestellt?" oder „Ich weiß, du verstehst das nicht. Du bist zu klein", kann es passieren, dass ich sie damit zu genau diesem Mindset führe. Sie fangen dann an, sich selbst die Geschichte zu erzählen: „Ich verstehe das einfach nicht, weil ich ein Dummerchen bin. Ich bin einfach langsam."

Michael: So war es doch auch bei dir. Dir wurde erzählt, dass du super intelligent und deshalb gut in Mathe bist, dafür schlecht in Sport.

Christian: Genau. Ich war gut in Mathe. Daher haben alle geglaubt, dass ich schlecht in Sport bin. In der Schule war ich das auch.

Michael: *Selffulfilling Prophecy*. So ist es dann gekommen, bis du dich anders entschieden hast.

Christian: Ja, beim Hochsprung habe ich gemerkt, dass ich gar nicht schlecht war in Sport. Ich war groß, bin einfach zur Stange gelaufen, drüber gehüpft und habe eine gute Note erhalten.

Michael: Zu diesem Thema hat sich in den letzten zehn Jahren in der Wissenschaft eine Menge getan. Es gibt den Begriff der Neuroplastizität. Was ist das?

Christian: Was das ist, werde ich, glaube ich, nie verstehen.

Michael: Clever. [*grinst*] Ich passe besser genau auf, was du sagst. Also, *Neuro* bedeutet für mich *Schädel* oder *Hirn*, eben die Masse in meinem Kopf. *Plastizität* bedeutet, dass es formbar ist. Früher ging die Wissenschaft davon aus — und das ist auch das, was ich in der Schule gelernt habe — dass diese Masse nun mal bei manchen intelligenter und bei manchen weniger intelligent ist. Das ist so und das bleibt auch immer so. Das war die Story, die mir erzählt wurde. Die Welt ist davon ausgegangen, dass das Gehirn, wenn es einmal ausgewachsen ist, so ist, wie es ist. Es ist strukturiert und verschaltet mit gewissen Begabungen, der Sprache und so weiter. Nun hat die Wissenschaft in den letzten zehn Jahren erkannt, dass das Bullshit ist. Es hat sich herausgestellt, dass das Gehirn tatsächlich formbar ist, bis ins hohe Alter. Es gibt also Methoden, die Intelligenz zu trainieren. Heute klingt die Story demnach wie folgt: „Heute habe ich einen IQ von 80. Wenn ich will, kann ich einen IQ von 160 erlangen."

Christian: Das ist allerdings eine große Aufgabe. Ich kann plötzlich selber entscheiden, welche Geschichte ich glaube und mir erzähle. Einfach ist natürlich zu sagen: „Ich habe einen IQ von 80. Das ist so, das bleibt so. Ich brauche mich also gar nicht anzustrengen. Das ist leichter für mich, für die Lehrer, für die Eltern und für meinen Chef. Ich bin halt ein Dummerchen. Kannste nix machen." Entscheide ich mich für die andere Geschichte, bedeutet es, ich kann lernen, intelligent zu sein. Das ist natürlich anstrengender, als dumm zu bleiben.

Michael: Und schon bin ich wieder bei *Cause and Effect*, bei Ursache und Wirkung. Bei der ersten Geschichte oder Geisteshaltung bin ich das Opfer *at effect*, also bei der Wirkung. Die Umstände, die Welt, die Natur, die anderen sind an allem schuld. *At cause*, also an der Ursache bin ich, wenn meine Geisteshaltung ist, zu akzeptieren, dass ich Möglichkeiten habe, etwas daran zu ändern. Mein Mindset sagt mir, dass ich diese Möglichkeiten nutzen und an meinem Ergebnis arbeiten werde, sofern ich das möchte. Ich kann etwas aus der Situation machen. Ich kann sie ändern. Dann werde ich auch beim nächsten Mal ein anderes Ergebnis erzielen.

Christian: Ich habe eben gesagt: „Es ist anstrengend." Das ist natürlich auch wieder eine Entscheidung, die ich getroffen habe.

Michael: Ja genau. Wenn du möchtest, fühlt es sich anstrengend an.

Christian: Es ist meine Entscheidung. Zu sagen: „Das ermöglicht mir viele Chancen" oder „Das macht es mir leichter", ist eine Entscheidung. Es wird alles viel leichter, wenn ich plötzlich selbst entscheiden kann, wer ich sein will, wer ich bin und welche Geschichten ich glaube. Das ist super.

Michael: Das ist das Geniale dabei. All das kann ich selbst wählen. Ich kann wählen, wie ich die Dinge sehe, was ich fühle, in welchem Zustand ich bin und welche Emotionen ich dabei empfinde. Wenn ein Klient zu mir sagt: „Das fühlt sich für mich anstrengend an", frage ich: „Wie würde es sich denn anfühlen, wenn du dir vorstellst, es würde dir leicht fallen?" Ich versuche, meine Klienten dazu zu bringen, sich an etwas zu erinnern, was sich in ihrem Leben leicht angefühlt hat, und lasse sie das Gefühl übertragen. Quasi als gäbe es eine *Copy&Paste*-Tastenkombination für Gefühle. Ich kann dieses Gefühl einfach von einer Sache auf die andere übertragen und plötzlich fühlt sich etwas, was vorher anstrengend war, ganz leicht an. Meine Emotionen kann ich wählen. Das ist eines der größten Learnings, das ich bisher in meinem Leben hatte. Wie funktioniert das für dich?

Christian: *Copy&Paste*, das hört sich gut an. Im ersten Moment stelle ich mir die Frage, wie das geht. Doch wenn ich davon überzeugt bin, dass es funktioniert, ist es ganz einfach. Dann mache ich es einfach: *Copy&Paste* — ganz leicht.

Michael: Auch dafür gibt es gute NLP-Methoden.

Christian: Ja, es ist total easy.

Michael: Wie hilft mir das als Führungskraft? Wir sind ja hier bei *Chief of Anything*, so what?

Christian: Wen führe ich denn als Führungskraft? In erster Linie führe ich mich selbst. Dann führe ich meine Mitarbeiter und dann führe ich letztlich alle um mich herum, mit denen ich kommuniziere. Führung ist die Fähigkeit zu kommunizieren. Wenn ich also davon überzeugt bin, dass es leicht ist, mich zu verändern und meine Emotionen zu kontrollieren, kann ich ganz einfach damit anfangen. Ich sage mir: „Ich kann mich ganz einfach anpassen und verändern."

Michael: Dann kann ich auch wählen, wie ich mich in Situationen fühle, in denen ich mich möglicherweise bisher unwohl gefühlt habe. Zum Beispiel im Umgang mit anderen Leuten. Nehmen wir ein Mitarbeitergespräch, welches nicht so gut gelaufen ist. Ich bin total genervt. Der erste Schritt ist zu realisieren, dass ich genervt bin. Denn wenn ich das beobachtet habe, kann ich eine Wahl treffen. Ich kann entweder entscheiden, mit diesem Gefühl weiterzumachen und das Gefühl zuzulassen. Oder ich entscheide mich für die *Copy&Paste*-Tastenkombination und ersetze das Gefühl des Genervt-Seins durch ein anderes, ein besseres Gefühl. Ich entscheide mich, über den Dingen zu stehen. Ich kann über der Emotion stehen und einfach eine andere wählen. Ich gehe plötzlich mit dem Mitarbeiter ganz anders um und bin in der Lage, anders mit ihm zu kommunizieren, als wenn ich genervt bin. Es kommt ein wesentlich besseres Ergebnis dabei heraus. Alles nur, weil ich mich entschieden habe, mich nicht so zu fühlen, wie es in mir programmiert ist, sondern zu entscheiden, wie ich mich in dieser Situation fühlen möchte. Das Ganze ist ein Konzept und lässt sich in einer einfachen Formel ausdrücken: E + R = O

Abbildung: E + R = O
Ich bestimme meine Reaktion und habe damit die Macht jedes Ergebnis zu beeinflussen, unabhängig vom Ereignis, das nur Auslöser ist.

Christian: Das kenne ich. Das ist von Einstein.

Michael: Ja, so ähnlich. Die Buchstaben stehen für *E = Event*, also ein Ereignis, das geschieht. Das *R* steht für *Response* — meine Antwort, die ich auf dieses Ereignis wähle. Das *O* steht für *Outcome*, das Ergebnis, welches ich durch meine Antwort erziele. Es gibt dazu eine ganz berühmte Geschichte von Viktor Frankl[4]. Er schreibt über Menschen im Konzentrationslager, die sich in ihrem Kopf ganz bewusst gemacht haben, dass sie egal, was passiert — ganz egal, welches Ereignis geschieht, sie immer noch ein R haben. Ihr Mindset hat zu ihnen gesagt: „Ich habe immer ein R. Ich habe immer die Möglichkeit, zu reagieren, um das Ergebnis, welches am Ende herauskommt, zu beeinflussen. Nicht die Umstände bestimmen das Ergebnis. Über das R in dieser Formel bestimme ich und es wird das Ergebnis beeinflussen." Unglaublich! Philosophisch betrachtet sind wir dabei beim Thema Willensfreiheit, glaube ich.

Christian: Wahnsinn.

4 Viktor Emil Frankl, österreichischer Neurologe und Psychiater, https://de.wikipedia.org/wiki/Viktor_Frankl

Michael: Jeder Mensch hat ja solche Trigger-Buttons in sich. Meine Frau, meine Eltern und meine Kinder kennen die bei mir ganz genau. Sie haben eine beeindruckende Gabe, diese sehr gezielt bei mir zu drücken.

Christian: Immer einer, der den Button drückt und einer, der ihn drücken lässt.

Michael: Das gebe ich gerne zu. Wenn das passiert, ist es für mich eine besondere Challenge, das R selbst zu wählen, anstatt sich allem hinzugeben. Dann denke ich immer an diese Formel E + R = O. Es geschieht ein Ereignis, das mich total triggert. Ich würde am liebsten ausflippen. Doch dann wähle ich mein R, um das Ergebnis zu erzielen, welches ich haben möchte. Denn wenn ich das nicht tue, erhalte ich ein Ergebnis, das von außen beeinflusst ist, nicht von mir. Dann bin ich wieder an der Wirkung, *at effect*, ich würde mich einfach damit abfinden. Das will ich nicht. Ich möchte das Ergebnis haben, was ich haben will, daher entscheide ich mich bewusst für ein R meiner Wahl. Denn ich bin die Ursache für jedes O, das in meinem Leben passiert.

Christian: Wenn ich diese Formel mathematisch betrachte, stelle ich fest, dass es zu jedem E, also zu jedem Event, jedem Ereignis ein R, also eine Antwort von mir gibt. Daraus folgt, dass aus jedem Event und jeder meiner Antwort ein O, ein Outcome erzielt wird, das ich beeinflusse. Jedes O ist also von mir bestimmt.

Michael: Genau.

Christian: Das bedeutet, dass das Ergebnis vollkommen unabhängig von der äußeren Welt ist.

Michael: Richtig. Das hatten wir schon mal.

Christian: Mein Lieblingsspruch: *Happiness is a decision*. Ich entscheide mich dafür, glücklich zu sein — unabhängig von den äußeren Umständen.

Michael: Buddhistische Mönche sind darin die absoluten Weltmeister. Sie sitzen bloß da und meditieren tagein, tagaus, zwanzig Jahre lang und fühlen sich einfach glücklich und zufrieden. Einfach, weil sie es so entscheiden.

Christian: Nun, ich brauche gar nicht unbedingt nur so dazusitzen und zu meditieren. Ich kann auch in Kontakt mit der Außenwelt treten. Wichtig ist, dass ich mir bewusst mache, dass die Welt und mein Gefühlszustand linear unabhängig voneinander sind.

Michael: Das verstehe ich noch nicht.

Christian: Das ist auch schwer.

Michael: Ich entscheide mich dafür, dass ich es gleich verstehe.

Christian: Ich frage nochmal, wie kann ich das als Führungskraft nutzen?

Michael: Im Grunde in jeder Situation, in der mir irgendetwas tierisch auf den Senkel geht. Ehrlich gesagt, ist das für mich die Essenz des Themas. Ich kann in jeder Situation entscheiden, wie ich mich fühle und damit das Ergebnis geschickt zu meinen Gunsten beeinflussen. Das ist immer besser, als ein fremdbestimmtes Ergebnis zu erhalten.

Christian: Dabei kann ich aus einem großen Fundus von Reaktionen auswählen. Du kennst doch den Spruch: *Wenn das einzige Werkzeug, das ich zur Verfügung habe, ein Hammer ist, dann sieht alles aus wie ein Nagel.* Wenn die einzige Reaktion, die ich als Chef zur Verfügung habe, verbal draufhauen oder losbrüllen ist, komme ich damit nicht sehr weit. Wenn ich hingegen einfach mal schweige, mal lache oder grinse, stelle ich fest, dass ich mit flexiblem Verhalten weiter komme — je nach Ergebnis, das ich erzielen möchte. Ich habe es schon erlebt, dass ein Mitarbeiter lediglich aufgrund meines Grinsens plötzlich sagte: „Alles klar, ich habe es verstanden."

Michael: Einfach mal ein anderes R ausprobieren. E + R = O. Das R als Variable variieren und einfach ausprobieren, wie sich mein Outcome verändert.

Christian: Genau. Das macht irre viel Spaß.

Michael: Was wählen wir denn jetzt?

Christian: Wir wählen jetzt super zufrieden zu sein und entscheiden uns, einfach so weiterzumachen.

Michael: Leading myself.

Langsam verstehe ich, wieso so viel über die Verantwortung und wahren Fähigkeiten von Führungskräften gesprochen wird. Manchmal könnte man meinen, Chef-Sein ist ganz einfach. Ich delegiere einfach alle Aufgaben und mache mir ein schönes Leben. Doch die eigentliche Kunst ist es, ständig die mentale Kontrolle zu bewahren. Leadership bedeutet Selbstreflexion, Sensibilität und Selbstbeherrschung. Es ist meine Aufgabe, mich ständig mich mit mir selbst und mit den Menschen, die ich führe, auseinandersetzen, stets die Kontrolle bewahren und überlegt agieren. Es ist eine sehr rationale Aufgabe, die gleichzeitig den Umgang mit vielen Emotionen erfordert. Das ist die eigentliche Herausforderung als Chefin und sehr viel schwieriger als das reine Bewältigen eines vollen Schreibtisches.

STORY OF MY LIFE

„WIR SIND, WAS WIR VORGEBEN ZU SEIN, ALSO MÜSSEN WIR VORSICHTIG SEIN, ALS WAS WIR UNS AUSGEBEN." – KURT VONNEGUT

Christian: Wir machen nun eine kleine Übung, die Lifeline-Übung. Sie dient dazu, sich selbst und andere besser kennenzulernen und Vertrauen im Team aufzubauen. Bei dieser Übung erzählt jeder zehn Minuten aus seinem Leben. Wir fangen mit dir an. Du erzählst mir von Höhen und Tiefen, die du erlebt hast, was du daraus gelernt hast und wie es dir dabei ergangen ist. Je offener und ehrlicher du insbesondere mit deinen Schwächen und Emotionen umgehst, desto mehr Verständnis wird jedes Teammitglied für dich und dein Verhalten haben und desto tiefer wird das Vertrauen sein, welches in der Gruppe entsteht. Vertrauen ist die Basis für eine gute, produktive Zusammenarbeit.

Michael: Absolut. Ich kenne diese Übung sehr gut. Wir beide haben sie schon häufig durchgeführt, vor allem mit Klienten und Gruppen, die wir coachen. Kennengelernt haben wir sie vor ein paar Jahren bei EO[5] in verschiedenen Weiterbildungen. Dort haben wir sie auch zusammen mit anderen Unternehmern gemacht. Das Interessante dabei ist, welche Highlights jede Person dabei heraus greift und wie sie diese erzählt. Das Zitat von Kurt Vonnegut[6] bewahrheitet sich hier immer wieder. Er sagte in etwa, das wir aufpassen dürfen, was wir vorgeben zu sein, denn das, was wir vorgeben zu sein, das werden wir auch. Wenn ich gleich meine Lebensgeschichte erzähle, erzähle ich diese im Bewusstsein darüber, wie und was ich erzählen möchte. Ich verfolge bewusst oder unbewusst eine Absicht, mich so darzustellen, wie ich von den anderen wahrgenommen werden möchte. Davor warnt Vonnegut. Pass auf, wie du dich darstellst, denn es wird sich bewahrheiten. Wer du vorgibst zu sein, so wirst du auch werden.

Christian: Okay. Dann mal los. Fängst du an an mit deiner Lifeline, Michael?

---

5 EO, die Entrepreneurs' Organization ist ein weltweiter Verband von Unternehmern — www.eonetwork.org
6 US-amerikanischer Schriftsteller mit deutschen Wurzeln

Michael: Ja, gerne. Wie viel Zeit habe ich?

Christian: Ich setze den Timer auf zehn Minuten.

Michael: Okay. Ich erzähle also meine Lebensgeschichte, meine Höhen, meine Tiefen und was ich gelernt habe, damit du und die Leser mich besser kennenlernen und unsere Beziehung gestärkt wird. Los geht's.

LIFELINE MICHAEL

Meine Geschichte startet bereits 1946. 1946 war meine Mutter fünf Jahre alt. Sie ist in Ungarn geboren. Meine Familie ist in den 1700er Jahren aus Deutschland nach Ungarn ausgewandert und lebte seither in Ungarn. Ende des Zweiten Weltkrieges wurden sie dann aufgrund ihrer deutschen Abstammung aus Ungarn vertrieben. Diese Flucht, die sich über etwa zehn Jahre mit vielen Wendungen hinzog, hat meine Mutter und später auch mich sehr geprägt. Durch meine Mutter habe ich verstanden, dass Heimat nicht zwangsläufig etwas für die Ewigkeit ist. Schon als Kind hat sich durch die Erlebnisse meiner Familie in mir ein tiefes Gefühl breitgemacht. Ich wollte, dass die Menschen friedvoll miteinander umgehen, damit die Welt besser wird und sich so etwas in Zukunft nicht mehr wiederholt. Das war mir wichtig.

Mein Vater hingegen hat mir das Unternehmertum mitgegeben. Er kommt aus dem Rheinland, Nähe der holländischen Grenze. Dort bin auch ich aufgewachsen. Er war Steuerberater und Unternehmer und ist jetzt pensioniert. Alle vier Großeltern waren in der Landwirtschaft tätig, was ich heute noch in manchen Verhaltensweisen meiner Eltern und auch von mir selbst bemerke.

1970 wurde ich schließlich erfolgreich geboren. Ich bin jetzt fünfzig Jahre alt. Ich sage ganz bewusst, ich wurde erfolgreich geboren, da meine Mutter bereits zwei nicht erfolgreiche Schwangerschaften erlebt hatte, bevor ich geboren wurde. Ich hätte eigentlich zwei Brüder gehabt. Die Medizin war damals noch nicht so weit. Heute hätte man sie sicher retten können, damals leider noch nicht. So lernte ich bereits als kleines Kind die Kindergräber meiner Brüder kennen. Während ich aufwuchs, spielten Leben und Tod für mich immer eine große Rolle. Als ich zwölf Jahre alt war, verstarb mein Großvater an

Magenkrebs. Als ich dreizehn war, nahm sich meine Großmutter das Leben. Der Tod meiner Großeltern hatte auf die gesamte Familie, besonders auf meine Mutter und damit auch auf mich, einen großen Einfluss. Später habe ich mich entschieden, Zivildienst zu machen. Der militärische Dienst kam für mich nicht in Frage. Ich wollte niemals bei irgendwelchen kriegerischen Handlungen beteiligt sein. Ich war beim Roten Kreuz als Rettungssanitäter aktiv und wurde ebenfalls häufig mit dem Tod konfrontiert. Ich habe viel über das Leben und den Tod gelernt. Irgendwann verstarb mein Cousin. Er hatte einen Verkehrsunfall und lag zunächst einige Jahre im Koma. Meine verbliebene Großmutter starb an Krebs, den anderen Großvater habe ich nie kennengelernt. Dann litt meine Mutter an Brustkrebs. Sie hat sich — Gott sei Dank — wieder erholt. Derlei Schicksale zogen sich durch mein Leben wie ein roter Faden. Ein Schulfreund von mir kam bei einem Verkehrsunfall ums Leben, ein Arbeitskollege starb mit Anfang dreißig an einem Herzinfarkt. Als ich vierzig war, starb mein Mentor und damaliger Chef. Auch er ging viel zu früh von uns. Ich nehme den Tod sehr ernst und habe gelernt, dass er jederzeit kommen kann.

Drei große Werte oder Leidenschaften haben in meinem Leben immer eine große Rolle gespielt. Das erste ist die große, weite Welt. Meine zweite Leidenschaft ist die Musik. Das dritte Thema, welches mir wichtig ist, ist der Fortschritt — zum einen der technische Fortschritt und zum anderen die allgemeine Weiterentwicklung.

Die große, weite Welt hat in meinem Leben viele schöne Dinge bewirkt. Mein Motto ist: *Das Leben ist bunt*. Ich bin in einem sehr kleinen Ort aufgewachsen und hatte immer eine Sehnsucht nach der Ferne. Das hat sicher auch etwas mit der Ungarn-Flüchtlingsgeschichte meiner Vorfahren zu tun. Ich habe mich damals nie so ganz zu Hause gefühlt. Mit sechzehn bin ich als Austauschschüler in die USA gegangen. Ich habe zum ersten Mal live erlebt, wie unterschiedlich das Leben an verschiedenen Orten sein kann. Mit fünfunddreißig bin ich dann für zwei Jahre nach Südafrika gegangen, um dort zu leben und zu arbeiten. Dass ich quasi ausgewandert bin, wurde mir erst später bewusst. Ich habe alle Leinen zum deutschen System gekappt — keine deutsche Krankenversicherung, keine Rentenversicherung. Ich habe mich überall abgemeldet. Es hat sich sehr befreiend angefühlt. In Südafrika habe ich für einen Konzernableger mehrere Callcenter gemanaged. Ich durfte eine Organisation von null auf zweihundert Mitarbeiter aufbauen. Danach haben wir einen Turnaround mit über zweitausend Mitarbeitern geschafft. Ich fühlte mich damals sehr erfolgreich. Es war eine sehr geile Zeit. Das Leben in Kapstadt war wunderbar. Der Lifestyle hat mir so gut gefallen, dass ich auch für immer hätte bleiben können. Doch ich hatte noch andere Ziele im Leben. Ich wollte mehr von der Welt sehen. Ich bin dann mit achtunddreißig weiter nach Katar gegangen. Dort habe ich ein Corporate Start-up für Vodafone aufgebaut. Ich war damals CMO, Chief Marketing Officer des Gründerteams. Wir haben nach zwei Jahren einen IPO[7] im Wert von 2,2 Milliarden Dollar gemacht. Die Harvard Business School hat sogar eine Case Study über uns geschrieben[8]. Es war eine fantastische Zeit. Ich bin damals viel gereist — quer durch die ganze Welt. Erst mit etwa sechsundvierzig Jahren bin ich nach Deutschland zurückgekehrt. Über zehn Jahre war ich im Ausland unterwegs. Ich habe in der Zwischenzeit Kinder bekommen und bin glücklich verheiratet. Seither habe ich wieder die Nähe zu meiner Familie, zu meinen Freunden und zu dem, was für mich Heimat bedeutet, gesucht.

Der zweite große Einfluss in meinem Leben war die Musik. Sie ist es immer noch und wird es immer sein. Seit ich fünf oder sechs Jahre alt war, bin ich von dem Klang fasziniert, wenn Technik und Musik zusammentreffen — besonders Synthesizer und elektrische Orgeln fand ich als Kind unglaublich faszinierend. Ich habe sehr früh Klavierunterricht genommen, später Orgel. Ich habe in Bands gespielt, war bereits mit vierzehn Jahren selber Musiklehrer für Klavier, Orgel und später Gitarre. Ich habe in der Big Band in der Schule gespielt, in verschiedenen Schülerbands und sogar eine eigene Band mit aufgebaut. Das habe ich immer nebenbei gemacht. Als ich dann angefangen habe, Informatik zu studieren, bekam ich das Angebot, in einer professionellen Band zu spielen. Das war für mich der absolute Hammer. Ich habe Bass gespielt und gesungen, vor allem die rockigen Sachen. Wir haben auch viel Tanzmusik gemacht, das war nicht so mein Ding. Es war eine sehr coole Zeit. Vier Jahre habe ich das gemacht. Wir sind richtig herum gekommen, hatten fünfzig oder sechzig Gigs im Jahr. Ich habe sogar ganz gut dabei verdient. Ich war der Bassist von Drafi Deutscher[9] und Andrea Berg

7 IPO, Abkürzung für Initial Public Offering, ein erstmaliges Anbieten von Aktien an der Börse
8 Alcacer, Goodman: Vodafone Qatar: Building a Telco in the Gulf — HBR 2010
9 Drafi Deutscher (1946-2006) war ein deutscher Sänger, Komponist und Musikproduzent

hat damals häufiger in unserer Band mitgesungen. Sie ist mittlerweile in der deutschen Schlagerszene sehr bekannt geworden. Es war eine wirklich schöne Zeit, in der ich gut verdient und viel gelernt habe. Musik war mir immer sehr wichtig. Irgendwann wurde mir allerdings klar, dass sie ein Mittel zum Zweck ist und nicht mein Lebenszweck. Das habe ich damals ganz bewusst so entschieden.

Das dritte große Thema war *Fortschritt*. Technischer und unternehmerischer Fortschritt und auch meine eigene Weiterbildung. Dabei habe ich einige Ups and Downs erlebt. Als Kind war ich in der katholischen Kirche aktiv als Messdiener, im Chor, als Lektor, als Organist. Ich war sogar mal in Rom und habe den Papst aus der Nähe gesehen. Nach dem Abitur bin ich dann aus der Kirche ausgetreten. Ich habe mich viel mit Philosophie und anderen Dingen beschäftigt, die für mich nicht zu den Überzeugungen der Kirche passten. Werte sind für mich nach wie vor sehr wichtig. Ich finde schon, dass die Kirche sehr gute Werte vertritt, nur mit ihrem Mechanismus, der Form und der Institution als solche bin ich nicht mehr einverstanden.

Ich habe Informatik studiert, Medizin als Nebenfach. Das Vordiplom war ziemlich hart, sehr viel Mathematik. Das hat mir keinen richtigen Spaß gemacht. Irgendwann habe ich gemerkt, dass Informatik gar nicht so viel mit Technik zu tun hat, wie ich es mir vorgestellt hatte. Ich habe mir eine Auszeit genommen und vier Jahre als Profimusiker gearbeitet. Als ich danach wiederkam, habe ich das Studium trotzdem mit einem sehr guten Abschluss beendet und konnte mir die Jobs aussuchen. Um möglichst viel zu lernen und Praxis zu erleben, bin ich zu einer Unternehmensberatung gegangen. Der Plan ging auf. Ich habe verdammt viel gelernt und verdammt viel gearbeitet, ständig out of town, immer unterwegs. Meine erste Ehe hat sehr darunter gelitten. Schließlich habe ich den Job gewechselt. Ich habe ein Angebot eines Kunden angenommen. Es war ein Konzern, bei dem ich unglaublich gefördert wurde. Ich habe dort meinen MBA, Master of Business Administration, machen dürfen und bin wieder kreuz und quer um die Welt gereist. Ich hatte Zugang zu unglaublichen Menschen und tollen Mentoren. Schließlich habe ich damals meinen ersten Exit aus dem Start-up gemacht. Ich habe sehr gut verdient, viel Geld beiseitelegen können. Ich hatte zwar keine Unternehmensanteile, doch sehr gute Boni und so weiter. Es war ein Neustart für mich. Neustart wurde dann zu einem wiederkehrenden Thema für mich.

Ich bin Unternehmer und Business Angel geworden, habe in verschiedene Firmen investiert und bin erneut viel herumgekommen. Ich habe mir ein starkes Netzwerk aufgebaut und war sehr aktiv, unter anderem durch EO — Entrepreneurs' Organisation. Ich habe selbst eine Firma gegründet. Wir haben Wasserpfeifenkapseln entwickelt, patentiert, produziert und auch ein paar verkauft. Leider hat die Firma es nicht geschafft und uns ging das Geld aus. Auch diese Story hat die Harvard Business School als Case Study veröffentlicht[10]. Ich habe weiter in verschiedene Firmen investiert und dabei auch sehr viel Geld verloren. Viele Investitionen sind schief gelaufen. Doch ein, zwei Investments waren zum Glück am Ende sehr gewinnbringend. Das hat mir ermöglicht, mich vor ein paar Jahren dazu zu entscheiden, ein neues Projekt anzugehen. Ich habe mich gefragt, was ich als Nächstes machen will. Mir wurde schnell klar, dass ich Executive Coach werden möchte. Ich wollte Menschen in Führungsrollen coachen und ihnen helfen, ihre Ziele zu erreichen. Also habe ich mich ausbilden und zertifizieren lassen. Ich habe wieder sehr viel dazu gelernt und mich ausgetauscht. Jetzt bin ich beruflich erstmal angekommen. Viele Ziele, die ich mir gesetzt habe, habe ich bereits erreicht.

Mir ist bewusst geworden, dass es neben den drei großen Themen in meinem Leben — die große, weite Welt, die Musik und Fortschritt — noch ein viertes Thema gibt, welches mir erst seit ein paar Jahren extrem wichtig geworden ist. Das ist meine Familie und enge Freundschaften. Im ersten Teil meiner Lifeline ist in dem Bereich leider viel schief gegangen. Ich habe mich bereits zweimal scheiden lassen, bevor ich nun das dritte Mal sehr glücklich verheiratet bin. Es sind damals viele unschöne Dinge passiert. Ich habe falsche Entscheidungen getroffen. Vieles ging hin und her. Ich habe mir selber und anderen Menschen wehgetan. Aus diesen damals dunklen Tiefschlägen kam glücklicherweise am Ende ein großes Gefühl der Freiheit in mir hoch. Diese Freiheit habe ich ausgekostet und mich endlich von dem Gedanken gelöst, mit der ersten Frau eine lebenslange Beziehung führen zu müssen. Ich ging nach Katar und lernte dort meinen großen Mentor Graham kennen, der leider 2 ½ Jahre später viel zu früh verstarb. Von ihm habe ich irre viel gelernt. Zeitgleich wagte ich dort meine zweite Ehe und schlitterte prompt in die zweite Scheidung. Beides kam zusammen und wurde ehrlich

10 Kerr, Yucaoglu: MISHA: Modernizing the World of Shisha — HBR 2018

gesagt, eine echte Scheiß-Geschichte. Ich saß zwar reich, doch auf privater Ebene ziemlich arm und einsam im Mittleren Osten und habe entschlossen, nochmal neu anzufangen. Ich habe mich besonnen, um mich nicht wieder in etwas hinein zu stürzen. Ich reiste also um die Welt, habe alte gute Freunde besucht und in Indien eine Zeit lang in einem Retreat verbracht. Ich habe eine Menge Sachen ausprobiert, bis mir klar geworden ist, dass mir Familie und enge Freunde sehr wichtig sind. Ich wollte eine entspannte, liebevolle Beziehung führen. Dann habe ich meine dritte, jetzige und letzte Ehefrau kennengelernt, Patrizia. Wir sind immer noch sehr, sehr glücklich. Natürlich haben auch wir die eine oder andere Challenge, doch es klappt super. Wir haben zwei wunderbare Töchter zusammen. Die ältere ist jetzt fünf Jahre alt und ein absoluter Sonnenschein. Die Kleine ist zwei Jahre alt und total kuschelig und süß. Patrizia ist Geigerin. Wir teilen viele Dinge, die uns beiden sehr wichtig sind. Sie spielt fantastisch Geige, wir musizieren zusammen und geben sogar manchmal zusammen Konzerte. Ich spiele dabei Klavier und singe. Patrizia ist zur Hälfte Peruanerin und zur Hälfte Deutsche. Mit ihr und unserer ältesten Tochter bin ich vor vier Jahren zurück nach Deutschland gekommen. Ich war sechsundvierzig Jahre alt und bin zusammen mit meinen Eltern in ein Haus gezogen, einen tollen Neubau. Es war ursprünglich nur als Übergangslösung gedacht, doch seit vier Jahren wohnen wir nun schon beisammen. Wir sind noch immer nicht nach Berlin oder München gezogen, so wie wir es eigentlich vorhatten. Wir sind als Großfamilie angekommen und total glücklich. Ein Leben auf dem Land mit meinen Eltern in einem Haus — hättest du mir das vor zehn Jahren erzählt, hätte ich dich für verrückt erklärt. Jetzt finde ich es total geil. Auch meine Freunde sind mir sehr wichtig. Ich bin vergangene Woche fünfzig geworden. Trotz Coronakrise haben mir meine Freunde eine Geburtstagsparty beschert. Es war eine „Drive-Through-Party", auf der ich mit einem Traktor durchs Dorf gefahren wurde, und meine lieben Freunde mir im Vorbeifahren von ihren parkenden Autos am Straßenrand aus zugeprostet haben. Es war in diesem Jahr ein absoluter Höhepunkt für mich und eine Bestätigung dafür, dass Familie und gute Freunde mir sehr wichtig sind.

So, die zehn Minuten sind um. Das war also meine Lifeline-Übung. Auch für mich war es schon wieder interessant, sie zu erzählen. Jedes Mal ist die Story wieder etwas anders. Wie war es für dich? Mich interessiert auch, wie es für die Leser und Leserinnen war. Ihr könnt mir gerne einen Kommentar hinterlassen oder mir eure Lifeline schicken. Ich höre sie mir gerne an oder lese sie sehr gerne, um auch euch besser kennenzulernen.

Christian: Vielen Dank, Michael. Ich habe deine Lifeline ja schon ein paar Mal gehört. Dennoch sind deine zwei Seiten für mich immer wieder bemerkenswert. Als wir uns quasi vor vier Jahren erneut kennengelernt haben, warst du dieser Weltenbummler aus Südafrika, Katar — überall zu Hause. Dann hat dich deine Familie sehr geprägt. Diese beiden Facetten *Heimat* und *Welt*, die dich ausmachen, überraschen mich immer wieder.

Michael: Erkannt habe ich diese großen Themen, die für mich wichtig sind, wer ich bin und wie all das zusammenhängt, erst in den letzten Jahren. Erst dann ist mir auch mein Purpose Statement klar geworden. Ich möchte Menschen helfen, Unterschiede zu überbrücken. Es dient dem Zweck, die Welt friedlicher zu machen, damit das Leben für alle Menschen leichter wird. Es hängt sehr viel mit meinen Erinnerungen und Erfahrungen, auch aus der Kindheit zusammen. Sogar mit den Erfahrungen meiner Eltern und Großeltern. Diesen großen Bogen zu erkennen ist eine coole und wertvolle Erfahrung für mich.

Christian: Vielen Dank fürs Teilen, Michael.

LIFELINE CHRISTIAN

Michael: Wir sind noch immer bei der Lifeline-Übung und halten fest, diese Übung dient dazu, eine tiefere Beziehung und mehr Rapport[11] zu anderen Menschen aufzubauen. Es funktioniert sehr gut in einem 1:1-Gespräch, so wie wir das gerade machen oder in einer Gruppe, um das Team-Gefühl zu stärken. Wir beide machen das schon seit vielen Jahren immer wieder. Es ist auch eine Art Disziplin, ein wiederkehrender Mechanismus. Nun würde ich also gerne in den nächsten zehn Minuten mehr über deine Lifeline, Höhen, Tiefen und Learnings aus deinem Leben erfahren.

11 Rapport bezeichnet eine aktuell vertrauensvolle, von wechselseitiger empathischer Aufmerksamkeit getragene Beziehung, d. h. „guten Kontakt" zwischen zwei Menschen. Mehr dazu unter: https://de.wikipedia.org/wiki/Rapport_(Psychologie)

Christian: Okay, los geht's. Ich bin ein Kind der A8. Ich bin in Karlsruhe geboren und wurde direkt nach meiner Geburt von meinen Eltern nach Neu-Ulm verschleppt, genauer gesagt nach Neu-Ulm/Pfuhl. Es ist ein kleiner Ort in der Nähe der Donau. Ich hatte eine tolle Kindheit. Ich habe wahnsinnig viel gespielt und getobt. Ich war ein wilder Junge und ziemlich behütet. Mein Vater hat sehr viel und in unterschiedlichen Städten gearbeitet. Eine Zeit lang arbeitete er in Düsseldorf, dann in Hamburg und schließlich in München. Er hat immer viel Wert auf seine Homebase gelegt, sodass wir weiter in Neu-Ulm wohnen bleiben konnten. Meine Mutter hat sich sehr liebevoll um mich und meinen vier Jahre jüngeren Bruder gekümmert. Ich war also der ältere und durfte viel ausprobieren. Ich habe viele verschiedene Sportarten getestet. Erst habe ich mit Judo angefangen, dann habe ich Hockey gespielt und Fußball auf dem Garagenhof. Dabei habe ich mir einmal einen großen Zeh gebrochen, weil ich gegen eine Bordsteinkante getreten habe. Auch verschiedene Instrumente habe ich gespielt, erst Blockflöte, dann Querflöte, Geige, später Gitarre und sogar ein bisschen Klavier. Wir sind als Familie häufig in den Urlaub gefahren. Das war super. Meine Großeltern hatten eine Hütte im Schwarzwald. Häufig sind wir auch alle zusammen in unser Ferienhaus in die Eifel gefahren. Ab und zu haben wir dann eine besondere Reise gemacht, zum Beispiel nach Italien, London oder sogar mal nach Amerika. Ich bin also schon als Kind sehr viel gereist und habe viel von der Welt gesehen. Dafür bin ich sehr dankbar. Es war sicher ein Highlight in meiner Lifeline. Etwas schwieriger wurde es dann, als ich mich in der Pubertät zu einem absoluten Streber entwickelt habe. Ich wollte das gar nicht, doch mich haben einfach andere Sachen interessiert als die anderen Teenager in meinem Alter. Ich habe viel gelesen. Damals hatten wir noch ein Brockhaus-Lexikon. Auch das habe ich mir angeschaut und gelesen. Ich hatte diese Tessloff-Wissensbücher *WAS IST WAS*. In eines habe ich sogar mal vorne auf die erste Seite hineingeschrieben: „Dieses Buch gehört dem Astronomen Christian Kohlhof." Ich war zwölf oder dreizehn Jahre alt. Das Buch hieß *Unsere Sterne* oder so ähnlich. Erst im Nachhinein ist mir klar geworden, dass das wahrscheinlich meine erste Visualisierung meines Lebens war. Ich hatte damals einen einzigen richtig guten Freund. Er hieß Reinhard und wir haben alles zusammen gemacht. Je älter ich wurde, desto komischer fühlte es sich für mich an, der intellektuelle Einzelgänger zu sein. Dann passierte etwas Großartiges. Mein Vater sagte plötzlich zu uns, dass er für längere Zeit in

München arbeiten würde, und schlug vor, nach Bayern zu ziehen. Ich fand die Idee klasse, es war kurz vor meinem achtzehnten Geburtstag. Ich bin in die zwölfte Klasse ins Gymnasium Unterhaching gekommen und war der Neue. Der mit der John-Lennon-Brille, von dem man nicht wusste, dass auch er mal in der Pubertät war. Kleiner Funfact: Es ist das Gymnasium aus dem Film *Fack ju Göhte* und unser Abiturstreich ist im Film ein paar Mal zu sehen. Von da an ging es wieder bergauf. Ich habe in einer Band gespielt, hatte viele Freunde und sogar eine Freundin. Ich habe mich entschieden, Zivildienst in Taufkirchen zu machen, weil mir das Leben dort so gut gefallen hat, dass ich gar nicht wegwollte. Ich war lustigerweise hauptsächlich Babysitter. Ich habe viel Zeit auf Spielplätzen verbracht und hatte viel Zeit für Musik, Partys und Mädchen. Eine große Rolle spielt noch heute die Musik in meinem Leben. Ich hätte fast Musik studiert. Ich war kurz davor, die Aufnahmeprüfung zu machen, und habe viel Klavierunterricht genommen. Doch dann habe ich gemerkt, dass es die Musik alleine für mich nicht ist. Es ist ein schönes Hobby, doch auch beruflich nur noch Querflöte und Klavier zu spielen und vielleicht, wenn ich Glück hatte, Musiklehrer werden — das war nicht, was ich wollte. Mein erstes wichtiges Learning war: *Eine Sache alleine wird es nicht sein*. Ich habe angefangen Physik zu studieren. Der Berufsberater im Gymnasium hat zu mir gesagt: „Wenn du Astronom werden willst, musst du Physik studieren." Ich habe sogar in der Schule Physik abgewählt und mich für den Chemie- und Mathe-Leistungskurs entschieden, weil ich wusste, dass ich Physik später noch ausführlich lernen werde. Ich habe das Vordiplom auch in München gemacht. Es ging im Grunde genauso weiter wie beim Zivildienst: Lernen, Partys, Musik, Mädchen. Nach dem Vordiplom bin ich dann mit meiner damaligen Freundin zusammen nach Aachen gezogen. Ich wollte so weit wie möglich von zu Hause weg sein, sodass ich nicht in Versuchung gerate, meine Wäsche am Wochenende nach Hause zu bringen. Irgendwie bin ich dann in Aachen gelandet. Am Anfang war das super, meine Freundin kam nach, wir wohnten zusammen. Ich habe einige Austauschstudenten aus England kennengelernt, wir hatten eine Menge Spaß. Plötzlich waren die Austauschstudenten weg und mit meiner Freundin war Schluss. Ich saß auf einmal ganz allein in dieser fremden Stadt. Zu allem Überfluss kam dann auch noch ein erster gesundheitlicher Warnschuss. Es manifestierte sich eine rheumatische Arthritis, höchstwahrscheinlich aufgrund von zu wenig Sport und einem ungesunden Lebensstil. Die Aachener Mensa hat einfach viel zu viel Pommes und zu viele Lindor-Kugeln angeboten. Doch ich habe es geschafft, aus der Einsamkeit herauszukommen und sogar die Arthritis zu bekämpfen. Ich lernte meine erste, einzige und jetzige Frau kennen, Hella. Wir sind jetzt seit fünfundzwanzig Jahren zusammen. Das ist echt eine lange Zeit. Das Schöne ist, dass wir uns in unserer Beziehung im Laufe der Jahre immer gegenseitig gepusht haben. Als ich sie kennengelernt habe, hat sie als medizinisch-technische Assistentin gearbeitet. Ich habe studiert. Dann habe ich angefangen zu arbeiten, sie hat studiert, ich habe Geld verdient, sie hat ihre Doktorarbeit geschrieben. Dann kamen die Kinder, ich habe ein Unternehmen gegründet, sie hat in einem Unternehmen gearbeitet. Jetzt, seit vier Jahren hat auch sie ein eigenes Unternehmen. Ich finde das großartig. Sie ist sehr erfolgreich. In ihrer Branche sind sie richtige Rockstars. Es macht irre viel Spaß, ihr dabei zuzusehen und zu beobachten, was da so passiert. Es ist ein super schönes Gefühl, gemeinsam so durchs Leben zu fliegen. Wir haben mittlerweile zwei tolle Töchter, Charlotte und Magdalena. Charlotte ist dreizehn Jahre und gerade in Frankreich für einen halbjährigen Austausch. Magdalena macht nächstes Jahr Abitur. Familie ist einfach klasse. Was wirklich schön ist, ist, dass wir auch als Familie viel zusammen reisen. Wir waren gemeinsam in Kenia, in Kambodscha, in Costa Rica. Alle finden es klasse, dass wir diese Reisen machen können. Dass die zwei Mädels mit siebzehn und dreizehn Jahren darauf Lust haben und nicht zu uns sagen: „Ihr Alten, macht ihr das mal ohne uns", genieße ich natürlich sehr.

Nach meinem Physikstudium habe ich dann in zwei Konzernen gearbeitet. Das war relativ langweilig. Das Tollste am Tag war eigentlich das Kaffeetrinken. Dann hatte ich Glück. Bei der HypoVereinsbank war Ralf mein Personalbetreuer. Wir verstanden uns ziemlich gut und haben immer daran gedacht, wie cool es wäre, wenn es hier im Unternehmen eine richtige Kaffeebar gäbe. Das haben wir dann gemeinsam durchgezogen und *chicco di caffe* gegründet. Das war am Anfang eine heftige Zeit. Wir hatten keinen Mentor, keine Coaches. Ich hatte nicht einmal die richtige Literatur. Ich war in keinster Weise in diesem Unternehmer-Ding drin und habe einfach gehofft, dass mich das BWL-Zusatzstudium schon irgendwie weiterbringt. Im Lebenslauf sah es natürlich gut aus und die Buchhaltung konnte ich ziemlich gut. Wir sind recht schlecht finanziert gestartet, haben dennoch immer weitergemacht und versucht, mit kleinen Finanzierungen und Leasing weitere Bars zu eröffnen. 2011 sind wir fast pleite gewachsen. Der Cashflow war negativ, wir haben zu viele Bars eröffnet. In dieser Zeit habe ich ziemlich schlecht geschlafen. Die Sparkasse war unser Hauptfinanzierer und hat uns von einem auf den anderen Tag die Kreditlinie gestrichen. Sie sagten zu uns: „Wir schauen jetzt erstmal, ob ihr eine positive Fortführungsprognose habt, ansonsten ist Schluss." Das war eine heftige Erfahrung. Ich war jung, hatte gerade zwei Kinder und plötzlich kommt aus dem Geldautomaten kein Geld mehr heraus. Der zweite gesundheitliche Warnschuss kam. Ich ging zum Arzt und erzählte ihm von meiner ständigen Müdigkeit und so weiter. Er sagte: „Das klingt nach einem beginnenden Burnout. Sie müssen auf sich achten, sich gesünder ernähren, mehr schlafen, sich mehr erholen und mehr Sport treiben." Wir haben uns tatsächlich wieder aufgerafft. *chicco di caffe* ist wieder gewachsen. Nach ein, zwei Jahren haben sich die Sparkassenberater stolz gegenseitig auf die Schulter geklopft, wie toll sie uns da herausgeholt haben. Ich war dankbar für die Klarheit, mit der sie kommuniziert haben: „Jungs, Schluss jetzt!", und auch für die Entschlossenheit, mit der sie uns dann geholfen haben. *chicco di caffe* ist weiter gewachsen. Wir haben heute glaube ich über hundertsechzig Kaffeebars. Wofür ich ebenfalls sehr dankbar bin, ist das letzte Projekt mit *chicco di cafe*, die Rösterei. Wir hatten von Anfang an den Traum, unseren eigenen Kaffee zu rösten. Wir wollten die hundert Tonnen, die wir pro Jahr verbrauchten, selber produzieren. Es war für mich ein tolles Projekt, eine Rösterei von null aufbauen. Kaffee einkaufen, die Röstprofile erstellen — das war genau mein Ding!

Wir haben in der Zeit auch viele Strategiediskussionen geführt. Wir wollten endlich mal unsere Finanzierung richtig strukturieren. Am Ende führte es dazu, dass ich einen Teil meiner Anteile verkauft habe und als Geschäftsführer ausgestiegen bin. Seitdem bin ich finanziell, zeitlich und räumlich unabhängig. Ich genieße nun mein Leben in vollen Zügen. Ich freue mich, mein Knowhow und meine Management Skills weitergeben zu können, als Coach und als Mentor. Ich genieße die entspannte Produktivität, mit der wir an unseren Podcast und an unserem Buch arbeiten. Und ich freue mich, wieder mit meiner Familie zu verreisen. Da stehe ich jetzt gerade. Bis vor einem Jahr hätte ich gesagt: „Ich bin so gesund wie noch nie." Dann kam der dritte Warnschuss. Vor einem Jahr hat sich die rheumatische Arthritis wieder gemeldet. Auch die werde ich jetzt wieder wegkriegen. Damit kann ich gut leben. Ich habe vorhin gesagt: „Die Musik allein ist es nicht und die Physik allein ist es auch nicht." Die Freiheit, die ich aktuell zeitlich und finanziell habe, nutze ich wieder mehr für Musik, die Physik und andere Dinge. Das ist mir extrem wichtig: Immer wieder etwas anderes ausprobieren und dazulernen. Ich nehme Gesangsunterricht, lerne Italienisch und genieße die Zeit mit meiner Familie und mit mir selber.

Michael: Klasse, danke dir, Christian. Wir haben diese Übung ja schon ein paar Mal zusammen gemacht. Inhaltlich kenne ich also deine Lifeline. Mir fällt immer wieder auf, dass ich dich jedes Mal, wenn ich dir dabei zuhöre, noch ein kleines Stückchen besser kennenlerne. Die Geschichte ist ja jedes Mal ein kleines bisschen anders. Jedes Mal erfahre ich noch ein bisschen mehr. Ich schätze es sehr, dich so kennenlernen zu dürfen. Wir sind uns in den letzten Jahrzehnten ja witzigerweise immer wieder begegnet. Es ist immer wieder schön, sich diese zehn bis fünfzehn Minuten Zeit zu nehmen und die Geschichte nochmal zu hören. Ich nehme jedes Mal wieder etwas Neues daraus mit. Heute ist mir besonders deutlich geworden, welche Gemeinsamkeiten, vor allem in unseren Werten, uns verbinden. Uns beiden ist Musik sehr wichtig und wir beide haben uns entschieden, dass es nicht die Musik alleine ist, die unseren Lebenszweck erfüllt. Uns beiden sind die Ferne, das Reisen und die verschiedenen Kulturen sehr wichtig. Uns beiden ist sehr wichtig, dass wir uns selber fortbilden, immer weiter lernen wollen und einen unstillbaren Wissensdurst haben. Und wir beide wollen dieses Wissen teilen und weitergeben, um andere auf ihrem Weg zu unterstützen. Das habe ich in dieser Iteration unserer gegenseitigen Lifeline-Übung mitgenommen. Ich danke dir dafür ganz herzlich. Ich bin auch dankbar dafür, dich als Partner in der CoA-Academy zu haben und gemeinsam mit dir unseren Podcast und unser Buch zu veröffentlichen. Ich freue mich auf alle weiteren Schritte in den zukünftigen Lebensphasen.

Christian: Vielen Dank, Michael.

Wow. Es ist beeindruckend, wie nah ich mich euch fühle, wenn ihr so offen über eure Erfahrungen, Schwächen und Emotionen berichtet. Nur davon zu lesen hilft mir, euch besser zu verstehen und euch tatsächlich besser kennenzulernen. Ihr zeigt mir damit Respekt und Wertschätzung, euch mir gegenüber so zu öffnen. Gleichzeitig zolle ich euch Respekt und Wertschätzung dafür, dass ihr euch derart öffnet. Es ist kein Vergleich zu dem Herunterbeten der eigenen Vita. Sich als Chef vor seinem Team so „nackt" zu präsentieren, erfordert viel Mut und Stärke. Es zahlt sich aus. Wer diese Stärke hat, dem folge ich gerne. Ich verstehe plötzlich, wieso dieser Mensch eine bestimmte Haltung annimmt oder in bestimmten Situationen reagiert, wie er reagiert. Als Chefin ist es wichtig, von seinem Team verstanden und respektiert zu werden. Echte Leader sind mutig, gehen voran und sind stark genug, Schwäche zu zeigen.

„IT'S MY LIFE"

— DR. ALBAN, 1992

ERREICHBARE LEBENSZIELE

DIE MACHT DER VORSTELLUNGSKRAFT

Christian: Wir haben doch ein gemeinsames Ziel. Wir möchten ein Buch schreiben.

Michael: Ja, richtig. *Chief of Anything* soll es heißen.

Christian: Als wir darüber gesprochen haben, haben wir festgestellt, dass es eine ganze Menge zu tun gibt. Wir nehmen zunächst noch einige Folgen unseres Podcasts auf, wir brauchen ein Inhaltsverzeichnis und eine Struktur. Wie fühlst du dich gerade damit?

Michael: Überwältigend. Overwhelmed. Es gibt viel Zeug für uns zu tun, ohne Ende.

Christian: Erzähl mal. Was machst du alles dafür?

Michael: Ich überlege mir, welche Inhalte in das Buch sollen. Dann schreibe ich ein Inhaltsverzeichnis. Ich sammle Stichpunkte, Unterpunkte — Unterpunkte für die Unterpunkte. Dann mache ich mir natürlich Gedanken um das Cover. Wie könnte das Cover für unser Buch aussehen? Ich habe schlaflose Nächte bei dem Gedanken, worüber wir auf hunderten von Seiten schreiben wollen. Und dabei schreibe und tippe ich gar nicht gerne — zumindest nicht so viel. Es überkommt mich immer wieder der Gedanke, wie wir das überhaupt anstellen wollen. Wie finden wir die Zeit dafür? Tausend Gedanken.

Christian: Nun, wir haben uns entschieden, einfach unsere Podcasts aufzunehmen und diese in einem Buch zu verwurschteln. Hilft dir das?

Michael: Wir werden sehen, ob wir unser Gerede konvertieren können. Auch das ist ja eine Menge Rödelei. Viel Holz, viel Arbeit.

Christian: Es bedeutet, viel vor dem Computer zu sitzen und aufzunehmen. Ich übernehme dann noch die ganze Post-Production. Es ist wirklich sehr, sehr viel Arbeit. Wenn ich das so höre, macht es mir gar keinen Spaß mehr.

Michael: Ja, ein riesiges Mega-Projekt.

Christian: Wie kommen wir denn wieder heraus aus dieser Gedanken-Abwärtsspirale? So macht es ja wirklich keinen Spaß. Wir sind in diesem Prozess total verhaftet: Dies muss gemacht werden, jenes muss gemacht werden. Diese Entscheidung gilt es zu treffen. Das klingt unglaublich anstrengend, nach monatelanger Arbeit.

Michael: Ich habe eine ellenlange To-do-Liste und darauf stehen noch nicht einmal ansatzweise alle Dinge, die ich im Kopf habe. Es gibt noch mindestens zehnmal so viel zu erledigen. Ich habe keine Ahnung, wie ich das schaffen kann. Hast du eine Idee?

Christian: Lass uns an der Stelle einen Cut machen und noch einmal überlegen, was wir genau wollen. Wir wollen doch ein Buch haben.

Michael: Ja, genau. Wir wollen genau genommen gar kein Buch schreiben, wir wollen ein Buch haben.

Christian: Und wenn es fertig ist, haben wir das Buch in der Hand. Wie fühlt sich das an?

Michael: Ich stelle mir ein Hardcover vor, mittlere Dicke — nicht zu dick, sonst bekomme ich Panik. Dann ist es zu viel zu lesen. Qualitativ hochwertig soll es sein und einen schönen Einband haben. Es ist solide, nicht super fancy.

Christian: Was siehst du genau?

Michael: Ich sehe den Umschlag des Buches. Ich bin mir noch nicht ganz sicher, wie es aussieht. Es hat unsere typischen Farben: blau, lila, pink — durchaus bunt. Unser CoA-Design ist erkennbar. Ich sehe den Titel in fetten Buchstaben. Fotos von uns beiden sehe ich eher nicht. Ich sehe einen coolen Spruch, vielleicht etwas wie *IN YOUR FACE* — auf den Punkt gebracht.

Christian: Hörst du auch etwas?

Michael: Ich höre das Papier rascheln, wenn ich so durch das Buch blättere. Ich spüre die Seiten, sie sind etwas rau und dicker als normales Standardpapier — qualitativ hochwertig. Diese Wertigkeit kann ich fühlen.

Christian: Ich höre einen satten Klatscher, wenn das Buch auf dem Schreibtisch umfällt. Ganz laut. Das zeigt für mich, dass Konsistenz dahinter ist, Masse — physikalisch, intellektuell.

Michael: Das fühlt sich gut an, einfach mal zu träumen.

Christian: Ich kann das frisch gedruckte Buch riechen.

Michael: Oh ja, es riecht nach Druckerschwärze. Und wenn man das Buch dann zum ersten Mal aufschlägt, knarzt die Bindung des Hardcovers.

Christian: Was haben wir jetzt gemacht? Wir haben ein Ziel. Wenn wir uns auf dem Weg zum Ziel ständig nur Gedanken über den Prozess machen, fallen uns tausend Dinge ein, die es bis dahin zu erledigen gibt. Uns fallen viele Kleinigkeiten ein, mehr Kleinigkeiten und noch mehr Klitzekleinigkeiten. Der Weg zum Ziel erscheint uns ewig. Am Ende muss ich auch noch all die Rechtschreibfehler im Buch korrigieren. Das macht irgendwann wirklich keinen Spaß mehr.

Michael: Ich höre schon auf zuzuhören, während du all das aufzählst.

Christian: Es klingt nach einem *Universal Sound*, den ich dann im Hinterkopf höre: „Woöööähh." Wenn ich den höre, will ich es gar nicht mehr richtig. Ich habe kaum Elan, loszulegen.

Michael: Es klingt nach zu viel Arbeit. Mist, jetzt fühle ich mich wieder schlecht. Eben habe ich mich so gut gefühlt, als wir über das fertige Buch gesprochen haben.

Christian: Genau, wenn ich mir das fertige Buch vorstelle mit einem super coolen Cover, die vielen wertigen Seiten, der Geruch frischer Druckerschwärze, das Knarzen, das Blättern — es ist ein Erlebnis, ich fühle es. Ich kann das Buch in meiner Vorstellung noch größer machen.

Michael: Ja?

Christian: Klar, ich kann es von außen, von der Ferne betrachten. Zum Beispiel sehe ich, wie das Buch in einem Bücherregal steht. Ich sehe den Buchrücken, wie er aus der Masse der Bücher hervorsticht. Dann kann ich hineinzoomen in das Bild von unserem Buch. Ich kann in jede einzelne Seite sogar bis zu jedem Buchstaben hineinzoomen und mir vorstellen, wie es aussehen wird, wie es sich anfühlen wird und was ich rieche.

Michael: Das finde ich klasse. Bei der Vorstellung bleiben wir jetzt. Bei all den fertigen Buchstaben auf dem dicken, wertigen Papier. Was machen wir hier eigentlich gerade?

Christian: Wir machen uns gerade klar, was wir wollen. Denn wenn mir klar ist, was ich will und ich das deutlich vor meinem inneren Auge sehen kann und es sich sogar haptisch angenehm anfühlt, dann werden sich all die Dinge, die ich auf dem Weg dahin zu erledigen habe vielleicht ebenfalls angenehm anfühlen. Sie sind eben bloß auf dem Weg dahin zu erledigen. Nicht mehr und nicht weniger. Mein Fokus ist das Ziel und das kann ich geradezu spüren.

Michael: Weißt du, woran ich gerade denke? An den Spruch, *Move your mind and your body will follow*. Oder wie mal ein Straßenmusiker sagte: „Move your legs and your body will follow." Wir haben unser Ziel visualisiert. Wir haben es uns auf allen Kanälen vorgestellt. Wir konnten unser Buch sehen, hören, fühlen und riechen. Geschmeckt haben wir es nicht. Ich bin mir auch nicht sicher, ob das zusätzlich helfen würde. Anyway. Für mich ist das Buch plötzlich greifbar, real geworden. Das hat total Spaß gemacht und sich richtig gut angefühlt. Ich war plötzlich unglaublich motiviert. Ganz anders, als zuvor, als wir nur den Prozess betrachtet haben und all die Dinge, die es noch zu tun gibt.

Christian: Mir ging es genauso. Im Grunde, wie als würde ich mir eine Pizza zum Abholen bei meinem Lieblingsitaliener bestellen. Da denke ich auch nicht an den weiten Weg und daran, dass es mühsam ist, mir die Schuhe anzuziehen und auch noch zuzubinden. Sondern ich denke an die leckere Pizza, den knusprigen Boden und daran, wie ich mir ein großes Stück davon in den Mund schiebe. Der Weg zum Restaurant ist für mich nebensächlich. Es fällt mir nicht schwer. Ich denke einfach bloß an Pizza.

Michael: Okay, stopp. Lass uns schnell eine Pizza essen gehen. Move your mind and your body will drive us to the pizza place.

Christian: Ein Buch oder eine Pizza lassen sich natürlich ganz gut visualisieren. Geht das denn auch im Business-Umfeld?

Michael: Na klar, das geht mit allem. Gab es in deiner Vergangenheit je ein Ziel, an dem du angekommen bist und erst dann gemerkt hast: „Ups, ich bin ja schon da?" Wie in dem Buch *The Secret*[12].

Christian: Ja, das funktioniert bei mir häufig mit Parkplätzen. Ich bin neulich zusammen mit meiner Frau zu einer Party gefahren. Schon Kilometer vor dem Ziel sagte sie: „Schau, nimm doch den Parkplatz hier rechts. Direkt vor Ort wird es sicher schwierig, einen freien Platz zu finden." Ich war dermaßen überzeugt, dass ich direkt vor der Haustür einen Parkplatz bekomme, dass ich bis zur Haustür vorgefahren bin. Und siehe da, es waren gleich zwei Parkplätze frei. Ich durfte nicht einmal rangieren, sondern bin einfach reingefahren.

Michael: Dieses Universum ist eine tolle Sache.

Christian: Ich habe noch ein ähnliches Beispiel. Ich habe mal im Internet ein Foto gesehen mit einem Segelboot vor einem super schönen Hintergrund — vor Anker an einer Schäre in Schweden. Ich wollte unbedingt zu diesem Ort segeln. Drei Jahre später — ich hatte fast gar nicht mehr daran gedacht — habe ich ein Foto beim Segeln gemacht. Als ich es mir ansah, habe ich festgestellt, dass es nahezu genauso aussah, wie das Bild aus dem Internet. Das funktioniert genauso auch im Business-Kontext. Ich hatte früher immer die romantische Vorstellung von meiner eigenen Kaffeebar. Ich habe mich gesehen, wie ich das kleine Café betrete, die Sonne leicht hinein scheint und es nach warmen, frischen Croissants und Kaffee duftet. [*schwärmt*] Ich habe mir den Holzboden vorgestellt, das Schäumen der Milch und zwei nette, attraktive Barista hinter der Theke. Sie haben mich angeschaut und gesagt: „Good morning, Mr. President, was darf's denn heute sein?" [*Pause*] Und tatsächlich, drei Jahre später war es soweit. Ich hatte meine eigene Kaffeebar, bin hineingegangen und hatte ein totales Déjà-vu. Es kam mir alles sehr bekannt vor, als wäre ich schon mal dort gewesen. Das Einzige, was sie nicht gesagt haben, war, „Mr. President." Sie sagten einfach bloß: „Hallo Christian" [*enttäuscht*].

Michael: Ab jetzt ist das unser Synonym für *Mr. President*.

12 https://de.wikipedia.org/wiki/The_Secret

Christian: Ich hätte das vielleicht korrigieren sollen. Ich hätte einfach zu den Baristas sagen sollen: „Ich möchte, dass ihr Mr. President zu mir sagt." [überlegt] Besser nicht.

Michael: Es gibt eine passende Geschichte aus dem Buch „The Secret." Sie wurde auch verfilmt. Allerdings fand ich den Film sehr amerikanisch und etwas kitschig. Jedenfalls gibt es eine Szene mit einem Mann in Kalifornien. Er erzählt, wie er nach vielen Jahren seinen Keller ausmistet und ein *Vision Board* findet, das er früher selbst erstellt hat. Er hat mit dieser Collage seine persönliche Lebensvision dargestellt, so wie er sich seine Zukunft vorstellt. Aus Zeitungen hat er zum Beispiel ein Haus ausgeschnitten, was ihm damals gut gefallen hat. Er hat gedacht, dass er später vielleicht einmal in einem solchen Haus leben möchte. In der Szene in dem Buch sagt der Mann, als er die Collage findet: „Mir gefror das Blut in den Adern. Das Haus, das ich vor fünfzehn Jahren aus einer Zeitschrift ausgeschnitten hatte, hatte ich vor Kurzem gekauft und nun lebe ich darin." Er konnte sich an das Vision-Board überhaupt nicht mehr erinnern. Er hat damals einfach ein paar Dinge irgendwo ausgeschnitten, sich das Vision-Board dann einige Zeit lang angeschaut und unterbewusst daraufhin gearbeitet, auch als er es nicht mehr im Blick hatte. Er wurde erfolgreich im Job, hatte mittlerweile Frau und Kinder. Jahre später räumt er dann seinen Keller auf und findet das Bild von dem Haus, welches er gekauft hatte, auf dieser Collage. Da bekomme ich immer noch Gänsehaut — ist angeblich eine wahre Geschichte.

Christian: Und genauso ist es mit unserem Buch. Wenn wir es uns so vorstellen, ist es eigentlich schon fertig.

Michael: Super!

Christian: Ich kann es in diesem Moment vor mir sehen. In meiner kleinen Welt ist das Buch fertig. Ich darf nur noch ein paar Kleinigkeiten nacharbeiten.

Michael: *Tell your conscious mind exactly what you want to have and how and by when and then your unconscious mind will get it for you.* Ich mag diesen Satz sehr gerne. Beschreibe deinem Bewusstsein ganz genau, was du haben möchtest, wie du es haben möchtest und bis wann, dann übernimmt dein Unterbewusstsein den Rest und erreicht es für dich. Je präziser und detaillierter, desto besser. Ich fühle mich da richtig hinein. *Move your mind and your body will follow.*

Christian: Es gibt sicher auch eine esoterische Erklärung dafür. Ich glaube an die einfache Erklärung, dass ich immer genau die Dinge unternehme, die mich zu meinem Ziel führen. Denn diese fallen mir nicht schwer, weil ich sie eben einfach machen kann und weiß, wofür ich sie tue.

Michael: Ich versuche mir im Detail klar zu werden, was ich wirklich will und füttere dann mein Gehirn mit diesen Informationen. Wenn mein Gehirn dann weiß, worum es geht und was das Ziel ist, fängt es an, nach Spuren zu suchen. Spuren, die zu meinem Ziel führen. Mein Gehirn extrapoliert diese Spuren und führt mich unbewusst direkt zum Ziel. Es hilft mir, die Spuren wahrzunehmen und ihnen dabei zu folgen. So kommt es, dass ich in meinem Leben genau die Schritte unternehme, die mich zu meinem vorgestellten Ziel bringen. Es gibt Studien darüber, wie viel Prozent unserer Gehirnkapazitäten im Unbewussten passiert. Unser Bewusstsein ist nur ein marginaler Teil von der Rechenleistung, die wir tagtäglich auf unseren Schultern durch die Gegend tragen.

Christian: Das war mir gar nicht bewusst.

Michael: Das ist vielleicht besser so. [*lacht*] Was machen wir denn jetzt? Was bedeutet das alles nun für unsere Leser und Leserinnen?

Christian: Na, wenn ich ein Ziel habe, überlege ich mir ganz genau, wie sich der Zustand anfühlt, aussieht, anhört oder wie es riecht, wenn ich am Ziel angekommen bin. Wie ist es, wenn ich das Buch in der Hand halte? Ich denke erst einmal überhaupt nicht darüber nach, was ich bis dahin alles zu erledigen habe. Solange, bis ich es mir ganz genau vorstellen kann, als wäre es schon Wirklichkeit.

Michael: Gibt es eine Methode oder eine Art Frage-Set, das ich nutzen kann?

Christian: Na klar. Lass uns Folgendes ausprobieren. Michael, du richtest dich gleich direkt an unsere Leserinnen und Leser und nennst das gesamte Set, Frage für Frage. Unsere Leser können nach jeder Frage kurz innehalten und über diese nachdenken.

Michael: Okay, super. Here we go ... die magischen Fragen. Lieber Leser, liebe Leserin, denk nun bitte einmal an ein Ziel in deinem Leben, welches du sehr gerne erreichen möchtest. Versuche dich in dieses Ziel, in die Vorstellung davon hineinzufühlen. Ich stelle dir nun eine Reihe von Fragen, die dir helfen werden, tatsächlich dort anzukommen, wo du hin möchtest. Mit diesen Fragen lässt du deinen Geist einfach loswandern und beantwortest sie in deinem Kopf. Du kannst gerne ein Blatt Papier zur Hand nehmen, wenn du magst.

Die erste Frage lautet: „Wie ist es möglich, dass ich dieses Ziel noch nicht erreicht habe?“ [*Pause*].

Die zweite Frage ist: „Was genau will ich erreichen?" Beschreibe es präzise im Detail [*Pause*].

Weiter geht's: „Wo stehe ich jetzt im Verhältnis zu meinem Ziel, das ich erreichen will? Was liegt bereits hinter mir? Wie viel liegt noch vor mir?“ [*Pause*]

„Was werde ich sehen, hören und fühlen und vielleicht auch riechen und schmecken, wenn ich mein Ziel erreicht habe?“ [*Pause*]

„Woran werde ich erkennen, dass ich das Ziel erreicht habe? Wie kann ich das faktisch messen?“ [*Pause*]

„Was wird das Erreichen dieses Ziels mir danach ermöglichen?“ [*Pause*]

„Will ich das Ziel wirklich für mich erreichen?“ Wenn die Antwort auf diese Frage lautet: „Nein, für jemand anderen“, bitte fang noch einmal von vorne an und wähle ein Ziel, das du wirklich für dich erreichen willst. [*Pause*]

„Wo, wann, wie und mit wem werde ich dieses Ziel erreichen?“ [*Pause*]

„Habe ich ein solches oder ein ähnliches Ziel schon einmal erreicht?“ [*Pause*]

„Kenne ich jemanden, der dieses oder ein ähnliches Ziel bereits erreicht hat?“ [*Pause*]

Jetzt kommt meine Lieblingsfrage: „Kann ich jetzt schon so tun, als ob ich das Ziel längst erreicht hätte?“ [*Pause*]

„Zu welchem Zweck will ich das Ziel erreichen?" [*Pause*]

„Was werde ich gewinnen, was werde ich verlieren, wenn ich das Ziel erreicht habe?" [*Pause*]

„Was passiert, wenn ich angekommen bin?" [*Pause*]

„Was wird nicht passieren, wenn ich angekommen bin?" [*Pause*]

„Was wird passieren, wenn ich nicht an meinem Ziel ankomme?" [*Pause*]

„Was wird nicht passieren, wenn ich nicht an meinem Ziel ankomme?" [*Pause*]

Jetzt die letzte Frage: „Wie hat sich mein Ziel durch diesen Prozess, durch die Beantwortung der Fragen verändert?"

Das war's.

Christian: Vielen Dank, Michael.

Michael: Viel Erfolg euch allen und viel Spaß beim Erreichen eurer Ziele. Wählt sie weise. Be careful what you wish for ...

Tatsächlich ist es mir schon ähnlich ergangen. Auch ich habe bereits Ziele unbewusst erreicht. Bisher habe ich mir nie Gedanken darüber gemacht, warum ich das eigentlich geschafft habe. Es fühlt sich wirklich gut an, sich in das eigene Ziel, die eigene Vision hineinzufühlen und sich alles lebhaft vorzustellen. Es motiviert mich. Auch wenn der Weg dorthin endlos erscheint, fällt es mir leichter, wenn ich das Ziel vor Augen habe. Es fühlt sich näher an, greifbarer. Das macht es mir einfacher, die Aufgaben, die vor mir liegen, zu erledigen. Immanuel Kant hat (angeblich) dazu gesagt: „Ich kann, was ich muss, weil ich will."

PURPOSE

WOFÜR BIN ICH IN DIESER WELT?

Michael: Christian, was ist eigentlich dein Zweck im Leben, wofür bist du auf dieser Welt?

Christian: Hmmm, das habe ich tatsächlich für mich noch gar nicht so richtig ausformuliert. Die Formulierung, die dem vielleicht am nächsten kommt, ist, dass ich der bestmögliche Christian bin, der ich sein kann, wie weltbester Karlsson[13], nur eben der beste Christian. Das bedeutet, der beste Coach, der ich sein kann, der beste Familienvater und der beste Mensch.

Michael: [*lacht*] Ich stelle mir dich gerade mit einem Propeller auf dem Kopf vor.

Christian: [*grinst*] Er hat den Propeller eigentlich auf dem Rücken.

Michael: Richtig. Auf dem Rücken. Okay, ich verstehe, dass du der weltbeste Christian sein willst, der du sein kannst. Und wofür ist das gut? Wie wird die Welt dadurch besser?

Christian: Dafür, dass ich mein Potenzial voll entfalten kann. So kann ich einen größtmöglichen Beitrag zu einer besseren Welt leisten. Wenn ich das schaffe, ist es für alle Menschen in meinem Umfeld besser. Zum Beispiel ist die Welt für alle, die mit mir zusammenarbeiten, schöner. Auch für die, die mit mir zusammen leben, wie meine Familie.

Michael: Es dient also dem Zweck, die Welt für die Menschen in deinem Leben besser oder schöner zu machen. Kannst du schöner und besser noch näher definieren?

Christian: Ich meine damit vor allem angenehmer, liebenswürdiger, wohlfühlender. Vermutlich trifft es *liebenswürdig* am besten. Mein Zweck im Leben ist es für die Menschen um mich herum, das Leben ein Stückchen liebenswürdiger zu machen.

13 laut Astrid Lindgrens Buch „Karlsson vom Dach"

Michael: Das klingt schön, finde ich. Das heißt, wenn du eines Tages — in ferner Zukunft — auf deinem Sterbebett liegst und auf ein erfülltes, glückliches Leben zurückblickst und dir dann der Gedanke durch den Kopf geht: „Mensch, bin ich froh, dass ich zu einer liebenswürdigeren Welt einen Beitrag geleistet habe, jetzt kann ich in Frieden gehen." Würde das für dich passen?

Christian: Ja, das passt. Da würde ich sagen „danke." Was ist denn überhaupt ein *Purpose*? Wie würdest du das definieren?

Michael: Zu Deutsch *Zweck* oder der *tiefere Zweck*. Diesen haben wir jetzt gerade für dich persönlich identifiziert. Das hilft in Coaching-Situationen schon mal sehr. Es hilft Klienten, sich auf das zu besinnen, was für sie wirklich am wichtigsten ist. Deswegen machen wir dieses *Frame-up*. Stell dir vor, du bist an deinem Todestag angekommen — in ferner Zukunft natürlich — und blickst auf dein Leben zurück. Was ist die eine Sache, bei der du denkst: „Mensch, bin ich froh, dass ich das gemacht habe."

Christian: Ich brauche dafür gar nicht unbedingt diese Sterbebett-Perspektive. Ich schaue auch jetzt gerne auf mein Leben zurück und denke: „Ja, ich habe es liebenswürdiger gemacht."

Michael: Das ist ein *Frame-up*. Für viele funktioniert es gut, weil es etwas Endgültiges hat. Es erzeugt dieses Gefühl von: „Oh shit, jetzt habe ich keine Zeit mehr, mich darum zu kümmern, was mir eigentlich am Herzen liegt." Das Frame-up hilft, genau das ein bisschen herauszukitzeln. Ich beichte gerne an dieser Stelle, dass mir das auch lange nicht so klar war und ich viel Zeit damit verbracht habe, Dinge zu tun, die nicht unbedingt zu dem beigetragen haben, was mir wirklich am Herzen lag. Das wurde mir mit der Zeit immer klarer. Dazu eine schöne Anekdote. Du hast ja eingangs gesagt: „Es ist mir noch nicht so ganz klar", obwohl es dir dann doch ganz klar war.

Christian: [*grinst*] Ich habe ein bisschen auf Zeit gespielt. Ich wusste ja vorher nicht, was du fragen wirst. So konnte ich ein bisschen kramen.

Michael: Wenn ihr euch jetzt die Frage stellt, „Shit, was ist eigentlich das, was mir am Herzen liegt?", macht euch bloß keinen Stress. In Köln sagen wir: *Et kütt, wie et kütt* — es kommt, wie es kommt. Mir wurde die Frage nach dem

Purpose zum ersten Mal gestellt, als ich 35 Jahre alt war. Ich war in einer für mich damals ziemlich großen Führungsrolle. Das war in Südafrika. Ich hatte zu der Zeit einen Executive Coach. Sie war eine 65-jährige, grauhaarige Dame namens Bev. Bev und ich trafen uns zu unserer zweiten Session. Sie brachte mir einen DIN-A4-großen Zettel zum Lesen mit, auf dem etwas zum Thema *Purpose* stand. Sie fragte mich dann mit einem breiten Lächeln: „Michael, what is your purpose?" Ich hatte natürlich keine Antwort darauf. Auch in der nächsten Session hatte ich keine Antwort darauf. Und dann hat sie etwas sehr Schönes gesagt. Sie sagte: „It is okay, Michael. My purpose came to me, when I was 55. It will come, when it comes." Aha, dachte ich, ich brauche mich also deswegen nicht zu stressen. Mir die Frage zu stellen, hat mir dennoch sehr geholfen. Es hat einen Prozess in Gang gesetzt, der sich über viele Jahre weiter entfaltet hat. Es hat mir geholfen, mich in meinem Leben besser zu zentrieren und näher an meinem Kern zu leben.

Christian: Klingt spannend. Danke dafür. Was hat das denn jetzt mit Management zu tun?

Michael: Nun ja, Menschen und Organisationen sind sich dabei mal wieder ähnlich. Firmen haben nämlich auch einen tieferen Zweck.

Christian: Geld verdienen.

Michael: Guter Punkt, Geldverdienen ist natürlich wichtig und wird leider durchaus beim Thema *Purpose* manchmal vergessen. Die Definition von *Purpose* im Business-Kontext, die mir am besten gefällt, ist: *Purpose is why you do, what you do, beyond making money.*

Christian: Also wofür mache ich das, was ich tue, abgesehen vom Geldverdienen. Und vielleicht auch, abgesehen davon, Arbeitsplätze zu schaffen und zu sichern.

Michael: Genau. Dieser Selbstzweck an sich ist natürlich nicht genug. Es geht eher um die Fragen: *Wofür braucht die Welt eigentlich dieses Unternehmen? Was verbessern wir denn?* Das kann auch etwas ganz Kleines sein. Es muss nicht jede Firma immer gleich den ganzen Planeten retten oder die Menschheit von Krebs heilen.

Christian: Da gibt es andere.

Michael: Ja. Wenn wir dazu etwas beitragen können, ist das natürlich cool. Doch irgendwie leistet im Grunde ja alles in irgendeiner Weise einen Beitrag zum Vorankommen unserer Welt, des Planeten oder der Menschheit. Es ist wichtig, das anzuerkennen. Denn es passiert in dem Augenblick, in dem wir es beschließen und es uns klar wird. Wer steht denn morgens auf und hüpft begeistert unter die Dusche, weil er es kaum erwarten kann, ins Büro zu kommen, nur weil sein Gehalt am nächsten Ersten auf dem Konto ist? Gut, kommt vielleicht ein bisschen auf die Höhe des Gehalts an. Doch irgendwann hört die Motivation selbst da auf. Wenn ich hingegen weiß, ich arbeite hier an etwas, was einen coolen Beitrag leistet, dann ist mein *Morgens-aus-dem-Bett-Hüpfen* wesentlich motivierender, inspirierter und zweckvoller.

Christian: Was könnte so ein *Purpose* in einem Unternehmen sein, den alle toll finden?

Michael: Da gibt es viele Möglichkeiten. Was könnte das sein? Lass mich nachdenken.

Christian: Das ist höchstwahrscheinlich abhängig vom Unternehmen und in jedem anders. Vielleicht macht das Eine in dem einem Unternehmen Sinn und in einem anderen eben nicht.

Michael: Es hängt auch total von den Gründern ab. Diese bringen ihren persönlichen Lebenszweck, auch wenn er ihnen vielleicht noch nicht bewusst ist, unbewusst mit ins Unternehmen ein. Ihre Werte und Vision spielen auch eine große Rolle. Über Werte werden wir noch sprechen. Purpose, Vision und Werte sind die Fundamente für die Unternehmenskultur. Zum Beispiel existiert unsere Firma dafür, den Krebs zu besiegen, also die Menschheit von Krebs zu heilen, positiv formuliert.

Christian: Oder einen Krebs heilen.

Michael: Oder einen Krebs, genau. Das wäre fantastisch. Ein Purpose braucht natürlich nicht immer so bedeutend sein wie *Krebs heilen*. Disney zum Beispiel hat ein wunderbares Purpose-Statement. Es ist ganz einfach: *To make people happy*.

Christian: Stimmt. Wenn ich ins Disneyland gehe oder einen Disney-Film anschaue, bin ich glücklich. Ich habe zumindest eineinhalb Stunden eine gute Zeit.

Michael: Und wenn ich Mitarbeiter bei Disney bin und weiß, dass der Zweck, warum wir über das Geldverdienen hinaus existieren, *to make people happy* ist, gibt mir das doch eine gute Richtung vor. Ich weiß, was ich machen darf, wie ich mich verhalten kann und was am Ende zählt. Das Resultat ist, *to make people happy*. Das kann ich sogar messen.

Christian: Dann führe ich vielleicht auch ein Telefonat mit einem Kunden oder einem Lieferanten ganz anders.

Michael: Ziel ist es, dass der Gesprächspartner happy aus dem Telefonat herausgeht. Wenn wir alle unseren Zweck leben, auch bei kleinen Dingen wie bei einem einzelnen Telefonat, addieren sich diese zu etwas Großem auf. Etwa zu so etwas wie Disney.

Christian: Welche Beispiele für Purpose gibt es noch?

Michael: Coca-Cola zum Beispiel hat ein schickes Purpose-Statement. Der erste Satz gefällt mir am besten. Das gesamte Statement ist ein bisschen lang. Der erste Satz lautet: „(...) to refresh the world in mind, body and spirit." Das bedeutet also in etwa, die Welt in Geist, Körper und Seele erfrischen.

Christian: Für wen darf das Sinn machen?

Michael: In erster Linie für die Menschen, die im Unternehmen arbeiten. Purpose hat nicht unmittelbar etwas mit Marketing zu tun. Es hängt zwar alles miteinander zusammen, es dient jedoch in erster Linie dazu, den Leuten klar zu machen, warum es die Firma gibt und wofür ihre Arbeit einen Beitrag leistet.

Christian: Und wofür wäre das im Fall Coca-Cola?

Michael: Laut dem ersten Teil: „(...) to refresh the world", bin ich schon mal erfrischt, wenn ich ein Kaltgetränk zu mir nehme. Nach meinem Geschmack wäre es noch erfrischender, wenn der ganze Zucker nicht darin wäre. [*lacht*] Dann kommt der zweite Teil: „In mind, body and spirit." *Body* ist auf Anhieb klar. Ich kippe das Getränk in meinen Körper und fühle mich erfrischt. Doch dann folgt *mind* und *spirit*. Da passiert also noch etwas anderes.

Christian: Das sieht man ja in der Werbung.

Michael: Genau. Das können wir fühlen. Wenn du jetzt mal in dich hinein gehst und fühlst, was Coca-Cola für dich bedeutet — mal unabhängig von Marke, großes Unternehmen und Zuckerwasser. Ich trinke natürlich auch lieber Gesünderes. Trotzdem haben wir, wenn wir das Purpose-Statement hören, ein Gefühl von „Ja, die hinterlassen schon einen Eindruck, der über das rein funktionale Trinken eines Zuckerwasser-Getränkes hinausgeht", eben ein Gefühl.

Christian: Definitiv.

Michael: Das gute Gefühl von Weihnachten: *Holidays are coming*. Das ist auch auf eine Art und Weise erfrischend, wenn die Weihnachtssaison losgeht. Oder wenn ich in der Sommerwerbung die Wasserperlen sehe, die an der Flasche entlang laufen, weil sie so kalt ist, dass das Wasser in der Sonne schon anfängt zu kondensieren ... Sie drücken dieses Gefühl wirklich sehr gut in ihrem Marketing aus.

Christian: Die Purpose-Beispiele, über die wir nun gesprochen haben, sind ja eigentlich nur einen Schritt von *Welt verbessern* entfernt. Sind alle Unternehmenszwecke so formuliert, dass es darum geht, die Welt zu verbessern, die Welt schöner zu machen, liebenswürdiger zu machen?

Michael: Ja, sollten sie jedenfalls, finde ich. Worum geht es denn im Grunde? Warum sind wir alle auf diesem Planeten? Warum gibt es Unternehmen? Warum gibt es Firmen über das Geldverdienen hinaus? Eine Firma muss Geld verdienen, das liegt in der Definition der Sache. Eine Firma bringt auch Arbeitsplätze mit sich, vielleicht auch Wohlstand für die Menschen, die an der Firma beteiligt sind und die darin arbeiten. Das ist alles gut und schön. Nur wenn das alles keinen Zweck für die Welt verfolgt, in der wir leben, stellt sich doch die Frage, ob so eine Firma dauerhaft wirklich erfolgreich sein kann.

Christian: Ich könnte mir allerdings auch eine Firma vorstellen, die einen negativen Zweck hat.

Michael: Zum Beispiel?

Christian: Erringung der Weltherrschaft in den nächsten fünf Jahren, zum Beispiel.

Michael: [*grinst*] Brian international, ja. Und dann?

Christian: Das klingt für mich nicht besonders attraktiv, weder als Mitarbeiter noch als Lieferant.

Michael: Schwer vorzustellen, in der Tat.

Christian: Wenn ich an Purpose und an ein großes Projekt oder eine große Unternehmung denke, kommt mir direkt die Mondlandung in den Sinn. Als die Amerikaner auf den Mond geflogen sind, haben sie ja wirklich wahnsinnig viel Energie, Ressourcen, Geld, Menschen und Material aufbringen müssen, um das zu realisieren. So wie ich es verstanden habe, war deren Purpose gegen die Russen zu gewinnen.

Michael: Ja, genau.

Christian: Das ist ja nun kein Purpose, der die Welt wirklich besser macht. Trotzdem scheint es gewirkt zu haben.

Michael: Ja, das ist natürlich ein guter Punkt. Damals gab es mich noch nicht, es war vor meiner Zeit. Wie ich das verstehe, war das durchaus ein Wettlauf und hatte etwas sehr Kompetitives. Competition hat auch einen positiven Effekt. Es hat das ganze Land angespornt, *mesmerised*, auf dieses Ziel hinzuarbeiten. Und am Ende haben sie es auch tatsächlich geschafft. Was damals sehr klar war, war die Vision des Ganzen, die Kennedy mit seinem Statement deutlich gemacht hat. „We are gonna put a man on the moon this decade“, oder so ähnlich hat er es formuliert. Sie haben es gerade so innerhalb von zehn Jahren geschafft. Er selbst hat es leider nicht mehr miterlebt. Vordergründig war der Zweck, den Wettlauf gegen die Russen zu gewinnen. Ähnlich zu unserem Gespräch am Anfang, als du gesagt hast: „Mein Zweck ist es, mich zu optimieren und die beste Version von mir selbst zu sein“, stelle ich also auch hier die Frage: *Wofür?* Das ist typisch für ein Purpose-Gespräch. Ich stelle immer wieder die Fragen: *Wofür? Zu welchem Zweck denn eigentlich?* Selbst wenn die Antwort der Amerikaner darauf ist: „Um die Russen zu schlagen." Dann sage ich: „Ja, okay. Und wofür?" Wie macht das denn nun die Welt besser? Und es hat die Welt im Grunde tatsächlich verbessert. Das Projekt hat zu sehr viel Innovation geführt. Es hat viele technische Errungenschaften hervorgebracht, die uns Menschen im Nachgang sehr geholfen haben. Diese hätte es womöglich ohne dieses mega finanzierte Raumfahrtprojekt nicht gegeben. Es hätte zumindest viele Jahre länger gedauert. Von daher hat es schon einen guten Zweck erfüllt, der über das Kompetitive hinausgegangen ist. Letztendlich hat es auch dazu geführt, dass die Welt, zumindest für eine Zeit lang, ein friedlicherer Ort wurde. Dieser *Pax Americana,* wie die Zeit ja auch genannt wird, war eine sehr lange Periode von Frieden und Stabilität in der Welt. Auch wenn sie jetzt vielleicht zum Ende kommt. Das Projekt hat die Welt durchaus positiv verändert. Es gab also vielleicht doch noch einen tieferen Zweck hinter dem vermeintlichen Wettlauf.

Christian: Was ist denn noch wichtig, wenn wir über den Unternehmenszweck sprechen?

Michael: Diesen auf den Punkt zu bringen, möglichst in einem Satz. Das Purpose-Statement ist das Herz der Kultur, das Herz des Unternehmens und damit auch das, was nach außen ausgestrahlt wird. Das darf also kurz und knackig auf den Punkt gebracht sein. Das mag ich sowieso gerne — *auf den Punkt*. Beim Purpose ist das besonders wichtig. Wenn wir zum Beispiel einen *Value-Workshop* machen, erhalten die Teilnehmer das Briefing, in 7±2 Wörter zu formulieren, wofür das Unternehmen eigentlich existiert. Daran feilen wir dann so lange, bis diese wenigen Wörter so sitzen, dass alle sagen: „Boah, geil, dafür stehe ich morgens auf."

Christian: Wofür stehst du denn morgens auf, Michael? Was ist denn dein Purpose?

Michael: Mein Purpose ist: „Menschen zu helfen, Unterschiede zu überbrücken."

Im ersten Moment fällt es mir schwer zu glauben, dass jedes Unternehmen einen tieferen, guten Zweck für die Gesellschaft verfolgt. Ich denke an Unternehmer, die lediglich eine Marktlücke entdeckt und das große Geld gewittert haben, einzig und alleine, um Geld zu verdienen. Doch damit ein Unternehmen erfolgreich ist, muss es irgendein Kundenbedürfnis erfüllen. Dies ist per se schon mal eine gute Ausgangsbasis für einen guten Zweck. Die Macht eines starken Purpose-Statements ist ohne Zweifel eine große – für Unternehmen und Mitarbeiter. Allerdings ist es nicht einfach, diese Macht zu entfalten, den eigenen Purpose zu finden, ihn zu erfüllen und damit zu überzeugen. Ich frage mich, wie ihr es schafft, diesen im Unternehmensalltag konkret zu verankern.

VISION

NUR WAS ICH MIR VORNEHME, WIRD WAHR

Michael: Stell dir mal vor, ab heute läuft alles in deinem Leben rund. Dir und deiner Familie geht es gut, ihr seid glücklich, deine Firma läuft super. In fünf Jahren laufen wir uns dann zufällig über den Weg. Ich frage dich, wie es dir geht, und du antwortest: „Hey Michael, schön, dich zu sehen. Du kannst dir kaum vorstellen, wie großartig die letzten fünf Jahre für mich gelaufen sind. Mir geht es richtig gut. Ich glaube, ich bin angekommen."

Christian: Du fragst, wie mein Leben dann aussehen würde? Wo ich genau angekommen wäre und was ich dir erzählen würde?

Michael: Ja, genau.

Christian: Hmm... [überlegt] fangen wir mit der CoA-Academy an. In fünf Jahren sind wir die Coaching-Plattform für Lernerlebnisse in Deutschland, vielleicht sogar europaweit. Wir sind bekannt dafür, besonders unterhaltsam und kompetent zu sein. Ich kann von überall aus arbeiten und bin total flexibel. Ich sehe mich sogar unter Palmen unsere Vision verwirklichen. Ich spüre die Sonne, höre das Geraschel der Palmen, die warme Luft. Es riecht sogar ein bisschen exotisch. Während ich an neuen Lernerlebnissen für unsere Kunden arbeite, höre ich Meeresrauschen im Hintergrund. Wir haben es geschafft, wir sind die besten Coaches, die wir sein können.

Michael: Was würde deine innere Stimme zu dir sagen, wenn du dort angekommen bist?

Christian: Herzlichen Glückwunsch, Christian. Willkommen daheim. Vielleicht sogar *What's next?*

Michael: Wie fühlt sich das in fünf Jahren an, angekommen zu sein?

Christian: Ich fühle mich entspannt. Das ist für mich wichtig. Es ist warm, es fühlt sich warm und wohlig an.

Michael: Ich kann es auch schon vor mir sehen und hören und riechen. Ich kann fühlen, wie das sein wird. Eine schöne Vision.

Christian: Ich schmecke auch noch frische Früchte, vielleicht eine Papaya oder frisches Kokoswasser. Dann habe ich meine Vision in allen fünf Sinnen beschrieben.

Michael: Okay, weiter. Sei mal richtig gierig. Was passiert noch?

Christian: Na gut, wenn ich richtig gierig sein darf, höre ich, wie mein Telefon klingelt. Es ist mein Bankberater, der anruft und sagt: „Herr Kohlhof, ihr Konto ist leider voll. Bitte eröffnen sie ein zweites." Ich habe tatsächlich mal nachgefragt, wie viel Geld auf einem Konto sein müsste, damit das passiert. Mir konnte diese Frage niemand beantworten, ist wohl noch nie vorgekommen.

Michael: [*lacht*] Das merke ich mir. „Hallo Herr Portz, ihr Konto ist leider voll." So ein Mist, was machen wir denn da bloß?

Christian: Das würde aber nur passieren, wenn ich richtig gierig wäre. Das ist gar nicht notwendig. Ein halbvolles Konto reicht auch. „Herr Kohlhof, ich informiere Sie darüber, dass Ihr Konto bereits halbvoll ist." *Halbleer* möchte ich von meinem Bankberater nicht hören.

Michael: Was haben wir gerade gemacht?

Christian: Ich habe in meinem Kopf einen kleinen Film kreiert. Ich habe mir Bilder vor Augen geführt. Ich habe etwas gesehen, gehört, geschmeckt, gefühlt — eine Art Zielfilm in meinem Kopf. Zu diesem Ziel möchte ich hin. Ich bin bereit, etwas zu tun, um dort hinzugelangen.

Michael: Wir sind also beim Thema *Vision*.

Christian: War das jetzt schon eine Vision?

Michael: Ja, das war zumindest ein Ansatz. Wir können noch tiefer gehen und deine Vision noch genauer beschreiben. Du hast sicher gemerkt, welches Frame-up wir genutzt haben. Ich habe dich gebeten, dir vor Augen zu führen, wie deine Zukunft aussieht, wenn du dein Ziel, deine Vision bereits erreicht hättest und von dort aus zurückschaust. *Stell dir vor, wir treffen uns in fünf*

Jahren und du erzählst mir, wo du zu diesem Zeitpunkt angekommen bist. Du hast die Perspektive geändert und aus der Zukunft in die Vergangenheit geblickt. Was ist alles passiert, was hat dazu geführt, dass du in deinem Zielbild angekommen bist? Du hast das sehr schön mit allen Sinneskanälen beschrieben. Du bist jeden Kanal durchgegangen und hast beschrieben, was du siehst, was du hörst, was du fühlst, was du schmeckst und was du riechst. Die Seeluft, das Tropenparadies, der Wind und die Luft — ich konnte das alles buchstäblich mitfühlen. Genau das gehört zum Thema *Vision*. Wofür brauche ich das nun als Company? Es gibt viele Konzepte dafür: *BHAG, 3HAG, 5HAG.* Diese Ansätze sind alle sehr ähnlich.

Christian: Kann ich im Unternehmenskontext ähnlich vorgehen, also entlang der Sinneskanäle?

Michael: Klar, das kannst du so machen.

Christian: Was sind denn typische Visionen, die Unternehmen haben? Ich höre häufig: „Wir werden in den nächsten drei Jahren Marktführer im Segment XY."

Michael: Bevor wir diese Frage beantworten, stelle ich eine andere. Wofür brauchen Unternehmen überhaupt eine Vision? Welchen Zweck erfüllt eine Vision?

Christian: Ich würde sagen, damit alle Mitarbeiter wissen, wo es hingeht.

Michael: Wofür ist das wichtig?

Christian: Damit die nächsten Schritte, die passieren, klar sind. Ich vergleiche es mit der Besteigung des Mount Everests. Wenn ich weiß, dass das Ziel, der Gipfel des Mount Everests ist, kann ich entsprechende Schritte planen. Jeder, der mit dabei ist, weiß, dass bergauf schon mal nicht falsch sein kann. Auch wenn der erste Schritt mich noch nicht direkt zum Ziel bringt, sondern es noch einige Zeit dauern kann, weiß ich, bergauf ist die richtige Richtung. Jeder Schritt bringt mich dem Ziel näher.

Michael: Du sprichst von einer gemeinsamen Ausrichtung. Auch wenn der genaue Weg noch nicht klar ist, kennt jeder das Ziel. Jeder kennt die Richtung, in die es gehen soll.

Christian: Genau. Denn es kann auch vorkommen, dass es notwendig ist, einen Umweg zu nehmen, eine Kurve zu laufen oder sogar einen Schritt zurückzugehen. Möglicherweise darf ich auch mal bergab laufen auf dem Weg zum Gipfel. Das ist für mich viel einfacher, wenn ich das Ziel kenne und ich mich orientieren kann. Wie eine Art Kompass.

Michael: Mich hat das Vision-Statement von Amazon sehr beeindruckt. Ich nutze das häufig in Workshops. Es ist mittlerweile sehr bekannt, es lautet: „To be Earth's most customer-centric company, where customers can find and buy anything they might want to buy online." Jedes Wort haben sie dabei sehr sorgfältig ausgewählt. Übersetzt heißt es: „(Wir streben danach) das kundenorientierteste Unternehmen der Welt zu sein, bei dem Menschen alles finden und kaufen können, was sie jemals online kaufen wollen."

Christian: Bei der Beschreibung meiner Vision zu Beginn ging es eher um die Frage: *Woran erkennst du, dass du da bist?* Ich schaue mich um, sehe die Palmen, meinen Laptop und weiß, dass ich von hier aus flexibel arbeiten kann. Ich habe das Bewusstsein, mit der CoA-Academy das erreicht zu haben, was ich erreichen will. Woran lässt sich erkennen, dass Amazon in seiner Vision angekommen ist?

Michael: Du meinst, wie kann ich *the Earth's most customer-centric company* messen?

Christian: Messen oder erkennen, dort angekommen zu sein.

Michael: Amazon könnte eine Umfrage in Auftrag geben und die Leute auf der ganzen Welt fragen: „Welches sind die kundenorientiertesten Unternehmen?", „Wo kaufst du gerne ein, online und offline?", „Wo erhältst du den besten Service und hast die beste Experience?", „Wo sind die einzelnen Schritte im Kaufprozess für dich so einfach und komfortabel, dass du dort immer wieder einkaufen möchtest?" Ich denke, viele Leute würden antworten: „Ich kaufe am liebsten bei Amazon." Ich würde dasselbe antworten. Ich bin total zufrieden und kaufe kaum woanders ein. Das fluppt einfach bei denen. Mit einer Meinungsumfrage kann ich einiges messbar machen. „Earth's most customer-centric company", also das weltweit kundenzentrierteste Unternehmen sein zu wollen, ist natürlich eine Ansage. Die Frage ist, in wie vielen Ländern haben Menschen Zugang zu Amazon und können sich auch etwas schicken lassen. Außer Alibaba kenne ich keinen größeren Versender mit einer höheren Reichweite als Amazon. Daher stellt sich die Frage, ob die Vision von Amazon nicht bereits erfüllt ist.

Christian: Du hast eben mehrere Ansätze zur Formulierung einer Vision genannt: *BHAG, 3HAG, 5HAG*. Wie gehe ich als Unternehmer denn nun an die Sache heran?

Michael: Es gibt mehrere Möglichkeiten. Einige denken in unterschiedlichen Zeithorizonten. Sie überlegen, was sie in einem, in drei oder in zehn Jahren erreicht haben wollen. Je weiter ich in die Zukunft blicke, desto visionärer wird es natürlich. Ich persönlich halte einen Horizont von fünf Jahren für geeignet. In fünf Jahren kann viel Unvorhersehbares passieren, gleichzeitig ist es noch greifbar und fühlt sich planbar an. Der optimale Zeithorizont ist Ansichtssache. Ich habe mit fünf Jahren sehr gute Erfahrungen gesammelt und Ergebnisse erzielt. Ob es dann nachher fünf, sieben oder vier Jahre sind, ist aus meiner Sicht nicht entscheidend.

Christian: Es macht keinen echten Unterschied.

Michael: Der Punkt ist, dass ich ankomme. Sich auf ein bestimmtes Datum festzulegen wäre eher Glaskugellesen und verfehlt den Zweck. Es geht darum, das Ziel und einen groben Zeithorizont festzulegen, um ausreichend Flexibilität auf dem Weg dorthin zu haben.

Christian: Bei Amazon hast du von der Vision gesprochen. Ich vermute, das Statement von Amazon kann ich auch als BHAG beschreiben, oder? Als B*ig* H*airy* A*udacious* G*oal.*

Michael: Du hast vermutlich recht. Damals, als Amazon das Vision Statement formuliert hat, gab es das Buch von Jim Collins noch nicht. *Good to great* ist ein sehr geiles Buch, mit dem er den Begriff des *BHAGS*, des *Big Hairy Audacious Goal* geprägt hat. Es klingt auf jeden Fall witziger als *Vision*. Die Begriffe tun es alle gleichermaßen. Tja, ist die Vision von Amazon nun ein BHAG? Gute Frage. Wie fühlt es sich denn an? „To be Earth's most customer-centric company, where people can find and buy anything, they might want to buy online" — fühlt sich das wie ein BHAG an?

Christian: Hört sich eher nach einem Kampf gegen Alibaba an.

Michael: Ist nicht AWS, Amazon Web Services, also der Cloud-Service von Amazon, mittlerweile viel größer und spannender geworden als der Verkauf von Waren?

Christian: Erinnerst du dich an das Beispiel der Mondlandung? Als Kennedy sagte: „In der nächsten Dekade bringen wir einen Menschen auf den Mond und wieder zurück." Das ist für mich ein super Beispiel für ein BHAG. Was daran so big, hairy und audacious war, ist der Punkt, dass die Amerikaner bis dahin erst maximal eine viertel Stunde im Weltall waren. Sie hatten also weder die Technologie, noch konnten sie wissen, ob das wirklich funktioniert. Nicht einmal, was das kosten würde, konnten sie ahnen. Sie hatten einfach ein BHAG und sind losgerannt.

Michael: Das war eine Ansage, keine Frage. Das hat Kennedy einfach mal so rausgehauen. Zur damaligen Zeit hatte das eine ungeheure Wirkung. Es hat die Menschen inspiriert und motiviert — zumindest habe ich es so gelesen. Die Menschen haben vermutlich gedacht: „Wow, das nehmen wir uns vor? Jemanden auf den Mond schicken? Da möchte ich dabei sein." Das hat Eindruck gemacht.

Christian: Ich kann förmlich hören, wie einige sicher darauf gesagt haben: „... Aber wir wissen doch gar nicht, wie das geht! Spinnt der? Was das alles kosten wird!?"

Michael: Aber...

Christian: Genau. Dann kommen die Leute mit *aber*. Und trotzdem hat es funktioniert.

Michael: Sogar in dem genannten Zeitrahmen, innerhalb *dieser Dekade*. Das hat geradeso geklappt. Wirklich beeindruckend.

Christian: Bei welchen Unternehmungen funktioniert ein BHAG? Es gibt doch sicher auch Firmen, bei denen es möglicherweise nicht funktioniert. Vielleicht, weil sie auf einen kürzeren Horizont ausgerichtet sind.

Michael: Auch wenn es sich für manche anfühlt, als würde man über das Ziel hinaus schießen, finde ich es sehr charmant eine große Vision zu haben. Denn häufig stellt man fest: „Oh, da geht doch noch mehr, als ich gedacht habe." Wir haben vorhin gesagt, der Zweck einer Vision ist es, dem Team Orientierung zu geben. Weitere Gründe für eine Vision sind die Mitarbeiter zu beeindrucken und vor allem die richtigen Leute an Bord zu bekommen. Wer sich mit der Vision identifizieren kann, ist in dem Unternehmen genau richtig. Denn das Ziel gilt es ja auch zu erreichen. Das ist die Krux für mich. Oft wird das Thema Vision etwas belächelt. Der eine oder andere sagt: „Solch große Töne zu spucken und sich so große Ziele zu setzen, das ist doch unrealistisch." Genau da wird es interessant. Als Amazon seine Vision formuliert hat: „We will be Earth's customer-centric company", haben es auch einige belächelt. Das war 1997, vor dreiundzwanzig Jahren.

Christian: Das heißt, auch Amazon hatte weder die Technologie noch eine Ahnung, ob das überhaupt funktionieren kann.

Michael: So sieht's aus. Die Jungs und Mädels waren genauso mutig wie Kennedy. Das, was die sich damals vorgenommen haben, war sehr visionär. Am Horizont war möglicherweise gerade so erkennbar, dass sich die Welt in eine Zukunft bewegt, in der das vielleicht klappen könnte. Das war für sie ausreichend, um es zu probieren. Sie haben angefangen, diese Vision auf Plakate zu schreiben, um Mitarbeiter zu rekrutieren. Und die, die sich daraufhin beworben haben, haben ebenfalls an diese Vision geglaubt. Es waren genau die Bekloppten, die es dann möglich gemacht haben.

Christian: Das heißt, eine Vision darf auch polarisieren?

Michael: Absolut.

Christian: Die einen sagen: „Boah, genau mein Ding" und die anderen sagen: „Ihr spinnt!"

Michael: Stell dir vor, du hast eine Vision und jemand sagt zu dir: „Das ist ja eine nette Vorstellung, aber ich glaube nicht, dass das funktionieren wird." Möchtest du denjenigen dann in deinem Team haben? Womöglich möchte er mir sogar noch beweisen, dass er recht hat. Nein, den will ich nicht dabei haben. Wenn er nicht an die Vision glaubt, kann ich ihn nicht gebrauchen. Ich möchte lieber die Leute haben, die daran glauben und beweisen möchten, dass es möglich ist. Das sind diejenigen, die es am Ende wahr werden lassen. Steve Jobs hat das sehr schön formuliert. Er sagte: „Here is to the crazy ones."

Dann kommt eine lange Aufzählung und am Ende sagt er: „(...) because they will end up changing the world." Und genauso ist es. Die Verrückten, die an eine große Vision glauben, sind die, die die Welt verändern und große Ergebnisse erzielen.

Christian: Was ist denn deine Vision?

Michael: Mein Purpose-Statement ist, Menschen dabei zu helfen, Unterschiede zwischen ihnen zu überwinden. Mit meiner Arbeit möchte ich viele Menschen erreichen und sie als Coach unterstützen. Ich bilde mich stetig weiter fort, um immer auf dem neuesten Stand zu sein. Mein Leben ist dabei sehr glücklich und balanciert. Ich habe eine Frau, zwei Kinder und Familie drum herum, für die neben meiner Arbeit Zeit übrig ist. Meine Vision in fünf Jahren ist, dass ich bis dahin die perfekte Balance zwischen Arbeit und Familie gefunden habe. Ich genieße in fünf Jahren eine finanzielle Unabhängigkeit, die es mir erlaubt, all das zu erleben, was mir Freude macht und womit ich die besten Ergebnisse erziele, um meinen Purpose zu erfüllen. Und meine beiden Töchter erhalten eine perfekte Erziehung.

Christian: Woran würdest zu erkennen, dass sie perfekt ist?

Michael: Das gilt es für mich noch zu definieren. Was das genau bedeutet und wie das geht, darf ich auf dem Weg dorthin noch herausfinden.

Den Gedanken, anhand der Vision die eigenen Mitarbeiter auszuwählen, finde ich sehr charmant. In der Tat gibt es viele Visionen, die im Unternehmensalltag selten ausgesprochen werden oder einfach bloß irgendwo auf der Webseite stehen. Selten richtet eine Vision wirklich etwas im Unternehmen aus. Sie wird von der Marketingabteilung formuliert, um einen guten Eindruck zu machen. Wirkungsvoll wird sie jedoch erst, wenn die Chefetage wirklich daran glaubt und an ihr festhält. Eine Vision muss gelebt werden, andernfalls verpufft ihr Zauber.

VALUES

WERTE LENKEN VERHALTEN

Christian: Ich habe mal in einer Bank gearbeitet. Seit dem habe ich ein eher gespaltenes Verhältnis zum Thema Unternehmenswerte. Wir haben damals einen sehr langwierigen Werteprozess durchlebt. Unternehmenswerte wurden gemeinsam aufwändig entwickelt und visualisiert. Es wurde sogar ein kleines Booklet dazu produziert. Es war wirklich toll gemacht. Nachdem wir das alles hinter uns hatten, war die Reaktion der Mitarbeiter allerdings doch eher verhalten. Sie sagten so etwas wie: „Wahnsinn, was das jetzt wieder alles gekostet hat." Darüber haben sie sich richtig aufgeregt. Die teuren Werte-Booklets sind schnell in der hintersten Schublade des Schreibtisches verschwunden. Daher frage ich mich, was soll das eigentlich? Einer der Werte, der damals aufgeschrieben und aufgemalt wurde, war *Vertrauen*. Was stellst du dir vor, wenn du *Vertrauen* hörst?

Michael: Wenn ich *Vertrauen* höre, kommen mir verschiedene Gedanken in den Sinn. Vertrauen hat für mich etwas mit einem Menschen zu tun, mit einzelnen Personen. Ich habe Bilder im Kopf, wie sich etwa zwei Menschen die Hand geben und sich dabei in die Augen schauen. Für mich bedeutet *Vertrauen*, verlässlich zu sein. Wenn wir etwas vereinbaren, verlasse ich mich darauf, dass wir uns beide an die Vereinbarung halten.

Christian: So VAKOG-mäßig siehst du gerade zwei Menschen vor deinem inneren Auge?

Michael: Eigentlich sehe ich nur einen. Ich bin der andere. Ich sehe jemanden gegenüber von mir. Ich schaue ihm in die Augen und sehe, wie wir uns die Hand geben. Ich spüre den Händedruck. Das Gefühl, das in dieser Situation in mir hochkommt, würde ich als Vertrauen beschreiben.

Christian: Interessant. Wenn ich an *Vertrauen* denke, sehe ich einen Klettergurt. Einen sehr stabilen Gurt mit einem neuen, unbenutzten Seil. Ich sehe überhaupt keine Menschen.

Michael: Scheint bei dir eher so ein Sicherheitsthema zu sein.

Christian: Bei mir ist es eher das Material, bei dir geht es dabei eher um den Menschen. [*schmunzelt*] Wir halten also fest, wenn ein Unternehmen einen Wertekatalog bestimmt — bleiben wir beim Beispiel *Vertrauen* — dann hat jeder der zehn- oder fünfzehntausend Mitarbeiter ein anderes Bild zu diesem Wert im Kopf.

Michael: Es wäre natürlich jetzt spannend, zu erfahren, welches Bild die Leserin gerade im Kopf hat.

Christian: Liebe Leserin, lieber Leser, denk bitte mal an *Vertrauen*. Welches Bild oder welcher Film schießt dir dabei in den Kopf? Schreibe gerne auf unsere Facebookseite, an was du bei dem Wort *Vertrauen* denkst.

Michael: Oder was du fühlst.

Christian: Teile es gerne auf irgendeiner Plattform, wo wir es lesen können. Wir würden uns sehr freuen. Wäre doch ein spannendes Ergebnis für alle.

Michael: Oder schicke uns eine Nachricht. Wir vertrauen auf dich.

Christian: Mensch und Material. Das ist wirklich erstaunlich. Welche Gründe gibt es überhaupt für einen solchen Werteprozess im Unternehmen? Ich habe echt schlechte Erfahrungen damit.

Michael: Viele haben damit schlechte Erfahrungen. Ich selber auch. Ich habe zu meinem großen Glück auch eine andere Erfahrung mit Werten gemacht. Ich durfte erleben, was Großartiges passieren kann, wenn die Wertebasis im Unternehmen stark ist. Das war richtig geil. Werte sind für mich im Business-Kontext mittlerweile eines der mächtigsten Themen überhaupt. Denn sie machen jeden einzelnen Menschen von uns aus und bestimmen, wie wir uns verhalten. Du hast Werte in dir, ich habe Werte in mir. Einige davon stimmen vielleicht überein, andere nicht. Sie steuern jeweils einen Großteil unseres Verhaltens. Daher haben sie enorme Auswirkungen darauf, wie wir zusammenarbeiten.

Christian: Wenn ich also weiß, wie jemand tickt, welche Werte er hat, weiß ich auch, wie er sich in verschiedenen Situationen verhalten wird.

Michael: So sieht's aus.

Christian: Zum Beispiel unter Stress oder unter normalen Umständen?

Michael: Sowohl als auch. Ein Wert ist dann ein Wert, wenn ich diesen auch unter Druck aufrecht erhalte. Sonst ist es eben nur ein Wort oder eine Vorstellung von einem Wert. Das ist entscheidend. Häufig überlegen sich Unternehmen während eines solchen Werteprozesses, den du gut beschrieben hast, wie sie als Unternehmen sein möchten und warum sie so sein möchten. Der Punkt ist, dass sie häufig nicht so sind, wie sie sich selbst beschreiben. Bei einer Bank kann ich mir das genau vorstellen. Zugegeben, ich habe gerade allerhand Stereotypen im Kopf. Gegenüber Bankmitarbeitern kommen mir gleich eine Menge Vorurteile in den Sinn. Ich kann mir gut vorstellen, dass die Werte, die in dem Prozess, den ihr durchgemacht habt, zwar nett klingen und sicher wünschenswert sind, dennoch nicht das tatsächliche Verhalten des Unternehmens reflektieren. Auch wenn es sicher einige Werte gibt, die dem Unternehmen Stärke geben. Meine Bank macht eine Menge guter Sachen. Ich bin sicher, es gibt einige Eigenschaften, die sie stark in der Wertebasis machen. Wenn die formulierten Werte am Ende nicht mit dem Verhalten im Unternehmen übereinstimmen, schütteln die Mitarbeiter natürlich den Kopf und denken: „Was für ein Bullshit."

Christian: Vertrauen ist ein Wert, auf den sich alle im Unternehmen schnell einigen können. Es gab in der Bank auch einen Wert, der besagt, dass wir uns an die gesetzlichen Vorgaben halten.

Michael: Das ist ein Wert, um den wir alle nur schwierig herumkommen. Es sei denn, wir riskieren, ins Gefängnis zu gehen. Kann man machen.

Christian: Ist es denn sinnvoll für mein Unternehmen, Werte zu definieren, die mich anders, vielleicht sogar besonders machen? Oder Werte, die polarisieren?

Michael: Unter Umständen kann das sinnvoll sein. Um die Frage wirklich zu beantworten, ist es notwendig, zu verstehen, wofür Werte einem Unternehmen dienlich sind. Es geht nicht darum, zu entscheiden, was richtig oder falsch ist im Sinne von Ethik oder Moral. Werte dienen dazu, dem Unternehmen eine gewisse Stärke zu verleihen. Das ist der Punkt. Sie sollen helfen, die gesetzten Ziele zu erreichen. Sie zeigen auf, welche Stärken das Unternehmen hat und durch welches Verhalten die Ziele erreicht werden können. Am Ende sollte also etwas herauskommen wie: *Das ist unsere gemeinsame Wertebasis. So verhalten wir uns im Unternehmen, um unsere Ziele zu realisieren*. Ein gemeinsames Stärkegefühl. Das ist das ganze Geheimnis. Werte dienen einem Zweck.

Christian: Bleiben wir beim Beispiel *Vertrauen*. Was kann ich tun, damit mir dieser Wert hilft, meine Ziele im Unternehmen zu erreichen?

Michael: Die Frage ist, ob Vertrauen eine Eigenschaft ist, die im Team sehr stark verankert ist und den Kern der Zusammenarbeit ausmacht. In der Literatur ist häufig von Core Values die Rede. Es geht also um den Kern der Firma. Ist dieser Wert so sehr im Unternehmen ausgeprägt, dass er die Firma stark macht? Wenn das der Fall ist, ist Vertrauen ein Core Value. Bleibt immer noch die Challenge des gemeinsamen Verständnisses. Was bedeutet das Wörtchen *Vertrauen* für das Team? Wir haben eben gesehen: Du hast eine Idee, was Vertrauen bedeutet, ich habe eine andere. Wir brauchen eine gemeinsame Idee. Es gilt also zu definieren, was Vertrauen bei uns in der Firma genau bedeutet. Was macht unser Verhalten aus, wenn wir den Wert Vertrauen im Team und in der Firma leben? Wie gehen wir miteinander um? Wie macht uns Vertrauen stark auf dem Weg zu unserem Ziel? Erst wenn das klar ist und tatsächlich zutrifft, also *wahrheitlich* ist, hat es auch einen Wert. Die Betonung liegt auf *wahrheitlich*. In irgendein Booklet zu schreiben: „Wir brauchen mehr Vertrauen, denn das hilft uns in Zukunft unsere Ziele zu erreichen", hilft nicht. Wenn der Wert nicht im Team wahrhaftig verankert ist, ist es kein Wert. Es sei denn, wir gehen von einer grundsätzlichen kulturellen Transformation aus, die eine Firma durchmacht, dann können sich Werte auch ändern. Das klappt leider selten.

Christian: Nehmen wir eine andere Firma. Ich habe von einer Firma gehört, die hat *Spaß* als Unternehmenswert definiert.

Michael: Das gefällt mir.

Christian: Das freut mich. Wir haben das in unseren Chef-Seminaren getestet. Am Anfang denken die Teilnehmer häufig: „Das ist ein komischer

Wert." Zumal es kein Adjektiv ist. Es heißt eben nicht *spaßig*. Spaßig bedeutet etwas anderes. Der Wert lautet *Spaß*.

Michael: Mit dieser Aussage schränkst du die Bedeutung ja schon ein. In deiner Vorstellung gibt es zwischen *Spaß* und *spaßig* einen Unterschied. Die Frage ist, sehen das die anderen Mitarbeiter im Unternehmen genauso? Deine Erklärung dazu kennen die anderen gegebenenfalls gar nicht. Und schon sind wir wieder bei dem Problem des gemeinsamen Verständnisses. Ich bin Rheinländer. Ich komme aus der Nähe von Köln. Für mich ist Karneval ein großer Spaß. Für andere ist das überhaupt kein Spaß. Für manche ist ein Witz ein Spaß. Andere wiederum können darüber gar nicht lachen. Für den einen ist es ein großer Spaß, mit einem Surfbrett über das Wasser oder mit dem Porsche durch die Eifel zu flitzen. Andere verstehen unter Spaß das Springen aus einem Flugzeug.

Christian: Aus einem funktionierenden Flugzeug. Mit Fallschirm.

Michael: Du siehst, in der Definition des Wertes liegt die Krux.

Christian: Diese Firma, von der ich hörte, ist unsere. Wir, die CoA-Academy, haben *Spaß* als Unternehmenswert definiert. Und damit meine ich nicht, dass wir das Wort irgendwo hingeschrieben haben, sondern wir haben uns gemeinsam auf eine Definition des Wertes geeinigt. Sodass das Bild im Kopf bei allen das gleiche ist. Das ist wichtig. Es ist völlig unerheblich, welches Bild Außenstehende zu dem Wert *Spaß* haben. Wichtig ist, dass wir ein einheitliches Bild davon haben.

Michael: Wichtig ist auch, dass es uns daran erinnert, welche unserer Verhaltensweisen uns Stärke geben. So können wir sauber nach unseren Werten aussuchen, mit wem wir zusammenarbeiten wollen und mit wem nicht, wen wir einstellen, wen wir fördern und wen wir vielleicht gehen lassen wollen, weil es eben nicht passt.

Christian: Werte leisten also einen großen Beitrag zur Führung von Mitarbeitern, zur Mitarbeiterentwicklung und Mitarbeiterauswahl.

Michael: Absolut. Werte dürfen Zähne haben. Im Englischen heißt es: *They have to have teeth*. Werte richten wirklich etwas im Unternehmen aus. Wenn sie wirklich gelebt werden und nicht nur auf irgendeinem Poster an der

Wand hängen oder in einem teuren Booklet in der Schublade liegen, dann sorgen sie im Unternehmen dafür, wer kommt, bleibt und wer geht. Dann sind wir uns klar darüber, welches Verhalten uns als Firma Stärke gibt und wie wir unsere Ziele erreichen können, sodass wir diese Wertebasis pflegen.

Christian: Wie haben wir nochmal *Spaß* definiert?

Michael: Karneval kam nicht vor. Trotz meiner rheinischen Wurzeln habe ich das nicht durchbekommen. Wir haben Spaß so definiert: *Wir sind unterhaltsam, motiviert und produktiv. Die Arbeit mit uns macht Spaß.*

Christian: Es ist eine ganz andere Definition als die, die ich zuerst im Kopf hatte.

Michael: Auch anders als meine ersten Gedanken dazu. Ich hatte den Karneval im Kopf. Und auf einmal steht da: *Wir sind unterhaltsam*. Der Satz fängt an mit *Wir sind ...* Einige Firmen starten in der ersten Person Singular mit *Ich bin ...*, um deutlich zu machen, dass das Verhalten von jedem Einzelnen erwartet wird. Ich finde *wir* auch gut. Es unterstützt das Team-Gefühl. *Wir sind unterhaltsam, motiviert und produktiv.* Da passiert bei mir direkt etwas im Kopf. Wenn ich nur *Spaß* höre, denke ich an einen Spaßverein. Dann kommt *unterhaltsam* — das gibt dem Ganzen schon eine andere Bedeutung. Mit *motiviert und produktiv* wird aus Spaß etwas Spezielleres.

Christian: Aus Spaß wird Effizienz oder Effektivität. Und Ergebnisse.

Michael: Es wird auf jeden Fall konkreter. Dann folgt noch: *Die Arbeit mit uns macht Spaß*. Das erinnert alle, die mit uns zusammenarbeiten daran, dass es für uns wichtig ist, Spaß bei der Zusammenarbeit zu haben.

Christian: Und wer das nicht mag, der ist vielleicht auch nicht der richtige Kunde für uns.

Michael: Genau. So können wir wiederum eine Wahl treffen, die allen hilft, unsere Ziele zu erreichen. Wenn jemand nicht zu uns passt, hilft es ja keinem. Das ist das Schöne an Werten. Sie helfen, die richtigen Entscheidungen zu treffen. Wir entscheiden, nach welchen Werten wir entscheiden wollen.

Christian: Diese Werte müssen für uns etwas bedeuten. Außerhalb des Unternehmens brauchen sie keine besondere Bedeutung zu haben.

Michael: Je mehr Leute sich zu oder gegen diese Bedeutung bekennen, desto besser, desto trennschärfer und klarer sind unsere Entscheidungen. Werte erzeugen Trennschärfe, dann funktioniert es.

Christian: Es hat wieder viel Spaß gemacht mit dir. Ich habe Vertrauen, dass wir auch die nächsten Kapitel mit viel Freude, Unterhaltsamkeit und Produktivität meistern.

Werte richten im Unternehmen etwas aus. Darauf kommt es an. Ich treffe unternehmerische Entscheidungen anhand dieser Werte. Das macht den Unterschied aus zwischen einer wahren Wertebasis für mein Unternehmen und den Marketingsprüchen auf der Webseite oder den Postern an den Bürowänden. Spannend ist für mich der Punkt, dass Werte kein Zielbild darstellen. Ich überlege also nicht, welche Werte wir in unserem Unternehmen ab sofort vertreten wollen. Das ist wahrscheinlich der häufigste Fehler, der bei klassischen Wertedefinitionen gemacht wird. Werte spiegeln das, was schon da ist wider. Sie repräsentieren die vorhandenen, emotionalen Stärken des Unternehmens. So herum betrachtet, ergibt langsam alles einen Sinn. Purpose, Vision und Werte sind dann ein starkes Führungswerkzeug, wenn sie im Unternehmen tatsächlich etwas ausrichten.

STRATEGIEN

STRATEGIE IST SO EINFACH

Christian: Sag mal, was ist eigentlich Strategie?

Michael: Hmm … [überlegt] Das ist wieder eines dieser großen Themen im Business-Kontext. Wie erkläre ich Strategie wohl am besten?

Christian: Nun, ich kann Strategie aus verschiedenen Blickwinkeln beleuchten. Zum einen frage ich mich: „Welche Strategie verfolge ich in meinem Unternehmen?" Ich kann mich fragen: „Welche Strategie setze ich in meinem Leben um?", „Welche Strategien sind für mich sinnvoll?" Zum anderen überlege ich: „Wie komme ich auf diese Strategien?", „Wie entscheide ich über die richtige Strategie?"

Michael: *Was ist Strategie?* war deine Ausgangsfrage. Jetzt habe ich noch mehr Fragen und noch immer keine Antwort.

Christian: Früher konnte ich mir nie merken, was der Unterschied zwischen Vision, Mission, Strategie und Purpose ist. Seit wir beide zusammenarbeiten wird mir das von Tag zu Tag klarer.

Michael: Ich finde das Wort *Strategie* total faszinierend. Früher hatte ich irren Respekt davor. Ich habe dabei immer an die smarten Berater von McKinsey gedacht oder an Militär-Strategen, an Super-Brains. Das hat mir Respekt eingeflößt und dadurch auch mein Interesse geweckt. Irgendwann habe ich dann im Wörterbuch nachgeschlagen, was dort unter Strategie zu finden ist. Dort stand etwas wie: „Strategie — ein Plan, der dazu dient, ein Ziel zu erreichen."

Christian: Ein strategischer Plan.

Michael: Später erst habe ich dann ein Modell kennengelernt. Ein Rahmenwerk mit drei Kreisen und einem Herz. Es erklärt die Themen Purpose, Vision, Werte und Strategie. Anhand dieses Modells kann ich ein Unternehmen führen. Durch dieses Modell wurde mir klar, dass Strategie nichts anderes ist als das, was wir tun.

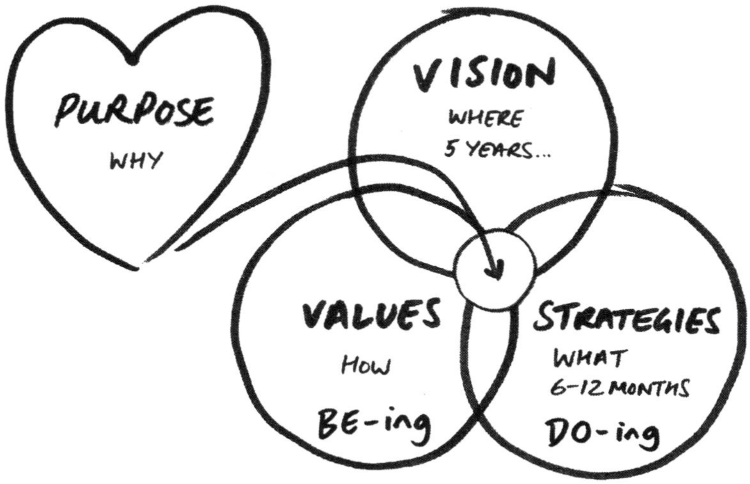

Abbildung: Herz und drei Kreise
Für uns ist es das großartigste Strategiemodell aller Zeiten.

Christian: *Strategie* hört sich deswegen so groß an, weil oft nicht klar ist, um was es konkret geht. Die eigentliche Frage ist: *Was meinst du genau, wenn du von Strategie sprichst*? Wenn wir das definieren, erkennen wir, dass wir durchaus eine Strategie im Unternehmen haben. Was ändert sich dadurch, dass wir eine Strategie haben?

Michael: Wir haben bereits über Purpose, Vision und Werte gesprochen. Wenn ich die Vision definiert habe, weiß ich, wo wir hin wollen. Ich kenne das Ziel. Die Strategie ist nichts anderes als der Plan, wie wir dorthin gelangen.

Christian: Also die nächsten Schritte?

Michael: Fast. Die Vision zeigt auf, wo wir in drei, fünf oder noch mehr Jahren sein wollen. Es ist noch relativ weit entfernt und auch nicht sicher, ob sich die Vision realisieren lässt. Es ist eben die Vision, quasi ein Wunsch der Zukunft. Wir haben Vision definiert als Zielbild, welches wir erreichen wollen, wenn alles richtig rund läuft. *Strategie* ist für mich das, was ich in den nächsten sechs bis zwölf Monaten tun kann, um der Vision näher zu kommen. Sechs bis zwölf Monate sind aus meiner Sicht ein guter Zeitraum, da ich diesen noch ganz gut überblicken kann. Ich kann einschätzen, was in diesem Zeitraum realistisch zu erreichen ist und dies in einem konkreten SMART-Ziel planen und definieren. Es gibt auch dabei noch einige Unwägbarkeiten, doch ich traue mir im Großen und Ganzen zu, mir diese Dinge vorzunehmen und sofort anzugehen. Das ist für mich Strategie.

Christian: In diesem Zeithorizont gehen wir dann konkrete Projekte als Teil der Strategie an, um das Ziel zu erreichen. Ich plane Aufgaben und definiere, wer was bis wann erledigt und wer nach der RACI-Matrix[14] für was zuständig und verantwortlich ist. An der Stelle fängt dann das operative Management an.

Michael: Ja, genau. Stell dir vor, du bist auf einer Silvesterparty und sprichst an der Bar mit einem Freund oder Geschäftsfreund. Er fragt dich: „Hey Christian, wie ist denn dein Jahr so gelaufen?" Du antwortest: „Es war ein super Jahr für mich. Ich bin meiner Vision ein ganzes Stück näher gekommen. Folgendes habe ich in diesem Jahr erreicht ..." Und dann zählst du die vier, fünf Highlights auf, die du in diesem Jahr erreicht hast. Ich nutze dieses Frame-up auch in Workshops, sowohl im beruflichen als auch im privaten Kontext. Das funktioniert super. Diese vier, fünf Highlights beschreiben für mich meine Strategien. Ich verstehe unter dem Begriff *Strategie* eher etwas Aufzählbares. Das macht es für mich spezifischer und konkreter. *Das ist unsere Strategie,* klingt für mich zu schwammig. Meine Strategien für das kommende Jahr sind: 1, 2, 3, 4, 5 — alle Punkte als SMART-Goal definiert.

Christian: Das Bild, welches du gerne malst, mit den drei Kreisen und dem Herz ist ein Modell, welches die gesamte Unternehmensstrategie darstellt und die einzelnen Strategien aufzeigt, an denen gerade gearbeitet wird.

Michael: *This is how we are gonna run this company.* So werden wir diese Firma führen. Dieser Titel ist die Überschrift des Bildes, welches du ansprichst. Es ist das Führungsmodell, anhand dessen wir die Firma durch das Universum, durch das Leben bewegen. Es beinhaltet den tieferen Zweck, warum es diese Firma gibt. Es beinhaltet die große Vision, also wo wir hinwollen. Es zeigt

14 Mit RACI wird eine Technik zur Analyse und Darstellung von Verantwortlichkeiten bezeichnet: https://de.wikipedia.org/wiki/RACI

unsere Werte, die unsere Verhaltensweise bestimmen und es beschreibt die Strategien — das, was wir in den nächsten Monaten umsetzen werden. Dieses Führungsmodell skizziert die großen strategischen Bereiche, die wir gerade bearbeiten.

Christian: Erinnerst du dich noch an die Sterbebett-Perspektive? Dieses Frame-up haben wir zur Formulierung des Purpose genutzt.

Michael: Ja, um festzustellen, wie das Gefühl ist, wenn ich die Welt eines Tages zufrieden verlasse.

Christian: Die Strategien sind also nun die Silvester-Perspektive — ein etwas kürzerer Blick in die Zukunft. Aus der langen Lebensperspektive heraus, sage ich: „Diese Vision habe ich erreicht. Ich habe meinen Purpose erfüllt." Die Silvester-Perspektive beschreibt die eher kurzfristigen Dinge, die ich erreicht habe — von Jahr zu Jahr oder von Quartal zu Quartal. Für Visionen von Unternehmen hatten wir ein paar gute Beispiele. Gibt es auch typische Beispiele für Strategien von Unternehmen? Was sind typische Strategien, die Unternehmen haben?

Michael: Eine typische Strategie beinhaltet ein spezifisches Umsetzungsziel mit ein bis zwei konkreten Messgrößen, an denen ich erkennen kann, dass ich dieses Ziel erreicht habe. Ein Beispiel aus dem Sales-Bereich wäre: „Wir bauen im nächsten Jahr unser Sales-Team mit drei weiteren Mitarbeitern aus. Diese sind bis zum 31. Juli eingestellt und geschult, sodass wir bis zum 31. Dezember ein zusätzliches Umsatzvolumen von 120.000 Euro erzielen."

Christian: Oder: „Wir schließen bis zum 31.10. eine weitere Finanzierungsrunde mit einem Volumen von fünf Millionen Euro ab."

Michael: Oder: „Bis zum 31. März definieren wir unsere neue Markenpositionierung und führen einen Marken-Relaunch bis zum 31. Juli durch. Der Relaunch beinhaltet die Kanäle Website, LinkedIn, Facebook und die Newsletter-Kommunikation. Wir erhöhen die Kundenzufriedenheit und erreichen bis zum Jahresende einen NPS[15] von mindestens 70 %."

Christian: Das klingt nicht mehr so hochtrabend wie zu Beginn.

15 Der Net Promoter Score (NPS) ist eine Kennzahl aus dem Marketing, die die Kundenzufriedenheit in Form einer Weiterempfehlungsrate ausdrückt. https://de.wikipedia.org/wiki/Net_Promoter_Score

Michael: Nein, das klingt einfach. Ich kann es jetzt einfach umsetzen.

Christian: In unseren Workshops starten wir häufig mit den Themen Purpose, Vision und Values. Wenn wir dann zu den Strategien kommen und fragen: „Was machen wir in den nächsten ein, zwei Jahren, um der Vision näher zu kommen?“, ist den Teilnehmern schon klar, was passieren wird.

Michael: Oh ja, das war auch für mich ein großes Learning. Früher bin ich ganz falsch an die strategische Planung herangegangen. Wir haben in endlosen Diskussionen tage- und wochenlang überlegt, was wir machen wollen, was wir überhaupt erreichen wollen und wie wir das anstellen sollen. Das war unglaublich zäh und schwierig, sich auf eine Strategie zu einigen. Seit ich das Modell kenne und nutze, ist es viel einfacher. Wir legen zunächst unseren Purpose fest, dann unsere Vision und unsere Werte. Klar, das dauert ein paar Tage, um diesen Nordstern zu finden und zu definieren. Das Geile danach ist, dass es dann den einzelnen Teams ganz leicht fällt, die vier, fünf, sechs Strategien für sich zu beschließen, an denen sie arbeiten wollen. Diese sind dann das Einfachste an der ganzen Führungskiste. Wenn Purpose, Vision und Werte klar sind, schreiben die Teams die Strategien einfach so herunter. In zwei Stunden steht plötzlich die Jahresstrategie fest und alle schauen sich mit einem glücklichen und breiten Grinsen an und freuen sich. „Geil, na dann mal los.“

Christian: Ist ja logisch. Wenn ich weiß, wo ich hin will und warum ich dahin will, sind die nächsten Schritte viel einfacher zu entscheiden. Wenn ich keine Ahnung habe, ob ich einen Berg besteigen oder Tiefseetaucher werden will, ist auch die Entscheidung schwierig, für was ich trainiere, was ich in meinen Koffer packe und welchen Flug ich buche.

Michael: Im Rückspiegel sieht alles ganz easy aus.

Christian: Wie heißt der Song? *I don't know what I want, but I know how to get it*. Wenn ich nicht weiß, was ich will und genau weiß, was ich mache, bringt es nicht viel.

Michael: *Move your mind and your body will follow. Once I have made up my mind (...)*, wenn ich weiß, was ich will, wird auch schnell klar, wie ich dorthin komme.

Christian: Die Zeit, die ich mit meinem Team, meinen Mitarbeitern für das Bestimmen der Vision und des Purpose aufbringe, ist bestens investiert, richtig?

Michael: Diese ein bis zwei Tage sind unbezahlbar. Das spart so viel Zeit und bringt unglaublich viel Alignment, Ausrichtung und Power in die Organisation. Diese Zeit ist mit Sicherheit die am besten investierte Zeit der Unternehmensgeschichte.

Christian: Wenn ich all das definiert habe: die Vision, das Purpose-Statement und die Unternehmenswerte. Wie kitzle ich denn nun ganz konkret diese Strategien aus meinem Team heraus? Im Grunde wissen meine Mitarbeiter ja am besten, was zu tun ist. Wie gehe ich das genau an?

Michael: Die erste Frage, die sich oft stellt ist: „Wer nimmt an dem Strategieworkshop teil?“ Viele antworten darauf: „Das machen wir besser im kleinen Kreis.“

Christian: Wie groß ist denn dieser kleine Kreis?

Michael: Aus meiner Sicht ist die ideale Größe 7±2. Zehn bis zwölf ist auch noch ok. Mehr nicht. Einige Gründer oder Chefs wollen das gerne alleine unter sich ausmachen, zu zweit oder zu dritt. Die Gefahr ist, dass die Wirkung, die Identifikation und Motivation komplett verpufft. Es kommt das Gefühl von Kontrollverlust auf. Geschickter ist es, das Team von Anfang an einzubinden. Es entsteht ein Kollektiv. Das Team erhält eine viel bessere Vorstellung von all den Dingen. Die Diskussionen, die in solchen Workshops entstehen, sind sehr wertvoll. Die Leute werden sich klar darüber, wo jede Einzelne steht und wo alle gemeinsam hin wollen. Man einigt sich und schafft Commitment. Wenn Reibung entsteht, werden diese Themen deutlich und es ist klar, was es zu klären gibt, bevor die strategischen Ziele erreicht werden können. All das würde sonst verborgen bleiben. Wenn dann die Strategien festgelegt werden, ist jedem direkt klar, wofür er oder sie das macht. *Start with why*. Jeder weiß, wofür wir das machen. Wir machen das, um unseren Purpose zu erfüllen und um unsere Vision zu realisieren. Los geht's. Die Frage *Warum denn bloß?,* stellt sich überhaupt nicht mehr. Das gesamte Führungsteam trägt dies mit voller Überzeugung ins Unternehmen, anstatt sich insgeheim dafür zu rechtfertigen und den eigenen Mitarbeitern zu entgegnen: „Das

Management hat das so entschieden. Sie haben uns diese Strategien vorgegeben, sie werden sich hoffentlich etwas dabei gedacht haben."

Christian: Genau. Von da aus kann ich dann sehr gut weitermachen. Wir wissen nun, wo wir hin wollen und warum wir dort hin wollen. Wie wir zusammenarbeiten, um diese Vision zu erreichen, ist auch klar. Am zweiten Tag frage ich dann gerne: „Welche Kompetenzen und Strukturen benötigen wir, damit wir diese Vision erreichen?", „Welche Kompetenzen und Strukturen bauen wir im kommenden Jahr auf?" So erhalten die Leute schnell die Einsicht: „Richtig, wir brauchen eine Struktur für die Investitionsrunden" oder „Wir brauchen eine Struktur für unseren Vertrieb." Mit diesen Fragen habe ich sehr gute Erfahrungen gemacht.

Michael: Das kann ich nur bestätigen. Es gibt diesen Spruch *Structure follows strategy* von deinem guten Freund Peter Drucker. Auch er war es, der gesagt hat: „Culture eats strategy for breakfast." Wenn ich ihm glaube, ist die Reihenfolge wichtig. Erstmal gilt es die Kultur zu klären. Dafür definieren wir den Purpose, unsere Werte und unsere Vision. Wenn die Kultur klar und stabil ist, überlege ich mir die Strategien zur Erreichung der Vision. Drei, vier, fünf Dinge, die wir in den kommenden Monaten machen werden. Wenn diese Strategien stehen, stelle ich mir die Frage nach der Struktur. Welche Struktur ist sinnvoll, um die Strategie umsetzen zu können. Wenn das klar ist, kann ich entscheiden, wer aus meinem Team was erledigen kann und welche Ressourcen ich vielleicht noch zusätzlich von außerhalb brauche — Mitarbeiter, Partner, Dienstleister, Zulieferer etc. *First culture then strategy then structure.*

Christian: Jedes strategische Projekt wird dadurch zum Strukturprojekt. Es geht also nicht darum, uns darauf zu einigen, Vertrieb besser zu machen. Sondern darum, sich auf die Sales-Struktur zu einigen, mit der wir den Vertrieb besser, schlagkräftiger machen können, um das Ziel zu erreichen und die Strategie zu erfüllen.

Michael: Richtig. Das implizieren die Strategien ganz von alleine. Denn ich lege auch fest, wie ich das Erfüllen der Strategieziele erkenne und messbar mache. Ich lege die größten drei, vier, fünf Handlungsfelder fest, von denen ich meinem Freund an Silvester berichten möchte. Das möchte ich ihm erzählen und sagen: „Geil, das haben wir dieses Jahr geschafft." Genau wie du sagst, implizieren sie, was strukturell passiert ist. „Wir haben unsere Abschlussquote im Vertrieb um 20 % gesteigert, indem wir in diesem Jahr einen Head of Sales eingestellt haben." Die Struktur ist daraus implizit hervorgegangen. „Wir wollen eine größere Reichweite erzielen, daher werden wir unsere Markenkommunikation auf die folgenden Kanäle ausweiten." Dabei wird schnell klar, dass ich strukturell Leute brauche, die diese Rolle erfüllen können.

Christian: Okay, ich stelle unsere Ausgangsfrage nochmal. Was ist Strategie?

Michael: Strategie sind die Dinge, die wir tun, um in Einklang mit unseren Werten, unseren Zweck und unser gestecktes Ziel zu erfüllen.

Langsam vervollständigt sich das Puzzle und ich bin mehr und mehr von dem Modell mit den Kreisen und dem Herz überzeugt. Tatsächlich kenne ich diese mühseligen Strategiediskussionen, die selten einer klaren Struktur folgen. Gemeinsam mit dem Purpose und der Vision, ergibt das alles einen Sinn. Nichtsdestotrotz führen häufig viele Wege nach Rom. Sollten wir uns dabei nicht auf einen Weg einigen? Wie schaffen wir es, dass wir uns nicht zwischen der Festlegung der Strategien und den operativen, eher taktischen Maßnahmen verlieren? Die Grenze scheint mir schwammig. Ich denke, hier steckt sicher eine Menge Feuer drin. Damit diese Art der Unternehmensführung – als solche verstehe ich das Modell – erfolgreich sein kann, muss das Top-Management, jede Einzelne von ihnen, von dem Vorgehen überzeugt sein. Es lohnt sich, es auszuprobieren. Denn die altbekannten Strategiemodelle haben ausgedient. Mit ihnen locke ich wirklich niemanden mehr hinter dem Ofen hervor.

VERSTAND IST ALLES. WAS ICH GLAUBE, DAS WERDE ICH.

— NACH BUDDHA, ETWA 500 V.CHR.

INDIVIDUELLE WAHRNEHMUNG

BILLIONEN SINNESEINDRÜCKE SELEKTIEREN

Christian: Ich habe noch einmal über das Thema Führung nachgedacht. Wir verstehen Führung als *die Fähigkeit zu beeinflussen*. Wir haben auch bereits über Kommunikation und Verhalten gesprochen und darüber, dass ich beides anpassen darf, um meine Ziele zu erreichen. Ich würde gerne noch etwas tiefer in das Thema einsteigen.

Michael: Sehr gerne. *Führung ist meine Fähigkeit zu beeinflussen*, ganz genau. Im Englischen heißt es auch *Leadership is my ability to influence*. Diese Beeinflussung passiert ganzheitlich und ganzkörperlich über alle Sinne: Körpersprache, Ausdruck, Geschwindigkeit meiner Sprache, Lautstärke und Tonalität, Körperhaltung, über Gestik und Mimik. Alles strahlt etwas aus. Mit dieser ganzheitlichen Ausstrahlung erziele ich eine Wirkung bei meinem Gegenüber. Ganz egal bei wem und in welchem Umfeld. Ich bewirke jederzeit etwas bei meinem Team, vielleicht bei meiner Chefin oder bei den Shareholdern meiner Firma, bei meiner Frau, bei meinen Kindern. Bei allen Menschen um mich herum erreiche ich etwas mit dem, was ich ausstrahle — bewusst oder unbewusst. Gemäß dem Spruch von Paul Watzlawick[16] *Ich kann nicht nicht kommunizieren*, ist auch klar: *Ich kann nicht nicht ausstrahlen.* Jederzeit strahle ich etwas aus. Damit stehe ich auch jederzeit in der Verantwortung, mir zu überlegen, was ich ausstrahle. Denn ich bewirke damit etwas in meinem Umfeld, jederzeit.

Christian: Das liegt daran, dass ich als dein Gegenüber fünf Sinneskanäle habe, über die ich Botschaften von dir empfange. Ich sehe dich, ich höre dich, ich fühle dich — gut, bei uns jetzt gerade vielleicht nicht, aufgrund der Entfernung. Zwei weitere Sinne, die in diesem Fall eine eher untergeordnete Rolle spielen, sind Riechen und Schmecken. Diese fünf Sinneskanäle kommen ununterbrochen bei mir an und bewirken etwas bei mir. Das ist also ein enormer Schwung an Daten, der da bei mir ankommt.

16 Paul Watzlawick (1921-2007), österreichischer Kommunikationswissenschaftler, Psychotherapeut, Philosoph und Autor

Michael: Der ist gigantisch. Die fünf Sinne, die du eben genannt hast, merke ich mir am einfachsten mithilfe der Abkürzung VAKOG: V = visuell, der Sinn des Sehens, A = auditorisch, der Sinn des Hörens, K = kinästhetisch, der Sinn des Fühlens.

Christian: Und zwar am ganzen Körper. Auch bei Bewegung spüre ich zum Beispiel einen Windstoß oder die Sonne auf meiner Haut.

Michael: Genau. Alles, was physikalisch ist. Dann gibt es noch die zwei anderen Sinne, von denen du schon gesprochen hast. Der Sinn des Riechens ist der olfaktorische Sinn, das *O* in *VAKOG*. Das *G* steht für gustatorisch, der Sinn des Schmeckens. Jetzt laufen wir Menschen also mit all unseren Sinnen durch unsere eigene Welt. Jeder von uns sieht, hört, fühlt, riecht und schmeckt all diese Eindrücke in seiner Welt. Es gibt übrigens noch einen sechsten Sinn, der sogenannte auditorisch-digitale Kanal. Genau genommen ist es kein Sinn, sondern ein Kanal, und zwar der, über den ich mit mir selber spreche. Meine innere Stimme.

Christian: Also zum Beispiel, wenn ich im Kopf zu mir selbst sage: „Christian, was machst du da eigentlich gerade? Was hast du denn jetzt wieder für einen Schmarrn in diesem Video erzählt?", dann ist das der auditorisch-digitale Kanal.

Michael: Ja, oder wenn ich gerade denke: „Mensch Michael, ist es wirklich sinnvoll, jetzt schon vom auditorisch-digitalen Kanal zu sprechen oder hätte ich das nicht erst später machen können?" Was soll's. Wir haben diese fünf Sinne plus den sechsten Kanal. Mit diesen fünf Sinnen nehmen wir die ganze Zeit Daten auf. Du hast das eben treffend benannt, es ist ein *gigantischer Schwung an Daten*. In der Computersprache reden wir von Bits und Bytes, um Informationsmengen zu bemessen. Umgerechnet in Bits sind das etwa elf Millionen Bits pro Sekunde, die wir Menschen aufnehmen[17]. Zwei Millionen Informationsstückchen pro Sekunde, die durch die fünf Sinneskanäle auf uns einprasseln. Das ist eine ziemlich große Menge. Auf den Tag hochgerechnet sind das etwa 950 Milliarden Bits — jeden Tag — also fast eine Billion.

Christian: Das entspricht einigen DVDs.

17 siehe https://www.britannica.com/science/information-theory/Physiology

Michael: Ja, da könnten wir uns etwa fünfzig Filme für ansehen.

Christian: Und das will mein Gehirn ja alles verarbeiten. Da muss ich doch irgendwann durchdrehen, oder?

Michael: Das ist eine gute Frage. Wenn ich nun als Chef in meiner Führungsrolle etwas an meinen Mitarbeiter kommuniziere, darf mir bewusst sein, dass auf ihn nicht nur meine Botschaft, sondern über 950 Milliarden Informationsstückchen am gleichen Tag auf ihn einprasseln.

Christian: Und deine Botschaft ist eben nur ein geringer Anteil der Gesamtmenge, die auf ihn einprasselt. Also quasi fast zu vernachlässigen.

Michael: Genau. Es sei denn, ich mülle ihn den ganzen Tag zu, 24 Stunden lang. Dann schaffe ich es vielleicht, die Mehrheit aller Bits zu besetzen.

Christian: [*lacht*] Hoffentlich tust du das nur im auditorisch-digitalen Kanal und nicht im auditorischen.

Michael: Wie gehen wir denn jetzt damit um?

Christian: Wir brauchen eine Reduktion der Daten.

Michael: Unbedingt. 950 Milliarden Bits an Daten will ja kein Mensch täglich im Kopf haben. Wenn ich mir ausrechne, was das im Jahr und an Lebenszeit bedeutet, wird mir noch klarer, wie gigantisch diese Menge ist. Das heißt, wir brauchen eine Lösung, um die Daten zu reduzieren. Einen Großteil der Informationen zu löschen oder einfach zu ignorieren, ist eine Option. Eine zweite Möglichkeit ist das Generalisieren — also Verallgemeinern. Ich mache ein Beispiel. Ich beobachte, wie ein blaues Auto, ein blauer 3er BMW mit großen Felgen und Spoiler an mir vorbeifährt. Am Steuer sitzt ein dunkelhaariger Mann mit Sonnenbrille. Wenn ich dir davon erzähle und dabei das Beobachtete verallgemeinere, sage ich zu dir: „An mir ist gerade ein dunkles Auto vorbeigefahren."

Christian: Oder, „Da war gerade irgendetwas." Dann hätte ich zusätzlich einiges gelöscht.

Michael: Oder ich sage: „Ich habe einen Schatten wahrgenommen." Dann habe ich es stark verallgemeinert und nur die letzte Wahrnehmung berichtet.

Christian: Wie sieht es mit dem Verzerren von Informationen aus?

Michael: In unserem Beispiel wäre das Verzerren von Informationen, wenn ich sage: „Es ist eine Mercedes E-Klasse an mir vorbeigefahren." Ich habe einen 3er BMW gesehen, es aber für eine E-Klasse gehalten.

Christian: Vielleicht ist es mir auch total egal, was es für ein Auto war.

Michael: Genau. Vielleicht dachte ich auch, es war ein Bus. Oder eben nur ein Schatten. Das ist *Verzerren*. Es gibt also drei Filter: *Löschen*, *Verzerren* und *Verallgemeinern*. In unserem Kopf passiert das mehr oder weniger von ganz alleine. Nur so kann unser Gehirn mit dieser Informationsflut klarkommen.

Christian: Nehmen wir einmal an, eine Mitarbeiterin steht dir gegenüber und du sagst etwas zu ihr. Was passiert bei ihr mit diesen drei Filtern? Löschen ist klar. Das, was du sagst, geht bei ihr auf der einen Seite rein und auf der anderen wieder raus. Doch wie läuft es mit dem Verzerren?

Michael: Dann passiert in der Regel ein klassisches Missverständnis. Du kennst doch sicher den Satz: „Ach, das hatte ich ganz anders verstanden." Das ist Verzerren von Informationen. Was wir dagegen tun können, hebe ich mir für später auf.

Christian: Und verallgemeinert ist die Aussage: „Mein Chef schon wieder, immer sagt er das Gleiche."

Michael: [*schmunzelt*] Oder „Ich soll schon wieder einen Report erstellen. Dann nehme ich eben den gleichen wie letztes Mal." Jetzt mache ich es noch komplizierter. Es kommt nämlich noch etwas Entscheidendes hinzu. Nicht nur die 11 Millionen Bits pro Sekunde prasseln auf den Menschen ein und werden automatisch gelöscht, verzerrt und verallgemeinert. Auch das, was der Mensch bereits im Kopf gespeichert hat, wird verarbeitet. Seine Erinnerungen.

Christian: Geschichten, Glaubenssätze, Ziele.

Michael: Glaube, Werte, ... das ist eine ganze Menge Stoff, der in unserem Kopf ist. Und all das wird mit jeder zusätzlichen Information zusammengemischt, sodass am Ende ein schönes Potpourri dabei herauskommt. Der Fachbegriff aus dem NLP für dieses Potpourri ist die Repräsentation. Ich nehme also den ganzen Input, verzerre, verallgemeinere und lösche ein paar Details heraus und vermische das, was übrig bleibt mit meinen bereits gespeicherten Glaubenssätzen, Werten und Erinnerungen. Das, was am Schluss herauskommt, ist meine persönliche Sicht oder Wahrnehmung der Dinge — meine Repräsentation. Diese Repräsentation ist geprägt von meinen fünf Sinneskanälen. Zu dieser habe ich ein Bild vor Augen, einen Klang im Ohr und spüre ein Gefühl. Vielleicht nehme ich auch einen Geruch und einen Geschmack wahr.

Christian: Diese persönliche Repräsentation hat dann höchstwahrscheinlich überhaupt nichts mit der echten Welt zu tun.

Michael: Na ja, sie ist durch die echte Welt beeinflusst und geprägt. *Beeinflussung* war ja das Stichwort des Ganzen. Es gibt einen passenden Spruch: *Everybody has their own unique model of the world.*

Christian: Wer entscheidet denn überhaupt, was die *echte Welt* ist?

Michael: Hmm, das Universum, der liebe Gott?

Christian: [*lacht*] Es gibt die *echte Welt* also gar nicht in dem Modell?

Michael: *Everybody has their own unique model of the world*. Der Satz hat es schon in sich. Jeder Mensch hat eine ganz eigene Vorstellung von der Welt. Denn die Sinneseindrücke, die ich über meine bisherige Lebenszeit angesammelt habe, also meine Erinnerung und Werte und alles, was ich über die fünf *VAKOG*-Kanäle wahrgenommen, gefiltert, verzerrt und generalisiert habe, sind für jeden Menschen einzigartig. Damit ist auch die Repräsentation, die ich in jedem Augenblick des Lebens aus meiner Wahrnehmung herausnehme, vollständig einzigartig.

Christian: Also, ich fasse das alles noch einmal zusammen. Die Idee war: *Führen ist meine Fähigkeit zu beeinflussen*. Bei der Beeinflussung versuche ich, dafür zu sorgen, dass das, was ich sage, bei meinem Gegenüber auch so ankommt, wie ich es möchte. Allerdings passiert auf dem Weg dorthin bei jedem Einzelnen ein großes Kuddel-Muddel, ausgelöst durch fünf verschiedene Sinneskanäle, durch Verzerrung, Löschung und durch Verallgemeinerung. Habe ich denn bei all dem überhaupt eine Chance, jemanden zu erreichen?

Michael: [*schmunzelt*] Ja, du hast recht. Wenn ich dir so zuhöre, klingt das alles tatsächlich nach einem Kampf gegen Windmühlen. Und es wird noch schlimmer, denn ich kann das gar nicht kontrollieren. Jeder nimmt für sich etwas anderes aus den Informationen heraus, die er erhält. Betrachten wir die Kette mal weiter, wir werden sehen, es gibt Wege.

Christian: Wir sind noch gar nicht fertig?

Michael: [*lacht*] Nein, wir sind noch nicht fertig. Wir haben etwa Halbzeit.

Christian: Wahnsinn.

Michael: Jetzt wird es richtig kompliziert [*lacht*]. Nein, nein, keine Sorge. Gleich wird's rund. [*konzentriert*] Ich habe also meine Repräsentation von all dem Input und von all dem, was ich bereits in meinem Kopf habe. Da fällt mir noch ein Spruch ein: *This is all we've got in the world* — Das Einzige, was wir wirklich im Leben haben und besitzen, ist diese Repräsentation von der Welt. Das ist wirklich ein geiler Spruch.

Christian: Das ist der buddhistische Ansatz. Das versuche ich gerade beim Meditieren herauszufinden. Die Frage ist: *Was gibt es denn wirklich?* Es gibt meinen Atem, es gibt das, was ich höre. Alles andere sind Geschichten, die ich mir selbst erzähle.

Michael: Ja, genau. Das möchte ich auch mal ausprobieren. Bisher bin ich noch nicht sehr tief drin in dieser Meditationskiste. Atemübung mache ich sehr gerne. Das hilft schon. Jedenfalls sind meine Sinneseindrücke alles, was ich als Mensch wirklich besitze. Manche sagen ja: „Alles was wir haben, ist Zeit." Der Haken ist nur, wir wissen nicht, wie viel Zeit wir wirklich haben. Was ich hingegen weiß, ist, dass die Eindrücke von der Welt, das Abbild, welches ich von ihr habe, das ist, was wirklich nur ich besitze. Es ist einzigartig und keiner hat genau denselben Eindruck. Jetzt haben wir also die Repräsentation aus dem ganzen Wust herausgearbeitet. Diese Repräsentation bewirkt nun etwas. Sie versetzt den Menschen, mit dem ich kommuniziere, in einen Zustand. Im Englischen heißt es *State*. Dieser Zustand, in dem der Mensch sich befindet, beinhaltet sowohl den mentalen Zustand, also das, was im Kopf so vor sich geht und den physikalischen oder biologischen Zustand: Puls runter, Puls rauf, Schweißperlen oder keine, Herzfrequenz und so weiter.

Durch das, was von außen auf mich einprasselt, verändert sich etwas bei mir physiologisch und körperlich. Es verändert sich also mein ganzheitlicher Zustand. Und aus diesem Zustand heraus entscheide ich mich dann, wie ich reagiere, was ich also daraufhin tue. Eine Information kommt herein, ich mache mir mein eigenes Bild oder meine eigene Tonspur, konzipiere also die Story, die ich mir selbst erzähle, spüre, wie mein Puls hochgeht, und dann treffe ich eine Entscheidung, wie ich mich verhalte. Und schon sind wir endlich beim Ergebnis — bei dem, was der Input bei mir bewirkt hat. Aus Verhalten entsteht das Ergebnis des Ganzen. Das ist, was ich bei meinem Gegenüber bewirke, wenn ich ihn beeinflusse.

Christian: Und nur das, also ihre Reaktion, ihr Verhalten auf meinen Input kann ich wiederum wahrnehmen — wenn überhaupt. Alles andere ist für mich eine totale Blackbox. Das heißt, ich kippe bei meiner Mitarbeiterin eine Information ein, daraufhin passiert etwas, wovon ich keine Ahnung habe, was genau passiert und am Ende kommt ein Verhalten heraus. Dann kann ich überlegen, wie ich damit umgehe.

Michael: Ganz genau. Und das Verrückte ist, von diesen 11 Millionen Bits pro Sekunde kommt am Ende eine Ergebnismenge von 7±2 heraus — nur sieben plus/minus zwei Eindrücke. Denn unsere Prozessorleistung pro Sekunde, also das, was unser Gehirn bewusst verarbeiten kann, liegt bei 50 Bits pro Sekunde.

Christian: Wir haben allerdings ein ziemlich gutes Programm, was da läuft.

Michael: Wir haben eine ziemlich geile Hardware.

Christian: Also, ich kann ja nur von mir ausgehen [*schmunzelt*].

Michael: Die Verschaltung ist genial. Wir haben tausende Verbindungen zwischen unseren Gehirnzellen. Und die Anzahl an Querverbindung zwischen unseren Gehirnzellen ist angeblich größer als die Anzahl der Atome im Universum.

Hier hat Christian Zweifel, da jede Verbindung zwischen Gehirnzellen aus mindestens einem Atom bestehen würde.

Im Unbewussten läuft da also eine gigantische Datenverarbeitung ab. Im Bewussten wiederum bleibt nur eine Ergebnismenge von 7±2. Ich komme nun noch einmal zurück auf die Herausforderung als Führungskraft. Um eine Person zu führen, versuche ich sie zu beeinflussen. Um sie zu beeinflussen, ist die Herausforderung, meine Ausstrahlung so zu wählen, dass meine Botschaft über all diese Ströme, über die 11 Millionen Bits pro Sekunde am Ende bei der Ergebnismenge 7±2 dabei ist, damit das Verhalten der Person auch das ist, was ich von ihr erwarte. Das ist die Challenge als Führungskraft. Darum geht es. Es gibt dafür viele Techniken, dennoch ist es eine Kunst, würde ich sagen.

Christian: Bei all dem Input, den der Leser nun von uns bekommen hat, was ist jetzt das Ergebnis? Was sind die 7±2, die den Leser erreichen sollen?

Michael: Ich kann es ja mal in verschiedenen Kanälen formulieren. Jeder hat übrigens dabei seine eigene Präferenz. Es gibt Menschen wie mich, die bevorzugen den visuellen Kanal. Was wir erreichen wollen, ausgedrückt über den visuellen Kanal, ist ein Bild mit der Zahl *11 Millionen* und dem Text *Bits pro Sekunde* und daneben einen Pfeil, der nach rechts zeigt. Dort steht das *Ergebnis = 7±2*. Wer das jetzt vor seinem geistigen Auge sehen kann, hat unsere Botschaft schon mitgenommen. Was ist denn für dich das bevorzugte Ergebnis? Du hast ja eher eine auditorische Präferenz. Welches Ergebnis können wir auf dem auditorischen Kanal unseren Lesern mitgeben?

Christian: Ich höre auf der Inputseite ganz viele Informationen, ganz viele Geräusche. Dann sehe ich so eine Kuddel-Muddel-Maschine vor mir und höre gleichzeitig, wie ich darauf reagiere. Ich höre, wie ich zu mir einen Satz sage, der mein Verhalten ...

Rote Energie ...

Michael: [*unterbricht*] Dann gibt es noch den Gefühls-Kanal. Es wäre natürlich klasse, wenn unsere Leser und Leserinnen dieses Gefühl von „Wow, ich möchte gerne mehr darüber lernen, wie ich es schaffe, in diese Ergebnismenge von 7±2 hinein zu kommen" entwickeln. Vielleicht spürt jemand das Gefühl von Neugier. Neugier dafür, wie das zu schaffen ist. Es gibt nämlich eine ganze Menge Methoden und Techniken, mit denen ich als Führungskraft bei meinem Team durchkomme. Ja, und wer das Riechen bevorzugt, der riecht vielleicht jetzt eine Opportunity, megamäßig im Leben weiter zu kommen.

Christian: Und das schmeckt nach Erfolg. [überlegt] Und was sagen sich die digital-auditorischen?

Michael: Die fragen sich jetzt, ob das, was wir Zwei hier erzählen, wirklich so vielversprechend ist, wie es klingt. Digital-auditorische Typen haben nämlich oft eine relativ analytische Denke und stellen gerne die Korrektheit fest.

Christian: Ja, die kann ich auf jeden Fall beruhigen. Es ist korrekt.

Na, das erklärt so einiges. Löschen, Verzerren, Filtern – davon kann ich sowohl zuhause als auch im Büro ein Lied singen. Ich habe es bisher immer den Relevanz-Filter genannt. Ich höre nur das, was ich hören will, der Rest wird einfach automatisch herausgefiltert. Bei meinem Partner habe ich zusätzlich den Eindruck, dass er ab und zu von Will Smith geblitz-dingst wird, wie in dem Film MIB – Men in black. Jetzt bin ich gespannt, mit welchen Methoden ich diese Filter beeinflussen kann.

GLAUBENSSÄTZE

ICH BIN, WAS ICH GLAUBE

Christian: Ich glaube, ich kann das nicht.

Michael: Soso. Hast du diese Entscheidung gerade getroffen?

Christian: Nein. Ich glaube bloß, das ist alles ein bisschen zu viel. Außerdem bin ich auch kein ausgebildeter Podcaster, kein ausgebildeter Moderator und die ganze Technik überfordert mich.

Michael: Was bringt dich zu dieser Entscheidung, zu glauben, dass du das nicht kannst?

Christian: Ich glaube es einfach nicht. Ich habe die tiefe Überzeugung, dass das für mich nicht funktioniert.

Michael: Wie würde es sich anfühlen, wenn du überzeugt wärst, dass du es kannst?

Christian: Keine Ahnung, das weiß ich nicht. Ich kann mich ja nicht einfach entscheiden, es plötzlich fühlen zu können. Ich brauche diese Erfahrung. Um ein guter Podcaster zu sein, brauche ich doch ein Podcaster-Diplom.

Michael: Ich fühle mit dir. Ich bin in einer ähnlichen Situation. Versuchen wir es anders herum. Gab es schon mal eine Situation, in der du gefühlt hast, dass du etwas gut kannst?

Christian: Schon, ja. Immer mal wieder.

Michael: Welche Situation war das zum Beispiel?

Christian: Ich kann ziemlich gut kochen und Weinflaschen öffnen. Ich kann gut Kaffee trinken. Bei *chicco* haben wir immer gesagt: „Jeder macht das, was er am besten kann." Wir, die Geschäftsführer, können am besten Kaffee trinken und daherreden.

Michael: Und Wein aufmachen und kochen?

Christian: Nein, eigentlich nur daherreden.

Michael: Wie fühlt sich das an?

Christian: Dabei fühle ich mich im *Flow*. Das fühlt sich richtig gut an.

Michael: Beschreib mal, was du fühlst, wenn du im *Flow* bist?

Christian: Es fühlt sich warm an, wie an einem sonnigen Frühlingstag. Ich spüre einen angenehm leichten Wind. Ich habe einen klaren Kopf, nicht einmal leichte Kopfschmerzen. Der Kopf ist klar und frei.

Michael: Frühling, warme Luft, ein klarer Kopf. Prima, was fühlst du noch?

Christian: Ich sehe, dass es relativ hell ist, wenn es gut läuft. Ich erkenne warme Farben wie orange und grün.

Michael: Was sagst du zu dir selbst? Was sagt deine innere Stimme in solchen Momenten zu dir?

Christian: „Los geht's. Hey, das ist ja leicht. Gleich noch einmal ..."

Michael: Sehr gut. Kannst du dir jetzt vorstellen, wie es sich anfühlt, wenn du dich entscheidest, dass sich das Podcasten genauso anfühlt?

Christian: Ja, dann wäre es einfacher. Ich würde einfach sagen: „Komm, Michael. Wir probieren es einfach aus. Wir setzen uns jetzt hin und machen den Podcast, bis er fertig ist." Bevor ich merke, dass wir angefangen haben, ist es schon vorbei. Wir drücken auf *Aufnahme-Stop* und geben uns ein High Five. Toll gelaufen.

Michael: Super, dann haben wir das ja schon geschafft. Weiter geht's.

Christian: Was hast du jetzt mit mir gemacht?

Michael: Beschreib du es mal.

Christian: Ich habe zu dir gesagt, dass ich etwas nicht kann. Es gibt sicherlich viele Sachen, bei denen ich überzeugt bin, sie nicht zu können.

Michael: Daraufhin habe ich etwas zu dir gesagt. Erinnerst du dich?

Christian: Leider nicht. Ich war so sehr mit meinen Gedanken und meinem Glaubenssatz beschäftigt, dass ich dir ehrlich gesagt, gar nicht zugehört habe.

Michael: Das Erste, was ich dich gefragt habe, war, ob du diese Entscheidung so getroffen hast.

Christian: Ich bin *at cause*. Es gibt viele Sachen, die ich glaube. Das ist vollkommen okay in meiner Welt. Ich glaube, dass ich nicht fliegen kann. Zumindest nicht ohne zusätzliche Ausrüstung. Das schränkt mich im täglichen Leben nicht ein. Es gibt auch einige Dinge, die mir leichter fallen würden, wenn ich daran glauben würde, sie zu können — wie das Beispiel Podcast. Es wäre leichter für mich, wenn ich daran glauben würde, dass ich es kann. Dann würde ich es einfach machen, ohne mir den Kopf zu zerbrechen. Das tue ich nämlich immer dann, wenn ich glaube, etwas nicht zu können oder dass etwas nicht oder nur schwer möglich ist.

Michael: [*schmunzelt*] Es ist lustig, die Worte *ich glaube* so oft von dir zu hören.

Christian: Das war keine Absicht.

Michael: So ein Zufall.

Christian: Wir sprechen über Glaubenssätze.

Michael: Was du am Anfang ausgesprochen hast, war ein *limitierender Glaubenssatz*. Ich nenne es auch eine *limitierende Entscheidung*.

Christian: Ich habe etwas geäußert, dass mich kleiner macht, als ich bin. Es hindert mich daran, etwas zu tun, und zwar etwas, das ich tun will.

Michael: Wenn du äußerst: „Ich glaube, ich kann das nicht", was kommt von deiner inneren Stimme in deinem Kopf an? Was kommt bei mir an und vielleicht auch bei allen anderen, die das auch von dir gehört haben?

Christian: Wahrscheinlich etwas wie: „Das glaube ich auch."

Michael: Na, wenn der Christian selber sagt, dass er das nicht kann, wird es wohl stimmen.

Christian: Wenn ich zu mir selber sage und auch noch wiederhole: „Ich kann das nicht, ich kann das nicht, ich bin zu groß, ich bin zu klein, ich bin zu dick, ich bin zu dünn, ich bin schlecht in Mathe", ...

Michael: [*unterbricht*] ... dann wird es plötzlich wahr und alle um dich herum unterstützen die Aussage auch noch.

Christian: Das Ganze funktioniert auch in die andere Richtung: Affirmation.

Michael: Genau, es geht um Positivierung.

Christian: Ich bin ein Adler, ich kann fliegen. Ich bin der Beste und der Tollste. Ich glaube, wenn ich mir das jeden Tag sage, bin ich irgendwann davon überzeugt. Dann glaube ich es.

Michael: Das glaube ich auch. Ob das zweckführend ist, ist fraglich.

Christian: Kann ich bestimmen, welche Glaubenssätze ich habe?

Michael: Also ich glaube, dass ich alles im Leben glauben kann, was ich glauben will.

Christian: Ich kann mir also ein Portfolio von Glaubenssätzen aufbauen und entscheiden: Daran glaube ich, daran glaube ich nicht. Nur um das klarzustellen, wir sind nicht im religiösen Bereich, sondern im Bereich *Wahrheiten über mich*.

Michael: Da fällt mir ein guter Spruch von meinem Mentor ein. Stell dir vor, du bist in einer neuen Rolle und hast im Grunde noch gar keine Ahnung, wie du diese erfüllen sollst. Mein Mentor sagte immer: „Fake it till you make it."

Christian: Tu so, als könntest du es, solange, bis du es kannst.

Michael: Genau. *Act as if*, so tun als ob. Erstmal so tun, als ob und dann daran arbeiten, dass es Realität wird. Der erste Schritt ist so zu tun, als ob ich es bereits kann. Die folgende Frage steht auch in unserem Zielsetzungs-Skript, das wir oft benutzen: Kannst du jetzt schon so tun, als ob du das Ziel erreicht hättest? Wie fühlt sich das dann an?

Christian: Denn wenn ich mir das vorstellen kann, glaube ich bereits daran, dass ich es erreichen kann.

Michael: So ist es. Das habe ich dich eben auch gefragt. „Wie fühlt es sich an, wenn du das Podcasten genauso gut können würdest wie Kaffeetrinken und Daherreden?" Dann hast du angefangen, dir vorzustellen, wie es sich anfühlt, wenn du beim Podcasten genauso gut bist wie beim Kaffeetrinken. Und plötzlich hattest du etwas anderes im Kopf. Ein anderes Gefühl, ein anderes Bild, einen anderen Ton. Plötzlich wird es wahr.

Christian: Ich kann vorhandene Glaubenssätze nehmen und bearbeiten, also verändern. Welche NLP-Techniken gibt es dafür?

Michael: Zum Beispiel abschalten, umstrukturieren oder reframen.

Christian: Etwa den Glaubenssatz in einen Schredder packen?

Michael: So sieht's aus. Einfach mal ins Kino gehen und den Film rückwärts laufen lassen, in schwarz-weiß.

Christian: Wenn ich meckere, kann ich einfach auf das rote x oben rechts in der Ecke klicken und der Glaubenssatz verschwindet im Mülleimer.

Michael: Ein Swish[18].

Christian: Ich denke häufig, dass du überhaupt keine einschränkenden Glaubenssätze in dir hast. Stimmt das? Oder hast du welche?

Michael: Hmm... Ich würde jetzt gerne etwas mit *ich glaube* antworten. [überlegt] Ich glaube fest daran, dass du recht hast. Vielleicht klappt es ja. Ich erinnere mich, dass ich die Begriffe *einschränkender Glaubenssatz* und *einschränkende Entscheidung* im Deutschen von dir gelernt habe. Wir alle treffen diese einschränkenden Entscheidungen oft. Ich jedenfalls habe sie früher oft getroffen. Jetzt treffe ich immer weniger einschränkende Entscheidungen.

Christian: Dass wir diese oft treffen, ist auch ein Glaubenssatz.

Michael: Ich denke schon wieder an einen meiner Mentoren. Er sagte einmal zu mir: „You can do anything you want in life. That's what life is all about." Das ist sein Mindset und im Grunde auch ein Glaubenssatz. Ich glaube, was ich will. Ich nehme mir vor, was ich will. Ich glaube, dass ich

18 Eine NLP-Technik, um Verhaltensweisen zu verändern. Die Swish-Technik

alles erreichen kann, was ich will. Bei meiner Fortbildung als Führungskraft bin ich diesem Thema erstmals konkreter begegnet. Ich war zum ersten Mal in einer Management-Rolle und wurde zu dieser Veranstaltung geschickt. Die Trainerin hat uns gezeigt, was wir Mitarbeiterinnen entgegnen können, wenn sie einen limitierenden Glaubenssatz aussprechen. Wenn jemand zu mir sagt: „Ich denke, ich kann diese Entscheidung nicht treffen", ist meine Antwort: „Was verursacht es, dass du dich entscheidest, zu glauben, dass du es nicht kannst?" Die Trainerin sagte es damals auf Englisch: „What is it, that is causing you to choose to feel that you cannot do this?" Ich habe das schon häufig angewendet und jedes Mal beobachte ich, wie sich das Gespräch komplett dreht. „Was ist es, wodurch du dich entscheidest, zu glauben, dass du es nicht kannst?"

Christian: Bis die Mitarbeiterin diesen Satz zerlegt und verstanden hat ...

Michael: Der cleverste Teil der Frage ist, *you to choose* — deine Wahl. Was ich glaube, ist meine Wahl. Wo lebt der Glaube? Nur in meinem Kopf. Ich kann wählen, was ich glaube. Ich kann auch wählen, was ich nicht mehr glaube und damit einen limitierenden Glaubenssatz aufheben.

Christian: Es gibt Mitarbeiter, die immer das Gegenteil von dem behaupten, was ich sage. Diese *Gegenbeispielsortierer* habe ich in der NLP-Ausbildung kennengelernt. Was im Gespräch mit ihnen hilft, ist, ihnen einfach recht zu geben. Stell dir vor, ich antworte auf deine Aussage: „Christian, ich kann das nicht" mit „Stimmt. Das sehe ich auch so. Da kannst du wohl nichts machen." Häufig antwortet dann ein Gegenbeispielsortierer von selbst, „Doch, doch. Ich kann da schon noch etwas machen."

Michael: Verstehe, weil sie unbedingt widersprechen will. Wenn also aus meinem Team jemand ständig *dagegen* ist und häufig sagt: „Das geht nicht", spiele ich einfach mit, bestätige sie in ihrer Aussage und setze darauf, dass sie mir auch daraufhin das Gegenteil beweist.

Christian: Ich habe das schon oft so gemacht. Es funktioniert.

Michael: Ich bin so, ich bin ein Mismatcher. Ich halte häufig erstmal dagegen und suche einen konträren Standpunkt. Mein Gehirn braucht einen Ausgleich, ein anderes Extrem, um sicherzustellen, dass das Ergebnis am

Ende richtig ist. Daher kommt mein Mismatching. Wenn ich zu jemandem sage: „Das geht so nicht", und dieser jemand meine Aussage bestätigt, fange ich auf einmal an, nach Lösungen zu suchen. Wahrscheinlich um zu widerlegen, dass er recht hat — oder ich recht hatte.

Christian: Nach dem Motto: *Wer ist sie, dass sie mir einfach recht gibt?*

Michael: Ja, genau. Da kann ja irgendetwas nicht stimmen. Was gibt es noch für Typen?

Christian: Es gibt noch diejenigen, die gerne darüber nachdenken. Ihre Stimme sagt zu ihne: „Kann ich das wirklich glauben? Ist das denn korrekt?"

Michael: Ja, richtig. Wenn ich so jemand bin, kann ich mich vielleicht einfach darauf einlassen und entscheiden, dass es stimmt. Wenn ich mich später anders entscheiden möchte, kann ich das immer noch tun.

Christian: Halten wir fest, es gibt einschränkende Glaubenssätze, die mich daran hindern, das zu tun, was ich tun möchte. Es gibt Glaubenssätze, die mich in dem, was ich tue, bestärken. Dann gibt es noch einschränkende Glaubenssätze, die eher egal sind, weil sie mich an Dingen hindern, die ich ohnehin nicht tun möchte.

Michael: Über Glaubenssätze haben wir schon mal gesprochen. Es ging um das Mindset. Wie bei dem Beispiel mit dem IQ. Wenn Kinder erzählt bekommen, dass sie einen niedrigen IQ haben und anfangen zu glauben, sie seien dumm. Wenn andere meinen Glaubenssatz hören, glauben sie das auch und festigen wiederum meinen eigenen Glaubenssatz. So wird das gesamte System verstärkt, bis ich am Ende wirklich einen niedrigen IQ habe und dumm bin. Wenn mir früh gesagt wird, ich hätte einen hohen IQ und ich sei sehr intelligent, mache ich dies vielleicht auch anderen glaubhaft und so wird auch dies eher wahr. Und wieder sind wir bei der Selffulfilling Prophecy, der selbsterfüllenden Prophezeiung.

Christian: Welche Glaubenssätze gibt es denn noch?

Michael: Mein Favorit unter den einschränkenden Glaubenssätzen ist: *Ich kann im Leben nur erfolgreich sein, wenn ich hart arbeite.*

Christian: Ein schönes Beispiel.

Michael: Konditional: Ich kann nur Erfolg haben, wenn ich viel arbeite.

Christian: Und es muss wehtun.

Michael: Wenn ich daran glaube, kommt es im Leben auch so. Heute treffe ich lieber eine andere Entscheidung: Ich kann sehr erfolgreich sein und angenehm viel arbeiten oder angenehm wenig. Oder ich arbeite nur ein bisschen.

Christian: Oder du kannst es erst gar nicht als Arbeit empfinden.

Michael: Genau das, was wir hier machen, ist ja auch keine Arbeit, sondern eine Freude.

Christian: Das läuft wieder so herrlich rund, es ist ganz leicht. Ich glaube, ich habe gerade einen einschränkenden Glaubenssatz zu einem positiven bearbeitet.

Michael: Den verstärken wir nun direkt.

Christian: Gute Idee. Es hat mir sehr viel Spaß gemacht, mit dir diesen Podcast aufzunehmen. Es hat sich angefühlt wie ein Frühlingstag mit leichtem Wind in einer grün-, orangenen Farbenpracht. Ich war einfach im Flow.

Michael: Das glaube ich auch.

Und schon wieder fange ich an, mich zu hinterfragen. Welche Glaubenssätze habe ich, die mich bestärken und welche limitierenden Glaubenssätze kommen mir in den Kopf? Ich höre tatsächlich eine ganze Menge. Die innere Stimme hat sehr viel Macht. Doch ist sie auch am schwierigsten zu überzeugen. Oder ist das auch nur ein limitierender Glaubenssatz? Ist es möglicherweise ganz einfach, nur ich habe noch immer den falschen Glaubenssatz? Wenn ihr wirklich recht habt und ich diese Glaubenssätze tatsächlich ändern kann, bin ich sehr gespannt darauf zu erfahren, wie ich das am besten mache. Wie überzeuge ich mich selbst?

AWARENESS UND MINDFULNESS

#MEFIRST

Christian: Wir haben bereits über Glaubenssätze gesprochen. Erinnerst du dich an den Glaubenssatz: *Ich muss viel arbeiten, damit ich erfolgreich bin*? Ich hatte früher einen ähnlichen Glaubenssatz. Ich habe geglaubt, um Erfolg zu haben, müsste ich viel Zeit im Büro verbringen und dürfte nur wenig Urlaub machen.

Michael: Du sprichst von Überstunden.

Christian: Genau. Viele Überstunden, wenig Schlaf.

Michael: Kurze Mittagspausen, wenn überhaupt.

Christian: Überhaupt keine Mittagspausen, sondern schnell vor dem Computer etwas essen. Jede kleine Sekunde, die ich zwischendurch frei habe, verbringe ich mit dem Handy, spreche mit jemandem oder checke meine E-Mails.

Michael: Du musst abends und am Wochenende arbeiten — harte Arbeit statt Familie.

Christian: Diesen Glaubenssatz bin ich zum Glück losgeworden. Dabei geholfen haben mir ein paar Seminare und Workshops zum Thema Leistungsfähigkeit. Ich hatte einen super Trainer, der auch Sondereinsatzkräfte und Olympioniken trainiert hat. Es ging darum, Leistung auf den Punkt abzurufen und mich darauf vorzubereiten. Er hat immer wieder betont, dass es mehrere Faktoren sind, die dabei eine Rolle spielen. Er sprach von Pausen zur Erholung, ausreichend Schlaf und längeren Erholungsphasen wie Urlaub, die wichtig sind. Auch eine gesunde Ernährung spielt eine Rolle. Es ist wichtig, auf sich und seinen Körper achtzugeben. Zudem hat er Meditation empfohlen.

Michael: Das klingt nicht nach harter Arbeit. Schlafen, Urlaub, Erholung, Meditation — das klingt gut, das hätte ich auch gerne.

Christian: Es war erstaunlich. Als ich anfing, die Dinge der Reihe nach umzusetzen, die der Trainer empfohlen hat, ging es mir tatsächlich sehr viel besser. Vieles wurde wirklich leichter für mich. Es gab eine Zeit, etwa zur Finanzkrise, als es bei *chicco di caffe*, in meiner Firma nicht so gut lief. Ich stand kurz vor einem Burnout. Es wurde Zeit, etwas zu ändern. Also habe ich mich entschlossen, eine kleine Änderung nach der nächsten in meinem Leben vorzunehmen. Ich habe regelmäßig Sport gemacht und fing an zu meditieren. Ich machte Urlaub, was ich vorher nicht gemacht habe. Ab diesem Zeitpunkt ging es mir immer besser. Ich hatte plötzlich wieder alles im Griff. Gerade als Führungskraft ist es wichtig, mit gutem Beispiel voranzugehen. Wie du weißt, habe ich auch mal in einer Bank gearbeitet, zusammen mit Investmentbankern. Das Ansehen wurde daran gemessen, wie viele Überstunden jeder Einzelne machte. In meinem eigenen Unternehmen habe ich es dann anders und vollkommen selbstverständlich umgesetzt und gesagt: „Ich mache jetzt Urlaub", „Ich gehe jetzt früher Heim" und „Wir machen jetzt zusammen Mittagspause." Welche Erfahrungen hast du dazu gemacht?

Michael: Wenn ich das höre, denke ich direkt an einen Satz, den vermutlich jeder kennt: „Dafür habe ich keine Zeit." Wie gehe ich damit um?

Christian: Ich habe mal gelesen: „Wenn du keine Zeit hast, eine halbe Stunde am Tag zu meditieren, dann hast du zwei Stunden Meditation dringend nötig."

Michael: Dafür habe ich erst recht keine Zeit. [*lacht*] Das Stichwort heißt *limitierende Glaubenssätze*. Wenn ich glaube oder sage, dass ich für etwas keine Zeit habe, dann entscheide ich mich in diesem Augenblick dafür. Denn wer entscheidet denn darüber, wofür ich Zeit habe und wofür nicht? Gott? Die anderen? Das Universum? Die Welt? Die Kunden? Keiner von denen kann über meine Zeit entscheiden. Nur ich kann das entscheiden. Wir alle haben 24 Stunden Zeit pro Tag. Was ich innerhalb dieser 24 Stunden tue, entscheide nur ich. Du hast zum Beispiel entschieden, abends nach Hause zu gehen, Urlaub zu machen und dich deiner Familie zu widmen. Als du diese Entscheidungen getroffen hast, ist dir klar geworden, wie viel ausgeglichener du in deinem Leben und bei deiner Arbeit geworden bist. Welche Auswirkungen hatte das auf die Ergebnisse deiner Arbeit?

Christian: Ich bin effektiver geworden. Das Ergebnis war beeindruckend. Mir ist klar geworden, was ich eigentlich will. Das Meditieren hat mir dabei sehr geholfen. Es ist jedes Mal eine kleine Auszeit und spannend zu beobachten, was in dieser halben Stunde mit mir und den Gedanken in meinem Kopf passiert. Ich sitze da, konzentriere mich und kann viele meiner Gedanken einfach ziehen lassen. Das Priorisieren fällt mir danach sehr viel leichter. Ich habe plötzlich einen Fokus in meinem Herumwerkeln bekommen. Vorher war ich einer von denen, die immer busy waren, ständig on fire, immer viel zu tun und überall am Wurschteln.

Michael: So muss es sein, wenn man hart arbeitet. [*grinst*]

Christian: Ineffizientes Herumwerkeln. [*Kopfschütteln*]

Michael: Maximale Beschäftigung, minimaler Output.

Christian: Genau. Wir haben dafür einen Begriff gefunden: *Der Manager-Darsteller*.

Michael: Geil. [*lacht*]

Christian: Ich habe früher eine Menge Zeit darauf verwendet, die Dinge, die ich tue und für wichtig erachtet habe, nach außen zu tragen. [*lacht*] [*Kopfschütteln*]

Michael: *Manager-Darsteller.* [*Pause*] Dabei denke ich an schlechte Schauspieler. Kennst du das, wenn Schauspieler in manchen Filmen irgendwie nicht in die Rolle finden und dennoch versuchen den Charakter zu spielen? Jeder Zuschauer sieht deutlich, dass sie es nicht hinbekommen. Es sieht mehr gewollt als gekonnt aus. Schon fast zum Fremdschämen.

Christian: Wie sehe ich denn, ob jemand ein guter Manager ist? Schreibt sie die ganze Zeit E-Mails und telefoniert? Ist es das, was jemanden zu einem guten Manager macht?

Michael: Na klar, auf jeden Fall sind sie viel beschäftigt. Sie haben immer richtig viel zu tun. [*lacht*] Ich war auch mal so dumm. Ich hatte regelmäßig 18-Stunden-Tage, habe auch samstags und sonntags gearbeitet. Einmal habe ich so viel am Wochenende abgearbeitet, dass ich tatsächlich nichts mehr zu tun hatte. Ich fiel richtig in ein Loch. Ich wusste gar nichts mehr mit mir anzufangen. „Was mache ich denn jetzt?“, habe ich gedacht. Dann habe ich nochmal zwei Stunden an irgendeiner PowerPoint-Präsentation herumgeschraubt. Hier noch ein Pünktchen, dort noch eine Linie. Für das Ergebnis hat es überhaupt keinen Unterschied gemacht. Doch für mich schon. Ich dachte, wenn ich jetzt nichts mehr tue, arbeite ich nicht hart genug. So kann ich nicht erfolgreich sein. So ein Quatsch.

Christian: Nicht nur den anderen gegenüber hast du dich so dargestellt, sondern auch vor dir selbst.

Michael: Absolut. Die Auswirkungen auf die anderen habe ich total unterschätzt. Kollegen und Mitarbeiter bekamen von mir sonntagmorgens um 02:00 Uhr E-Mails. Für mich war das eine normale Arbeitszeit. Der Konsequenzen bin ich mir erst später bewusst geworden. Damals war mir nicht klar, welche Signale ich aussende und welche Erwartungen ich damit an andere stellte. An Kollegen, die so nicht arbeiten konnten oder wollten, zum Beispiel weil sie Familie haben. Ich war damals Single. Im Nachhinein habe ich erkannt, wie rücksichtslos ich war. Für mich gab es nur Vollgas, ich wollte und bekam den Erfolg. Heute suche ich nach Möglichkeiten, genauso viel oder sogar noch mehr Erfolg zu haben bei gleichzeitig sehr viel weniger Arbeit. Das Buch *The 4-Hour Workweek* hat mir auf dem Weg sehr geholfen. Eine Menge Leute haben mir das Buch damals empfohlen. Auf einmal sprach jeder von diesem Buch. Irgendwann habe ich es dann auch gekauft und gelesen. Timothy Ferriss hat das Buch geschrieben. Er beschreibt darin, wie er es schafft, mit nur vier Stunden Arbeit pro Woche große Erfolge zu erzielen. Der Typ ist eher hyperaktiv, daher nehme ich ihm die Sache mit den vier Stunden wörtlich nicht so ganz ab. Unabhängig von ihm habe ich andere Beispiele gesehen, die es geschafft haben. Es ist also absolut machbar.

Christian: Ferriss hat mal gesagt, dass die *4-Stunden-Woche* eher als Bild, sozusagen als Metapher gemeint ist. Ihm ging es hauptsächlich darum, aufzuzeigen, dass Geldverdienen und Arbeitszeit voneinander zu trennen sind. Es geht darum, den Tag mit sinnvollen und produktiven Tätigkeiten zu füllen, statt sich einfach nur zu beschäftigen. Ob das nun vier Stunden pro Woche oder vier Stunden am Tag sind, spielt keine so große Rolle.

Michael: Auf dem Cover ist ein Bild zu sehen, auf dem jemand entspannt in einer Hängematte liegt, die zwischen zwei Palmen gespannt ist und gleichzeitig arbeitet und erfolgreich ist. So ähnlich wie du es in deiner Vision beschrieben hast. Dieses Bild hat dafür gesorgt, dass es bei mir *Klick* gemacht hat. Der Untertitel des Buches heißt: „Mehr Zeit, mehr Geld, mehr Leben." Diesen Superstress von früher brauche ich nicht mehr. Das ist auf die Dauer nicht gesund. Ich selbst habe den Stress auch körperlich gespürt. Ich hatte ab und zu kleine Aussetzer. Heute habe ich eine andere Vorstellung von Erfolg. Ich möchte viel erreichen und dabei entspannt sein.

Christian: Wie kann ich das im täglichen Leben anwenden? Wir haben bereits über Glaubenssätze gesprochen. Unser Manager-Darsteller hat eine ganze Menge limitierender Glaubenssätze. Wie kann ich das auf meinen Alltag übertragen und verhindern?

Michael: Zunächst hat es mir geholfen, mir bewusst zu werden, in welchem Zustand ich mich gerade befinde. Ich reflektiere die Situation und betrachte die Abstraktion meiner Selbst. Ich betrachte mich dissoziiert — so nennen es Psychologen. Ich schaue von oben auf meine Situation und frage mich: „In welchem Zustand befindet sich dieser Michael gerade, der da unten sitzt?" Ich schwebe in einem dissoziierten Zustand. Ich sitze in einem Helikopter und blicke hinunter auf die Welt. Wie ist der Michael gerade drauf und wie möchte ich, dass er drauf ist? Was würde ihm helfen, anders drauf zu sein? In welchem Mindset ist der Typ gerade und ist dieses Mindset hilfreich, um weiterzukommen? Mich in jeder Situation in dieser Art und Weise von außen zu betrachten, ist nicht einfach. Um ehrlich zu sein, bekomme auch ich es nicht immer hin. Manchmal bin ich so in Rage, dass ich den einen oder anderen Augenblick brauche, um im Helikopter sitzen zu können und von oben auf meine Situation hinab zu blicken. Es geht um das Thema *Awareness* — Bewusstsein, darum, mir über meinen Zustand bewusst zu werden. Das braucht durchaus eine gewisse Portion Übung und Disziplin. Ich meditiere beispielsweise selber sehr selten. Ich könnte das öfter machen. Denn genau das ist im Grunde das Ziel von Meditation: Sich über seinen Zustand bewusst werden und eine Helikopterperspektive auf das eigene Leben zu gewinnen.

Christian: Sich von außen zu betrachten, ist der eine Weg. Ein anderer ist, in sich hineinzuschauen — assoziiert zu bleiben, und in sich gehen. Zu spüren, was ich gerade fühle. Ist das, was ich gerade fühle, auch das, was ich fühlen möchte? Diesen Punkt hatte ich damals erreicht, als ich festgestellt habe, dass ich nicht mehr in diesem Zustand sein möchte. Mich so zu fühlen ist nicht das, was ich möchte.

Michael: So will ich mich nicht fühlen.

Christian: Mein Hausarzt hat damals zu mir gesagt: „Ich kenne niemanden, der genügend schläft, ausreichend Sport macht, sich gesund ernährt und gleichzeitig unter Burnout leidet."

Michael: Das glaube ich gern.

Christian: Halten wir also fest: Durch Erholung, ausreichend Schlaf und Rücksicht auf Körper und Geist mit Hilfe von Meditation und Sport kann ich meine Ziele viel einfacher erreichen. Das, was sich bisher angefühlt hat wie harte Arbeit, gehe ich durch Achtsamkeit, durch dieses Bewusstsein ganz anders an. Mit einem gesunden Körper und einem gesunden Geist kann ich einfacher meine Ziele erreichen.

Michael: Die Aussage von deinem Arzt erinnert mich an eine Frage, die wir häufig zum Thema Mitarbeiterentlassungen stellen. *Hat hier in diesem Raum schon mal jemand einen Mitarbeiter zu früh entlassen?* Das klingt ähnlich wie: *Kennst du jemanden, der unter Burnout leidet und dabei genug schläft, sich gesund ernährt und regelmäßig Sport treibt?* Nein, kenne ich nicht, eher das Gegenteil ist mir bekannt. Diese Dinge scheinen zusammenzugehören. Welche limitierenden Glaubenssätze gibt es noch zu dem Thema?

Christian: Wenn ich nun regelmäßig Sport treibe, pünktlich nach Hause gehe und Urlaub mache, werden meine Mitarbeiter es mir sicher gleich tun. Wer erledigt dann die Arbeit? Meine Mitarbeiter sollen schließlich arbeiten. Je mehr, desto besser.

Michael: Verstehe. Nach dem Motto: *Ich entscheide mich für den leichten Weg. Meine Mitarbeiter treffen bitte eine andere Entscheidung. Sollen die doch den Burnout bekommen.*

Christian: Wäre doch möglich. Es kann ja nicht jeder weniger arbeiten.

Michael: Das ist natürlich Quatsch. Es gilt das gleiche Recht für alle. Bewusst oder unbewusst — das, was ich als Führungskraft vorlebe, gilt auch für die Mitarbeiter. Das ist ja genau der Punkt. Wenn wir alle diese Entscheidung treffen, ein balanciertes Leben zu führen, um unser Leben und unsere Arbeit leichter zu gestalten und zu vereinen, erreichen wir dennoch unsere Ziele. Nur eben einfacher und ohne uns zu quälen. Das ist doch super. Eine Win-Win-Situation für Führungskräfte und Mitarbeiter.

Christian: Ja, richtig. Die Ergebnisse sind sogar besser und die Arbeit viel entspannter. Eben effektiver, produktiver.

Michael: Und das ist ja, was wir wollen.

Christian: Einen Punkt habe ich noch dazu. Glaubenssätze lassen sich auch geschickt in Kommandos verpacken. Ich habe ein Beispiel aus meiner Zeit in der Bank. Wenn jemand mal gegen 15 Uhr oder 16 Uhr nach Hause gegangen ist, kam häufig der Spruch von einem Kollegen: „Na, ist heute Wiesn-Nachmittag?" Auch so lassen sich Glaubenssätze verankern und Verhalten steuern.

Michael: [*schmunzelt*] Oh ja, diese Sprüche kenne ich auch zu gut.

Christian: „Na, heute nur halbtags?"

Michael: „Schön, dass Sie mal reingeschaut haben."

Christian: Mit diesen dummen Sprüchen — ich finde sie wirklich dumm — kann ich eine ganze Menge kaputtmachen.

Michael: Auch das ist eine Selffulfilling Prophecy. Ich unterstütze damit ein Verhalten, eine Kultur, die ich eigentlich gar nicht möchte.

Christian: Das funktioniert auch andersherum. Meine Mitarbeiter haben damals oft zu mir gesagt: „Ach, sieht man dich auch mal wieder im Büro?"

Michael: Wie hast du darauf reagiert?

Christian: Ich habe versucht zu kontern und die Botschaft ins Gegenteil zu überführen. Ich habe geantwortet, „Ja, ich gehe jetzt schon wieder heim und leg' mich nochmal hin." Den Spruch kennst du sicher auch. Dann haben alle gelächelt und es war wieder gut.

Michael: Ich will auch wieder auf die Hängematte zwischen den beiden Palmen. Dort gefällt es mir gut.

Christian: Wenn ich nicht im Büro bin, kann ich meine Mitarbeiter auch nicht vom Arbeiten abhalten.

Michael: Stimmt, das sehe ich auch so. Eigentlich tue ich allen damit einen Gefallen. Was passiert, wenn das alle machen? Lass uns das mal extrapolieren. Vollständige Induktion, Element n=1. Das haben wir gerade bewiesen. Jetzt dehnen wir das Ganze mit Induktion n=n+1 auf die Gesamtheit aus. Wenn wir das tatsächlich auf alle Unternehmen, alle Mitarbeiter, auf die gesamte Menschheit übertragen — wo kommen wir dann hin?

Christian: Ich würde sagen, zur entspannten Produktivität. Das ist unser Ziel. Es gibt mehr Menschen, denen es Spaß macht, die Dinge zu tun, die sie tun. Mehr Menschen tun das, was sie wirklich wollen — mit einem gesunden Körper, einem entspannten Geist und dabei sind sie auch noch ausgeschlafen. Bill Clinton hat mal gesagt, dass er die größten Fehler, die er während seiner Präsidentschaft gemacht hat, unter Schlafentzug begangen hat.

Michael: Das habe ich auch in seiner Biografie gelesen. Er hat wohl ziemlich wenig geschlafen, nur etwa drei Stunden pro Tag.

Christian: Er hat eine Zeit gebraucht, bis er das erkannt hat.

Michael: Wir haben nun über *Awareness* gesprochen. Darüber, dass ich mir meinen Zustand bewusst mache, ebenso wie meine Gefühle. Ich entscheide, in welchem Zustand ich sein möchte und welche Gefühle ich empfinden möchte. So kann ich bessere Entscheidungen treffen, um meine Ziele zu erreichen. Wenn das alle machen, Mitarbeiter und Führungskräfte gleichermaßen, kommen wir in eine Welt von entspannter Produktivität. Was heißt das nun konkret für mich als Führungskraft? Worauf darf ich in meinem Team achten?

Christian: Es geht immer um das Gleiche. *This is how we are gonna run this company.* Ich brauche eine Vision, einen Zweck, Werte und Strategien für mein Unternehmen, für mein Team. Wo wollen wir hin? Wie arbeiten wir zusammen? Was machen wir dafür? Und wofür machen wir das Ganze überhaupt? Wenn ich Zeit habe, entspannt und ausgeschlafen bin und mich wohlfühle, weil ich mich gesund ernähre und mein Körper fit ist, kann ich mir über all das viel besser Gedanken machen und treffe die richtigen Entscheidungen. Die, die mich zum Ziel bringen.

Michael: *It's all about people.* Mit dem Rahmen, den ich meinem Unternehmen durch die Vision, den Purpose, die Werte und die Strategien gebe, ermögliche ich jedem einzelnen Menschen, der an meinem Unternehmen beteiligt ist — Mitarbeiter, Kunde, Partner, Dienstleister — darauf zu achten, dass er gesund, ausgeschlafen und ausgeglichen ist und ausreichend Zeit für Familie und Erholung hat.

Christian: Ja. Das könnte dazu führen, dass viele sinnlose Tätigkeiten wegfallen.

Michael: Da klingt super.

Christian: Klasse. Dann gehe ich jetzt wieder in meine Hängematte.

Michael: Gut, ich lege mich auch wieder hin.

Oh ja, diese Sprüche und Glaubenssätze kenne ich auch. Sie zeigen gleichzeitig, wo der Hund begraben liegt. Wenn nur ich diese limitierenden Glaubenssätze loswerde, meine Kollegen oder gar meine Chefin hingegen nach wie vor lange Arbeitszeiten stärker würdigen, gewinnen sie den Eindruck, ich würde nicht hart genug arbeiten. Ich werde also nicht zwangsläufig aus eigener Überzeugung zum Manager-Darsteller, sondern weil ich möchte, dass man mich für meine Arbeit wertschätzt und man meinen Einsatz sieht und belohnt. Gleiches gilt natürlich auch für meine Mitarbeiter, auch ihre Extrameile weiß ich zu schätzen. Es ist also ein Dilemma, aus dem ich nicht alleine herauskommen kann. Vielleicht sollte ich als Führungskraft einfach damit anfangen. Wenn ich es schaffe, in meinem Team diese Glaubenssätze und Sprüche zu eliminieren, wäre ein erster Schritt getan und es strahlt womöglich auf andere Teams ab. Gleichzeitig muss ich andere Wege finden, das Engagement meiner Mitarbeiter zu belohnen, damit sie weiterhin motiviert bleiben und die Situation nicht ausnutzen. Wenn sie intrinsisch motiviert sind, einen Beitrag zu den Unternehmenszielen zu leisten, kann ich ihnen auch vertrauen, dass sie sich dafür einsetzen. Am Ende zählt die Qualität des Ergebnisses, nicht, wie lange sie dafür gebraucht haben.

„WHERE
FOCUS
GOES,
ENERGY
FLOWS"

— TONY ROBBINS

ENERGIEVAMPIRE

ENERGIE FOLGT DER AUFMERKSAMKEIT

Christian: Wir sind, was wir zu sein vorgeben.

Michael: Wer hat denn das nochmal gesagt?

Christian: Kurt Vonneguthat das gesagt.

Michael: We are what we pretend to be.

Christian: Oder *fake it till you make it*.

Michael: Der zweite Teil des Zitats von Vonnegut lautet: „So we must be careful who we pretend to be."

Christian: Genau. Daher dürfen wir aufpassen, was wir zu sein vorgeben. Denn so werden wir dann sein.

Michael: So wie ich mich darstelle, werde ich auch. Das ist genau wie mit den Zielen. Wenn ich mir Ziele vornehme, dann erreiche ich sie auch. *Mind over matter.*

Christian: Ich kann mit reiner Gedankenkraft tatsächlich Sachen bewegen. Schau, ich hebe meine Hand und lasse sie wieder sinken. Das beweist, dass ich mit meiner geistigen Vorstellung, mit meinem reinen Willen, Dinge beeinflussen kann, auch physische Dinge, nicht nur die in meinem Kopf.

Michael: Das ist im Grunde ja die Kernidee von allem, was wir erzählen.

Christian: Wir stellen uns vor, wo wir hinwollen und schon gehen wir fast automatisch dorthin.

Michael: Heb mal deinen rechten Arm.

Christian: [*hebt seinen rechten Arm*]

Michael: War das jetzt bewusst oder unbewusst?

Christian: Ich glaube, das war unbewusst.

Michael: Das hat auch mal jemand mit mir gemacht. Meine Antwort war zunächst *bewusst* — das dachte ich. Denn ich hatte mich ja selbst entschieden, meinen Arm zu heben. Diesen Befehl habe ich bewusst gegeben. Nur habe ich die Millionen Muskelfasern, Nervenzellen und die Blutzirkulation und das, was auch immer da so alles passiert, nicht bewusst gesteuert. 99,9999 % sind tatsächlich völlig unbewusst passiert. Ich habe dann meine Antwort auf *unbewusst* geändert.

Christian: Alle Bilder, Videos, Töne, die in meinem Kopf sind, haben Einfluss darauf, wer ich bin, beziehungsweise wer ich werde.

Michael: Ich überlege mir etwas im Kopf und zack, wird es zur Realität.

Christian: Genau. Wir hatten ja schon mal über Glaubenssätze gesprochen. Wenn ich selbst daran glaube und es häufig genug zu mir selbst sage, dass ich beispielsweise etwas nicht kann, dann werde ich es auch nicht können.

Michael: You can do anything you want in life. That is what life is all about.

Christian: Wie kommen denn all die Bilder überhaupt in meinen Kopf?

Michael: Das war auch mein Gedanke.

Christian: Durch mich oder durch andere?

Michael: Ich wähle die Bilder mittlerweile viel vorsichtiger aus. Früher habe ich jeden Kram in meinen Kopf gelassen. Jeder Scheiß, der im Fernsehen lief, alle Bücher, die ich gelesen habe. Alles habe ich in meinen Kopf gelassen. Das mache ich jetzt nicht mehr. Ich bin dabei sehr viel behutsamer geworden. Ich überlege mir nun ganz genau, was und vor allem wen ich überhaupt in meinen Kopf lassen will. Wenn mich früher jemand gefragt hat, ob ich einen Horrorfilm schauen möchte, habe ich *ja* gesagt, *warum nicht?!* Ich habe es einfach hineingelassen. Heute? Keine Chance mehr. Den Quatsch will ich nicht in meinem Kopf haben.

Christian: Ich schaue auch kaum noch Nachrichten.

Michael: Was ist wohl schlimmer, Horrorfilme oder Nachrichten?

Christian: Im Moment ist es fast ein und dasselbe.

Michael: Mit der Zeitung halte ich es wie mit einem Diätbuch, ich lese nur die Überschrift auf der ersten Seite.

Christian: Früher habe ich viel Zeitung gelesen. Von einem auf den anderen Tag habe ich damit aufgehört. Ich habe nicht viel verpasst. Die meisten Themen beeinflussen mein Leben ohnehin nicht. Das, was für mich wichtig ist, erfahre ich auch über andere Wege. Corona, zum Beispiel — um davon zu erfahren, brauche ich keine Nachrichten schauen. Viele Mitmenschen halten mich informiert.

Michael: Ich entscheide nach Bedarf, für welche Themen ich die Tür in meinem Kopf aufmache. Wenn ich mich zum Beispiel in einem bestimmten Thema weiterbilden möchte, lasse ich das gezielt in meinen Kopf. Selbst dabei bin ich wählerisch. Es sei denn, es geht um die reine Unterhaltung. Ab und zu setze ich mich auch ganz gerne einfach vor den Fernseher und schaue mir eine Stunde lang irgendwelchen Schrott an. Ich zappe dann einfach durch und schaue, was so läuft. Ich bin manchmal neugierig, was dort so alles ausgestrahlt wird und was sich die anderen reinziehen. Ist ja nicht schlecht, darüber informiert zu sein.

Christian: Die Frage, mit der ich mich beschäftige, ist: *Wen lasse ich in mein Leben?* Ich meine damit nicht nur die Nachrichten, sondern welche Menschen. Es gibt sehr unterschiedliche Menschen. Es gibt zum einen die Menschen, die mir Energie geben. In deren Gegenwart fühle ich mich wohl. Ich gehe aus einer Begegnung mit ihnen mit mehr Energie heraus. Dann gibt es *Energievampire*. Sie saugen mir die Energie regelrecht aus dem Körper heraus. Man denkt sich: „Alles ist so furchtbar, so viele furchtbare Nachrichten. Alles ist mies."

Michael: Ich weiß genau, was du meinst. Ich bin häufig hin und her gerissen. Auf der einen Seite möchte ich mich am liebsten einfach umdrehen und mir das alles nicht mehr geben. Das tue ich auch häufig. Auf der anderen Seite würde ich demjenigen gerne helfen. Als Coach weiß ich mittlerweile, dass jeder selbstständig entscheiden darf, sich Unterstützung zu suchen, um sich zu verändern oder zu erkennen, welche Verhaltensweisen ihn limitieren. Wenn ich das für jemand anderen entscheiden möchte, bin ich derjenige, der beurteilt und beeinflusst, was um ihn herum passiert. In solchen Momenten denke ich an den bekannten Spruch. *Wenn ich ein Problem mit jemand anderem habe, dann habe ich noch etwas zu lernen*.

Christian: Dann stellt sich die Frage: *Möchte ich aus diesem Problem, dass ich mit jemandem anderen habe überhaupt etwas lernen?*

Michael: Das ist dann meine Entscheidung.

Christian: Wenn jemand Hilfe, zum Beispiel in Form von Coaching möchte, darf er das ruhig formulieren. Denn nur er selbst kann das entscheiden, niemand anderes. „Ich möchte Hilfe." oder „Ich möchte gecoacht werden." Es gibt das sogenannte *Advice-Monster*. Ungefragt Ratschläge geben ist ein absoluter Beziehungskiller.

Michael: Ich habe damit mal eine sehr schlechte Erfahrung gemacht. Es gab eine Firma, mit der ich gerne zusammenarbeiten wollte. Mir hat gefallen, was sie gemacht haben und ich habe mich mit dem CEO gut verstanden. Ich habe dann von mir aus angeboten, sie beim Leadership Development als Coach zu unterstützen. Das ist mächtig schief gegangen. Ich habe gelernt, dass das als Coach keine gute Idee ist, derart Business Development zu betreiben. Erst dachte ich, es könnte funktionieren. Als wir dann die Zusammenarbeit gestartet haben, hat es leider überhaupt nicht gepasst. Es lag aus meiner Sicht vor allem am Mindset. Die Erwartungen waren sehr unterschiedlich. Sie hatten nicht die Einstellung: *Ich brauche einen Coach, der mir mit einem Blick von außen hilft, mich zu verändern, um weiterzukommen.* Sie hatten eher das Gefühl, dass sich ein Typ von außen aufdrängt. Das hatte keinen Zweck. Seit dem habe ich das auch nie wieder gemacht.

Christian: Und schon sind wir mitten im Thema Management. Was passiert, wenn ich in meinem Unternehmen Mitarbeiter als Energievampire enttarne. Wie gehe ich damit um? Kann ich einfach die Entscheidung treffen: *Du bist ein Energievampir, ich möchte, dass du gehst*?

Michael: Das ist eine Fangfrage. Sag du es mir.

Christian: Das war eher eine rhetorische Frage. [*schmunzelt*]

Michael: Na gut, was ist die Definition eines *Energievampirs*? Ich versuche es mal anders. Meine Erfahrung zeigt, wenn es einen gemeinsamen Purpose gibt, eine gemeinsame Vision, an die alle glauben und der Wertekatalog für alle übereinstimmt, dann gibt es überhaupt keine Energievampire. Denn dann sind alle motiviert und ziehen am gleichen Strang. Natürlich gibt es unterschiedliche Persönlichkeitstypen und Verschiedenartigkeit von Menschen. Es besteht also das Risiko, dass jemand ein Energievampir für mich ist, weil er anders ist und anders tickt als ich. Um mich auf diesen Menschen einzulassen, fehlt mir häufig bloß die Geduld. Jetzt verstehst du, warum ich bei deiner Frage gezögert habe. All das würde ich zunächst berücksichtigen, bevor ich jemandem den Energievampir-Stempel aufdrücke.

Christian: Weil es eine Verurteilung ist.

Michael: Genau. Derjenige ist ja nur für mich ein Energievampir. Es ist möglich, dass die Verhaltensweise für andere im Team super passt und ihnen sogar Energie und Motivation liefert.

Christian: So ähnlich wie im Meeting zu sitzen und zu hoffen, der Dümmste im Raum zu sein.

Michael: Das klingt spannend.

Christian: Wenn ich das Gefühl habe, der Dümmste im Raum zu sein, sind die anderen höchstwahrscheinlich keine Energievampire.

Michael: Das gefällt mir. Dann braucht mich dort im Grunde niemand und ich kann einfach wieder gehen. Dann kann ich mich um die Dinge kümmern, die ich machen will. Energievampir hin oder her.

Christian: Dann machen wir das doch so.

Michael: Energie![19]

19 Captain Jean-Luc Picard in der Serie „Star Trek Next Generation" — https://www.youtube.com/watch?v=ws3G4IgFXBw

Da ist durchaus viel Wahres dran. Ratschläge, Geschichten und Content bekomme ich jeden Tag von allen Seiten. Es ist nicht immer einfach, zwischen wertvollem Input und energieraubenden Diskussionen zu unterscheiden. Die Inputkanäle jedoch bewusster zu reflektieren und zu selektieren, erscheint mir durchaus angebracht. Gleiches gilt für Energievampire. Es erfordert Mühe und Geduld, sie zu akzeptieren und eine Portion Empathie, um zu erkennen, wem meine Energievampire Support liefern. Zu wissen, dass es jedoch möglicherweise an mir liegt und nur ich den Vampir als Vampir sehe, macht es mir leichter, dies zu akzeptieren und daran etwas zu ändern. Stelle ich fest, dass ein Energievampir für alle im Team ebenfalls ein Kraftrauber ist, sollte ich die gemeinsame Wertebasis hinterfragen. Langsam kommt immer mehr Fleisch an die Sache mit den Werten, der Vision und dem Purpose.

PRIORISIEREN. FOKUSSIEREN.

STEINE, KIESEL, SAND

Christian: Ich würde gerne mal wieder verreisen. Es gibt doch dieses Spiel *Ich packe meinen Koffer.* Wenn ich meinen Koffer packe, packe ich immer als Erstes meine Wanderschuhe ein.

Michael: Warum zuerst die Wanderschuhe?

Christian: Na, dann kann ich den Platz in den Schuhen noch nutzen und kleine Sachen wie Socken hineinstecken.

Michael: Effizient.

Christian: Wenn ich erst die Klamotten und die Wäsche einpacke, passen die Schuhe nicht mehr in den Koffer. Ich habe sie mir schon mal einfach über die Schulter gehängt. Das macht keinen Spaß und die Leute im Flieger schauen immer so komisch.

Michael: Ist ja verrückt, ich mache das auch so. Ich hänge mir die Schuhe auch einfach um, wenn sie nicht mehr in den Koffer passen.

Christian: Wenn ich Cocktails mixe, gebe ich auch erst die Eiswürfel ins Glas, dann den Rest. Wenn ich es andersherum mache, wird das Glas zu voll. Bei den Getränken meine ich es immer zu gut. Wenn ich diese als Erstes in das Glas fülle und dann die Zitronen, läuft spätestens bei den Eiswürfeln alles über und es gibt eine riesige Sauerei. Daher nehme ich erst die Eiswürfel. Was hat das mit Management zu tun?

Michael: Das habe ich mich auch gerade gefragt. Auf jeden Fall habe ich jetzt Lust auf Urlaub und Cocktails. Bilder funktionieren bei mir sehr gut. Den Geschmack von einer alkoholfreien Piña Colada kann ich mir heute gut vorstellen.

Christian: Ich dachte eben daran, dass es geschickt ist, erst die großen Dinge einzupacken. Die kleinen Sachen finden dann schon ihren Weg mitzukommen. Für kleine Dinge wie Stifte, Socken und so weiter findet sich immer ein Plätzchen im Koffer. Wenn ich das auf meinen Arbeitsalltag übertrage, ist es auch zeitlich besser. Erst die großen Dinge erledigen, für die kleinen finden sich dann schon noch ein paar Minuten.

Michael: Ja, stimmt. Wenn du erst alles hineinschmeißt, dann wieder alles ausladen darfst, um dann noch die großen Dinge zu verstauen, ist es ein ewiges Hin und Her. Das dauert sicher länger und ist viel umständlicher.

Christian: Wobei ich den Koffer wieder auspacken und noch einmal von vorne anfangen kann. Meinen Arbeitsalltag kann ich nicht nochmal von vorne beginnen.

Michael: Wir sprechen also über das Thema Fokus, große Dinge zuerst erledigen.

Christian: Genau. Zuerst die großen Wanderschuhe einpacken, dann die kleinen Dinge.

Michael: Vorausgesetzt, die Wanderschuhe sind wichtig für deinen Urlaub. Wenn du zum Wandern in die Berge fährst, sind die Wanderschuhe nicht nur physisch eine große Sache, sondern für die Reise essentiell. Es gibt ein Modell, das mir dazu einfällt. Es heißt *Steine, Kiesel, Sand.*

Christian: Es gibt ein Modell dazu? [*gespielt erstaunt*]

Michael: Ja natürlich. Du hast es ja schon perfekt beschrieben — als hätten wir es vorher abgesprochen. [*schmunzelt*] *Steine* sind die großen, schweren Brocken. Die, die wirklich etwas ausmachen. *Kiesel* sind die kleinen Steinchen. Ich kann sie immer noch gut identifizieren. Wenn ich Kieselsteine in der Hand habe, erkenne ich jeden Einzelnen. *Sand* besteht aus tausenden kleinen Körnern und ist nicht mehr richtig greifbar. Dennoch richtet die Summe der Sandkörner etwas aus. Zu diesem Modell gibt es sehr gute Videos auf YouTube, das Keyword lautet *Rock, Pebble, Sand*. In den Videos wird gezeigt, was passiert, wenn ich in ein Glas zunächst den Sand, dann die Kieselsteine (Pebble) und erst zum Schluss die Steine (Rock) einfülle. Es passt nicht alles hinein. Wenn ich die Reihenfolge umdrehe, dann schon. Wenn ich erst die Steine, dann den Kies und zum Schluss den Sand einfülle und etwas an dem Glas rüttle, passt alles hinein. Es ist genau, wie du sagst, der Sand sucht sich, ähnlich wie deine Socken und die Stifte irgendwo noch ein Plätzchen in den Zwischenräumen.

Christian: Okay, das Glas ist also mein Arbeitsalltag: acht Stunden am Tag oder vier Tage pro Woche — je nach dem. Die Steine sind die Dinge, die ich unbedingt erledigt haben will. Diese packe ich zuerst an, sie stehen quasi ganz oben auf meiner To-do-Liste. Die anderen kleinen Aufgaben finden dann schon ihren Platz in meinem Arbeitsalltag.

Michael: Ich persönlich mache das so: Morgens, wenn ich in den Tag starte, schaue ich mir meine To-do-Liste an und entscheide, was davon sind die Steine, was ist Kies und welche Aufgaben sind der Sand. Das hilft mir zu priorisieren. Ich gebe zu, manchmal mache ich ein bisschen von dem *Pebble* zuerst, einfach weil ich Lust darauf habe. Mir ist klar, dass ich dabei einen großen Stein vor mir herschiebe. Ich nutze eine App, in der ich alle Aufgaben verwalte und tracke. Ich kann diese sowohl auf meinem Handy als auch auf meinem Desktop-PC nutzen und entscheiden, wann ich welche Aufgaben erledige. Bevor ich die App hatte, habe ich das auf einem Blatt Papier gemacht. Ich habe zwei waagerechte Striche auf einem DIN-A4-Blatt gezogen und die Aufgaben in Steine, Kiesel und Sand eingeteilt. Die Steine standen ganz oben, die Kieselsteine in der Mitte und der Sand im unteren Drittel des Blattes. Das habe ich zunächst täglich gemacht. Dann hatte ich noch ein Blatt für die ganze Woche und noch eines für langfristige Themen. Mit all den Zetteln bin ich nicht mehr klar gekommen, daher habe ich es digitalisiert. Mit der App ist es jetzt viel einfacher. Seit drei Jahren mache ich es so. Das klappt super.

Christian: Der Vorteil der Zettel ist, ich kann sie einfach wegschmeißen.

Michael: Das stimmt. Es handschriftlich zu machen ist auch ein gutes Gefühl. Es ist anders, wenn ich etwas mit der Hand schreibe, als auf einem Gerät zu tippen. Es werden viel mehr Neuronen im Kopf angeregt, die das Geschriebene vertiefen. Mental gesehen, ist die Handschrift viel besser als das Tippen. Ich bin selbst häufig hin- und hergerissen zwischen Handschrift und digitaler Portabilität. Beides hat seinen Charme.

Christian: The big rocks, also die großen Steine, sind nicht unbedingt die Dinge, die die meiste Zeit in Anspruch nehmen. Es sind die Dinge, die am wichtigsten sind. Es stellt sich also die Frage, wie ich erkenne, was wichtig ist. Ich spoiler schon mal. Es hängt mit meiner Vision zusammen, mit meinem Purpose und mit meinen Werten.

Michael: Genau. [*lacht*] Es passt zum Plan, es ist wichtig im Sinne des Plans. *This is how we are gonna run this company*. Oder auch zum persönlichen Lebensplan — eben zum Purpose, zur Vision, zu meinen Werten und Strategien. Die drei Ebenen, Steine, Kiesel, Sand, klingen ähnlich wie die Eisenhower-Matrix. Diese ist eine 2x2-Matrix mit vier Prioritätsstufen, die sich aus der Kombination von *wichtig* und *dringend* ergeben. Wichtigkeit im Sinne der Zielerreichung und Dringlichkeit im Sinne der Zeit. Das Modell ist auch super. Es sind eben vier Prioritätsstufen. Ob ich die vierte Stufe brauche, weiß ich gar nicht. Im Grunde ist die vierte Stufe eher der Parking lot für eine Menge unwichtigen Kram, zu dem ich ohnehin nicht kommen werde. Sie macht mir bewusst, was ich nicht erledige.

Christian: Du könntest zum Schluss über das Ganze noch Wasser schütten.

Michael: Klar.

Christian: Wenn Steine, Kiesel und Sand im Glas sind, kannst du das Ganze noch mit Wasser auffüllen, wenn du willst.

Michael: Ist eine Matscherei.

Christian: Eine kalendarische Matscherei. Ich möchte auch nicht nach jeder wichtigen Tätigkeit, die ich erledigt habe, aufspringen und noch Wasser und Sand dazwischen kippen.

Michael: Wenn wir über das *Stop-Start-Continue*-Modell sprechen, werden wir über die Entscheidung sprechen, Dinge nicht zu tun. Ich habe früher jahrelang alles auf meine To-do-Liste geschrieben, was mir eingefallen ist — jede Kleinigkeit, um bloß nichts zu vergessen. Ich habe nie die Entscheidung bewusst getroffen, etwas nicht zu tun. Ich habe nie entschieden, dass diese oder jene Aufgabe nicht auf meine Liste kommt. Furchtbar.

Christian: Du hast Sachen gemacht, weil du vergessen hast, sie von der Liste zu nehmen? [*verwundert*]

Michael: Nein, gemacht habe ich sie nicht. Sie standen bloß auf der Liste. Diese Listen haben mich selbst erschlagen, sie waren ellenlang. Ich habe mich total gestresst. Da standen so viele Sachen drauf, dass ich mich genauso gut von Anfang an hätte entscheiden können, einiges davon niemals zu erledigen. Es hat überhaupt keinen Unterschied in meinem Leben gemacht.

Christian: Der agile Ansatz wäre, abends einfach die Liste wegzuschmeißen und am nächsten Tag eine neue anzulegen. Am nächsten Morgen entscheide ich erneut, was wichtig ist und was ich heute davon erledigen will. Prioritäten können sich ja auch verändern.

Michael: Für mich ist es sicherer, die Liste zu behalten, um am nächsten Morgen draufschauen zu können und die wichtigen Sachen abzuschreiben. Dann muss ich nicht wieder ganz von vorne anfangen. Ich habe doch immer Panik, dass ich Sachen vergesse.

Christian: Da bin ich entspannt. Meistens kommt schon irgendjemand zu mir und macht mich darauf aufmerksam, dass ich etwas vergessen habe. Das passiert von ganz alleine. [*grinst*]

Michael: [*lacht*] Das habe ich auch mal gemacht. Doch dann habe ich eine wirklich große Sache verpennt und mich total geärgert. Bei mir ist es daher eher andersherum. Ich bin sehr viel entspannter, wenn ich weiß, dass ich die Dinge, die ich erledigen möchte, irgendwo festgehalten habe. Ich bin ein Kontroll-Freak. Das hilft mir, mich zu entspannen. So habe ich das Gefühl, mein Leben unter Kontrolle zu haben. Selbst wenn ein bisschen Sand oder Wasser-Matsche auf meiner Liste steht, kann ich zwischen Steinen, Kiesel, Sand und Wasser differenzieren. Ich bin mir bewusst darüber, dass ich einige Dinge von der Liste wahrscheinlich nie erledigen werde, dennoch gibt es mir ein Gefühl von Vollständigkeit und Kontrolle. Die Entscheidung, was ich erledige und was nicht, ist nicht zufällig, weil ich ein paar Dinge vergessen habe, sondern ich treffe sie bewusst. Andernfalls laufe ich Gefahr, auch Steine zu vergessen. So viel habe ich über mich gelernt.

Christian: Das stimmt, das macht den Kopf frei für andere Dinge. Es gibt viele Produktivitätstechniken, die genau das vermitteln. Sie empfehlen, die Dinge einfach aufzuschreiben. Wenn ich nachts nicht schlafen kann, weil meine Gedanken sich überschlagen, dann schreibe ich alles, was ich nicht vergessen will auf. Ich habe in solchen Phasen einen kleinen Schreibblock und einen Stift neben meinem Bett.

Michael: Das mache ich auch. Es beruhigt mich, zu wissen, dass ich es irgendwo festgehalten habe, ob auf Papier oder in einer App — das ist egal. Um nichts zu vergessen, was ich nicht vergessen will, helfen mir solche Tools.

Christian: Nutzt du noch andere Techniken? So etwas wie *Alles, was ich in zwei Minuten erledigen kann, erledige ich sofort* oder *Alles, was jemand anderes machen kann, delegiere ich*? Mir gefällt am besten: *Alles, was länger als zwei Minuten dauert, mache ich später*. Es gibt eine ganze Menge solcher Regeln.

Michael: Seit ich das Buch *Die 4-Stunden Woche* gelesen habe, versuche ich so viel wie möglich zu delegieren und mir ein System aufzubauen, in dem ich selbst nur noch das Notwendigste erledige und nur die Dinge, die mir wirklich Spaß machen. Früher habe ich alles selber gemacht. Heute denke ich mir, warum tue ich überhaupt noch etwas, wenn es doch Leute gibt, auf die ich das verteilen kann und die es sogar besser können.

Christian: Ein Freund von mir hat bei WhatsApp seinen Status geändert. Dort steht jetzt: „Alles muss man selber machen lassen."[20]

Michael: Sehr schön, das gefällt mir.

Christian: Auch dabei bleiben für mich noch ein paar Kieselsteine und ein bisschen Sand übrig, um das Ganze ans Laufen zu bringen.

Michael: Ja klar, die Dinge mit ein paar Kieselsteinen anstoßen und die großen Steine dann verteilen. Eine gute Idee.

Christian: Genau. Jemand anderes erledigt etwas, was für mich ein großer Stein ist, und ich benötige nur ein bisschen Sand und ein paar Kieselsteine, um den Stein ins Rollen zu bringen — direkt auf den Schreibtisch von jemand anderen. Großartig.

Michael: Delegieren. Es gibt noch eine kleine Wunder-Technik, die ich schon seit Langem anwende. Ich bin ein sehr visueller Typ und mache mir während eines Meetings, Coachings oder auch in ganz einfachen Kennenlern-Gesprächen eine Menge Notizen. So stelle ich sicher, dass ich nichts vergesse. Ich verinnerliche die Sachen besser, wenn ich sie vor mir sehe. Nun kommt es häufig vor, dass ich mir so viele Notizen mache, dass ich gar nicht mehr unterscheiden kann, was wichtig ist und was nicht. Daher mache ich vor jede Aktion oder To-do, welches ich notiere, ein großes *A* mit einem dicken Kreis drum herum. Ein großes *D* mit einem Kreis male ich, wenn ich eine Entscheidung, eine Decision, notiert habe. So sehe ich beim

20 Song von Deichkind — https://www.youtube.com/watch?v=dapqMeQCdcs

späteren Durchgehen meiner Notizen direkt, was ich zu tun habe und was beschlossen worden ist. Ein großes *I* setze ich davor, wenn es eine besonders wichtige Information ist, die ich mir merken möchte. Wie diese Methode heißt oder wo sie herkommt, weiß ich gar nicht. Ich habe sie mir vor Jahren mal bei einem Kollegen abgeschaut. Seit dem wende ich es an. Bei mehreren Seiten Notizen behalte ich so den Überblick und weiß ganz genau, wonach ich suchen muss. Nach einem *A, D* und *I* mit einem dicken Kreis drumherum.

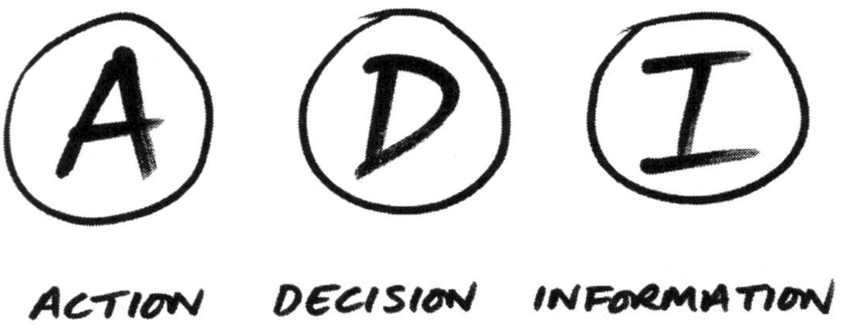

Abbildung: A - D - I
So strukturiere und priorisiere ich meine eigenen Notizen bereits beim Schreiben.

Christian: Das funktioniert echt gut, das mache ich auch. *(A)* bedeutet bei mir, ich gebe jemanden diese Aufgabe, *(D)* ist ein To-do für mich, *(I)* weist wie bei dir auf eine wichtige Information hin. Bei mir gibt es noch ein *(?)* mit einem Kringel drum herum. Das bedeutet, ich google das Thema später noch einmal oder schaue es nach.

Michael: Es gibt noch eine Glühbirne. Wenn ich eine Erkenntnis habe, male ich eine kleine Glühbirne daneben. In unserem Buch könnten wir es auch so machen.

Christian: In der Zeit, in der du die Glühbirne gemalt hast, hast du es schon verinnerlicht und wirst es nicht mehr vergessen. Das ist das Erstaunliche bei handschriftlichen Notizen. Ich schaue sie meistens gar nicht mehr an und merke sie mir trotzdem.

Michael: Ja, irgendetwas passiert dabei. Es geht viel tiefer in den Kopf und wird sofort verinnerlicht. Das Gehirn verarbeitet es mit viel mehr Zellen. Außer die markierten Stellen schaue ich mir die Notizen meistens gar nicht mehr an. Bei den To-dos ist es hilfreich. Da finde ich dann kleine Tasks wie: *Das Buch XY kaufen* oder *XY anrufen*. Auch wenn ich die restlichen Notizen nicht mehr verwende, sammle ich sie alle in einem Ordner, in den ich alle Jubeljahre doch noch mal hineinschaue. Es ist wie ein kleiner Schatz, super spannend. Wenn ich nach zehn, fünfzehn Jahren durch die Seiten blättere, erkenne ich, wie ich mich weiterentwickelt und was ich dazugelernt habe. Ich erinnere mich dann wieder an einige Themen und sehe, was aus diesen geworden ist. Es macht wirklich Spaß, das alles nach all den Jahren nochmal zu reminiszieren. Ich freue mich dann darüber, was aus mir und den Themen geworden ist. Es sind auch immer wieder Anregungen dabei, bei denen ich denke: „Mensch, davon hatte ich ja schon gehört. Jetzt schaue ich mir das endlich mal näher an."

Christian: Handschriftliche Notizen mache ich mir immer noch bei meiner Packliste für den Urlaub. Damit ich alles in meinen Koffer bekomme, schreibe ich ab jetzt definitiv die großen Sachen immer als Erstes drauf.

Michael: Was packst du für deinen Wanderurlaub noch ein? Die Schuhe sind dabei. Was ist noch wichtig?

Christian: Der Rucksack.

Michael: Die Spitzhacke und ein Hut.

Christian: Die Gesteinssammlung.

Michael: Ich kann schon die Sonne sehen, wie sie auf den Berg scheint. Ich fühle die leichte Brise an einem herrlichen Frühlingstag. Viel Spaß im Urlaub!

Ich habe mir das Video auf YouTube gerade angesehen. Das ist ja wirklich verrückt. Es ist eine leichte Methode, die ich mir gut merken kann. Im Grunde ist mir das alles natürlich bewusst, allerdings neige ich doch ab und an dazu, die Dinge, die mir leicht fallen, zuerst zu machen. Dringlichkeit hin oder her. Danke also für diese kleinen Kniffe. Es hilft mir, mich noch bewusster zu organisieren.

ZUHÖREN

EINFACH MAL DIE KLAPPE HALTEN

Christian: Sag mal, Michael, über was möchtest du heute nachdenken?

Michael: Interessante Formulierung deiner Frage. Du hättest mich auch fragen können: „Was beschäftigt dich gerade?" Ich denke gerade darüber nach, wie ich ein noch besserer Zuhörer werde. Ich höre immer wieder, dass das wichtig ist, privat wie beruflich, auch in unserem Job und vor allem als Führungskraft. Es ist wichtig, ein guter Zuhörer zu sein. Wie werde ich ein besserer Zuhörer?

Christian: Woran würdest du denn erkennen, dass du ein guter Zuhörer bist?

Michael: Ich würde es zum Beispiel am Feedback erkennen. Wenn Menschen auf mich zu kommen und sich für das Gespräch bedanken, mich loben und mir bestätigen, dass ich ein guter Zuhörer bin und mich sehr gut in ihre Themen einfühlen kann. Vielleicht würden sie mir eine E-Mail schreiben oder eine Rezension auf unserem Blog oder in den sozialen Medien, auf Facebook oder LinkedIn hinterlassen, in der etwas steht wie: „Michael ist ein toller Zuhörer und Coach." Je mehr Leute eine Referenz hinterlassen und bestätigen, dass ich ein guter Zuhörer bin, desto besser bin ich als Zuhörer und kann meine Klienten und die Menschen um mich herum unterstützen.

Christian: Das klingt wie eine Vision, die du beschreibst. Wie fühlt es sich für dich an, ein guter Zuhörer zu sein?

Michael: Eher still, entspannt, *zen-mäßig*. Wie im Flow-State, nur zuhören.

Christian: Was denkst du, während du zuhörst?

Michael: Wenn ich ein guter Zuhörer bin, denke ich nichts.

Christian: Sehr gut, das war eine Fangfrage.

Michael: Ich höre nur zu. Möglicherweise wiederhole ich im Kopf, was ich gerade höre und stelle die Gedanken in den Dienst der Unterhaltung, um damit meinem Gegenüber noch mehr bei seinen Themen helfen zu können, die er mir gerade erzählt.

Christian: Was unternimmst du denn bisher, um dich selber davon abzuhalten, ein guter Zuhörer zu sein? Wenn dir jemand etwas erzählt, was tust du dann, statt richtig zuzuhören?

Michael: Oft kommen Gedanken in mir hoch oder ich habe das Bedürfnis, etwas dazu zu sagen. Ich möchte einen Beitrag leisten, zum Beispiel eine Idee, die mir dazu einfällt oder eine Erfahrung, die ich erlebt habe. Ich spüre häufig das Bedürfnis, meinem Gegenüber davon zu berichten und ihn daran teilhaben zu lassen. Ich denke, dass könnte ihm oder ihr vielleicht helfen. Natürlich ist mir bewusst, dass ich damit den Redefluss des anderen unterbreche. Ich werde mir langsam bewusster darüber und wähle sorgfältig aus, wann ich den Redefluss unterbreche und zu welchem Zweck ich das tue.

Christian: Zu welchem Zweck hörst du denn zu?

Michael: Ich höre zu, um den anderen wirklich verstehen zu können und um ihm bei seinem Problem zu helfen oder in seinem Thema weiterzukommen. Das möchte ich jedenfalls. Es ist nicht immer einfach für mich.

Christian: Nun, zum einen hören wir bewusst zu, um unser Gegenüber besser zu verstehen. Zum anderen tue ich das, um etwas über die Welt zu lernen. Wenn mir jemand etwas über die Welt, die Politik, über die Wissenschaft oder die Wirtschaft erzählt, kann ich von ihm etwas lernen. Ich lerne dabei vielleicht sogar etwas über mich selbst. Es ist wie mein Purpose. Wofür höre ich anderen zu? Ich mag den Spruch: *Ich kann von jedem etwas lernen*. Jeder Mensch ist Experte auf einem Gebiet, in dem ich kein Experte bin.

Michael: Ja, das stimmt. Ich erkenne das immer häufiger. Wenn ich jemandem zuhöre und mir plötzlich Kommentare, Anmerkungen, Erfahrungen in den Kopf schießen, stelle ich mir die Frage: „Warum habe ich diese Gedanken und was sagen sie über mich selber aus?" Ich versuche mich dann mit meinen eigenen Worten zurückzuhalten. Ich lerne irrsinnig viel über mich, wenn ich jemand anderem in Ruhe zuhöre und meine eigenen Gedanken beobachte und reflektiere. Ich merke häufig, dass ich die Welt ganz anders sehe als andere. Ich kann in diesen Momenten also mehr lernen, wenn ich meinem Gegenüber zuhöre und meine Klappe halte. Wenn ich dann auch noch zusätzlich Fragen stelle, erfahre und lerne ich sogar noch mehr.

Christian: Fragen ist eine Technik. Eine andere Technik ist, einfach mal die Klappe zu halten.

[*Pause*]

Michael: Punkt verstanden. Ich würde gerne von unseren Podcast-Zuhörern erfahren, was sie gerade gedacht haben, als es still war.

Christian: Es war nicht lange still, maximal zwei Sekunden. Ich kenne eine gute Technik, die ich ab und zu anwende. Einmal den *Happy Birthday*-Song in Gedanken zu singen dauert etwa 15 Sekunden. Wenn ich 15 Sekunden lang einfach mal die Klappe halten möchte, singe ich den Song einmal in meinem Kopf. Als Zuhörer fühlen sich 15 Sekunden Schweigen an wie eine halbe Ewigkeit. Für jemanden, der gerade über eine Antwort auf eine Frage nachdenkt, sind 15 Sekunden nicht sehr lange. Für einen Klienten oder einen Mitarbeiter, dem ich die Frage stelle: „Was würdest du denn jetzt unternehmen?", vergehen 15 Sekunden wie im Flug.

Michael: Ich habe das gerade ausprobiert. Während du gesprochen hast, habe ich in meinem Kopf *Happy Birthday* gesummt.

Christian: Und was habe ich gerade gesagt?

Michael: Meine Hypothese war, wenn ich den Song singe und schweige, kann ich dir gut zuhören. Und tatsächlich habe ich gemerkt, dass ich dir dabei sehr gut zuhören kann. Es kamen keine eigenen Gedanken oder Kommentare in meinem Kopf hoch. Das war fast eine Art *Out of Body Experience.*

Christian: Verrückt. Schweigen ist ohnehin ein sehr mächtiges Instrument, insbesondere nach einer Frage. Ich nutze das gerne bei Verhandlungen am Telefon. Einfach mal still sein, das bewirkt Wunder.

Michael: In der Mathematik und der Informatik ist die leere Menge auch eine Menge. Das Null-Element ist dabei ziemlich wichtig. Die Entscheidung zu treffen, nichts zu sagen, ist eine große Entscheidung, die oft zu einem besseren Ergebnis führt, als irgendetwas zu sagen. Ich werde es ab jetzt noch häufiger ausprobieren.

Christian: Wie kannst du denn noch ein besserer Zuhörer werden?

Michael: Ich habe in einem Training eine alte Weisheit gelernt. Es ging um das Thema *Personal Effectiveness*. Sie besagt, ich solle doppelt so viel zuhören als selbst zu sprechen. *Ich habe zwei Ohren und einen Mund. Ich sollte beides proportional anwenden.*

Christian: Auch darin stecken wieder Glaubenssätze. Wenn ich mehr rede, als zuhöre, glaube ich daran, dass ich mehr zu sagen habe.

Michael: Oder ich bin ich mir bloß unsicher oder extrovertiert und rede deswegen viel. Vielleicht muss ich laut reden, um denken zu können.

Christian: Wie kann ich wissen, was ich denke, bevor ich höre, was ich sage?

Michael: Ich könnte auch einfach still im Kopf denken, statt laut zu reden.

Christian: Ich halte es gerade als Führungskraft für sehr wichtig, in Meetings meinen Mitarbeitern zuzuhören. Wenn ich als Chef ständig rede, erfahre ich nichts über meine Mitarbeiter. Ich weiß nicht, ob sie in die richtige Richtung gehen, ob es Probleme gibt oder ob sie selber kluge Ideen haben. Wir haben doch mal gesagt: „Hoffentlich bin ich der dümmste im Raum." Meine Mitarbeiter sind die Experten für die Themen, die angegangen und die Probleme, die gelöst werden dürfen. Ob sie das im Griff haben und wie diese Lösungen aussehen, erfahre ich nur, wenn ich die Klappe halte und meinen Mitarbeitern zuhöre.

Michael: Was gibt es denn darüber hinaus noch für Techniken? Ich habe verstanden, einfach mal die Klappe zu halten und die Stille auszuhalten. Das scheint gut zu funktionieren. Wenn ich mich danach doch noch bewusst entscheide, etwas zu sagen oder zu fragen, welche Modelle oder Techniken haben für dich dabei funktioniert?

Christian: Ich habe gute Erfahrungen mit so genannten *Follow-up-Fragen* gemacht. Ich hake also noch einmal nach: „Was meinst du genau damit?" Ich bleibe dabei im Flow des Erzählstroms meines Gegenübers und beschleunige oder lenke diesen gleichzeitig.

Michael: „Wie genau funktioniert das nochmal?" ist auch eine Follow-up-Frage?

Christian: Richtig. Das ist eine Follow-up-Frage. Ich habe gute Erfahrungen damit gemacht, ehrlich und aufrichtig interessiert zu sein.

Michael: Wie mache ich das am besten? Manchmal drifte ich im Kopf ab, denke an etwas ganz anderes und werde sogar ein wenig ungeduldig. Ich habe schon wieder zehn andere Dinge im Kopf. Wie schaffe ich es, dabei den Fokus zu behalten und ehrlich interessiert zu bleiben?

Christian: Wir haben schon mal über Meditation gesprochen. Meditation kann dabei helfen. Natürlich nicht im direkten Gespräch, sondern wenn man sich regelmäßig dafür Zeit nimmt, idealerweise täglich. Du lernst Gedanken zu beobachten und wieder ziehen zu lassen. Etwa so: „Hallo Gedanke, schön, dass du da bist. Danke, geh jetzt bitte weiter."

Michael: Kann ich nicht einfach mein Gegenüber bitten, auf den Punkt zu kommen?

Christian: Kannst du natürlich machen. Die Ausgangsfrage war: „Wie kannst du ein besserer Zuhörer werden?" Solche Ansagen sind nicht unbedingt falsch, sie machen dich nur nicht zu einem besseren Zuhörer. Die Frage ist also, ob du immer ein guter Zuhörer sein willst.

Michael: Okay.

Christian: Es ist ein Verhalten, das ich bewusst einsetzen kann. Ich kann gut zuhören — wenn ich will.

Michael: Ich überlege also zu Beginn eines Gespräches, wofür das Gespräch gut ist und ob ich eher ein guter Zuhörer sein möchte oder ob es ein Austausch ist, bei dem wir uns gegenseitig die Bälle zu werfen.

Christian: Genau. Wir können ja auch einfach Spaß haben, uns gegenseitig Witze erzählen, Sprüche an den Kopf werfen und loslachen.

Michael: Das fühlt sich ab und zu sehr gut an.

Christian: Es ist eben ein anderer Ansatz, eine andere Situation. In Notfällen oder beim Militär können klare Ansagen möglicherweise am besten funktionieren. Dann heißt es bloß: „Du gehst darüber und machst genau das. Du gehst dort drüben hin und unternimmst Folgendes ..."

Michael: Ich stelle mir gerade vor, wie ich den Notruf wähle und mich die Stimme auf der anderen Seite der Leitung fragt: „Wie kommt es, dass sie gerade entscheiden, sich so fühlen?"

Christian: „Was ist passiert und warum interessieren Sie sich dafür?"

Michael: Die Person am Notruf hört auf die Art und Weise zu, die die Situation erfordert.

Christian: Sie sind in der Regel nicht daran interessiert, dich im Denkprozess zu beobachten, wie es beim Coaching oder in der Mitarbeiterentwicklung sinnvoll sein kann. Sie wollen von dir handfeste Informationen, so präzise und so schnell wie möglich. Die fünf W-Fragen: Was ist passiert? Wie viele Verletzte? Wo sind sie? Und so weiter.

Michael: Es kommt also mal wieder darauf an. Was hältst du davon, wenn wir das Modell des situativen Zuhörens einführen?

Christian: Das kommt darauf an. Ich glaube, diese Regel gilt unabhängig davon, ob es darauf ankommt oder nicht.

Michael: Okay, gut. Und was noch?

Christian: Unterschiedliche Kommunikationssituationen erfordern unterschiedliche Kommunikationsstile. Ich darf unterschiedliche Stile haben.

Michael: Das klingt nach sehr viel Flexibilität. Ich darf also verschiedene Stile kennen, beherrschen und anwenden.

Christian: Genau. Es hilft, an die Sache ganz entspannt heranzugehen. Wenn ich entspannt bin, sehe ich viel mehr Wahlmöglichkeiten. Ich betrachte ganz entspannt alles, was in meinem Werkzeugkoffer für Zuhören, Kommunikation und Management enthalten ist, und wähle einfach das richtige Werkzeug aus. Das richtige Werkzeug zum richtigen Zeitpunkt.

Michael: Ist beim bewussten Zuhören nicht auch Empathie sehr wichtig?

Christian: Ja. Jetzt aber raus aus der Dusche.

Michael: Ich spreche eher von Empathie im Sinne von, in der Lage sein, die Gefühle meines Gegenübers zu erkennen und darauf eingehen zu können. Ich kann nachvollziehen, wie sich andere in ihrer Haut fühlen, reflektiere diese Emotionen, erkenne sie an und gehe gezielt darauf ein. Insbesondere dann, wenn ich feststelle, dass meine Gefühle zu dem Thema oder in der gleichen Situation andere sind als die meines Gegenübers.

Christian: Du sprichst die gewaltfreie Kommunikation an. In etwa: „Ich höre, was du sagst. Mir ist dabei wichtig, dass ..."

Michael: Empathie ist also die Grundlage dafür, ein guter Zuhörer zu sein. Denn so kann ich meinem Gegenüber dabei helfen, etwas Neues zu entdecken, etwas über sich zu lernen oder etwas Neues zu generieren. Etwas Neues in Form von neuen Ideen, ein neuer Blickwinkel oder eine neue Perspektive. Ich höre ihm zu und gehe auf ihn ein, ohne zu sagen: „Die Lösung liegt doch auf der Hand. Es ist wie folgt ..."

Christian: Genau. Ohne dass ich es selbst genauso empfinde.

Michael: Das alles klingt ehrlich gesagt, nach einer richtigen Kunst. Ich möchte darin noch besser werden.

Christian: Du bist schon viel besser geworden. Du wirst erstaunt sein, wie gut du — nach all unseren Podcast Episoden — über die Tage, Wochen und Monate geworden bist.

Michael: Stimmt, ich habe dir gut zugehört.

Christian: Das weiß ich. Vielen Dank dafür.

In der Tat neige ich insbesondere als Führungskraft häufig dazu, auf jede Frage eine Antwort, einen klugen Ratschlag oder eine noch bessere Story zu haben. Der eigene Redeanteil sagt viel mehr über mich aus, als das, was ich wirklich erzähle. Oft glauben wir, es besser zu wissen als unser Gegenüber. Wir können es auch so machen, wie du meinst, nur dann wird es halt Käse. Dabei kann ich mit Zuhören und Fragenstellen sehr viel mehr erreichen und wirke meistens sehr viel verständnisvoller und eloquenter, als wenn ich mich ständig durch meine Ratschläge und Geschichten selbst präsentiere. Es erfordert eben nur viel Geduld und Selbstreflexion. Geduld und Selbstreflexion scheinen sich so durch die Kapitel durchzuziehen. Ist es vielleicht das, was einen wahren Leader ausmacht? Steht dies im Widerspruch oder im Einklang mit Machermentalität und Tatendrang?

HIER UND JETZT

...BIN ICH ZUHAUSE

Michael: Erzähl mir bitte nochmal die Geschichte von dem Guru und dem Satsang.

Christian: Sehr gerne. Ich war auf einem hinduistischen Satsang. Vorne sitzt der Guru, während die Schüler vor ihm auf dem Boden sitzen. Hintereinander geht dann jeweils ein Schüler nach vorne und stellt dem Guru eine Frage. Er ist bei der Themenwahl völlig frei — Gott, die Welt, Leben, Tod — der Schüler fragt, was immer ihn bewegt. Der Guru antwortet auf die Frage des Schülers, dieser geht wieder zurück zu seinem Platz und alle denken in Ruhe über die Antwort des Gurus nach. Dann kommt der nächste Schüler nach vorne und stellt seine Frage. Diese kann sich auf die seines Vorgängers oder auf die Antwort des Gurus beziehen oder eine völlig losgelöste Frage sein, das ist ganz egal. Es geht immer so weiter. Es ist ähnlich zu einem Orakel nur eben etwas spiritueller.

Michael: Jeder kann die Fragen, die gestellt werden und die Antwort des Gurus hören? Sagen die anderen Schüler denn auch etwas zu den Themen oder sind sie im reinen Zuhör-Modus?

Christian: Alle sind im reinen Zuhör-Modus, sofern sie nicht gerade ihre Frage stellen.

Michael: Quasi eine Art Gruppen-Mentoring.

Christian: Ja, genau.

Michael: Welche Fragen wurden in dem Satsang gestellt?

Christian: Alle möglichen Fragen, vollkommen unterschiedlich — über den Tod, das Leben, Krankheit. Interessant ist, dass alle Fragen, die gestellt wurden, in der Regel jeden betreffen. Die großen Fragen im Leben — so auch in Unternehmen — betreffen häufig jeden. *Wo wollen wir hin? Warum wollen wir das? Wie kommen wir dahin?* Spannend fand ich vor allem das, was der Guru erzählt hat, bevor es losging. Alle Schüler saßen ganz ruhig da, haben meditiert und waren völlig in sich versunken. Der Guru kam, setzte sich vorne hin, schwieg eine Zeitlang und begann eine Geschichte zu erzählen. Er erzählte von einem anderen Satsang in München, bei dem er vorne Bilder aufstellte. Es waren Bilder seiner Lehrer: Buddha, Jesus, Laozi. Er sagte: „Das ist meine Familie." Einer der Schüler fragte ihn, wieso er die Bilder seiner Familie hier in diesem öffentlichen Raum aufstellt und nicht privat bei sich zu Hause. Der Guru antwortete: „Ich bin hier zu Hause. Hier und Jetzt." [*Pause*]

Darüber würde ich gerne mit dir sprechen. Was bedeutet es, im Hier und Jetzt zu sein? Wie kann ich das für mich selbst und mein Unternehmen nutzen?

Michael: *To be present in this moment* — Im Moment leben und wirklich ganzheitlich anwesend sein.

Christian: Ich habe einen guten Gegenentwurf dazu. Bei *chicco di caffe* hatten wir ein schönes Büro in Grünwald. Dort haben wir auch unsere Geschäftsführungssitzungen abgehalten. Für frische Luft hatten wir häufig das Fenster geöffnet. Grünwald ist eine durchaus betuchte Gegend, oft rauschte vor dem Fenster ein Sportwagen vorbei. Jedes Mal, wenn das laute Knattern eines Autos näher kam, war die Konzentration im Eimer. Jeder hat sofort nach draußen geschaut und gedacht: „Wer war das? Kenne ich den?" Selbst wenn wir gerade ein wichtiges Thema besprochen haben und plötzlich draußen ein lautes Motorgeräusch aufheulte, schauten alle sofort wieder aus dem Fenster. Bis alle wieder konzentriert bei der Sache waren, sind ein paar Minuten vergangen und der nächste Porsche flitzte vorbei.

Michael: Da ist wohl die Energie eher auf die vorbeifahrenden Autos mit kaputtem Auspuff geflossen.

Christian: Ich weiß auch nicht, warum die Auspuffe dieser Sportwagen ständig kaputt sind, sind wohl arme Leute ... Wie kriege ich es denn hin, meinen Fokus zu behalten und die *Awareness* dorthin zu lenken, wo ich sie haben möchte? Denn meine Energie folgt der Aufmerksamkeit. Dort, wo meine Aufmerksamkeit ist, fließt auch meine Energie hin. Im Beispiel der Geschäftsführermeetings hätte ich gerne, dass die gesamte Aufmerksamkeit und die Energie der Teilnehmer auf die Unternehmensthemen gelenkt sind. Es ging um wichtige Fragestellungen über unsere Mitarbeiter, unsere Ziele, Kunden etc. Dort soll die Energie der Gruppe hinfließen, damit wir die Themen schnell, innerhalb der Fristen lösen können. Ich will nicht, dass wir uns über die Auspuffe von irgendwelchen Autos Gedanken machen.

Michael: Gleiches passiert auch, wenn das Handy auf dem Tisch liegt und aufblinkt, sobald eine Nachricht ankommt. Ich schaue schnell mal drauf. Oder wenn der Laptop aufgeklappt ist, sodass mich jede eingehende E-Mail ablenkt. Unsere Welt ist voll von Ablenkungen, die mein Bewusstsein, meine *Awareness*, in jedem Augenblick beeinflussen und mich von meinem gewünschten Fokus abbringen.

Christian: Wer entscheidet denn, wohin ich meine Aufmerksamkeit lenke?

Michael: Ich bin geneigt zu antworten: „WhatsApp entscheidet." [*lacht*] Natürlich ich, ich entscheide alles in meinem Leben.

Christian: Dann hättest du entschieden, dass du WhatsApp diese Entscheidung treffen lässt.

Michael: Ich treffe mittlerweile sehr bewusst die Entscheidung, wann ich mein Handy ausschalte und weglege oder auf den Tisch drapiere. Am besten ist es, es völlig aus meinem Sichtfeld zu nehmen, es zum Beispiel in der Tasche zu verstauen. Es gibt eine interessante Studie, von der du mal erzählt hast über Schulklassen, die ihre Handys mitbringen dürfen. Wie war das nochmal?

Christian: Die Studie heißt *iPhone-Effekt*. Die Erkenntnis ist, dass wenn sich zwei Menschen unterhalten und ein Smartphone auf dem Tisch, auf der Bank oder griffbereit in der Tasche liegt, werden die Gespräche als weniger tief bewertet. Dabei spielt es keine Rolle, ob das Handy direkt sichtbar auf dem Tisch liegt oder nicht. Sobald der andere weiß, dass es für sein Gegenüber griffbereit ist, wirkt der Gesprächspartner auf sein Gegenüber weniger aufmerksam. Denn wenn es piept, klingelt, vibriert und der Gesprächspartner auch nur einen kurzen Augenblick drauf schaut, sendet er das Signal: „Das ist mir wichtiger als unser Gespräch."

Michael: Das Telefon wird zum Anker für all die Dinge, die mich ablenken könnten.

Christian: Ja, es ist schon heftig. Denn sobald das Gerät da ist, signalisiere ich: „Egal, warum dieses Handy gleich aufblinken wird, es ist mir wichtiger. Deshalb lege ich es hier hin." Während ich mit dir spreche, zeige ich dir, dieses Gerät und alles, was damit eventuell gleich passiert, ist mir wichtiger als die Beziehung zu dir. Kein schönes Gefühl für dich, oder?

Michael: Nein, absolut nicht. Mein Vater hat eine ähnliche Eigenschaft. Sobald das Telefon zu Hause klingelt, lässt er alles stehen und liegen und eilt sofort zum Telefon. Selbst in wirklich wichtigen Gesprächen — es könnte um Leben und Tod gehen — lässt er mich stehen und hebt den Hörer ab, sobald das Telefon klingelt.

Christian: Nun ja, früher war es sicher auch sehr wichtig. Damals in den 70er Jahren war das Telefonieren nicht sehr verbreitet und Ferngespräche sehr teuer. Wenn damals das Telefon geklingelt hat, war es vermutlich ziemlich wichtig.

Michael: Vermutlich hast du recht. Heute ist die Welt anders. Ich gehe kaum noch ans Telefon. Wenn es wichtig ist, rufe ich zurück. 95 % meiner Kommunikation wickle ich asynchron ab.

Christian: Ich ticke da etwas anders. Ich bin ein großer Fan von synchroner Kommunikation. Es gibt sicher Themen, die ich gut asynchron abwickeln kann wie Terminvereinbarungen und kurze Abstimmungen. Wenn es jedoch um Beziehungsarbeit geht wie Mitarbeitergespräche, Verhandlungen mit Lieferanten, Kundengespräche oder einen Plausch mit Kollegen, finde ich es sehr wichtig, synchron zu kommunizieren.

Michael: Ich lade dich herzlich ein, auszuprobieren, wie es ist, eine Beziehung asynchron aufzubauen. Wir können unseren Podcast demnächst per Voice-Message aufnehmen.

Christian: Für meine Verhältnisse sind wir da sowieso schon ziemlich asynchron unterwegs. [*grinst*]

Michael: Die Welt verändert sich.

Christian: Die Schwierigkeit ist, unter all den vielen Kommunikationswegen situativ den passenden auszuwählen.

Michael: Es gibt noch eine andere Studie über Schulkinder und Rucksäcke aus dem letzten Jahr, die ich sehr interessant finde. Dass Smartphones längst Einzug in die Schule erhalten haben, ist klar. Zu glauben, wir können den Schülern verbieten, diese mitzubringen, ist eine Illusion. Zumindest glauben das eher wenige Schulen. Die Frage ist also: *Wo kommen die Smartphones der Kids hin?* In der Studie wurden verschiedene Schulklassen untersucht. In einer Schulklasse durften die Schüler ihr Handy mit ins Klassenzimmer nehmen. Es durfte nur im Rucksack unter dem Tisch verstaut werden. In der Vergleichsklasse durften die Kinder ihr Handy nicht mit in das Klassenzimmer nehmen. Sie durften es entweder draußen in ihrem Spind unterbringen oder zu Hause lassen. Die Lerneffizienz in der Klasse, die das Telefon nicht mit ins Klassenzimmer bringen durften, war signifikant höher als die Lerneffizienz in den Klassen, die es mitbringen durften, etwa 20-25 Prozent. Die Erklärung ist die gleiche wie bei dem Handy auf dem Tisch. Ob es blinkt oder nicht, ist dabei egal. Das Handy wird zum Anker für alle anderen Sachen, die passieren und die mich ablenken können. Die Kinder in den Schulklassen mit dem Handy im Rucksack schauten ständig unter den Tisch und wussten: „In dem Rucksack ist mein Telefon. Es könnte eine neue Nachricht angekommen sein." Während die Kinder, deren Handy außer Reichweite untergebracht war, diese Gedanken erst gar nicht hatten. Die Ablenkungsquote ist wesentlich geringer.

Christian: Daher bringen wir die Handys besser gar nicht erst ins Meeting mit.

Michael: In meinen Workshops mache ich es sehr demonstrativ. Ich erzähle diese Geschichte, nehme das Telefon, verstaue es in meinem Rucksack und trage den Rucksack nach draußen. Es verschwindet vollständig aus meinem Sichtfeld und ich bin maximal fokussiert auf die Teilnehmer.

Christian: Häufig kommen Leute völlig unvorbereitet in ein Meeting. Wenn sie dann Themen hervorbringen, die es zu besprechen gilt, schauen sie schnell auf ihrem Handy nach und wählen die dringenden Themen zuerst, weil sie möglicherweise im E-Mail-Postfach ganz oben stehen. Sie unterscheiden dann nicht zwischen dringend und wichtig, sondern improvisieren mithilfe des Smartphones. Besser ist es natürlich, ein Meeting entsprechend vorzubereiten, um sich klar darüber zu sein, was ich und wie ich das in diesem Gespräch erreichen möchte. Das macht es einfacher, das Meeting erfolgreich durchzuziehen.

Michael: Es ist leichter, sich vorher auf das Ziel zu fokussieren, um es dann umzusetzen. Das lässt sich auch zu Beginn des Meetings gemeinsam definieren. Ich frage häufig in die Runde: „Was ist das heutige Ziel oder der Zweck des Meetings?" Dieses Ziel sowie eine Agenda schreibe ich dann auf ein Flipchart, anhand dessen wir das Meeting strukturieren und gemeinsam durchgehen.

Christian: Genau. Und die Handys kommen weg.

Michael: Manchmal kommt das Argument: „Ich brauche Informationen aus meinem Handy für das Meeting oder ich brauche den Laptop, um mir Notizen zu machen." Ist das okay?

Christian: Joa.

Michael: Finde ich auch. Letztendlich ist es wie bei allem: Wer trifft die Entscheidung, fokussiert zu sein?

Christian: Diese Entscheidung kann nur ich für mich treffen.

Michael: Jeder für sich. Indem ich mein Telefon in den Rucksack stecke, ist das meine Art und Weise, diese Entscheidung zu manifestieren. Ich kann auch entscheiden, es nicht wegzustecken und dennoch im Meeting 100 % bei der Sache zu bleiben. Es gibt auch innere Trigger, die mich ablenken. Plötzlich denke ich mitten in einem Meeting daran, dass ich unbedingt noch Orangensaft kaufen möchte. Wenn mir das bewusst wird und ich merke, dass mich andere Gedanken ablenken, kann ich mich aktiv gegen diese Ablenkung, gegen diese Gedanken entscheiden und mich wieder auf meinen eigentlichen Fokus konzentrieren. „Tschüss Gedanke, hallo Augenblick im Hier und Jetzt." Aktives Gewahrsein.

Christian: Was hältst du von folgender Definition: Fokus ist meine Fähigkeit, die Dinge zu machen, über die ich gesagt habe, dass ich sie mache — solange ich sie machen will."

Michael: Finde ich gut — lang, aber gut.

Christian: Der entscheidende Punkt ist: Ich mache das, was ich mir vornehme zu tun und nicht das, was mich aus einem zufälligen Impuls heraus steuert. Ich mache es zudem so lange, wie ich es mir vorgenommen habe — bis es fertig ist oder bis ich eine andere Entscheidung treffe.

Michael: Ich entscheide, wo meine Energie hinfließt. *Where focus goes, energy flows* oder *Where awareness goes, energy flows*. Ich treffe permanent die Entscheidung, wofür ich meine Energie einsetze. Und das, wofür ich meine Energie einsetze, ist schließlich das, was passiert. Es ist genau das, was in meiner Welt wahr wird. Ich bestimme, was wahr wird.

Christian: So ist es. Wir haben uns auf dieses Kapitel konzentriert, und zwar solange, wie wir wollten, nämlich bis es fertig ist. Hier und jetzt sind wir damit fertig.

Das Bewusstsein darüber, worauf ich mich konzentriere und ob ich mich ablenken lasse oder nicht, ist eine Fähigkeit, die in Zukunft noch viel wichtiger wird. Der technologische Fortschritt verläuft exponentiell und unsere Welt wird immer schnelllebiger. Smart-Watches vibrieren bei jeder eingehenden E-Mail direkt am Handgelenk. Zwischen Fokus und Erreichbarkeit müssen wir selbstständig und bewusst balancieren können, sonst verlieren wir uns in wildem Aktionismus und Überforderung und können nur noch zusehen, wie die ohnehin als knapp empfundene Zeit an uns vorbeifliegt. Energie folgt der Aufmerksamkeit.

ATTENTION TO DETAIL

„IF IT'S WORTH DOING, IT'S WORTH DOING IT RIGHT" — ENGLISCHES SPRICHWORT

Christian: Kennst du das Sprichwort *Der Teufel steckt im Detail*? Ein Kollege sagte immer: „Der Teufel steckt nicht im Detail, sondern in der kleinen Ritze dahinter."

Michael: Schön. Ich kenne den Spruch auch anders: *Der liebe Gott steckt im Detail*, quasi positiviert.

Christian: Es macht also Sinn, dass wir uns auf Details konzentrieren.

Michael: Ja. *Attention to detail* wurde mir früher eingebläut.

Christian: Schon in der Schule wird jeder Rechtschreibfehler korrigiert und jedes Detail angemerkt. Es wird sehr stark an Details geschraubt.

Michael: Oh ja, das war nervig. Ich erinnere mich an eine Mathearbeit. Mein Lehrer hat mir eine Vier oder Fünf für die Klassenarbeit reingedrückt, weil in der gesamten Rechnung an einer Stelle ein Vorzeichenfehler gewesen ist. Er hat die gesamte Aufgabe mit null Punkten bewertet. Das fand ich damals ziemlich unfair. Er sagte dann in etwa zu mir: „Naja, die Brücke wäre eingestürzt, alle wären tot."

Christian: Das kenne ich auch aus dem Physikstudium. Da ist *i* die imaginäre Einheit, . Es passiert schnell, ein i oder ein -i an irgendeiner Stelle falsch zu platzieren. 1 : i = — i Es wird dann schnell sehr unübersichtlich. Wir haben schon mal über Insights-Typen und unterschiedliche Farbenergien gesprochen. Mein erster Gedanke war, dass die einzigen Typen, die besonders detailorientiert sind, diejenigen mit blauer Farbenergie sind. Ich hätte also sofort eine geeignete Ausrede, warum ich mich manchmal nicht mit Details beschäftigen möchte. Tatsächlich beschäftige ich mich sehr gerne mit Details, nur nicht mit jedem.

Michael: [*lacht*] Das passt schon. Menschen mit viel blauer Energie ist Korrektheit sehr wichtig, ob mit oder ohne Details. [*grinst*] Du beschäftigst dich vielleicht am liebsten mit den Details, die dir gerade Spaß machen, oder?

Christian: Definitiv. Wenn mir etwas Spaß macht und ich einen Sinn dabei sehe, dann bin auch ich sehr detailorientiert. Das passiert oft. Nur nicht grundsätzlich und bei jedem Detail.

Michael: Bei dir geht es dabei sicher um das Thema *Kompetenz* versus *Präferenz*. Ich denke, du hast gelernt, detailorientiert zu arbeiten. In deinem Studium warst du sicher sehr analytisch und sehr genau unterwegs. Du hast Software geschrieben, ...

Christian: ... später die Buchhaltung aufgebaut.

Michael: Siehst du?! Auch dabei kommt es auf Genauigkeit und Details an. Dir ist vor allem Spaß sehr wichtig und dass du Dinge mit anderen Menschen zusammen machst, Freude hast und kreativ sein darfst. In dem Insights-Modell, was natürlich auch nur ein Modell ist, sind dies gegenüberliegende Energien. Auf den ersten Blick ist klar, dass die blaue Energie in Verdacht gerät, für Details zuständig zu sein. Zum Teil passt das auch, zumindest wenn es um Analytik geht. Denn dabei ist es wichtig, den Dingen auf den Grund zu gehen. Tatsächlich ist jedoch das, was bei den Präferenzen eher für Detailorientierung spricht, eine dritte Achse. Sie liegt zwischen der Intuition auf der einen und der Sensorik auf der anderen Seite. Menschen, die eine sensorische Präferenz haben, sind eher im Hier und Jetzt und sehr stark auf die fünf Sinneskanäle fokussiert. Sie nehmen alle Details wahr, die jetzt gerade passieren — alles, was sie in diesem Augenblick sehen, hören, fühlen, schmecken und riechen. Menschen mit einer intuitiven Präferenz haben zwar auch all diese Wahrnehmungen, sind jedoch nicht in jedem Moment einhundert Prozent darauf fokussiert. Sie interpretieren vielmehr im Geiste, welche Bedeutung dies für die Zukunft haben könnte. Wem jetzt die Detailorientierung mehr liegt — dem Sensoriker, oder dem Intuitiven — darüber scheiden sich die Geister. Ich bin beispielsweise ein sehr intuitiver Mensch. Meine Gedanken kreisen schnell darum, was dieses und jenes nun für die Zukunft bedeutet, was morgen oder übermorgen passieren könnte und so weiter. Mir fällt es eher schwer, im Hier und Jetzt zu sein und auf Details Acht zu geben. Hundertprozentig penibel korrekte Ergebnisse zu liefern, kostet mich sehr viel Energie.

Christian: Ich höre viele Glaubenssätze bei dir heraus. Die Gefahr eines solchen Modells ist, dass es viele Glaubenssätze im Kopf produzieren kann, etwa wie „Details sind nicht so mein Ding. Ich tue mich damit schwer." Gleichzeitig haben wir über das Motto gesprochen, *Fake it till you make it.* Ich kann also einfach so tun, als ob ich detailorientiert bin und als ob solche Detail-Aufgaben wie mathematische Gleichungen oder die Buchhaltung absolut mein Ding sind — solange bis es auch so ist. Ich setze mich hin und mache es so lange, bis ich gelernt habe, auf die Details zu achten. Ich kann also aus der Präferenz eine Kompetenz machen. Irgendwann fühlt es sich dann leicht an. Das Insights-Modell eignet sich für eine erste Einordnung und vor allem für das Verständnis über meine Präferenzen. Gleichzeitig ist dabei Vorsicht geboten, denn es kann passieren, dass ich mir neue limitierende Glaubenssätze dazu packe.

Michael: Wie immer: Ich kann mich für alles entscheiden. Ich entscheide, wer ich sein will. Wer ich vorgebe zu sein, der werde ich auch. Es kann möglicherweise etwas dauern, bis ich dort angekommen bin. Ich kann mir vornehmen, der detailorientierteste Mensch zu werden, den ich kenne. Wenn ich das ernsthaft tue, werde ich das auch. Ich kann mich für alles entscheiden und das auch wahr werden lassen. Wie lange der Weg bis dahin ist, wie lange es dauert und wie schwer mir das im Vergleich zu anderen fällt, ist eine andere Frage. Ich höre dich schon wieder sagen: „Auch das ist ein Glaubenssatz und deine eigene Entscheidung."

Christian: Mir kommt noch ein anderes Sprichwort in den Sinn: *Wie du eine Sache machst, so machst du alle Sachen*. Es bedeutet, wenn ich mich nicht an der einen Stelle um die Details kümmere, kümmere ich mich auch an der anderen Stelle nicht um die Details.

Michael: Stimmt das oder ist das auch ein Glaubenssatz?

Christian: Es ist ein Sprichwort.

Michael: Ich kenne zumindest eine Ausnahme. Ein guter Freund von mir ist auf seinem Gebiet ein absoluter Spezialist. In seinem Fachgebiet ist er absolut brillant, kennt jedes Detail und ist maximal fokussiert darauf, alles perfekt zu machen. Das trifft auf ihn nur im Hinblick auf dieses Spezialgebiet zu. In allen anderen Disziplinen ist er eher unordentlich.

Christian: Dabei geht es wieder um die Frage des Fokus. Dein guter Freund hat vielleicht aus seiner Präferenz für dieses Thema eine Kompetenz gemacht und dann, bewusst oder unbewusst, die Entscheidung getroffen, sich nur auf dieses Thema zu fokussieren. Alle anderen sind ihm vielleicht nicht so wichtig.

Michael: Ja, vermutlich ist es so. Er ist virtuos auf seinem Gebiet. Es gibt den Begriff des *Fachidioten*, ein Genie, das auf einem Gebiet absolut herausragend ist und in vielen anderen Disziplinen selbst nach zehntausend Stunden Übung versagt. Der Begriff klingt eher negativ. Ich habe in einem Buch gelesen, dass ich zehntausend Stunden aufbringen darf, um etwas richtig gut zu beherrschen. Daher kam ich auf die zehntausend Stunden. Ich kann also zehntausend Stunden für viele Dinge in meinem Leben aufbringen, um darin richtig gut zu werden.

Christian: Dazu habe ich auch etwas Spannendes gelesen. Nehmen wir an, ich will ein guter Pianist werden. Dann brauche ich dafür zehntausend Stunden — wie du gesagt hast. Wenn ich hingegen nur ein einziges Stück auf dem Klavier spielen möchte, geht es viel schneller. Wenn mir also mein Ziel klar ist, kann ich es auch schneller erreichen. Woran erkenne ich einen guten Pianisten? Ein guter Pianist spielt alles. Er sieht die Noten eines Songs und kann ihn spielen, er kennt sich aus, kennt die gesamte Literatur. Wenn ich nur das Intro von *Let it be* auf dem Klavier spielen möchte, kann ich dies in wenigen Tagen oder Wochen lernen, und zwar von null. Die Frage ist also, was will ich eigentlich lernen?

Michael: Also ein Stück aus den Rachmaninow-Klavierkonzerten zu spielen wird ohne die zehntausend Stunden Invest ziemlich eng, würde ich sagen.

Christian: Wir können es ja mal ausprobieren. [*nachdenklich*]

Michael: Na dann viel Glück. Wir treffen uns in ein paar Jahren.

Christian: *Attention to detail.* Wir haben also gesagt, Details sind wichtig. Welche Auswirkung hat das im Unternehmen oder für mich als Chef?

Michael: Nun, als Chef ist es meine Aufgabe, sicherzustellen, dass die Dinge gescheit erledigt werden. Zumindest die, auf die es ankommt. Ich habe noch einen passenden Spruch: *If it is worth doing, it is worth doing right*. Wenn ich schon meine wertvolle Zeit in eine Sache investiere und dafür Energie aufbringe, ist sie es auch wert, richtig gemacht zu werden. Sonst ist meine kostbare Zeit Verschwendung.

Christian: Wenn ich also definiere, was getan wird, kann ich ebenfalls definieren, woran ich erkenne, dass diese Dinge anständig gemacht worden sind.

Michael: Genau wie bei der Definition eines Ziels oder bei einem Qualitätsstandard.

Christian: Wenn ich Aufgaben verteile, bitte ich meine Mitarbeiter nicht nur darum, sie zu erledigen, sich zum Beispiel um den Kunden XY zu kümmern, sondern ich definiere, woran ich erkenne, dass der Mitarbeiter oder die Mitarbeiterin einen guten Job gemacht hat.

Michael: Dabei kommen wir ja zwangsläufig zu den Themen KPIs und Messwerte. *You get what you measure* — ich bekomme, was ich messe. Umgekehrt würde es bedeuten, was ich nicht messe, bekomme ich auch nicht. *What I don't measure, I don't get.* Wenn ich ein gutes Ergebnis haben will, muss ich es auch messen. Sonst erkenne ich möglicherweise das Ergebnis gar nicht. Ich habe das sehr eindrucksvoll in einem Callcenter erlebt. Der Service galt offiziell als schlecht. Es war jedoch nicht klar, woran es liegt oder wie schlecht der Service wirklich ist. Es war mehr ein Gefühl oder ein Eindruck. Wir haben uns also zunächst erst einmal überlegt, was guter Service für uns überhaupt bedeutet. Bedeutet es, dass wir innerhalb von zehn Sekunden ans Telefon gehen oder dass die Lösung bei jedem Kontakt auf Anhieb perfekt ist? Oder bedeutet es, dass die Kunden über uns sagen, dass wir nett und freundlich sind? Vielleicht bedeutet es auch, dass unsere Kunden uns weiterempfehlen. Was ist genau ein wirklich guter Service? Erst als wir uns dies klar gemacht haben und angefangen haben, diese Dinge messbar zu machen, ist uns bewusst geworden, wie schlecht unser Service wirklich war, den wir abgeliefert haben — zumindest nach unseren Kriterien. Das musste uns erst klar werden. Erst dann haben wir verstanden, wo wir eigentlich stehen. Erst dann wussten wir auch, was wir verbessern wollten, um guten Service zu bieten. Es hat funktioniert. Nach einem Jahr hatten wir einen Weltklasse-Service realisiert, die Kunden waren begeistert. Ohne die vorherigen Überlegungen, was eigentlich guter Service ist und was ich messen kann, um ein gutes Ergebnis überhaupt erkennen zu können, hätten wir uns im Grunde nur im Kreis gedreht.

Christian: Stimmt. Wenn du nicht weißt, wo du stehst, was ein gutes Ergebnis ausmacht und wie du es messen kannst, bist zu gezwungen, viele Dinge gleichzeitig zu optimieren, ohne zu wissen, ob es sinnvoll ist.

Michael: Genau so ist es. Vorher haben wir erst hier ein bisschen gedreht, dann dort etwas Neues ausprobiert, zunächst ein neues Call Routing aufgesetzt, dann ein neues System eingeführt. All das waren sicher nette Dinge, mit denen wir uns beschäftigen konnten, gleichzeitig ein totaler Blindflug. Wir hatten keine konkrete Vorstellung davon, welches die Erfolgsfaktoren sind und was diese Änderungen bewirken.

Christian: Wenn ihr nun beispielsweise auf die sofortige Problemlösung und auf das schnelle Abheben des Hörers optimiert habt, bedeutet es doch auch, dass die Kunden, die lieber freundlich als schnell bedient werden wollen, nicht ganz so zufrieden mit eurem Service sind, richtig?

Michael: Absolut. Noch ein Spruch für das Phrasenschwein: *Du kannst es nicht allen recht machen – you can't please everybody*. Das ist auch okay. Ich muss nicht von allen gemocht werden. Wir haben für uns ein Service-Level von achtzig Prozent als Ziel definiert. Weltklasse-Niveau bedeutete für uns, in unserem Business, ein Service-Level von achtzig Prozent zu halten. Das war eine bewusste Entscheidung. Ab achtzig Prozent sind wir zufrieden. Im Marktvergleich war das ein sehr gutes Ergebnis. Natürlich gibt es immer Fälle, in denen die achtzig Prozent nicht erreicht werden können. Schwierig ist es dann, wenn es zum Beispiel um das Service-Level eines berühmten deutschen Transportunternehmens geht und dieses sagt: „Wir wollen in achtzig Prozent aller Fälle nicht mehr als fünf Minuten zu spät kommen." Dass das klappt, ist eher unrealistisch.

Christian: Auch da hilft, *Attention to detail*. Denn das gilt es natürlich sehr genau zu erfassen.

Michael: Dabei geht es auch um die Frage des richtigen Ziels. Was ist denn — positiv formuliert — das Ziel, das ich erreichen will und woran messe ich das? Wenn mein Ziel lautet, nicht mehr als fünf Minuten zu spät zu kommen, ist es sehr wahrscheinlich, dass ich in Zukunft immer fünf Minuten zu spät bin. Das habe ich mir ja so vorgenommen.

Christian: Ich entscheide also, was okay ist.

Michael: Ja.

Christian: Okay, dann entscheide ich, dass es okay ist, dass wir jetzt fertig sind.

Verstehe. Ich kann alles lernen, was ich lernen will. Wenn ich gute Ergebnisse erzielen will, achte ich auf die Details, eben auf die Qualität. Wichtig ist, dass ich definiere, wie ich Qualität messe. Dann kann ich lernen, diese Qualitäts-Kennzahlen zu erreichen – ich oder mein Team – je nach Präferenz und Kompetenz. Klingt logisch. Ich habe das Gefühl, je näher wir der Sache kommen, desto einfacher wird es …

2.

LEADING OTHERS

„LEADERSHIP IS MY ABILITY TO INFLUENCE"

— NACH ROBERT JOHNSON, CA. 1930

MENSCHEN BEEINFLUSSEN

AUSSTRAHLUNGSKRAFT IST CHARISMA UND ERLERNBAR

Christian: In unserer Arbeit als Coaches verhelfen wir Menschen zu entspannter Produktivität, insbesondere Menschen in Führungsrollen. Chefinnen, Gründer, Unternehmer und Menschen mit Familie. Wir helfen immer dann, wenn es ihnen darum geht, andere Menschen zu führen und sie zu etwas zu bewegen, was sie von ihnen möchten. Was ist denn eigentlich Führung?

Michael: Was ist deine Definition?

Christian: Zunächst sage ich dir gerne, was ich unter Management verstehe: Management bedeutet, Ergebnisse erzielen und Mitarbeiter halten. Wie schaffe ich es nun durch Führung meine Mitarbeiter dazu zu bringen, das zu tun, was ich von ihnen erwarte und sie gleichzeitig Freude dabei haben? Sie dürfen so viel Spaß dabei haben, dass sie gerne für mich und das Unternehmen arbeiten und dabei bleiben. Was ist also deine Definition von Führung?

Michael: Es gibt viele Definitionen von Führung, soviel schon mal vorweg. Grundsätzlich halten wir fest, dass Führung viele Dinge bewirken kann. Führung kann inspirieren, motivieren, Leute mitnehmen und begeistern. Die folgende englische Definition finde ich sehr passend. *Management is about doing things right. Leadership is about doing the right thing.* Es gibt also einen Unterschied zwischen Management und Leadership. *Doing the right thing* verbindet mein Tun mit dem Purpose, mit Moral, Ethik und dem großen Ganzen. Es gibt noch eine andere Definition, die mir gefällt und auch im Alltag nützlich ist. *Leadership is my ability to influence*. Zu Deutsch, *Führung ist meine Fähigkeit zu beeinflussen.* Wie fühlt sich das an, wenn du das hörst?

Abbildung: Definition von Leadership
Leadership ist meine Fähigkeit zu beeinflussen. Ich führe mich selbst und alle anderen Menschen um mich herum.

Christian: Ich fühle mich dabei schon direkt von dir beeinflusst. [*grinst*] Die Definition ist sehr allgemein. Sie erklärt einen Begriff mit einem anderen Begriff. Es ist nicht sehr konkret. Ich kann mir unter *beeinflussen* schon etwas vorstellen. Es geht Hand in Hand mit meiner Ausgangsbeschreibung: Die Frage ist, wie beeinflusse ich diejenigen, die ich führe, so, dass sie tun, was ich will.

Michael: Wenn wir die Definition *Leadership is the ability to influence* in unseren Workshops an ein Flipchart schreiben, erzeugen wir damit häufig interessante und durchaus heftige Reaktionen. Dabei klingt sie auf Englisch sogar noch ein bisschen softer als auf Deutsch.

Christian: Ja, es klingt manipulativ.

Michael: Genau. Interessanterweise empfinden viele Workshopteilnehmer die deutsche Definition als wesentlich manipulativer. Wenn ich die Frage stelle: „Wer hat das Gefühl, dass dies manipulativ gemeint sein könnte?", heben bei der deutschen Version viele sofort die Hände. Schreibe ich die englische Version an, gehen wesentlich weniger Hände nach oben.

Christian: Was ist denn das Schlimme an Manipulation?

Michael: Gute Frage. Ich denke dabei immer direkt an Star Wars. Die sogenannte *Macht* wird sowohl von Darth Vader für das Böse, als auch von

Luke Skywalker für das Gute genutzt. *Die Macht* funktioniert immer für beide Seiten. Jeder kann sie nutzen und trifft selbst die Entscheidung, sie für etwas Gutes einzusetzen oder für etwas nicht so Gutes.

Christian: Im Grunde ist es wie mit jedem Werkzeug. Mit einem Hammer kann ich einen Nagel in die Wand hauen und etwas Sinnvolles daran befestigen oder ich kann damit jemandem auf den großen Zeh hauen.

Michael: Danke, dass du es so gesagt hast. Genauso ist es. Daher finde ich die Definition so passend. *Leadership is your ability to influence.* Auf Deutsch und in der Ich-Form heißt die Definition: *Führung ist meine Fähigkeit zu beeinflussen.*

Christian: Wie machst du das denn jetzt?

Michael: Halten wir zunächst Folgendes fest. Ich kann zum einen Menschen negativ beeinflussen, manipulieren. Zum anderen kann ich jemanden positiv beeinflussen im Sinne von inspirieren und motivieren. Die nächste Frage, die sich stellt, ist: *Wen beeinflusse ich denn?*

Christian: Na, alle anderen.

Michael: Alle?

Christian: Mitarbeiter, Familienmitglieder, Lieferanten, Dienstleister, Kollegen, ...

Michael: Du sagst ja häufig: „Ich kann nicht nicht kommunizieren."

Christian: Ja, du hast recht. Egal was ich mache, ich beeinflusse sowohl durch Kommunikation als auch durch Nicht-Kommunikation.

Michael: Absolut. Kommunikation und Beeinflussung liegen sehr nah beieinander. Wie beeinflusse ich denn jemanden konkret?

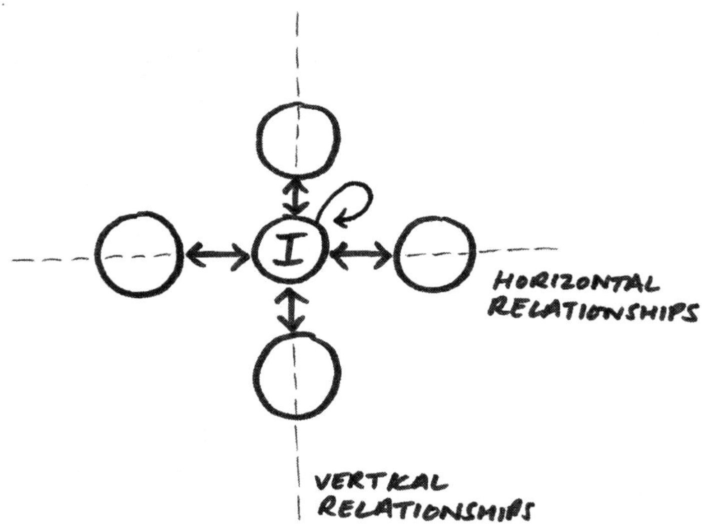

Abbildung: Führung geschieht in alle Richtungen
Ich führe mich selbst, meine Kollegen, mein Team und meinen Chef. In kollaborativen Organisationen sind Beziehungen eher horizontaler Art.

Christian: Zum Beispiel indem ich irgendetwas tue oder sage. Ich sage bestimmte Sätze in irgendeiner Art und Weise, laut oder leise. Ich schaue dabei böse oder nett, ich bewege mich, schaue jemanden an oder auch nicht. Auch die Art, wie ich mich kleide und wie ich auftrete, ist eine Art von Beeinflussung.

Michael: Ich beeinflusse also durch alles, was ich kommuniziere. Ich beeinflusse ganzheitlich durch alles, was ich ausstrahle. Ich kommuniziere durch mein gesamtes Verhalten und diese Kommunikation hat immer Einfluss — ob ich will oder nicht. In jedem Augenblick, in dem ich durch die Welt laufe, bin ich ununterbrochen damit beschäftigt, zu beeinflussen, ohne dass ich es merke. Wie führe ich denn nun? Wen führe ich eigentlich?

Christian: Ich stelle zunächst noch eine andere Frage: Wohin führe ich denn?

Michael: Gute Frage. Meine Antwort: Purpose, Vision, Values, Strategies — ich führe zu meinem großen Masterplan. Im Unternehmenskontext stellen sich die Fragen: Wie leben wir unseren Purpose? Wie erreichen wir unsere große Vision? Wie bringen wir all das in Einklang mit unseren Werten? Und was sind nun eigentlich die Sachen, die wir machen wollen, also unsere kurzfristigen Strategien für dieses Jahr, um dem großen Ziel näher zu kommen? Jede meiner Beeinflussung dient dem Zweck, unseren großen Masterplan umzusetzen. Ich führe zur Realisierung des großen Masterplans.

Christian: Ich komme noch einmal auf die Frage nach der Manipulation zu sprechen. Führung ist also durchaus manipulativ, nur eben für einen guten Zweck?

Michael: *This is how we are gonna run this company.* Wenn wir die Firma so führen und uns auf diesen Masterplan, bestehend aus Purpose, Vision, Werten und Strategien geeinigt haben, haben wir uns ja auch für das Ziel, für das *Wohin führen* geeinigt. Als Mitarbeiter committe ich mich auf diesen Plan, also kann auch von mir erwartet werden, dass ich darauf committed bin. Dann ist es keine Manipulation mehr, sondern mein Beitrag zur Erreichung dieses gemeinsamen Ziels. Alle Leute in diesem Unternehmen leisten gemeinschaftlich durch ihre Beeinflussung, ihre Kommunikation, ihre wechselseitige Führung zu diesem Plan einen Beitrag. Wechselseitig sage ich bewusst. Es ist ein schönes Wort. Führung passiert in alle Richtungen. Das Klischee von Führung ist, dass ich die Leute in meinem Team führe, quasi als Untergebene. So ist es ja gar nicht. Das ist totaler Bullshit.

Christian: Die Untergebenen oder die Übergebenden.

Michael: [*lacht*] So sieht's aus. Meine Chefin führe ich durch meine Kommunikation ja auch. Auch wenn das vielen vielleicht nicht gefällt. Auch meine Peers, meine Gleichgestellten, führe ich. Also die, die hierarchisch auf der gleichen Ebene oder in einer ähnlichen Rolle sind wie ich. Führung funktioniert in alle Richtungen. Ich führe nach oben, nach unten, geradeaus auf Augenhöhe und zur Seite. Wenn ich mir Hierarchien wegdenke, führe ich schlichtweg in alle Richtungen alle Personen in all ihren Rollen. Dann kollaborieren wir und jeder übernimmt Führung dort, wo es erforderlich ist.

Christian: Du hast eben gesagt: „Ich beeinflusse durch mein Verhalten." Verhalten sind all die Dinge, die ich tue und die ich nicht tue, die ich sage und die ich nicht sage. Das heißt also, ich darf mein Verhalten ändern, wenn ich ein anderes Ergebnis erzielen will?

Michael: Absolut. Das ist genau der Punkt.

Christian: Wenn ich also jemanden führe und der macht nicht das, was ich möchte, war vermutlich mein Verhalten nicht passend.

Michael: Genauso ist es. Ich wiederhole es nochmal in meinen Worten. Wenn jemand zum Beispiel in meinem Team oder jemand, mit dem ich zusammenarbeite — unabhängig davon, ob hierarchisch über, unter, neben mir oder in welcher Richtung auch immer — nicht das tut, was ich meine, dass er tun soll, dann darf ich mein Verhalten ändern. Solange bis diese Person ein anderes Ergebnis erzeugt, also das tut, was ich gerne hätte. Und schon habe ich meine Art der Beeinflussung geändert, und zwar so, dass wir alle unser gemeinsames Ergebnis erreichen.

Christian: Die Reaktion, die ich von jemandem erhalte, ist ein Feedback auf mein Verhalten. Das ist im Grunde der Kern des NLP-Gedankens.

Michael: Genau. Dazu gibt es diesen fantastischen Spruch: *Die Intention jeden Verhaltens ist das Ergebnis, das ich vom anderen bekomme.* Über Ursache und Wirkung haben wir bereits gesprochen. *I am at cause*, ich bin die Ursache für alles, was in meinem Leben passiert. Ich habe Einfluss auf alles, was in meiner Welt geschieht. Wenn sich jemand um mich herum nicht so verhält, wie ich es möchte, zum Beispiel als Führungskraft, dann heißt das, ich kann bei meinem eigenen Verhalten anfangen, etwas zu ändern. Das war eine wichtige Erkenntnis für mich zum Thema Führung. Es schließt ebenfalls ein, wie ich mich selber beeinflusse. Wie ich mit mir selber spreche, ist auch eine Beeinflussung. Die Storys, die ich mir erzähle, wie ich mir Dinge beispielsweise schönrede oder madig mache. Damit stehe ich mir vielleicht manchmal selbst im Weg. Die Kommunikation mit mir selbst und wie ich mich selbst beeinflusse ist super mächtig, extrem powerful.

Christian: Hinzu kommt, dass die einzige Person, die ich verändern kann, ich selbst bin. Ich kann mein Verhalten ändern und hoffen, dadurch mittelbar das Feedback der anderen zu erhalten und eine andere Reaktion zu erzeugen. Das Verhalten anderer kann ich nur dadurch beeinflussen, indem ich mein eigenes Verhalten ändere. Ich kann nur mich verändern.

Michael: Wow. Stell dir mal vor, alle Menschen auf der Welt hätten das verinnerlicht. Jeder ändert nur das eigene Verhalten und versucht nicht, das der anderen zu verändern. Denn das eigene Verhalten ist das einzige, was jeder wirklich verändern kann. Und zwar dahingehend, dass er am Ende genau das erreicht, was er und die Gemeinschaft, in der er lebt, erreichen will. In einer Firma sind fünfzig Leute und jeder arbeitet an sich und seinem Verhalten so, dass das zum gemeinsamen Ergebnis beiträgt. Großartig.

Christian: Dann gilt die Regel, *der Flexiblere führt.* Derjenige, der es schafft, sein Verhalten leichter anzupassen, ist derjenige, der die anderen besser beeinflussen kann.

Michael: Maximale Verhaltensflexibilität bedeutet maximale Führungskraft.

Christian: Wenn das, was ich tue, nicht zum gewünschten Ergebnis führt oder zu der gewünschten Reaktion, probiere ich etwas anderes aus. Dann verhalte ich mich anders.

Michael: Dann sind diejenigen die besten Führungskräfte, die in ihrem Verhalten am flexibelsten sind.

Christian: Darüber sprechen wir auch beim Thema *situatives Führen*. Es gibt verschiedene Situationen, die verschiedene Führungsstile von mir verlangen. Ich darf mich an verschiedenen Werkzeugen bedienen. Du erinnerst dich vielleicht an den Spruch: *Wenn das einzige Werkzeug, das ich zur Verfügung habe, ein Hammer ist, sieht alles aus wie ein Nagel*. Dann versuche ich, das Problem zu lösen, indem ich überall drauf haue. Mit einem Schraubenzieher ist es ähnlich, ich versuche in dem Fall alles zu drehen.

Michael: Dabei müsste ich es eigentlich anders machen.

Christian: Das stimmt. Für jede Situation, jeden Menschen gibt es andere Werkzeuge.

Michael: Zum einen gibt es also das situative Führen, bei dem ich mein Verhalten flexibel anpasse, wenn ich als Führungskraft erfolgreich sein will. Zum anderen gibt es unterschiedliche Persönlichkeitstypen, Menschen mit verschiedenen Präferenzen und Kompetenzen, die ebenfalls unterschiedlich reagieren können. Wenn Führen die Fähigkeit ist zu beeinflussen und ich darin gut sein möchte, heißt das, dass ich ständig damit beschäftigt bin, meine Kommunikation an die verschiedenen Menschen und jede Situation anzupassen.

Christian: Exakt. Das ist ein Fulltime-Job.

Michael: Das ist es wohl.

Wow. Das ist im wahrsten Sinne des Wortes eine Mindblowing-Sache, die ihr da sagt. Es klingt, als wären alle Menschen um mich herum kleine Marionetten und ihr sagt mir, ich habe die Macht, der Marionettenspieler zu sein – auf eine gute Art und Weise natürlich, das ist klar. Mir scheint, als würde sich die Führungsaufgabe immer weiter von fachlicher Führung entfernen und die eigentliche Kompetenz eines Leaders ist, mein Verhalten, meine Kommunikation zu reflektieren und zu steuern, um im Ergebnis das Verhalten der gesamten Organisation zu steuern. Ein guter Leader beherrscht also vor allem das Zwischenmenschliche, das Strippenziehen. Das gefällt mir. Es bedeutet aber auch, dass wir unsere Führungskräfte nicht (mehr) nach fachlicher Kompetenz oder langjähriger Firmenzugehörigkeit auswählen sollten, sondern nach echter Leadershipkompetenz, die zunächst unabhängig des fachlichen Inhalts ist. Der beste Chemiker ist also nicht zwangsläufig der beste Manager eines Chemiekonzerns.

POSITIVE SPRACHE

LEADERSHIP-LINGUISTIK

Christian: Hallo Michael, wie geht es dir heute?

Michael: Fantastisch, am liebsten. Es ist ja eine Wahl.

Christian: *[grinst]* Happiness is a decision.

Michael: And I make this decision gladly.

Christian: Lass uns über Sprache sprechen, über Linguistik, Leadership-Linguistik.

POSITIVE SPRACHE

Michael: Positive Sprache — eins meiner Lieblingsthemen!

Christian: Okay, dann lass uns anfangen. Ich sage dir mal, woran du jetzt nicht denken sollst. Denk jetzt nicht an einen blauen Elefanten. *[Pause]* Und? Hast du einen blauen Elefanten gesehen?

Michael: Ja, klar.

Christian: Du bist natürlich auch ein sehr *visueller Typ.*

Michael: Ja, er sah so ähnlich aus wie der Elefant aus *Die Sendung mit der Maus*[21].

Christian: Für die *auditorischen Typen*: Denk jetzt nicht an das Geräusch, eines Notarztwagens im Einsatz. *[Pause]* Was hast du gehört?

Michael: Tatütata.

Christian: Mit dem nächsten Beispiel kriege ich fast alle: Denk jetzt bitte nicht an das Gefühl, wenn du mit langen Fingernägeln über eine Schultafel kratzt.

21 öffentlich-rechtliche TV-Sendung, „Die Sendung mit der Maus"

Michael: Hör auf, ich habe Gänsehaut.

Christian: Unser Gehirn ist einfach nicht dafür gemacht, nicht zu denken. Wenn ich dir sage: „Nicht an einen blauen Elefanten denken", dann streichst du das *nicht* heraus und denkst an einen blauen Elefanten. Diese Technik kann ich auch bei der Kommunikation mit Mitarbeitern nutzen. Das nennen wir dann *Leadership-Linguistik.*

Michael: Cool. Wie mache ich das?

Christian: Ich zeige es dir. Es ist ganz simpel. Sag deinem Gegenüber einfach, was du willst. Ich gebe dir ein Beispiel. Einer deiner Mitarbeiter kommt immer zu spät zum Meeting. Du bist Michael, mein Chef. Ich bin Christian. Ich komme immer zu spät zum Meeting. Mach mir jetzt mal eine Ansage.

Michael: Eine richtige Ansage oder eine nicht so richtige Ansage?

Christian: Eine nicht so richtige Ansage. Also so, wie du es vielleicht früher gemacht hast, bevor du von dieser Technik wusstest.

Michael: Angelehnt an die Beispiele — Elefant, Tatütata und Kreidetafel — würde ich zu dir sagen: „Hey Christian, du bist heute Morgen zu spät gekommen. Mir ist aufgefallen, dass du letzte Woche auch zu spät warst. Du bist eigentlich sehr oft zu spät. Wie kommt das? Komm bitte nicht zu spät!"

Christian: Wenn du sagst: „Ich möchte nicht, dass du zu spät kommst", ist alles, was mein Gehirn sich merkt „zu spät kommen." Dass ich zu spät komme, hast du jetzt viermal gesagt und genau das merke ich mir.

Michael: Was wird dann in Zukunft passieren?

Christian: Ich komme sehr wahrscheinlich wieder zu spät. Statt deinem Mitarbeiter zu sagen, was er falsch gemacht hat, ist es viel einfacher zu sagen, was du erwartest. „Hallo Michael, ich möchte, dass du ab sofort pünktlich zum Meeting erscheinst, und zwar auf die Minute genau oder am besten sogar noch früher." Plötzlich habe ich eine positive Äußerung gemacht. Ich habe gesagt, was ich haben möchte und nicht, was ich nicht haben möchte. Das wird es dir leichter machen, pünktlich zu kommen. Wenn ich in einem Burgerladen etwas bestelle, sage ich ja auch: „Ich will einen Burger." Ich sage nicht: „Ich nehme heute keinen Salat."

Michael: Besser wäre es für meine schlanke Linie, aber okay. Ich verstehe.

Christian: Ich weiß ja nicht, was ich bekomme, wenn ich sage, dass ich keinen Salat möchte. „Ich möchte keinen Salat und keine Cola" — ist doch Quatsch.

Michael: Der arme Mitarbeiter hinter dem Tresen. Der wird ja verrückt.

Christian: Deswegen sage ich: „Ich will einen Burger."

Michael: Eine gute Bestellung im Burgerladen ist also: „Hallo, ich hätte gerne einen Burger ohne Käse mit zusätzlich Bacon, eine Pommes, eine große Cola-Light und zwei Tütchen Ketchup."

Christian: Übertragen auf unser Beispiel wäre das: „Michael, ich möchte, dass du pünktlich zum Meeting erscheinst, fünf Minuten vorher da bist, dich vorbereitest und gute Laune hast."

Michael: Wieso fällt es mir im Burgerladen so leicht, klar zu machen, was ich möchte und einem Mitarbeiter eine Ansage zu machen, so schwer?

Christian: Ich weiß nicht, warum dir das so schwerfällt. Oder besser, warum dir das früher so schwergefallen ist. [*Pause*]

Christian verschiebt Michaels gefühlte Schwierigkeiten geschickt in die Vergangenheit.

Wir können ja noch ein paar andere Sachen ausprobieren, die du mit positiver Sprache, mit Leadership-Linguistik machen kannst. Hast du schon mal etwas von Modaloperatoren gehört?

Michael: Ja.

MODALOPERATOREN

Christian: Modaloperatoren sind eine sehr feine Sache. Ich sage also: „Michael, du musst bitte pünktlich zum Meeting kommen."

Michael: Das *muss* bringt mich direkt auf die Palme.

Christian: Ok, dann sage ich: „Du sollst bitte pünktlich zum Meeting kommen."

Michael: Das fühlt sich schon etwas besser an und immer noch schwierig.

Christian: Wie ist das: „Michael, ab sofort darfst du pünktlich zum Meeting erscheinen"? Wie fühlt sich das an?

Michael: Ganz anders. Wenn ich höre: „Du darfst ab sofort pünktlich zum Meeting erscheinen" steckt da eine Menge drin. *Ab sofort, immer pünktlich* ist sehr klar und deutlich. Und bei diesem einen Wörtchen *darfst*, kann ich fast schon schmunzeln. Ich kann es nicht ernst genug nehmen, um mich darüber zu ärgern und gleichzeitig höre ich eine ganz klare Aufforderung. Ich weiß also ganz genau, was ich machen darf.

Christian: Ich könnte auch sagen, „Ab sofort kannst du immer pünktlich zum Meeting erscheinen." Wenn der Mitarbeiter diesen Satz in Gedanken noch einmal wiederholt, ist das wie eine kleine Affirmation: „Hey, ich kann pünktlich sein." Da passiert eine Menge im Unterbewusstsein. Es ist fast schon wie eine Art hypnotisches Kommando, welches ich da gebe. Die Herausforderung ist, dass jeder Mensch auf die verschiedenen Modaloperatoren unterschiedlich reagiert. Der eine Modaloperator wirkt auf den einen Menschen vielleicht besonders positiv, gegen den anderen entwickelt ein Mitarbeiter vielleicht eine Aversion.

Michael: Nochmal zur Klärung. Die Wörter *muss, darf, soll* und *kann* sind Modaloperatoren?

Christian: Genau. Auch deren Konjunktive wie *dürfte* und *solltest*. Ganz schlimm ist, *man müsste mal*. *Muss* und *müsste* sind auch Modaloperatoren.

Michael: *Man* noch dazu. Wer ist eigentlich dieser *man*?

Christian: Wenn du das *man* noch verwendest, hast du dich gleich dissoziiert, dich also in die Haltung eines außenstehenden Betrachters begeben. Eine ganz falsche Ansage wäre zum Beispiel: „Bei uns im Unternehmen sollte man schon pünktlich zum Meeting erscheinen." Das betrifft mich nicht persönlich und durch den Konjunktiv klingt es eher wie: „Es wäre ganz nett, wenn ..." Und wenn dann noch das *sollen* nicht der Modaloperator ist, den der Mitarbeiter gerne hört, verpufft die Aussage völlig.

Michael: Ich bin jetzt zwar in Versuchung, das nochmal zu wiederholen und dir eine weitere Ansage mit *sollte, dürfte, man* und so weiter zu machen. Doch ich verkneife es mir, denn ich will dem Leser diese Beispiele gar nicht erst in den Kopf setzen. Das ist ja der große Trick dabei. In den Gesprächen mit Coaches und mit Leuten in Führungsrollen ist diese Herausforderung häufig Thema. In einer Führungsrolle möchte ich Menschen nur das in den Kopf setzen, was ich möchte, das sie im Kopf haben. Also das, was ich von ihnen erwarte. Nicht das, was ich nicht von ihnen erwarte. Es kann sein, dass ich dies häufiger wiederholen muss, vielleicht dauert es auch ein bisschen, bis es ankommt. Wenn ich hingegen genau das wiederhole, was ich *nicht* von ihnen erwarte, helfe ich ihnen sehr erfolgreich beim Scheitern — und sabotiere mich damit selbst.

Christian: Definitiv. Ist das jetzt Manipulation?

Michael: Das ist Beeinflussung. Diese Frage bekomme ich oft gestellt. „Sind solche Tricks nicht Manipulation?" – Ich glaube an die Willensfreiheit und daran, dass jeder Mensch frei entscheidet. Ich glaube daran, dass ich mit sorgfältiger Formulierung besser überzeugen kann. Ohne sorgfältige Formulierung erreiche ich sogar oft das Gegenteil von dem, was ich erreichen möchte. Ziel des Managements ist es, Ergebnisse zu erzielen und Mitarbeiter zu halten. Wenn ich diese Ziele erreichen möchte, ist es sogar notwendig, die richtige Formulierung zu wählen. Bei der Frage nach Manipulation ziehe ich gerne einen Vergleich zu *Star Wars*[22]. Ich entschuldige mich bei denen, die jetzt die Augen verdrehen. *Use the force, Luke – die Macht möge mit dir sein*, heißt es in dem Film immer dann, wenn es zu schwierigen Situationen kommt. Ich kann also die Macht, in unserem Fall die Methode, das Geschick, die Skills, die ich kenne und beherrsche, entweder für die gute Seite anwenden und Luke Skywalker[23] sein, der Licht in die Welt bringt und das Universum rettet. Oder ich nutze sie für die böse Seite, bin Darth Vader[24] und versuche alles zu zerstören. Letztendlich ist es nicht die Methode, die die Manipulation ausmacht, sondern die Motivation des Menschen, der sie anwendet.

Christian: Ich werfe nochmal das Zitat von Watzlawick ein, der gesagt hat: „Ich kann nicht nicht kommunizieren." Das heißt, selbst wenn ich schlecht und unbewusst kommuniziere, kommuniziere ich.

22 US-amerikanische Filmreihe, zu Deutsch: „Krieg der Sterne"
23 Luke Skywalker steht in der Filmreihe „Star Wars" für das Gute.
24 Darth Vader steht in der Filmreihe „Star Wars" für das Böse.

Michael: Dann ist es unbewusste Manipulation. Das heißt, ich schieße mit meiner Art zu kommunizieren unabsichtlich wild um mich und erhalte ein zufälliges Ergebnis.

Christian: Das ist dem Mitarbeiter gegenüber tatsächlich unfair, weil er dann gar nicht wissen kann, woran er ist.

Michael: „Ich kann nicht nicht kommunizieren", bedeutet positiv umformuliert, dass ich immer kommuniziere.

Christian: Ein anderes Zitat, welches gut passt, ist: *Communication is what the listener does*. Das heißt, ich darf schon mit Bedacht dafür sorgen, dass das, was beim Mitarbeiter ankommt, auch das ist, was ich zum Ausdruck bringen will. Es bedeutet, ich darf auch mich, meine Sprache und meine Art der Kommunikation an den Mitarbeiter anpassen. Es gilt also herauszufinden, mit welchen Mitarbeitern ich wie sprechen kann, damit er mich versteht. Da sind wir beim Thema Persönlichkeitstypen. Ich passe mich meinem Gegenüber an. Ich gehe aus meiner Komfortzone heraus. Und genauso ist das mit den Modaloperatoren.

Michael: *The receiver is always right.* Noch krasser: *The result of any communication is its intention* — Das zu lernen und so viel Verantwortung in meiner Kommunikation zu akzeptieren, war für mich am Anfang eine große Herausforderung. Der Spruch will sagen, dass der Empfänger einer Nachricht immer recht hat. Für mich als Chef heißt das, wenn ich eine Ansage mache oder etwas kommuniziere, ist das, was beim anderen in seinem Universum ankommt, entscheidend — und das ist es ja, was ich beabsichtigt habe. Der Empfänger hat also immer recht. Die gesamte Verantwortung, mein gewünschtes Ergebnis zu erreichen, liegt bei mir. Wenn der Empfänger also etwas anderes versteht als das, was ich wollte, bin *ich* in der Pflicht, mich anzupassen. Ich darf mich dann anders ausdrücken, um das Ergebnis zu erhalten, was ich haben will. Das hat mir ungemein geholfen. Seit dem habe ich von Aussagen Abstand genommen, wie: „Das habe ich dir doch gestern schon gesagt, darüber haben wir doch schon gesprochen." Das kennst du wahrscheinlich auch noch.

Christian: „Das hab ich dir jetzt schon zehnmal gesagt."

Michael: Ja, genau. Damit erreiche ich gar nichts. Höchstens, dass die Beziehung sich verschlechtert. Ich habe also als Führungskraft immer die Möglichkeit, meine Kommunikation so anzupassen, dass das, was bei meinem Gegenüber ankommt, auch das ist, was bei ihm ankommen soll.

Christian: Und wenn ich zehnmal das Gleiche gesagt habe und es immer noch nicht angekommen ist, dann sage ich es einfach lauter. Dann wird sie es schon irgendwann verstehen [*grinst*]. Zusätzlich gibt es natürlich noch einige versteckte *Nichts* in der Sprache. So wie *kein blauer Elefant*. Und es gibt das schöne Wort *aber*, welches wie ein *nicht* funktioniert oder besser wie eine Löschtaste.

Michael: Das Wort *aber* kenne ich gar nicht mehr, das habe ich irgendwann durchgestrichen und aus meinem Vokabular komplett verbannt.

Christian: Dann streichen wir es ab sofort auch.

Michael: Du meinst dieses Wort, dass sich *a, b, e, r* schreibt. Dieses Wort wegzulassen und aus meinem Vokabular zu streichen, ist mir sehr schwergefallen **und** ich fahre seitdem wesentlich angenehmer durch das Leben.

Christian: Ich beobachte, dass meine Gesprächspartner dabei öfter ins Stocken geraten. Wenn zum Beispiel jemand eine These aufstellt wie: „Michael, du hast immer diese schönen weißen Hemden an und sie stehen dir wirklich sehr gut." Das hat eine ganz andere Wirkung und Bedeutung, als wenn ich sage: „Michael, du hast immer diese schönen weißen Hemden an, aber ich weiß, dass du diese immer trägst." Dieses Wort löscht einfach alles, was davor passiert ist. Der Mitarbeiter hört gar nicht mehr, was zuvor gesagt worden ist. „Das hast du sehr schön gemacht und bitte mache es nächstes Mal vielleicht ein bisschen anders."

Michael: Ich war neulich als Teilnehmer in einem Training mit ein paar Coaching-Gurus. Da haben wir über dieses Thema auch gesprochen. Es war faszinierend. Wir waren uns im Grunde alle einig, dass das Ersetzen von *aber* durch *und* quasi das Muster, das Rezept zur Positivierung ist. Das ist mittlerweile auch im Mainstream angekommen. Weißt du, was sie dazu dann gesagt haben? Sie sagten: „Wir ersetzen das *aber* nicht mehr nur durch ein *und*, sondern wir machen statt *und* einfach einen Punkt und beenden den Satz."

Christian: Das ist auch schön.

Michael: Herrlich. Dann sage ich einfach nur: „Christian, du trägst immer so wunderbare weiße Hemden." Punkt.

Christian: Ja, danke.

Michael: Jetzt hörst du auch, dass ich wahrgenommen habe, dass du immer weiße Hemden trägst. Du kannst selbst einen Schluss daraus ziehen und überlegen, ob du zur Abwechslung mal dein Hawaii-Hemd anziehen möchtest. Zum Beispiel das, was du letzte Woche anhattest. Mittlerweile ist diese *und*-Geschichte bei einigen Menschen als Methode bekannt. Das ist eine Technik aus der NLP-Trickkiste, die durchaus populär geworden ist. Daher sagten sie: „Wir empfehlen unseren Coaches, öfter einfach mal die Klappe zu halten." Fand ich sehr cool.

Christian: Und es macht ja auch nichts, wenn der Gesprächspartner weiß, wie ich es mache und meine Methodik kennt. Wenn ich zum Beispiel bei meiner Tochter manchmal kleine Tricks anwende, sagt sie: „Papa, ich weiß ganz genau, was du da machst."

Michael: Jetzt sagst du schon wieder *und*. Okay, ich hab es kapiert.

Christian: Und es funktioniert. Ist der Hammer.

Es ist eine Umstellung und es funktioniert. Auch hier ist wieder viel Übung, Geduld und Reflexion gefordert, doch es lohnt sich. Jeder kennt diese Situationen aus dem Alltag: „Schatz, bringst du auf dem Rückweg bitte ein Strauß Blumen mit. Welche Blumen ist egal, Hauptsache keine Gerbera." Und am Ende hält man einen Strauß voller Gerbera in der Hand, weil es das Einzige ist, was hängen geblieben ist. Dabei ist es so einfach – einfach das sagen, was ich haben will, wie im Burgerladen. "Ich will Tulpen, Schatz. Tulpen."

CHIEF REPEATING OFFICER

„THERE'S JOY IN REPETITION" – PRINCE

Christian: Ich habe gedacht, ich kenne das schon alles und habe einfach nicht zugehört.

Michael: [*lacht*] Das ist ein schöner Start.

Christian: Ich habe einfach nicht zugehört die letzten Male, worum ging es nochmal?

Michael: „Ich habe gedacht, ich kenne das schon alles und habe einfach nicht zugehört." Das ist ein schöner Spruch. Es gibt Leute, die denken genau das.

Christian: Was denken sie?

Michael: Zum Beispiel denken sie: „Den *Chief of Anything*-Podcast muss ich mir nicht anhören, ich habe das alles schon mal gehört." Manche Leute nehmen nicht an einem Seminar oder einer Fortbildung teil, weil sie denken: „Das kenne ich ja alles schon." Na und?! Es ist ein Denkfehler-Muster und hat den Namen *Complex Equivalence*, weil ich darin zwei Gedanken irrigerweise für äquivalent halte. Im Beispiel setze ich: *Hab ich schon gehört* gleich mit *brauche ich nicht zu wiederholen* oder *kann ich schon*. Das kann ein fataler Denkfehler sein.

Christian: Außerdem wiederholen diese zwei — Michael und Christian — ständig so viel Zeug. Sie erzählen immer dasselbe. Es geht um ... was war nochmal das Ziel von Management?

Michael: Ergebnisse erzielen und Mitarbeiter halten.

Christian: Das haben wir sicherlich schon tausendmal erzählt.

Michael: Mindestens. Ich denke, mittlerweile ist es bei einigen angekommen. Vielleicht ist das der Punkt an dem Ganzen?!

Christian: Wer ist eigentlich bei uns im Unternehmen der CRO, der Chief Repeating Officer?

Michael: Na, wir.

Christian: Und wer ist bei euch im Unternehmen der Chief Repeating Officer? Wie oft wiederholt ihr Dinge, bis es bei euren Mitarbeitern oder in eurem Team ankommt? Wie häufig wiederholt ihr etwas, bis ihr das Vertrauen habt, dass eure Mitarbeiter es verstanden haben?

Michael: Die Google-Gründer haben sich so genannt, CRO. Sie sagten, „Wir sind nicht die CEOs, sondern die CROs, die Chief Repeating Officers."

Christian: Wie oft denkst du, darf ich etwas wiederholen, bis es ankommt?

Michael: Sehr oft. Im Grunde dauernd. Ich hatte mal einen Chef, er war etwas älter. Zu seiner Zeit waren Schallplatten noch sehr populär. Wenn Schallplatten einen Riss hatten, sind sie gesprungen und es lief dieselbe Stelle immer und immer wieder. Im Englischen heißt es *Scratch Record*, wenn eine Schallplatte einen Riss hat und immer dasselbe abspielt[25]. Das war eins seiner Management-Mantras. Er sagte immer: „Wenn die Leute irgendwann zu dir sagen ‚Ich kann es nicht mehr hören. Du bist ja wie eine Schallplatte mit einem Riss', dann weißt du, dass du dein Ziel erreicht hast." Dann ist die Botschaft angekommen. Erst dann.

Christian: Ich habe ein ähnliches Beispiel. Einige Dinge wiederhole ich auch ständig. Eines Tages sagte mein Geschäftsführungs-Kollege zu mir, dass eine meiner Mitarbeiterinnen schon genauso klinge wie ich. ‚Sie wiederholt ständig dieselben Dinge wie du." Da wusste ich, jetzt ist es tatsächlich angekommen. Bis das, was ich sage, tatsächlich ankommt, kann es unterschiedlich lange dauern. Manchmal braucht es viel Zeit, manchmal geht es schnell. Woran liegt das?

Michael: Wir werden den ganzen Tag mit einer Menge Sinneseindrücke bombardiert. Durch die Vielzahl an Medien und zur Verfügung stehenden Kommunikationskanälen ist es heute sogar noch viel heftiger als früher. Laut der Wissenschaft prasseln etwa elf Millionen Bits pro Sekunde auf uns ein. Wenn ich also alle meine fünf Sinneskanäle — Augen, Ohren, Mund, Nase und mein Gefühl am ganzen Körper — öffne, liefern mir meine Rezeptoren circa elf Millionen Bits an Informationen pro Sekunde.

25 Rapper und DJs benutzen Scratch Records und kreieren durch Wiederholung neue Klänge

Christian: Das ist ungefähr wie drei Rocksongs mit je drei Minuten Länge.

Michael: Das macht fast ein Terabit pro Tag. Das ist eine Zahl mit 12 Nullen. Eine wahnsinnige Informationsflut, die wir verarbeiten. Das ist gigantisch. Wenn ich also nun als Chef einer Mitarbeiterin etwas sage, erwarte ich, dass sie sich von den tausend Milliarden Dingen, die am Tag auf sie einprasseln, ausgerechnet an die erinnert, die von mir kommen. Damit das funktioniert, darf ich sie verdammt gut formulieren, zum Beispiel mit einem Muster-Unterbrecher.

Christian: Warst du eigentlich schon mal in Ulm?

Michael: Nein, noch nicht.

Das ist also ein Musterunterbrecher.

Christian: Es ist ähnlich, wie mit meinem Mitarbeiter. Beispielsweise sage ich zu ihm: „Es wäre schön, wenn du zum Meeting nicht zu spät kommen würdest."

Michael: Das wäre schön.

Noch ein Musterunterbrecher.

Christian: Mit dem Zusatz *Es wäre schön*, biete ich ihm direkt die Möglichkeit, dies aus der Menge an Information — aus dem Wahrnehmungs-Stream — herauszufiltern, ohne schlechtes Gewissen. Im Sinne von: „Das ist ja schon schön, da brauche ich nun nichts mehr zu machen."

Jetzt sind wir wieder zurück.

Michael: Und genau da wollen wir hinein. In das, was im Wahrnehmungs-Stream wahrgenommen wird. Die simpelste Methode, um das zu erreichen, ist die Wiederholung — quasi reine Chancenerhöhung. Meine Nachricht an den Mitarbeiter steht in Konkurrenz zu tausend Milliarden anderen, die am Tag auf ihn einprasseln. Je öfter ich also meine Nachricht sende — zweimal, dreimal, viermal, fünfmal, sechsmal — desto höher sind meine Chancen, dass sie zu ihm durchdringt. Es ist wie beim Lottospielen. Die Chance auf sechs Richtige sind vielleicht eins zu zehn Millionen. Wenn ich zwei Tippscheine spiele, ist meine Chance zumindest doppelt so hoch als mit nur einem

Tippschein. Wenn ich fünf-, sechs- oder zehnmal spiele, wird meine Chance immer größer. Beim Lotto ist der Business Case abnehmend.

Christian: Und außerdem ist Lotto eine Steuer auf schlechte Mathematikkenntnisse.

Michael: Im Management hingegen kostet es fast nichts, die Dinge zu wiederholen. Es bietet sich also an, mit jeder Wiederholung meine Chance immens zu steigern. Der Grundsatz ist, eine Nachricht dreimal zu wiederholen, um meinen Gegenüber davon überzeugen zu können. Dreimal wiederholen, um jemanden zu überzeugen. Dreimal. Jetzt habe ich das gerade dreimal wiederholt.

Bin ich jetzt schon überzeugt? Hab ich es jetzt schon oft genug gehört, um mir das zu merken?

Michael: Falls noch nicht, dann steigt meine Chance gleich weiter, denn ich werde es noch weitere dreimal wiederholen, um auf sechs Male zu kommen. Der Trick ist nämlich, es sechsmal zu wiederholen, damit ich mich am nächsten Tag noch daran erinnere.

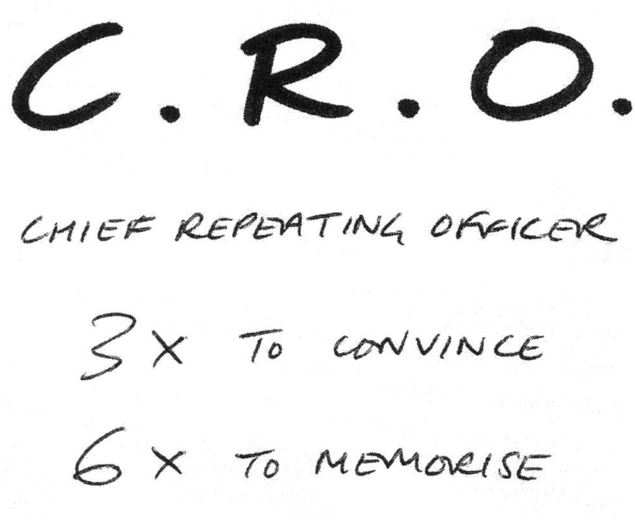

Abbildung: Chief Repeating Officer
Durch Wiederholung erhöhe ich meine Chance, bei all den Billionen Sinneseindrücken in die Ergebnismenge 7±2 meines Gegenübers zu gelangen.

Christian: Also ich darf sechsmal das Gleiche hören, bis ich mich an etwas erinnere?

Michael: Exakt. Als Manager darf ich sechsmal das Gleiche sagen, damit mein Gegenüber sich daran erinnert. Sechsmal.

Christian: Bis zum nächsten Tag?

Michael: Ja, innerhalb von vierundzwanzig Stunden. Denk an den Scratch Record-Vergleich, den mir mein guter, alter Chef damals beigebracht hat. Wiederholen, wiederholen, wiederholen, bis es mir zu den Ohren herauskommt. Ich kann es gar nicht oft genug wiederholen. Ich darf etwas mindestens sechsmal an einem Tag wiederholen, um dem Empfänger zu helfen, sich am nächsten Tag noch daran zu erinnern. Sechsmal.

Christian: Komme ich mir nicht irgendwann blöd vor?

Michael: Es ist meine eigene Wahl, zu entscheiden, wie ich mir dabei vorkomme.

Christian: Also wie ich mich fühle, ist mein Problem.

Michael: Wie ich mich fühle, ist meine Wahl. Das ist eine wichtige Sache, die ich im Leben gelernt habe. Ich kann meine Gefühle wählen. Das ist nicht immer leicht und doch funktioniert es immer. Denn letztlich existieren meine Gefühle nur in meinem Kopf. Dort bin ich der Chef. Daher kann ich wählen, wie ich mich fühle. Seitdem ich entschieden habe, dass es ok für mich ist, dauernd Sachen zu wiederholen — denn das gehört zu meinem Job — fühle ich mich damit gut.

Christian: Und wie geht es dir, wenn die Mitarbeiter irgendwann die Augen rollen und sagen: „Jetzt kann ich es wirklich nicht mehr hören, Chef."?

Michael: Dann sag ich genau das. Es ist mein Job. Es ist mein Job, die Dinge so oft zu wiederholen, bis du es nicht mehr hören kannst. Wenn du also mit den Augen rollst, weil du es schon tausendmal gehört hast, dann habe ich mein Ziel erreicht. Ich danke dir lieber Mitarbeiter für diese Messgröße, diesen KPI[26]. Und vielleicht erkennt dann der Mitarbeiter, dass er das mit seinem

26 KPI steht für Key Performance Indicator und bezeichnet eine messbare Leistungskennzahl

Team und seinen Beziehungen ebenso ausprobieren darf. Möglicherweise funktioniert es besser, als der gute, alte Spruch: „Das habe ich dir doch schon mal gesagt." Vollkommen unnötig dieser Spruch. „Das habe ich dir doch schon mal gesagt" — ja und!? Wenn du es schon mal gesagt hast, dann sag es einfach nochmal.

Christian: Probiere es mal anders.

Michael: Einfach nochmal sagen. Sechsmal wiederholen. An einem Tag.

Christian: Schön ist ja auch der beliebte Satz: „Jetzt habe ich Ihnen schon zehn E-Mails geschrieben und sie antworten immer noch nicht." Ich darf den Kommunikationskanal durchaus wechseln, wenn ich merke, dass das, was ich tue, nicht zum Ziel führt. Ich darf auch mal etwas anderes ausprobieren, zum Beispiel anrufen, persönlichen Kontakt aufnehmen, an ihrem Schreibtisch stehen bleiben oder eine Postkarte schreiben.

Michael: E-Mails sind wie Wasser. Die fließen und fließen. Wenn ich Zeit habe, gehe ich in den Fluss und bade ein bisschen. Dann lese ich ein paar der E-Mails und gehe wieder heraus. Schwimmen dann ein paar E-Mails vorbei, sage ich: „Tut mir leid, der Fluss ist kaum zu bändigen." Für manche Persönlichkeitstypen ist eine *Clean Inbox* wichtig, jede E-Mail zu beantworten und alles gewissenhaft abzuhaken. Vielleicht sind es Menschen mit viel blauer Energie oder sensorischer Präferenz.

Christian: Ich kenne auch Menschen mit gelber Energie, die das so handhaben.

Michael: Hast du eine *Clean Inbox*?

Christian: Ich lösche einfach alle E-Mails. Total clean meine Inbox.

Michael: Das hat mir auch schon mal jemand erzählt. Er sagte, wenn er im Urlaub ist, schreibt er in seine *Out-of-Office*-Nachricht: „Alle E-Mails werden während meines Urlaubes gelöscht. Bitte schicken Sie diese nach meiner Rückkehr erneut."

Christian: Die Dinge, die ich wiederhole, dürfen durchaus konsistent sein. Es ist also tatsächlich dasselbe, was ich immer wiederhole. Oder ist es besser, die Aussagen zu variieren?

Michael: Wie meinst du das?

Christian: Wenn ich möchte, dass mein Kollege pünktlich kommt, sage ich dann immer den gleichen Satz: „Sei bitte pünktlich zum Meeting." Oder variiere ich und sage mal: „Sei bitte manchmal pünktlich zum Meeting", mal „Sei bitte pünktlich zum Meeting am Mittwoch" oder „Es wäre schön, wenn du pünktlich wärst." Gibt es Forschungen dazu?

Michael: Ja. NLP, SMART Goals und OKRs[27] haben da erstaunlich viele Gemeinsamkeiten. Alle sagen, je spezifischer, desto besser. Die SMART-Methode - **S**pecific, **M**easurable, **A**chievable, **R**elevant, **T**ime-bound — hilft mir sehr. Ziele dürfen spezifisch sein, es ist wichtig, diese zu kommunizieren und Feedback zu geben. In deinem Beispiel wäre die beste Formulierung: „Sei bitte ab dem nächsten Teammeeting zu jedem Teammeeting pünktlich, also sei bitte bis spätestens 10.00 Uhr anwesend."

Christian: Das ist insbesondere für jemanden mit blauer Farbenergie die richtige Formulierung, oder?

Michael: Es ist eine präzise Aussage: „Bis spätestens 10.00 Uhr", denn um 10:00 Uhr beginnt das Meeting. Was du ansprichst, meint die Anpassung der Kommunikation an verschiedene Persönlichkeitstypen. Für jemanden mit viel roter Energie, funktionieren klare Ansagen gut. „Hey Michael, ab dem nächsten Teammeeting bist du bitte immer pünktlich um 10 Uhr am Start." Punkt. Gar nichts weiter. Mit viel roter Energie antworte ich: „Geht klar, verstanden. Danke für die klare Ansage." Ich schätze das. Wie wäre das für dich? Du hast sehr viel gelbe Energie, bist kreativ, hast Spaß, was ist für dich ein Feedback, das gut funktioniert?

Christian: „Hey, Christian, sei doch bitte pünktlich zum Teammeeting, damit wir das hier gemeinsam voranbringen können."

Michael: „Gemeinsam Spaß haben", würde sicher auch wirken. Was hältst du von: „Hey Christian, sei bitte ab dem nächsten Teammeeting immer pünktlich. Denn nur zusammen kommen wir voran und haben gemeinsam richtig Spaß. Wenn wir alle pünktlich sind, haben wir genug Zeit und Ideen

27 OKR, Abkürzung von „Objectives and Key Results", ist ein Rahmenwerk zur Zielsetzung und Messung von Ergebniskennzahlen

im Raum, um gemeinsam etwas daraus zu machen.“ Wichtig ist das Betonen von Gemeinsamkeit, Spaß haben und Ideen. In der grünen Energie liegt der Schlüssel in der Werteorientierung. „Wir sind ein Team und hier gelten die gleichen Regeln für alle. Das hilft uns im Zusammenhalt, als Gemeinschaft sind wir stärker.” Bleiben wir bei unserem Beispiel: „Sei in Zukunft immer pünktlich im Teammeeting. Wenn wir alle von Anfang an dabei sind, dann sind wir respektvoll und harmonisch als Gruppe.” Die blaue Energie hatten wir eben schon. Da kommt es auf eine logische Aussage an. „Sei bitte immer um 10:00 Uhr pünktlich im Meeting. Wir brauchen deine Intelligenz, um hundertprozentig korrekte Ergebnisse zu erzielen.“

Christian: Jetzt haben wir intuitiv die Farbenergien wiederholt.

Michael: Komisch, schon wieder wiederholt.

Christian: Ich möchte an dieser Stelle nochmal etwas anderes wiederholen. Das Ziel von Management: Mitarbeiter halten und Ergebnisse erzielen.

Michael: Das zieht sich durch.

Christian: Das vergesse ich jetzt nie wieder.

Michael: Ich bin überzeugt und merke mir das einfach [*grinst*].

Christian: Ja, klasse. Vielen Dank [*lacht*].

Michael: Dreimal wiederholen, um jemanden zu überzeugen. Sechsmal wiederholen, um mich am nächsten Tag daran zu erinnern. Akzeptieren, dass es als Chef meine Rolle ist, Dinge sehr oft, über mehrere Tage oder längere Zeiträume hinweg zu wiederholen. Es ist ganz leicht.

Christian: Weil du vorhin den Fluss der E-Mails erwähnt hast, hast du gewusst, dass die Donau durch Ulm fließt?

Jetzt wird mir einiges klar. Vielen Dank, dass ihr es mir durch eure Wiederholungen einfacher macht, das, was ich hier lese, zu verinnerlichen. Ein super Service, der hier nebenbei passiert. Wenn ich das Buch durchgelesen habe, werde ich sicher ein super Leader sein. Großartig.

EISBERG DER KOMMUNIKATION

„... IF YOU'LL JUST SMILE" – CHARLIE CHAPLIN

Christian: Hallo Dieter.

Michael: Hallo Günter.

Christian: Es geht um Verhaltensflexibilität. Schön, dass du darauf reagiert hast. Wir haben Führung, als meine Fähigkeit zu beeinflussen, definiert. Wir haben bereits festgestellt, dass ich andere durch mein Verhalten beeinflusse. Ich verhalte mich auf bestimmte Art und Weise. Dieses Verhalten nimmt mein Gegenüber über seine fünf Sinneskanäle wahr — visuell, auditorisch, kinästhetisch, olfaktorisch und gustatorisch, kurz: VAKOG. Diesen Input verarbeitet mein Gegenüber. Er oder sie löscht, verzerrt und verallgemeinert Inhalte und mischt diese mit eigenen Glaubenssätzen, eigenen Werten, Visionen und den persönlichen Erfahrungen. Basierend auf dem Ergebnis wählt mein Gegenüber sein Verhalten, welches ich wiederum über meine fünf VAKOG-Kanäle wahrnehme. Von den Millionen von Bits, die ich über die fünf Kanäle empfange, bleiben 7±2 Ergebnisse übrig. Es ist also eine echte Blackbox. Ich habe im Grunde keine Ahnung, was sowohl bei mir als auch bei meinem Gegenüber genau passiert. Du hast ein schönes Bild dafür. Es ist nicht die Blackbox. Die Titanic hatte, soweit ich weiß, keine Blackbox. Welches Bild hast du dafür?

Michael: Du meinst das, wo die Titanic gegen gedonnert ist: den Eisberg.

Christian: Genau. Den Kommunikations-Eisberg.

Michael: Das ist das Risiko bei einem Eisberg. Wenn ich mir nicht bewusst darüber bin, dass es ein Eisberg ist, donnere ich volles Rohr gegen das, was sich unter der Oberfläche befindet und gehe womöglich unter. Es ist eine Challenge durch all die Millionen Bits pro Sekunde, die auf meinen Gesprächspartner einprasseln durchzukommen und Teil der 7±2 Ergebnisse zu sein. Für mich als Führungskraft ist es etwa so, als würde ich mit hundert Kugeln Billard spielen und eine einzige über Bande versenken wollen.

Christian: Und das im Dunklen.

Michael: Ja, so fühlt es sich manchmal an. Zum Glück gibt es Methoden, mit denen ich meine Chance erhöhe, meine Stimme, meine Ausstrahlung, mein Verhalten Teil der 7±2 Ergebnismenge meines Gegenübers werden zu lassen.

Christian: Na, da bin ich sehr gespannt.

Michael: Es funktioniert mit dem Kommunikations-Eisberg. Ein großer Teil meiner Kommunikation befindet sich unter der Oberfläche. Es gibt drei wesentliche Komponenten erfolgreicher Kommunikation. Führung ist Beeinflussung und Beeinflussung erfolgt über ganzheitliche, ganzkörperliche Kommunikation, über Ausstrahlung.

Christian: Das Wichtigste ist, dass ich ganz laut ausspreche, was ich will. [*grinst*]

Michael: Unbedingt, dann hast du schon gewonnen. Viel Glück damit. [*grinst*] Die drei Komponenten im Eisberg-Modell sind: Erstens, der Rapport. Zweitens, wie ich kommuniziere. Drittens, was ich kommuniziere. Das *Was* ist vermutlich jedem klar. Dabei geht es um die Message, um den tatsächlichen Inhalt, den ich kommuniziere. Darauf brauchen wir hier nicht näher einzugehen. *Wie* ist die Art und Weise, mit der ich kommuniziere, meine Ausstrahlung, meine Gestik und Mimik, mein Verhalten — ganzkörperlich und ganzheitlich. Rapport ist ein Begriff, den ich erst durch dieses Modell gelernt habe. Ich kannte ihn vorher nicht, abgesehen von dem Ausdruck aus der Militärsprache, *zum Rapport erscheinen*. Im Englischen ist das Wort eher verbreitet. Es gibt im Deutschen — vor allem im Rheinland — einen Ausdruck, der der Bedeutung des Rapports nahe kommt: *Die Chemie stimmt.* Wenn die Chemie stimmt, fluppt es leichter.

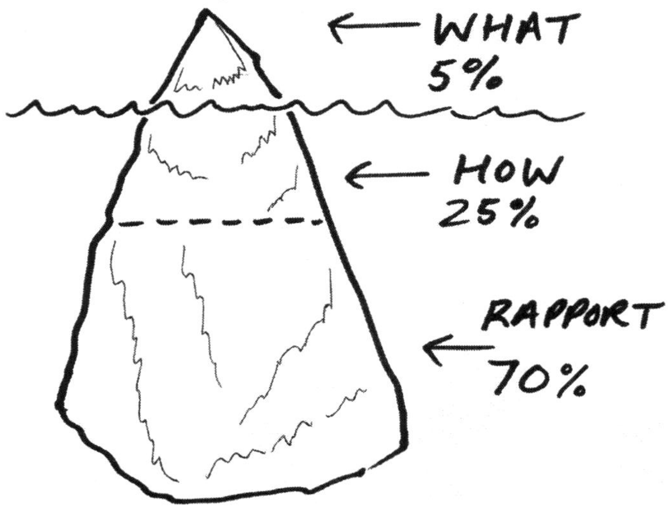

Abbildung: Kommunikations-Eisberg
Der Hauptteil der Kommunikation findet unter der Oberfläche statt. Wenn die Chemie stimmt (RAPPORT) und der richtige Ton die Musik macht (HOW), dann ist der Inhalt (WHAT) ganz leicht vermittelbar.

Christian: Woran erkenne ich denn, dass die Chemie stimmt?

Michael: Gute Frage. Wie merken wir, dass die Chemie stimmt?

Christian: Zum Beispiel daran, dass wir es schaffen, über verschiedene Dinge zu sprechen. Wir sprechen über Chemie, du erzählst etwas von deiner Frau, ich erwidere etwas darauf — in etwa wie Smalltalk. Wenn wir Smalltalk halten und darüber hinaus über persönliche Dinge reden, hilft es uns, Rapport aufzubauen. Wir haben ein gemeinsames Thema, wir sprechen darüber, haben gemeinsame Erfahrungen, auf die wir zurückgreifen. All das nutze ich gerade, um mit dir Rapport aufzubauen.

Michael: Wir kennen uns ja schon ein bisschen und haben den Rapport nicht in einer einzigen Unterhaltung aufgebaut. Unsere Beziehung ist eine Summe aller gemeinsamen Momente, Zeit, die wir zusammen verbracht haben und Erfahrungen, die wir zusammen erlebt haben. Im Wörterbuch steht unter *Rapport* eine ganz simple Beschreibung. *Rapport ist eine Wechselbeziehung* *oder eine Verbindung.* Eine andere Definition ist *Das wechselseitige Verhalten auf verbale und nichtverbale Art und Weise.*

Christian: Leute, die sich im Café unterhalten und die Beine übereinandergeschlagen haben.

Michael: Das ist eine schöne Analogie. Es gibt den Ausdruck *Dance in the moment.* Wenn wir in diesem Moment — in the moment — gut miteinander klar kommen, dann stimmt einfach die Chemie zwischen uns. Wenn die Beziehung zwischen zwei Menschen im gleichen Takt funktioniert, wir ähnlich ticken. Oder wenn wir gar nicht merken, wie die Zeit vergeht und wir immer weiter miteinander reden, uns austauschen. Bei uns beiden malt dann ab und zu jemand eine Skizze und wir sind total im Thema versunken. Wir sind im Flow-State. All das ist ein Zeichen dafür, dass es einen Rapport zwischen uns gibt, eine vertrauensvolle wechselseitige Beziehung, einfach einen guten Kontakt.

Christian: Wir bauen diesen Rapport zum Beispiel bei unseren Podcasts absichtlich auf. Wenn wir uns verabreden, um einen Podcast aufzunehmen, und wir beide vor unserem Computer sitzen, fangen wir nicht direkt mit dem Podcast an und drücken auf die Aufnahme-Taste. Wir erzählen uns erst einmal, wie es uns geht. „Wie läuft es bei dir daheim?" Wir erzeugen eine Chemie zwischen uns, bauen eine Beziehung auf, um dann das zu machen, was wir eigentlich machen wollen. Das tatsächliche Ergebnis flutscht dann viel einfacher, weil wir es vorher geschafft haben, ähnlich zu schwingen.

Michael: *Schwingen* ist ein gutes Wort, wie eine Synchronisierung. Mit manchen Menschen fällt mir das sehr leicht, ich verstehe mich mit ihnen auf Anhieb. Im ersten Augenblick macht es Klick und dann läuft es einfach ohne viel Anstrengung. Bei anderen Menschen wiederum fällt es mir eher schwer. Die ersten Gespräche laufen zäh und es dauert eine ganze Weile, bis wir gleich schwingen. Mit manchen Leuten klappt es vielleicht gar nicht.

Christian: Du sagst ja schon mal, *People like people who are like themselves.* Es gibt also tatsächlich eine Schublade von Menschen, mit denen du höchstwahrscheinlich relativ schnell Rapport aufbauen kannst. Eine Schublade im positiven Sinne.

Michael: Diese Schublade ist normalverteilt. 85 Prozent der Menschen sind sogenannte *Matcher*. Das heißt, sie verstehen sich gut mit Menschen, die so ähnlich ticken wie sie selbst. Matcher sind Menschen, die Leute gerne mögen, die ähnlich zu ihnen sind. *People like people who are like themselves* oder *Gleich und gleich gesellt sich gern.*

Christian: *Pack schlägt sich, Pack verträgt sich*.

Michael: Das Phrasenschwein füllt sich. Am Rande der Normalverteilung gibt es die übrigen 15 Prozent. Das sind Menschen, die sich tatsächlich besser mit Leuten verstehen, die anders sind. Das sind sogenannte *Mismatcher*. Auch dafür gibt es Techniken. Als Führungskraft kann ich erkennen, ob mein Gegenüber ein Matcher oder ein Mismatcher ist. Wenn ich das erkannt habe, kann ich auch entsprechend darauf reagieren. Bei einem Mismatcher verhalte ich mich anders, ich strahle etwas anderes aus als bei einem Matcher, um auf ihn einzugehen. Das ist der Rapport.

Christian: Wie mache ich denn das genau? Bei manchen Leuten fällt es mir einfach. Du und ich sind sehr wahrscheinlich beides Matcher. Wir kommen sehr gut miteinander aus, es fällt keinem von uns schwer. Nun stehe ich jemandem gegenüber und merke, dass die Chemie so gar nicht stimmt. Dieser Jemand ist eine meiner Mitarbeiterinnen. Was kann ich tun, um die Chemie stimmiger zu machen?

Michael: Wollen wir jetzt schon darauf eingehen?

Christian: Ja, nur kurz als Teaser.

Michael: Also gut, es gibt eine ganze Reihe von Techniken. Nehmen wir zum Beispiel eine, die wir uns gut merken können. Dazu habe ich eine kleine Anekdote. Darf ich diese kurz erzählen?

Christian: Unbedingt.

Michael: Ich habe früher einmal für einen Konzern gearbeitet. Ich habe mich damals dort aufgrund eines Fortbildungsprogramms für Führungskräfte beworben, an dem ich unbedingt teilnehmen wollte. Sie hatten damit geworben, nach Abschluss des Programms ein zukünftiger CEO einer der Tochtergesellschaften werden zu können. Ich habe damals gedacht: „zukünftiger CEO? That's me. Da will ich hin." Ich habe dann tatsächlich in dieser Firma angefangen zu arbeiten. Mir wurde zu Beginn die Teilnahme an dem Programm gar nicht zugesagt. Erst als Mitarbeiter hatte ich die Möglichkeit, mich für dieses Programm zu bewerben. Sie haben mir von Anfang an gesagt, dass es ziemlich schwer ist, für das Programm ausgewählt zu werden. Ich habe dennoch meinen alten Job gekündigt und bei dieser Firma angefangen. Für mich war dieses Programm ziemlich wichtig. Die Voraussetzung war, dass ich das Assessment-Center bestehe. Ich habe mich sofort dafür beworben. Es waren sogar mehrere Assessment-Centers, in denen ich ganz schön auseinandergenommen wurde. Es gab verschiedene Gruppensituationen, in denen wir beobachtet wurden. Dann kamen Mathematik-Tests, psychometrische Tests und so weiter. Der ganze Prozess streckte sich über Monate. Alleine die Teilnahme war schon eine super Erfahrung. Am Ende hatte ich dann ein Gespräch mit dem Group-HR-Director und zwei weiteren HR-Managern. Sie verkündeten mir das Ergebnis. Der HR-Director nahm einen Schreibblock und einen dicken schwarzen Stift und schrieb einfach bloß „Yes" auf den Zettel und hielt ihn vor mir hoch. Ich hatte in diesem Augenblick richtig Gänsehaut. Ich habe mich unendlich gefreut und war total erleichtert. Dass ich es nun wirklich geschafft hatte, in dieses Programm aufgenommen zu werden, war für mich der absolute Wahnsinn, ein geiles Gefühl. Dann bekam ich Feedback zu meinen Ergebnissen. Es ging ja schließlich darum, Leute zu guten Führungskräften weiterzuentwickeln und zukünftige CEOs auszubilden. Die Ausbildung fing direkt an. Sie haben das natürlich super professionell gemacht und mir genau erklärt, was sie beobachtet haben und was ich in Zukunft noch besser machen darf. Dabei hat mich der HR-Direktor mir noch eine Lektion gelehrt, die ich nie vergessen werde. Er saß mir gegenüber, beugte sich plötzlich über den gesamten Tisch zu mir herüber und lächelt mich mit einem riesen Grinsen an. Er grinste immer mehr und fängt an zu lachen. Ich lachte auch lauthals mit. Plötzlich hörte er abrupt auf und sagte: „You see? What just happened?" Ich sage: „Ja, ich habe gelacht." Er antwortet: „And how do you feel?" Ich: „Gut, Lachen ist schön." Er: „Ganz genau. Du solltest viel mehr lächeln. Denn Menschen fühlen sich besser, wenn sie angelächelt werden und als Führungskraft ist das wichtig."

Christian: Du hast vermutlich sehr ernst geschaut, weil du die Sache ernst genommen hast.

Michael: Ja. Ich war in meinem Leben lange ein relativ ernster Typ, zumindest im beruflichen Kontext. Ich habe das sehr ernst genommen. Im Nachhinein vielleicht zu ernst, zumindest bis ich dieses Feedback bekam. Es war wie der Drache in der unendlichen Geschichte[28] Fuchur mit dem breiten Grinsen, der — wie dieser Typ — direkt auf mich zugeflogen kam. Der Typ hatte ein ähnlich breites Grinsen wie dieser Drache. Ich werde es nie vergessen, wie er mit diesem Grinsen etwa zehn Zentimeter vor meiner Nase über dem Tisch hing. Seitdem habe ich seinen Rat immer beherzigt und wahrgenommen, wie viel mir dieses Lächeln bringt. Die Geschichte ist noch nicht ganz zu Ende. An diesem Tag waren wir in England, in Brighton. Ich bin abends zurückgeflogen und dachte mir: „Das probiere ich jetzt einfach mal aus." Ich stieg also in den Flieger und grinste die Flugbegleiterin, die in der Tür des Flugzeugs zur Begrüßung stand, mit einem breiten Grinsen an. Ich sagte grinsend und total übertrieben, „Halloooo." Heute fällt mir das nicht mehr schwer, damals fühlte es sich für mich total merkwürdig an. Sie schaute mich verdutzt an, lächelte dann zurück und wir hatten eine nette kurze Unterhaltung. Später bestellte ich ein Glas Wein bei ihr, wieder mit einem Lächeln, und diese nette Flugbegleiterin schüttete mir immer mehr Wein nach. Vor der Landung lobte ich den Wein in höchsten Tönen, wieder mit einem breiten Lächeln im Gesicht. Es fiel mir immer leichter. Zugeben, an dem Tag war ich so glücklich über meinen Triumph, mir hätte wahrscheinlich alles geschmeckt. Und dann passierte der Knüller. Als ich in Düsseldorf ausstieg, hat sie mir eine Flasche von dem Wein in einer Plastiktüte in die Hand gedrückt, einfach so.

Christian: Nur weil du gelächelt hast?

Michael: Ich führe es zumindest darauf zurück. Ich hatte sonst nicht so eine Wirkung auf Menschen, ich war total baff. Ich kam aus dem Flughafen heraus und dachte: „Das kann doch nicht wahr sein." Das Einzige, was ich bewusst anders gemacht habe, war mein ständiges Lächeln. Und es hat echt Spaß gemacht. Die Interaktion mit der Stewardess war total nett und ich habe sogar noch eine Flasche Wein geschenkt bekommen. Der liebe Nick Holley, so hieß der HR-Direktor, hatte tatsächlich recht. Es funktioniert. Lächeln ist eine Methode, mit der ich Chemie erzeugen kann, eine sehr Rapport-förderliche Sache.

28 Die unendliche Geschichte ist ein Roman aus dem Jahr 1979 von Michael Ende. Das Buch wurde später verfilmt.

Christian: Wow, vielen Dank für die Geschichte.

Michael: Jetzt bauen wir einen Cliffhanger.

Christian: Wir machen einen Eisberg-Hänger. Wir haben also über den Eisberg gesprochen. Wir haben festgestellt, dass Rapport wichtig ist. Wir haben über das *Was* und das *Wie* der Kommunikation gesprochen.

Michael: Genau. Über die drei wichtigen Komponenten von erfolgreicher Kommunikation, vor allem über den Rapport. Jetzt fragen sich die Leser vermutlich: „Was soll das alles?"

Christian: Das erzählen wir im nächsten Kapitel. Probiert einfach mal aus, mehr zu lächeln. Schaut die Menschen an, mit denen ihr kommuniziert, lächelt sie an, auch wenn es manchmal nur über Video-Telefonie funktioniert. Es funktioniert sogar am Telefon, ohne sich zu sehen. Beobachtet mal, welches Feedback ihr erhaltet.

Michael: Wir haben bisher über die drei Komponenten von erfolgreicher Kommunikation gesprochen: Den Rapport, das *Wie* und das *Was*. Eine Frage noch zum Abschluss dieses Kapitels: Wie würdest du diese Komponenten priorisieren? Wenn 100 Prozent Erfolg auf diese drei Komponenten verteilt werden sollen, welchen Anteil hat Rapport, welchen Anteil hat das *Wie* und welchen Anteil hat das *Was* an dem Erfolg deiner Kommunikation?

Eine Methode, die ganz einfach klingt. Es wird immer besser. Einfach lächeln – das probiere ich aus. Als Rheinländerin habe ich hier sicher einen Vorteil. Lächeln scheint also auch ein Teil des Mindsets, ein Teil der Lebenseinstellung zu sein. Ist ja klar, wer will schon für oder mit einem Griesgram arbeiten?!

CHEMIE HERSTELLEN

ALLE LÖSUNGEN SIND ZWISCHENMENSCHLICHE LÖSUNGEN

Michael: Schön, wie wir uns anlächeln.

Christian: Das stimmt, wir haben die letzte Viertelstunde dazu genutzt, Rapport aufzubauen. Rapport ist eine der drei wichtigsten Komponenten erfolgreicher Kommunikation. Kommunikation gleicht einem Eisberg. Das meiste befindet sich unter der Oberfläche. Das *Was*, also der Inhalt der Kommunikation, ist dabei das, was oberhalb der Oberfläche passiert. Das *Wie* und der Rapport spielen sich unter der Oberfläche ab. Du hast uns mit einer schönen Anekdote erklärt, dass Lächeln eine Methode ist, Rapport aufzubauen. Wie kann ich noch Rapport aufbauen?

Michael: Dafür gibt es eine Reihe von Methoden. Sollen wir zunächst auflösen, wie wichtig diese Komponenten im Verhältnis sind und wie es sich mit dem Eisberg verhält? Wir haben unseren Lesern ja eine Aufgabe gestellt.

Christian: Ja, gute Idee.

Michael: Wenn ich zu 100 % erfolgreich kommuniziere, wie viel Prozent macht davon meine Message aus, also das, *was* ich erzähle? Wie viel Prozent entfällt auf meine ganzheitliche und ganzkörperliche Ausstrahlung, also *wie* ich meine Message herüberbringe und wie viel Prozent macht der Rapport, die Beziehung zwischen mir und meinem Gegenüber aus? Rapport haben wir als die Chemie zwischen Menschen beschrieben.

Christian: Mit meiner blauen, analytischen und sachlichen Energie sage ich, der Inhalt, also das *Was* macht etwa 95 % aus. Der Inhalt ist am wichtigsten. Ob ich beim Schreiben einer E-Mail nun lächle oder nicht, ist nicht entscheidend.

Michael: [*lacht*] Guter Punkt. Wenn wir diese Frage in unseren Seminaren stellen, gibt es meistens sehr unterschiedliche Meinungen dazu. Einige sagen, ähnlich wie du, dass es hauptsächlich auf den Inhalt ankommt. Das *Wie* und die Beziehung zueinander sei Schmarrn. Einige sagen auch, dass alles gleich wichtig ist, jeweils ein Drittel. Das ist eher der mathematisch-demokratische Ansatz. Andere schwören auf die Ausstrahlung als wichtigste Komponente erfolgreicher Kommunikation. Ein paar Leute haben schon etwas zu dem Thema gelesen oder gehört oder ihr Gefühl sagt ihnen, dass die Beziehung, der Rapport der entscheidende Erfolgsfaktor ist. Tatsächlich ist der Verteilungsschlüssel für eine erfolgreiche Kommunikation in etwa 70-25-5. 70 % entfallen auf den Rapport. Darauf gehen wir gleich detaillierter ein. 25 % machen das *Wie* aus, also meine Wortwahl, mein Ausdruck, der Kommunikationskanal und so weiter. Nur 5 % des Erfolgs meiner Kommunikation hängen vom Inhalt ab. Im Grunde kann mir also jemand alles verkaufen, solange er eine Beziehung zu mir hat und auf eindringliche Art und Weise mit mir spricht. Die 5% sind dann quasi nur noch ein Veto, das sich meldet, wenn es totaler Quatsch ist, was mir jemand erzählt. Das allermeiste findet also auf der nicht-inhaltlichen Ebene statt. Ist doch bemerkenswert, findest du nicht?

Christian: Absolut. Irgendwie auch erschreckend. Wie kann ich dieses Wissen denn konkret nutzen, um meine Kommunikation erfolgreicher zu gestalten? Ich denke sofort an eine Präsentation, über deren Inhalt ich mir stundenlang Gedanken gemacht habe. Dann stehe ich nachher vorne wie ein Schluck Wasser in der Kurve und nichts von meinen Inhalten kommt beim Zuhörer an. Ich werde womöglich überhaupt nicht ernst genommen.

Michael: Ja, das ist möglich. Es gibt allerdings selbst in solchen Situationen Möglichkeiten, Rapport aufzubauen. Es ist etwas anders als in einem 1:1-Gespräch, doch mit ähnlichen Techniken. Deine Frage war, wie ich den Schlüssel 70-25-5 nutzen kann. Die Antwort geht wieder zurück auf unsere Erkenntnis: *Leadership is my ability to influence*. Die Frage ist, wie beeinflusse ich Menschen im Sinne von Luke Skywalker, also positiv — nicht, wie missbrauche ich meine Macht wie Darth Vader. Wie beeinflusse ich mein Team, unsere gemeinsam verabschiedeten Unternehmensziele zu erreichen? Unseren Purpose, unsere Vision im Einklang mit unseren Werten zu leben? Dabei habe ich die Challenge, durch elf Millionen Informationsbits pro Sekunde bei meinem Gegenüber durchzudringen und meine Botschaft unter das Ergebnis von 7±2 zu mischen. Wir kommen wieder zurück zum Eisberg. Als Führungskraft möchte ich beeinflussen, beeinflussen durch mein Verhalten. Teil meines Verhaltens ist meine ganzheitliche und ganzkörperliche Kommunikation und Ausstrahlung. Ich weiß nun, dass 70 % meines Erfolges als Führungskraft davon abhängt, wie die Chemie zwischen mir und meinen Mitarbeitern ist. Und genau darum geht es.

Christian: Darum geht es. Mit manchen Menschen fällt es mir leicht, Rapport aufzubauen, weil die Chemie einfach stimmt. Bei anderen fällt es mir schwer, denn Menschen sind unterschiedlich. Alle Teammitglieder haben womöglich unterschiedliche Vorlieben, der eine ist total detailorientiert, der andere wiederum gar nicht. Wenn ich nun jedem versuche, einen Rapport aufzudrücken, fragt sich sicherlich die eine oder andere, was das Ganze soll. Denn es darf nicht lächerlich oder manipulativ wirken. Dafür haben die meisten Menschen Antennen und reagieren genau so, wie ich es nicht möchte. Sie werden zu Recht eher skeptisch, als dass sie zu mir Vertrauen aufbauen. Ich darf also sehr genau aufpassen, wer mir gegenüber steht und wie ich mich dieser Person gegenüber verhalte.

Michael: So schaut's aus.

Christian: Wie gehe ich damit um?

Michael: Wir haben bereits über Modelle von verschiedenen Persönlichkeitstypen gesprochen. Jeder Mensch ist ein Individuum mit unterschiedlichen Präferenzen. Laut C.G. Jung[29] hat zum Beispiel jeder Mensch eine Präferenz auf der Skala von *introvertiert* bis *extrovertiert,* und jeder hat eine Präferenz auf der Skala von *sachorientiert* bis *menschenorientiert*. Daraus ergeben sich schon vier verschiedene Grundtypen mit weiteren Unterscheidungsmerkmalen. Diese Persönlichkeitstypen kann ich mir zunutze machen. Ein anderes bereits bekanntes Instrument ist das situative Führen. Dabei stelle ich fest, in welchem Modus ich mich gerade befinde. Unterm Strich kann ich also sagen: „Es kommt darauf an." Sollen wir die verschiedenen Typen durchgehen und passende Methoden erläutern?

Christian: Es hört sich nach einer großen Aufgabe an. Fangen wir an.

Michael: Wir gehen sie Schritt für Schritt durch. *How do you eat an elephant? Bite by bite*. Dieser Elefant hier lohnt sich. Ich fange nochmal an. Es geht darum, Rapport aufzubauen. Denn erfolgreiche Kommunikation hängt zu 70 % vom Rapport ab. Damit erhöhe ich meine Chance, bei den elf Millionen Bits pro Sekunde in der Ergebnismenge meines Gegenübers von 7±2 zu landen. Das habe ich nun etwa fünf Mal wiederholt. Bald haben wir die sechs Male

29 Carl Gustav Jung war ein Schweizer Psychiater und der Begründer der analytischen Psychologie

erreicht, die notwendig sind, um sich zu erinnern. Wir haben schon über die Methode des Lächelns gesprochen und die Wirkung auf die Flugbegleiterin, die mir eine Flasche Wein geschenkt hat. Zum Lächeln gehört noch eine zweite Methode, die mir hilft, Rapport aufzubauen. Es ist der Augenkontakt. Jeder Mensch spürt etwas, wenn er einem anderen Menschen in die Augen schaut. Das spüren wir selbst in Videokonferenzen, auch wenn wir uns dabei nur indirekt in die Augen schauen können. Bei Augenkontakt passiert etwas im Kopf, sowohl in meinem als auch in dem meines Gegenübers. Allerdings ist die Wirkung je nach Persönlichkeitstyp sehr unterschiedlich. Welche Erfahrung hast du dabei schon gemacht?

Christian: Mir liegt Augenkontakt grundsätzlich sehr. Es besteht nur die Gefahr, jemanden anzustarren. Das ist übertrieben und kann gegebenenfalls zu Verwerfungen führen. Ich war mal auf einer Konferenz, auf der alle Teilnehmer zur Übung ihren direkten Nachbarn ein paar Minuten in die Augen geschaut haben. Bei manchen haben sich Mordgedanken entwickelt, bei anderen tiefe Liebe. Es ist oft schwer, das richtige Maß zu finden. Augenkontakt ja, bitte nicht anstarren. Mein Gegenüber durch Augenkontakt zu verjagen, ist nicht das Ziel. Es hat manchmal etwas Bedrohendes. Ein Tier, das mich anstarrt, will das Alphatier markieren oder sieht mich als Beute.

Michael: Augenkontakt wird je nach Persönlichkeitstyp unterschiedlich wahrgenommen und interpretiert. Wir beide sind zum Beispiel eher extrovertierte Typen. Du hast primär gelbe und ich habe primär rote Farbenergie. Beides spricht für extrovertierte Typen. Für extrovertierte Typen ist Augenkontakt wesentlich gängiger und beliebter als für introvertierte Persönlichkeitstypen. Für Menschen mit vorwiegend grüner oder blauer Energie darf der Augenkontakt etwas wohldosierter sein. Für diese Typen ist es vor allem wichtig, dass der Augenkontakt authentisch und der Situation angemessen beziehungsweise zweckdienlich ist. Gerade in der grünen Energie, im Harmonischen, Werteorientierten, nehme ich Augenkontakt vielleicht als Bedrohung wahr, gerade wenn mich jemand etwas intensiver anstarrt. Es gilt also immer eine gute Balance zu finden. Wenn ich mit jemandem spreche, den ich noch nicht gut kenne, versuche ich seine Präferenz in dem eigenen Verhalten der Person abzulesen, um Rapport aufzubauen. Ich beobachte, wie sich mein Gegenüber verhält. Ich beobachte, wie er oder sie es mit dem Augenkontakt mir gegenüber handhabt und wie die Reaktion ist, wenn ich

Augenkontakt halte. Daran lässt sich ganz gut ablesen, welche Präferenz mein Gegenüber hat. Während meiner Auslandsaufenthalte habe ich festgestellt, dass es auch kulturelle Unterschiede gibt. In Afrika beispielsweise gilt direkter Augenkontakt als respektlos, insbesondere gegenüber älteren Leuten. Für mich als Westeuropäer fühlt es sich eher unterwürfig an, den Menschen nicht direkt in die Augen zu schauen, wenn ich mit ihnen spreche. Rechts oder links an meinem Gesprächspartner vorbeizuschauen oder gar nach unten war für mich sehr ungewohnt. Manche Afrikaner empfinden es genau umgekehrt. In Arabien gilt es als unhöflich, muslimischen Frauen in die Augen zu schauen. Es ist unerwünscht. Ich habe acht Jahre in Katar gelebt und am Anfang echte Schwierigkeiten damit gehabt. Ich wusste einfach nicht, wo ich hinschauen sollte. Zum Glück hatten viele bereits einige Erfahrung mit unserer westlichen Kultur, sodass die meisten es nicht mehr ganz so eng gesehen haben. Sie wussten, dass wir es in Europa anders gewohnt sind. Bei eher konservativen, traditionellen Gesprächspartnern ist tatsächlich Behutsamkeit gefordert, um Rapport auch ohne Augenkontakt aufbauen zu können. Hier entsteht der Rapport eher, wenn ich mich an die Regeln halte. Augenkontakt ist also ein mächtiges Instrument zum Aufbau von Rapport, allerdings nur in der richtigen Dosis. Es ist wichtig, mich auf mein Gegenüber einzustellen und ihre Präferenzen zu erkennen.

Christian: Ich finde es spannend, dass ich Rapport aufbaue, indem ich mich an das Verhalten meines Gegenübers angleiche. Wenn mir jemand in die Augen schaut, kann auch ich ihr intensiver in die Augen schauen. Wenn mein Gesprächspartner wegschaut, schaue auch ich eher mal rechts und links an der Person vorbei. Ich beobachte gerne Menschen in Cafés, wenn sie so gemütlich da sitzen, die Beine übereinanderschlagen und sich unterhalten. Es ist wie eine Art Tanz. Ich kann geradezu sehen, wie sich die Körperhaltung, die Lautstärke der Stimme, sogar der Atemrhythmus aneinander angleicht. All das passiert unterbewusst. Wenn sich das Verhalten meines Gegenübers an meines angleicht, denke ich unterbewusst: „Wenn er sich genauso verhält wie ich, tickt er auch genauso wie ich." Ich finde es super spannend zu beobachten, was da passiert. Auch das gehört zum Rapport aufbauen dazu.

Michael: *People like people who are like themselves*. Zumindest auf 85 % der Menschen trifft dies zu, es ist eine Normalverteilung. Dies sind sogenannte Matcher. 15 % sind Mismatcher und mögen eher Menschen, die anders sind als sie selbst. Auch das kann ich im Café gut beobachten. Statistisch gesehen verhält sich einer von acht Leuten anders als die anderen. Wenn ich Gruppen von zwei, drei und mehr Menschen in einem Café beobachte, ist es häufig so, dass diese nach und nach in ähnlicher Körperhaltung da sitzen und sich unterhalten. Zum Beispiel sind häufig alle nach vorne auf den Tisch gelehnt oder lehnen sich lässig mit verschränkten Armen und übereinandergeschlagenen Beinen zurück. Eine Gruppe schwingt sich immer irgendwie ein. Doch dann gibt es zwischendurch immer einen, der anders da sitzt als der Rest. Die Wahrscheinlichkeit ist hoch, dass dies ein Mismatcher ist. Sie fühlt sich am wohlsten, wenn sie eben anders sitzt als die anderen. Es ist wichtig für diese Person, anders zu sein als die anderen. Ausnahmen bestätigen die Regel.

Christian: Wenn ich also mit einem Mismatcher Rapport aufbauen möchte, ändere ich mein Verhalten, zum Beispiel meine Sitzposition.

Michael: Genau. Ich mache buchstäblich etwas anderes.

Christian: Es darf dabei nur nicht unnatürlich wirken. Wenn ich verzweifelt versuche, mit meinem Gegenüber zu matchen, und ihn und seine Körperhaltung bewusst nachahme, denkt sich dieser schnell: „Machst du mich etwa nach?" Das ist natürlich nicht das, was ich möchte.

Michael: Das stimmt. Ich versuche häufig zwei-, dreimal auf mein Gegenüber einzugehen, um Rapport aufzubauen. Wenn sich seine Haltung dann innerhalb von zehn Sekunden erneut ändert, verbleibe ich in meiner Haltung und gehe davon aus, dass es ein Mismatcher ist.

Christian: Welche Techniken gibt es noch, außer Lächeln und Augenkontakt, um Rapport aufzubauen? Was ist mit Händeschütteln?

Michael: Händeschütteln ist auch eine Methode, definitiv. Der Handschlag ist in unserer Kultur sehr verbreitet und hat sich in unserem Sozialverhalten und im Geschäftsleben als Standard etabliert. Das Handgeben bedient zusätzlich den kinästhetischen Sinn. Ich sehe mein Gegenüber und ich höre mein Gegenüber während er spricht. Der Handschlag bedient den kinästhetischen Sinn, der für Menschen mit kinästhetischer Präferenz sehr wichtig ist. Das sind etwa 10 % der Bevölkerung. Das kann ich auch in der Sprache beobachten. Wenn ich eine solche Präferenz habe, spreche ich häufiger von Gefühlen und bin sehr auf haptische Reize fokussiert. Bilder, die ich in meiner Sprache benutze, beschreiben ebenfalls eher Gefühle, Emotionen und Haptik. Ich erinnere mich eher daran, wie sich etwas angefühlt hat oder was ich in einer bestimmten Situation empfunden habe. Ich präge mir Dinge besser ein, wenn ich sie berührt habe. Ich beschreibe Gegenstände häufig, indem ich sie mit meinen Händen in der Luft zeige. Daher begrüßen Menschen mit kinästhetischer Präferenz andere eher mit einem verbindenden Handschlag als mit warmen Worten. Für sie ist der Handschlag fast essentiell. Solange sie den anderen Menschen nicht berührt haben, existiert er quasi noch nicht so richtig für sie.

Christian: Gerade in Zeiten von Corona ist das natürlich wirklich schwer.

Michael: Absolut. Viele machen im Moment den Ellbogen-Check oder die Ghetto-Faust, eben einen leichten körperlichen Kontakt. Selbst wenn es nur eine kurze Berührung mit dem Ellbogen ist, ist auch das ein Ausdruck von *wir berühren uns*. Da passiert etwas im Kopf, was für manche Menschen sehr wichtig ist. Nicht nur der Händedruck ist für Menschen unterschiedlich wichtig. Es gibt selbst innerhalb Europas kulturelle Unterschiede bei dem Härtegrad des Händedrucks. Männer drücken oftmals ein bisschen fester, es ist ein Ausdruck von Kraft. Frauen drücken häufig ein bisschen weicher. Es ist eine kulturelle Gruppierung auf der Geschlechterebene. Im afrikanischen Raum sind weiche Handschläge gängiger als ein kräftiger Händedruck. Wenn ich dort besonderen Respekt ausdrücken möchte, nehme ich meine zweite Hand und lege diese unter meinen Unterarm. Ich unterstütze damit die rechte, gebende Hand. Ein Kulturforscher hat mir verraten, woher das kommt. Die Hände haben insofern eine wichtige Bedeutung, weil sie sichtbar sind. Sichtbare Hände bauen Rapport auf. Es hat etwas mit unseren Urinstinkten zu tun. Wenn ich eine Hand hinter meinem Rücke habe, ist es möglich, dass ich darin ein Messer oder eine Waffe halte oder sonst etwas im Schilde führe, was für den anderen nicht transparent ist. Handschlag, Händedruck, offene Handflächen, Gestik und Körperhaltung — all das dient dem Aufbau von Rapport.

Christian: Alles klar. [*lächelt*] [*Augenkontakt*] Namaste, vielen Dank.

Michael: Ich drücke dich durch diese Seiten, Christian.

Augenkontakt, Händeschütteln, Körperhaltung – vieles davon mache ich häufig sehr intuitiv. Es leuchtet mir ein, dass diese Gesten Ausdruck von Vertrauen sind. Wir achten oft gar nicht so bewusst auf die Gestik und Mimik unseres Gegenübers oder gar auf unsere eigene. Gut zu wissen, dass ich diese bewusst einsetzen kann, um eine Verbindung zwischen mir und meinem Gesprächspartner herzustellen. Die Wellenlänge zwischen zwei Menschen ist also tatsächlich weniger zufällig als ich dachte. Das kann sicher in vielen Situationen hilfreich sein. Spannend wird es, wenn beide diese völlig unterschätzen Instrumente für sich nutzen ...

KÖRPERSPRACHE

„SAY MY NAME, SAY MY NAME" – BEYONCÉ

Christian: Hallo Michael.

Michael: Hallo Christian.

Christian: Michael, wir sprechen nach wie vor über den Kommunikations-Eisberg. Darüber, wie ich erfolgreich kommuniziere, um zu beeinflussen. Denn Führung, und darum geht es hier im Großen und Ganzen, ist die Fähigkeit zu beeinflussen. Zu 70 % hängt der Erfolg meiner Kommunikation davon ab, ob ich es schaffe, mit meinem Gegenüber Rapport herzustellen, also eine vertrauensvolle Wechselbeziehung aufzubauen — dafür zu sorgen, dass die Chemie stimmt. Wir haben bisher erläutert, wie ich dies durch Lächeln, Augenkontakt und über Händedruck erreichen kann. Gibt es noch weitere Techniken, um Rapport herzustellen, Michael?

NAMEN

Michael: Hmm... [*nachdenklich*] Nun ja, Christian. Es hilft, Menschen mit ihrem Namen anzusprechen, um Rapport aufzubauen — natürlich in angemessener Dosierung. Wir haben es möglicherweise gerade etwas übertrieben. Leute direkt mit ihrem Namen anzusprechen ist ein Zeichen von Anerkennung. Es zeigt, dass ich weiß, wer du bist, dass ich deinen Namen kenne und dass er es mir wert ist, ihn auszusprechen. Das wird in der Regel von Menschen als positiv empfunden. Es funktioniert auch in Gruppen. Wenn sich in einer Gruppe noch nicht jeder kennt, hilft es, wenn sich diejenigen, die sich kennen, vor den anderen öfter mit Namen ansprechen. Das sind Rapport-Verstärker. So erhöht sich der Rapport der gesamten Gruppe und das Team wird effektiver. Plötzlich lernen die Teilnehmer die Namen der anderen kennen, sprechen sich ebenfalls mit Namen an und es entsteht eine respektvolle Beziehung in der Gruppe, es entsteht Rapport. Es verhindert diese peinlichen Momenten: „Äh, wie heißt du nochmal?" Das ist sehr unangenehm, ich kenne das selbst. Ich mag es gar nicht, ständig nach dem Namen zu ringen, obwohl sich derjenige bereits vorgestellt hat. Es hilft, wenn alle die Namen häufiger wiederholen. Dreimal wiederholen zum Überzeugen und sechsmal zum Erinnern. Namen helfen, Rapport aufzubauen.

Christian: Daher tragen alle Teilnehmer in unseren Seminaren Namensschilder. Jeder hat ein Namensschild und kann noch eine Kleinigkeit selbst hinzumalen. So kommen wir ins Gespräch und wiederholen den Namen automatisch. Es lenkt die Aufmerksamkeit auf den Namen und verleiht ihm etwas Besonderes, etwas Wertvolles.

Michael: Das Namensschild mit der Zeichnung bedient den visuellen Kanal. Wir sprachen bereits über die verschiedenen VAKOG-Sinneskanäle und unterschiedliche Präferenzen von Menschen. 50 % aller Menschen haben primär eine visuelle Präferenz, dazu zähle auch ich. 40 % haben vorwiegend eine auditorische Präferenz, dazu zählst du. 10 % haben eher eine kinästhetische Präferenz, dabei ist das Fühlen sehr wichtig. Wenn ich den Namen ausspreche, bewege ich mich im auditorischen Kanal und spreche damit schon mal 40 % der Leute an. Weitere 50 % erreiche ich durch ein visuelles Namensschild. Ich habe also eine gute Chance, durch das Aussprechen von Namen und Namensschilder, Rapport aufzubauen. Daher ist dies häufig auch in Meetings oder auf Konferenzen gang und gäbe. Es erhöht die Erfolgschancen der Kommunikation.

Christian: Lächeln, Augenkontakt, Handschlag, Namen aussprechen — was gibt es noch für Techniken, um Rapport aufzubauen?

MATCHING

Michael: Es gibt noch ein paar Techniken auf der körperlichen, kinästhetischen Ebene. Du hattest bei der Café-Situation das Thema Körpersprache angesprochen. Du hast beschrieben, dass das Angleichen der Körperhaltung unnatürlich wirken kann. Das erkenne ich daran, dass mein Gegenüber mir vorwirft, ihn nachzuahmen: „Sag mal, machst du mich etwa nach?" Diese Reaktion ist ein Zeichen dafür, dass dein Gegenüber ein Mismatcher ist.

Christian: Bei mir sehe ich durchaus diese Gefahr. Ich merke oft gar nicht, wie sich meine Haltung verändert oder die meines Gegenübers. Ich würde es vermutlich auch nicht merken, wenn er mich nachahmt. Es passiert unbewusst.

Michael: Es ist eine unbewusste Kompetenz. Wenn wir unsere Seminare und Trainings abhalten und tief in die NLP-Materie eintauchen, nehme ich das durchaus bewusst wahr. Wenn ich dann wieder im Alltag stecke und meine Aufmerksamkeit auf andere Dinge gerichtet ist, passiert all das unbewusst. Was ich allerdings durchaus bewusst wahrnehme, ist, wenn jemand mit seiner Körpersprache völlig ausbricht. Das kann Rapport-schädigend sein. Ich hatte mal ein Meeting und habe mich — für mein Verständnis — recht normal verhalten. Mein Gesprächspartner setzte sich plötzlich quer auf seinen Stuhl, legte ein Bein über die Armlehne und verschränkte seinen rechten Arm im Nacken, hinter seinem Kopf und den linken Arm hinter der Rückenlehne. Es sah total merkwürdig aus.

Christian: War ich das? Das passiert mir auch gerne mal. [*grinst*]

Michael: [*lacht*] Es ist ja auch total in Ordnung. Körperhaltung ist eben individuell und gegen bequemes Sitzen habe ich gar nichts einzuwenden. Ich habe bloß in diesem Augenblick bewusst wahrgenommen, dass ich Schwierigkeiten hatte, mich auf das Gespräch zu konzentrieren. Meine volle Aufmerksamkeit galt dieser Körperhaltung. Ich war total abgelenkt, es war ein richtiger Rapport-Killer. Meine Kommunikation erfolgreich zu gestalten war schwierig, weil die Körpersprache nicht synchron war und mir in der Situation nicht geholfen hat. Vielleicht war sie für mein Gegenüber bequem und hilfreich. Möglicherweise hat er viel aus dem Gespräch mitgenommen. Ich kann es nicht sagen.

Christian: Hast du dich dann genauso hingesetzt, um Rapport herzustellen? [*grinst*]

Michael: Sagen wir so, ich habe eine neue Grenze kennengelernt. [*lacht*] Hätte ich mich seiner Körperhaltung angepasst, wäre es auf jeden Fall vorbei gewesen mit Natürlichkeit. Das hätte er definitiv als unangebracht empfunden. Es war eine witzige Situation, jedoch nicht gerade zuträglich für unsere Beziehung. Wenn ich neue Leute kennenlerne, nutze ich das Angleichen meiner Körperhaltung gerne in Maßen, um schnell offen miteinander umgehen zu können. Dabei soll meine Körpersprache nicht im Weg stehen, sondern mich dabei unterstützen, schnell eine Verbindung aufzubauen und die Chemie zwischen meinem Gesprächspartner und mir herzustellen. Ich versuche also, meine Ausstrahlung so zu justieren, dass sie für mein Kommunikationsverhalten hilfreich ist.

Christian: Es ist natürlich auch eine interessante Erfahrung zu bemerken, dass es schwierig ist, mit jemanden, der dir gerade gegenüber sitzt, eine Beziehung aufzubauen und zu realisieren, dass es an seiner Körperhaltung liegt. Die Körperhaltung des anderen kann also auch verhindern, Rapport herzustellen.

Michael: Ja, genau.

Christian: Ich nehme also dann den intellektuellen Umweg und akzeptiere, dass sie möglicherweise ein Mismatcher ist, und schaffe es dennoch auf anderem Wege mit ihr erfolgreich zu kommunizieren.

FÜNF GESTEN

Michael: Stimmt, guter Punkt. Auch wenn mich die Körperhaltung eines anderen irritiert, kann ich die Entscheidung treffen, dennoch zu versuchen, Rapport herzustellen. Dazu fällt mir noch eine weitere Technik ein, die ebenfalls körperlich ist: Gesten. Die Art und Weise, wie ich meine Hände einsetze. Auch hier beobachte ich gerne zunächst, wie sich mein Gegenüber verhält. Das hilft mir, mich einzugrooven und meine Hände mehr oder weniger einzusetzen — je nachdem, was ich bei meinem Gegenüber beobachte. Wenn mein Gesprächspartner wild und heftig gestikuliert, kann ich meine Hände ebenfalls etwas stärker zum Einsatz bringen, auch wenn es vielleicht im ersten Moment nicht so mein Ding ist. Ich bleibe dennoch dabei natürlich und versuche es auf meine Art und Weise. Ich bringe meine Gestik nur etwas stärker ein, als bei jemandem, der ganz ruhig mit gefalteten Händen da sitzt. Im internationalen Kontext habe ich gelernt, dass es nur ganz wenige Gesten gibt, die auf der ganzen Welt gleich verstanden werden. Daher sind diese besonders wertvoll und ich nutze sie als eine Art *Safe Base*. Bei diesen Gesten weiß ich, ich kann nicht viel falsch machen, egal wer mit welchem internationalen Hintergrund vor mir sitzt. Eine dieser Gesten ist der erhobene Zeigefinger im Sinne von: *Hier ist ein Punkt, der ganz wichtig ist*. Den versteht jeder. Er erinnert mich an eine typische Lehrerbewegung, daher verstehe ich es, wenn manchen Leuten der erhobene Zeigefinger nicht besonders gut gefällt. Er wird zumindest nicht falsch verstanden und ich kann einen wichtigen Punkt damit unterstreichen. Mein Zeigefinger darf natürlich nicht auf mein Gegenüber zeigen, das wird generell als angreifend empfunden. Es sieht typischerweise aus wie eine Waffe, ein Degen oder ein Dolch. Auf jemanden zu zeigen wird auch international als unhöflich empfunden. Früher war es populär, mit fünf Fingern auf jemanden zu zeigen, auch ich habe das mal gemacht. Das ist noch viel schlimmer als mit dem Zeigefinger, ich zücke quasi fünf Messer gleichzeitig, die auf eine Person fliegen. Alles, was auf mich zufliegt, ist erstmal bedrohlich. Der erhobene Zeigefinger im Sinne von *Das ist ein wichtiger Punkt* ist okay, eine universelle Geste, die ganz gut funktioniert. Eine weitere internationale Geste ist die Jesus-Pose. Dabei zeige ich meine offenen Handflächen nach vorne. Jesus wurde häufig so dargestellt, das hat der Geste ihren Namen verliehen. Jedenfalls deutet sie Offenheit an. Ich bin offen für die Themen, über die wir sprechen. Ich lasse meine Hände seitlich zu meinem Körper mit den Handflächen nach vorne lässig herunterhängen wie in vielen Jesus-Darstellungen. Eine andere Geste ist die Denkerpose. Im Englischen heißt sie *Computer*. Dabei habe ich die Hand am Kinn und widme meinem Gegenüber die volle Aufmerksamkeit. Es wirkt, als denke ich über all das nach, was mein Gesprächspartner mir mitteilt. Sie hat auch für mich selber eine wichtige Wirkung. Wenn ich selbst merke, meine Gedanken driften während eines Gespräches etwas ab, nehme ich die Hand an mein Kinn und bin sofort wieder fokussiert auf meinen Gegenüber. Ich bleibe so besser konzentriert und steuere mich bewusst in einen Zustand, in dem ich besser zuhöre. Ich bin von Natur aus nicht der allerbeste Zuhörer der Welt. Meine Frau jubelt sicher, wenn sie das liest oder hört. Diese Geste hilft mir dabei, besser zuzuhören.

Christian: Soso, dein Körper versteht also deine Denkerpose sofort als Signal: „Achtung, los geht's. Jetzt zuhören." Meinst du es so in der Art?

Michael: Ja, genau. Ich komme noch einmal zurück auf unser Verständnis von Führung: *Leadership is my ability to influence.* Dabei hatten wir festgehalten, dass ich mich in erster Linie selbst führe, also mich auch selbst beeinflusse — *influence myself, leading myself*. Die Denkerpose ist eine Methode, mich selbst zu beeinflussen. Für mich funktioniert sie super. Wichtig ist dabei, dass die Finger am Kinn sind, nicht über dem Mund. Wenn die Finger über dem Mund liegen, mache ich eher den Eindruck, als sei etwas Schlimmes passiert. „Ach herrje, es ist etwas Schlimmes passiert." [*hält die Finger vor den Mund*] Daher gehe ich in diese typische Denker-Haltung mit den Fingern am Kinn wie bei klassischen Skulpturen oder alten Zeichnungen.

Christian: Gesten nehmen wir visuell und kinästhetisch wahr. Es gibt auch noch die sogenannten Universal Sounds, sozusagen Sprachgesten.

Michael: Welche Sinnespräferenz hast du nochmal?

Christian: Ich habe eher eine auditorische Präferenz.

Michael: Aha, ich male hier Bilder und gestikuliere wild vor dir herum und du erzählst etwas von Sounds? [*lacht*]

Christian: Ich spreche von *ohh* oder *hmmm*. Diese Laute kann ich nutzen, um mich selbst anzufeuern oder auch, um mir die Laune zu verderben. Früher habe ich manchmal zu mir selber gesagt: „Och, Kohlhof, was hast du denn da wieder gemacht!?" Damit kann ich mich mit Lichtgeschwindigkeit herunterziehen. „Och" — oder bei mir noch besser — „Och, nö, Kohlhof." Dann nenne ich mich selbst bei meinem Nachnamen. Es fühlt sich gleich so an, als würde mich jemand anderes tadeln.

Michael: Warum zum Teufel machst du das denn? Wieso machst du dir selbst schlechte Laune?

Christian: Ich wende das manchmal an, wenn ich von irgendetwas weniger essen oder weniger trinken möchte, quasi um mich selbst zu disziplinieren. Einmal habe ich es etwas übertrieben. Immer wenn ich im Supermarkt an der Wursttheke vorbeigekommen bin, habe ich leise „Wäh" zu mir gesagt. Schon nach ein paar Mal hat es mich schon automatisch gewürgt, wenn ich die Wurstwaren nur gerochen habe. So schaffe ich es, Stück für Stück veganer zu leben. Das funktioniert bei mir auch gut mit Alkohol. Es hilft mir, meine Ziele zu erreichen. Ein inneres *Yesss* oder *Wow*, wenn ich etwas erreicht habe, hilft mir enorm und bestätigt mich in meinem Handeln.

Michael: Ja, es ist wirklich toll, wie eindringlich diese Sounds sind — wie eine emotionale Konditionierung. Wenn jemand anderes ein solches Geräusch macht, bin ich froh, wenn ich es schaffe, mein eigenes Verhaltensmuster, welches damit zusammenhängt, zu erkennen und mich dagegen zu wehren. Wobei es bei mir als visueller Typ weniger diese Geräusche sind, sondern eher Bilder im Kopf — so wie diese animierten GIFs, die mittlerweile jeder Messengerdienst anbietet. Ich merke dann sofort, dass ich wieder in meinem Verhaltensmuster stecke, und kann mich bewusst gegen mein typisches Verhalten entscheiden. Ich probiere dann ein anderes Verhalten aus.

Christian: „Ochh, nö."

Michael: Großartig. Das funktioniert gut. Ich habe noch zwei weitere Gesten, insbesondere für die visuellen Typen unter uns.

Christian: Okay, zeig sie uns.

Michael: Liebe Leser, bitte stellt euch nun vor, wie ich gerade vor euch stehe, zu euch spreche und dabei meine Hände mit offenen Handflächen vor meine Brust halte. Mit dieser Geste zeige ich einen Weg in die Zukunft. Es sieht in etwa so aus, als würde ich einen imaginären Schuhkarton locker in den Händen halten. *[lacht]* Das fühlt sich gut an. Ich halte den Schuhkarton vor meinem Körper fest und bewege nun meine Hände Schritt für Schritt nach vorne, als würde ich den Schuhkarton schütteln und bei jedem Rütteln ein Stückchen vorschieben. Ich beobachte das oft bei Politikern, wenn sie uns von ihrem *wunderbaren Weg in die Zukunft* überzeugen wollen. Es ist tatsächlich eine der universellen Gesten, die auf dem ganzen Planeten gleich verstanden werden. Ich nenne diese Geste *den Richtungsweisenden*. Eine weitere Geste ist *der Beschwichtiger*. Der Beschwichtiger sieht aus, als würde ich ein Bett machen. Ich halte dabei meine Hände ausgestreckt, etwa auf Hüfthöhe mit den Handflächen nach unten und klopfe meine imaginäre Bettdecke am Fußende noch einmal glatt, nachdem ich sie aufgeschüttelt habe. Mit dieser Geste möchte ich sagen: „Es ist alles in Ordnung. Wir haben die Situation unter Kontrolle und werden nun die richtigen Schritte einleiten." Das ist *der Beschwichtiger*. Das war die letzte der universellen Gesten. Grundsätzlich gilt, dass alle asymmetrischen Gesten weniger glaubwürdig wirken als symmetrische Gesten oder sogar als witzig empfunden werden. Alle Gesten, die wir bisher besprochen haben, waren symmetrische Gesten, abgesehen von der Denkerpose. Zwei Hände am Kinn sähen komisch aus. Eine asymmetrische Geste ist zum Beispiel, wenn ich eine Hand nach oben hebe und die andere nach unten. Es sieht schon fast Clownsartig aus. Ein Bein zur Seite ausstellen ist auch eine asymmetrische Geste. Alles, was schräg ist und nicht symmetrisch erscheint, wird als weniger erfolgreich interpretiert.

Nun sind wir alle relevanten Gesten durchgegangen und haben zusätzlich einige körperlichen Dinge besprochen.

Christian: Haben wir den Eisberg nun vollständig abgedeckt?

Michael: Na ja, noch nicht ganz. Erfolgreiche Kommunikation hängt zu 70 % vom Rapport ab. Damit sind wir nun durch. Wir sprechen also noch über die 25 %, die vom *Wie*, der Art und Weise meiner Kommunikation abhängen. Danach sprechen wir dann über die restlichen 5 %, über das *Was*, den Inhalt unserer Kommunikation.

Christian: Das war also der einfache Teil. Der nächste folgt.

Michael: Ja, es ist alles unter Kontrolle [*klopft die Bettdecke glatt*]. Die Zukunft wird wunderbar [*schüttelt den Schuhkarton*].

Diese Gesten kennt vermutlich jeder. Ich werde ab sofort bewusster darauf achten, wer sie wann einsetzt und auch in welchen Situationen ich sie selbst einsetze. Gut zu wissen, dass all diese unterbewussten und gleichzeitig sichtbaren Handlungen etwas zu bedeuten haben. Es ist wie eine Art Geheimsprache, die in der ganzen Welt bekannt ist und die ich von nun an decodieren lerne.

DER TON MACHT DIE MUSIK

AUCH MUSIK-GESCHMÄCKER SIND VERSCHIEDEN

Christian: Uns beschäftigt immer noch der Kommunikations-Eisberg. Bisher haben wir vor allem über den Rapport gesprochen. Über den Inhalt, das *Was* meiner Kommunikation sprechen wir später. Jetzt geht es darum, *wie* ich erfolgreich kommuniziere. Wie gestalte ich meine Kommunikation, damit es beim Kunden, beim Mitarbeiter und bei mir selbst ankommt?

VAKOG PRÄFERENZ

Michael: Genau. 70 % haben wir bereits abgearbeitet, den Rapport, der den größten Anteil erfolgreicher Kommunikation ausmacht. Methoden, um Rapport herzustellen, sind Lächeln, Händeschütteln, Augenkontakt, der richtige Einsatz von Gesten, Körpersprache, meinen Gesprächspartner mit Namen ansprechen und die verschiedenen Sinnespräferenzen berücksichtigen. Nun geht es um die Art und Weise, *wie* wir kommunizieren. Das *Wie* macht 25 % erfolgreicher Kommunikation aus. *Sinnespräferenz* ist dabei ein gutes Stichwort. Es ist erstaunlich, wie verschieden wir Menschen sind. Jeder von uns hat sein eigenes Modell, seine eigene Wahrnehmung von dieser Welt, die wir über die fünf Sinne und den zusätzlichen, sechsten Kanal auf eigene Weise interpretieren. Die fünf Sinne sind die VAKOG-Kanäle: visuell, auditorisch, kinästhetisch, olfaktorisch und gustatorisch. Der sechste Kanal sind die Geschichten, die wir uns selber erzählen, die Stimme in unserem Kopf. Es ist also wichtig, all diese Kanäle und die verschiedenen Präferenzen meines Gegenübers zu berücksichtigen. Wo ist deine Präferenz nochmal?

Christian: Dafür brauche ich gar nicht nachzuschauen, ich höre einfach hin. Meine Präferenz ist der auditorische Kanal, deiner ist der visuelle.

Michael: Genau, ich habe eine visuelle Präferenz. Wenn ich es nicht sehen oder schreiben kann, kann ich es auch nicht verstehen. Daher benutze ich gerne Flipcharts und Notizzettel. Ich kritzele alles vor mir hin. Das hilft mir, bei der Sache zu bleiben.

Christian: Ja, das ist mir schon häufig aufgefallen. Selbst mit auditorischer Präferenz beobachte ich, dass du gerne malst und immer darauf Acht gibst, dass etwas gut aussieht. Ich höre es sogar, wenn du sprichst. Du verwendest gerne Worte, die den visuellen Sinneskanal bedienen: „Es sieht aus als ob, ...", „Es wird hell, ...", „ Es wird klar, dass ...", „Es ist ein durchsichtiges Manöver."

Michael: Das stimmt. „Ich sehe das Ziel vor Augen." Du sagst häufiger Dinge wie, „Das klingt sehr gut." Es fällt mir tatsächlich schwer Beschreibungen zu finden, die ausdrücken, wie etwas klingt. Ich habe eher ein visuelles Bild vor Augen als den Klang von etwas im Ohr. Die Frage ist nun, wie kann ich mir das zunutze machen? Inwiefern trägt das zu erfolgreicher Kommunikation bei? Unser Ziel ist es mit Kommunikation zu beeinflussen. Denn wir wollen erfolgreich Führen und Führung ist meine Fähigkeit, zu beeinflussen. Beeinflussen bedeutet ganzheitlich zu kommunizieren, nicht nur durch meine Worte, sondern ganzheitlich und ganzkörperlich, durch mein gesamtes Dasein. Wie erkenne ich zum Beispiel, meine eigenen Präferenzen und die der anderen?

Christian: Nun, wir hatten auch festgestellt, dass eine gewisse Verhaltensflexibilität hilfreich ist. *Der Flexiblere führt*. Wenn ich mein Verhalten anpassen kann, habe ich eine größere Chance auf Erfolg in meiner Kommunikation. Flexibilität kann in diesem Fall bedeuten, mehr visuelle Begriffe zu verwenden, um meinem Gegenüber einen Punkt klarzumachen.

Michael: Okay, wenn ich deine Meinung hören möchte, frage ich dich ab sofort: „Wie klingt das für dich?" Diese Frage spricht dich vermutlich eher an, als wenn ich dich frage, „Wie siehst du das?" oder „Wie fühlt sich das für dich an?"

Christian: Absolut. Du kannst mich auch fragen: „Soll ich es für dich noch einmal aufzeichnen?"

Michael: Wie verhält es sich mit: „Was denkst du gerade?"

Christian: Ähnlich wie mit: „Mach mir doch mal eine Skizze." Es ist für mich eher nicht so schnell zu durchschauen. Wenn ich also meine Sprache der

Sinnespräferenz des Anderen anpasse, kommuniziere ich eindringlicher und damit erfolgreicher.

Michael: Insbesondere in Gruppen kann es helfen, eine bestimmte Reihenfolge einzuhalten. Denn gerade mit mehreren Gesprächspartnern ist es schwierig, die unterschiedlichen Präferenzen zu berücksichtigen. In einem Einzelgespräch ist es leichter, auf die individuelle Präferenz einzugehen. Wie gehe ich in Gruppen vor?

Christian: Risikostreuung. Ich verteile meine Wortwahl also auf verschiedene Sinne.

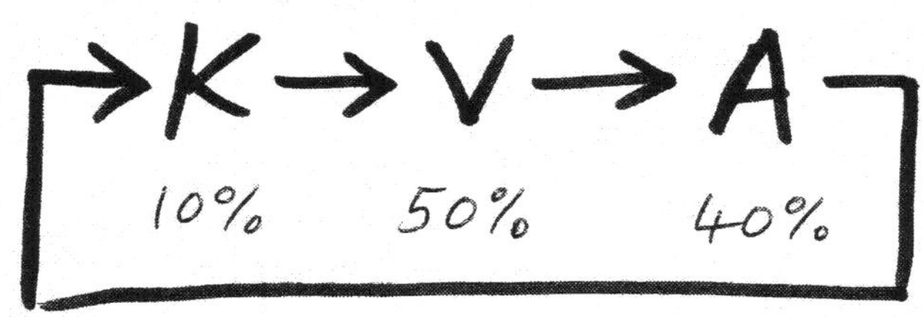

Abbildung: KVA
Um alle Präferenzen zu bedienen, spreche ich erst den kinästhetischen Sinn an, dann den visuellen und danach den auditorischen.

Michael: Ich versuche also, verschiedene Präferenzen anzusteuern. Ich habe gelernt, dass die Reihenfolge dabei wichtig ist. Ich starte mit dem kinästhetischen Kanal. Ein Beispiel ist die folgende Frage zu Beginn einer Gruppensitzung: „Guten Morgen, wie fühlt ihr euch heute?“ Damit habe ich den kinästhetischen Sinn angesprochen. 10 % der Bevölkerung haben eine kinästhetische Präferenz. Warum spreche ich sie zuerst an? Weil ich genau diese häufig am ehesten verliere. Sie steigen am schnellsten wieder aus, wenn ich sie nicht kontinuierlich auf dem kinästhetischen Kanal abhole. Daher frage ich zu Beginn: „Wie geht es euch? Wie fühlt ihr euch? Wie ist die Gemütslage?“ Die Gruppe, die ich als nächstes anspreche, ist die visuelle Gruppe. Die visuelle deswegen, weil sie die Mehrheit stellt. Etwa 50% der Menschen haben eine visuelle Präferenz. Die Auditorischen sind mit 40 %

knapp dahinter, daher kommen sie danach an die Reihe. Für diese Reihenfolge merke ich mir das Kürzel *KVA* — kinästhetisch, visuell, auditorisch. Wenn ich mit allen drei Kanälen durch bin, fange ich wieder von vorne an.

Christian: Das Gute ist, die Leute mit auditorischer Präferenz hören dich ohnehin von Anfang an. Sie erreichst du also auf der Tonspur während der gesamten Veranstaltung.

Michael: Richtig. So decke ich alle Präferenzen ab. Das Handgeben hilft natürlich zu Beginn ebenfalls bei den kinästhetischen Leuten durchzudringen. Ich habe eine Zeit lang im Product Management gearbeitet, wo wir regelmäßig neue Geräte im Sortiment hatten. Wenn wir die neuen Modelle dann in einem Meeting herumgegeben haben, konnte ich ganz genau beobachten, wer eine kinästhetische Präferenz hat. Sie konnten sich auf gar nichts konzentrieren, ehe sie das Produkt in den Händen hielten. Sie haben es auch so schnell nicht wieder losgelassen und hatten fast schon Schwierigkeiten, es weiterzugeben. Erst dann hatte ich ihre volle Aufmerksamkeit bei meinem Vortrag. Auch in den Gruppendiskussionen waren sie voll dabei. Daher haben wir in unseren Workshops immer *kinästhetische Spielzeuge* dabei. Das sind etwa Bälle oder Blöcke, die wir nutzen, um sie Menschen mit kinästhetischer Präferenz in die Hand zu geben. Sie können es anfassen und fühlen. So lenken wir dann ihre Aufmerksamkeit und Neugier auf unsere Inhalte.

Ähnlich funktioniert es mit den anderen Präferenzen, auch in einer E-Mail. Ich starte zum Beispiel mit: „Hallo, wie geht es dir? Du hast vielleicht schon gesehen, dass die Absatzzahlen in den letzten Wochen nicht besonders gut waren. Wann wollen wir darüber sprechen, wie wir damit umgehen? Liebe Grüße, Michael." „Wie geht es dir?", ist kinästhetisch. „Du hast vielleicht schon gesehen", spricht den visuellen Kanal an. „Wann wollen wir darüber sprechen", ist für den auditorischen. So habe ich die drei Präferenzen einmal durch. Im nächsten Absatz fange ich dann wieder von vorne an und versuche meine Ausdrücke möglichst breit zu streuen. Auch das darf natürlich nicht unnatürlich wirken. Es ist nicht zwingend notwendig, sich immer streng an diese Reihenfolge zu halten. Wichtig ist, dass ich niemanden verliere und alle Präferenzen regelmäßig triggere.

Christian: Cool. Es gibt sicher noch mehr Methoden, die ich verwenden kann, um die Art und Weise meiner Kommunikation zu optimieren, oder?

Michael: Na klar. Es gibt noch einige Kniffe, die zu den 25 % des Eisbergs unter der Oberfläche beitragen. 25 % des Eisbergs, der uns hilft, erfolgreich zu führen und zu beeinflussen. Denn Führung ist meine Fähigkeit zu beeinflussen. Vermutlich denkt sich nun der Leser und die Leserin: „Mensch, wieso sagt er dies denn schon wieder?" Das mache ich, weil das genau der Trick ist. Chief Repeating Officer haben sich die Google-Gründer genannt. Sie haben erkannt, dass viel Macht in der Wiederholung liegt. Früher gab es noch zerkratzte Schallplatten, die wieder und wieder das Gleiche abgespielt haben. Wiederholung ist eine Methode. Wenn zwanzig Millionen Bits auf jeden von uns einprasseln und am Ende kommt eine Ergebnismenge von 7±2 heraus, vergrößere ich meine Chance, durch das ständige Wiederholen meiner Botschaft Teil dieser Ergebnismenge zu sein. Drei Wiederholungen benötige ich, damit ich mein Gegenüber überzeuge und sechs Wiederholungen damit er oder sie sich an meine Botschaft erinnert. Dreimal zum Überzeugen, sechsmal zum Erinnern. Wir haben es bereits ein paar Mal wiederholt und tun es gerne nochmal. Bei zwölf Wiederholungen bin ich auf der sicheren Seite und noch erfolgreicher. Wie viele Wiederholungen zum Überzeugen?

Christian: Neunmal, sechsmal? [überlegt] Neunmal.

Michael: Und zum Erinnern?

Christian: Ja, genau. Es gibt noch mehr Methoden, die man nutzen kann, um die 25 % meiner Kommunikation zu verbessern, die auf das *Wie* zurückzuführen sind. Was kann man noch tun, abgesehen vom ständigen Wiederholen?

ICH-SPRACHE

Michael: *Man kann*. Habt ihr gemerkt, was Christian gerade gesagt hat? Er ist clever. Was kann *man* tun?

Christian: Wir hatten doch schon mal das Beispiel mit den weißen Hemden. Du hast zu mir gesagt: „Christian, du trägst immer dieses schöne weiße Hemd. Aber mir fällt auf, dass du es immer trägst."

Michael: Ja, ich erinnere mich. Ich bin mir nicht mehr sicher, wer von uns immer das weiße Hemd getragen hat. Spielt ja auch keine Rolle.

Christian: *Aber* ist etwas, das *man* nicht machen darf.

Michael: *Aber* macht alles kaputt. Das darf ich nicht machen, das darf keiner machen, es gehört gestrichen aus dem Wortschatz.

Christian: Ich verwende stattdessen *und*: „Christian, du trägst ein weißes Hemd und mir ist aufgefallen, dass du es öfter trägst."

Michael: Genau. *Aber* durch *und* zu ersetzen gehört schon zum fortgeschrittenen Level. Das Profi-Level ist, einfach die Klappe zu halten und einen Punkt zu setzen. NLP-Meister sagen: „Christian, du trägst immer so schöne weiße Hemden." Punkt. Du erwartest nun, dass noch etwas kommt. Es kommt nichts. Du merkst auch so, dass ich dir mitteile, dass du diese schönen weißen Hemden immer trägst. Ich könnte vielleicht noch sagen. „ ... und ich freue mich auf den Tag, an dem ich dich in einem Hawaii-Hemd sehe." Beides ist möglich, um dir meine Botschaft zu übermitteln. Einen Punkt zu setzen ist großes Kino. Das fällt mir am schwersten. Einfach mal die Klappe halten.

Christian: Einfach mal die Klappe halten. Neben dem *aber* gibt es auch das *man*. Auch das habe ich eben absichtlich falsch gemacht. *Man kann, man sollte mal* und *man dürfte* — wer ist dieser *man*? Ich lass es einfach weg und spreche von mir selbst, *ich* statt *man*. *Ich mache das* oder *Bitte mach du das* oder *Lass uns das gemeinsam machen*. Auf jeden Fall nicht irgendjemand.

Michael: Darf ich eine Anekdote erzählen?

Christian: Ja, gerne.

Michael: Ich war achtzehn Jahre alt. Von der Geschichte von meiner Mutter hatte ich bereits erzählt. Sie war als Kind mit ihrer Familie im Zweiten Weltkrieg aus Ungarn vertrieben worden. All das hat sehr viel Leid in meiner Familie angerichtet. Daher hatte ich immer eine sehr pazifistische Einstellung und wollte mich nie in irgendeiner Weise an jedweder Art von Krieg beteiligen. Für mich war damals klar, dass ich den Kriegsdienst verweigere und nicht zur Bundeswehr gehe. Damals musste sich jeder Mann mit achtzehn Jahren entweder für die Bundeswehr oder für den Zivildienst entscheiden. Um den Kriegsdienst zu verweigern, wurde von mir eine schriftliche Begründung verlangt. Diese wurde kritisch ausgewertet und dann entweder anerkannt oder abgelehnt. Ich habe also sehr detailliert die Geschichte meiner Familie aufgeschrieben und meine Einstellung zum Einsatz von Waffen dargelegt. Es gab damals einen Mann in unserem Bekanntenkreis, ich erinnere mich leider nicht mehr an seinen Namen, der mir damals freundlicherweise aus eigener Überzeugung sehr geholfen hat. Er hatte es sich zur Aufgabe gemacht, Menschen wie mir dabei zu helfen, als Kriegsdienstverweigerer anerkannt zu werden. Ich erinnere mich gut an unsere Treffen. Er las mein Schreiben in Ruhe durch, rauchte dabei seine Pfeife und sagte dann zu mir: „Streich das *man* überall aus deinem Schreiben heraus und ersetze es durch *ich*." Ich hatte Sätze formuliert wie „man solle anderen Menschen kein Leid zufügen" oder „wenn man, dann." Ich war achtzehn Jahre alt, als er mir das beigebracht hat, und ich werde das nie vergessen. Es hat bei mir einen bleibenden Eindruck hinterlassen. Seitdem lerne ich, *man* aus meinem Vokabular zu streichen.

In der Schule wurde mir beigebracht, ich solle keinen Satz mit *ich* anfangen. Das führte bei mir oft zu Formulierungen mit *man*. Das mit dem *Ich* am Anfang des Satzes mag eine Stilfrage sein. Und, heute weiß ich, dass es auch bedeutet, Verantwortung zu übernehmen, wenn ich im *Ich* spreche. Daher darf *ich* auch ruhig mal an den Satzanfang und nicht der imaginäre *man*, den es gar nicht gibt. Die Bedeutung von vielem, was ich damals gelernt habe, wurde mir erst später bewusst. Mit bewusster Sprache führe ich mich selbst und andere, und damit übernehme ich Verantwortung.

Das war meine Anekdote zum Thema *man* und zur Kriegsdienstverweigerung. Ich habe es übrigens geschafft, ich wurde als Verweigerer anerkannt und musste keinen Kriegsdienst absolvieren.

Christian: Wie zu Hause: *Man sollte mal die Küche aufräumen*. Wir haben die Modaloperatoren bereits vorgestellt: *müssen, dürfen, können, sollen*. Unsere Leser haben sicher bemerkt, dass wir häufig den Modaloperator *dürfen* statt *müssen* verwenden. *Du darfst als Chef* oder auch *Du willst*. Mir hilft es, wenn ich sage: "Ich will die Küche aufräumen" statt „Ich muss die Küche aufräumen." Ich gehe dann ganz anders an die Sache heran. *Ich darf* und *Ich will* funktioniert sehr viel besser als *müssen*. Ich will nämlich gar nichts müssen.

Michael: Meine Frau wird begeistert sein, wenn ich heute Abend nach Hause komme und genau das zu mir selber sage. Und es auch tue.

Christian: „Ich will die Küche aufräumen." Super, Michael. Vielen Dank. Wir dürfen nun aufhören mit diesem Kapitel.

Michael: Und wir wollen aufhören.

In der Tat, die Wirkung ist eine ganz andere, wenn ich von mir spreche, anstelle von einem anonymen man. Auch das aber ist häufig eine Alibi-Verbindung, die ich nutze, wenn ich eigentlich etwas anderes sagen möchte: „Entschuldigung, ... aber ich habe es trotzdem so gemeint." Dennoch ist es manchmal noch gar nicht einfach, auf diese Worte zu verzichten. Das Bewusstsein darüber hilft allerdings schon sehr. Seit ich dieses Kapitel gelesen habe, zucke ich innerlich immer zusammen, wenn ich man oder aber ausspreche. Scheint also besser zu funktionieren, als ich dachte. Ich glaube, es ist ganz einfach ;-)

RAT-SCHLÄGE

GESCHICHTEN VOM ADVICE-MONSTER

Michael: Wir sind nun im letzten Teil des Eisbergs angekommen. Es ist vielleicht hilfreich, wenn ich einen kurzen Recap mache, damit unsere Leserinnen weiterhin klare Orientierung haben. Wie klingt das für dich?

Christian: Gute Idee. Erläutere doch auch noch einmal den Kontext des Eisbergs. Wir haben über so viele Themen gesprochen, dass sich die Leser schnell darin verlieren können.

REKAPITULATION

Michael: Okay, es ging im Großen und Ganzen um das Thema Führung. Wir stellen uns die Frage, was Führung eigentlich ist. Diese Frage haben wir beantwortet mit unserer Definition *Führung ist meine Fähigkeit zu beeinflussen.*

Christian: Sag es doch auch noch einmal auf Englisch. Das höre ich gerne von dir.

Michael: *Leadership is my ability to influence*. Die Frage, die wir uns dann gestellt haben, war: *Wie beeinflusse ich denn?* Wir haben über Star Wars und die Macht gesprochen. Wir wollen unsere Techniken und Methoden für das Gute einsetzen wie Luke Skywalker. Wir möchten diese nicht für etwas Schlechtes missbrauchen wie Darth Vader. Wir wollen uns selbst und unsere Mitarbeiter beeinflussen, unseren großen Masterplan, unseren Purpose, unsere Vision und unsere Ziele im Unternehmen zu erreichen. Ich beeinflusse durch mein Verhalten, meine Ausstrahlung, meine Kommunikation. Als Führungskraft stehe ich vor der Challenge, dass das, was ich meinen Mitarbeitern kommuniziere, auch bei ihnen richtig ankommt, damit ich einen Einfluss auf sie habe. Jeden Tag prasseln auf jeden Einzelnen von uns elf Millionen Informationsbits ein, von denen tatsächlich nur eine Handvoll Informationen übrig bleiben, nämlich 7±2. In diese Ergebnismenge von 7±2 möchte ich bei meinen Mitarbeitern durchdringen. Um meine Erfolgschance, die in der Regel bei etwa 0,00001 % liegt, zu erhöhen, nutze ich den Kommunikations-Eisberg. Wie jeder gute Eisberg hat der Kommunikations-Eisberg nur eine kleine Spitze oberhalb der Oberfläche. Das, was oberhalb der Oberfläche passiert, ist die inhaltliche Botschaft unserer Kommunikation. Das, *was* ich kommuniziere. Die restlichen 95 % laufen unterhalb der Oberfläche ab. 70 % davon macht der Rapport aus, also die Beziehung, die ich mit meinem Gesprächspartner habe. Weitere 25 % macht das *Wie* meiner Kommunikation aus. Rapport baue ich durch Lächeln, Augenkontakt, Händeschütteln, Gesten, Körpersprache, Erwähnung des Namens und durch die Berücksichtigung verschiedener Sinnespräferenzen auf. Jeder Mensch hat eine besondere Präferenz für einen der fünf VAKOG-Kanäle. VAKOG steht für **v**isuell, **a**uditorisch, **k**inästhetisch, **o**lfaktorisch und **g**ustatorisch. Auch bei den 25 % des *Wies* haben wir über Sinnespräferenzen gesprochen. Gerade in Gruppen ist es wichtig, dass ich die drei Sinne ausgewogen anspreche. Idealerweise in der entsprechenden Reihenfolge: kinästhetisch, visuell und auditorisch — kurz *KVA*. Es funktioniert genauso gut in der digitalen Kommunikation wie E-Mail oder Video-Telefonie. Ein weiterer Trick ist die Wiederholung meiner Botschaft. Drei Wiederholungen zur Überzeugung, sechs Wiederholungen zur Erinnerung. Ich denke, das haben wir nun ausreichend oft wiederholt. Einmal noch zur Erinnerung: dreimal zum Überzeugen, sechsmal zum Erinnern. Als Führungskraft bin ich automatisch in der Rolle des Chief Repeating Officers. *Aber* und *man* haben wir aus unserem Vokabular gestrichen, denn positive Sprache ist wirkungsvoller. Wir ersetzen Ersteres durch *und* oder beenden einfach den Satz. Zweiteres ersetzen wir durch eine konkrete, reale Person— zum Beispiel, *ich*. Jetzt kann es weitergehen.

Christian: Ich denke, du solltest uns nun etwas über Ratschläge erzählen, vor allem über ungefragte Ratschläge solltest du berichten.

Michael: Sollte ich das?

Christian: Ja, ich denke schon.

Michael: Ihr merkt es sicher gerade. Christian triggert mich an und gibt mir Ratschläge, er gibt mir ungefragt einen Ratschlag. Das ist unser Thema. *Du solltest das mal machen*. Da rollen sich bei mir schon die Fußnägel hoch. Wir haben *man* durch *ich* ersetzt und nun sind wir beim *du* angekommen. Die

Du-Form ist das Advice-Monster. Wenn ich dir oder anderen sage, was sie tun wollen, bin ich ein Advice-Monster.

Christian: Aus meiner Erfahrung heraus, solltest du das mal machen.

Michael: Wie würde es sich denn anhören, Ratschläge von dir zu bekommen?

Christian: Wie bitte?

Michael: Was ist das Advice-Monster?

Christian: Das Advice-Monster ist dieser Reflex, den ich habe, wenn mir jemand eine Geschichte erzählt, in der sie ein Problem beschreibt. Ich kenne natürlich sofort die Lösung. Ich weiß, was diejenige zu tun hat, damit es ihr besser geht. Denn ich habe alle Ratgeber und die vollständige Literatur gelesen. Außerdem habe ich es einfach drauf. Politiker haben es auch drauf, die kennen einfach immer die richtige Lösung und wissen, was zu tun ist.

Michael: Warte kurz. [*Pause*] Bullshit!

Christian: Advice-Monster lauern hinter jeder Ecke. Sie springen schnell zum Vorschein, wenn sie hören, dass jemand ein Problem oder eine Herausforderung hat. Ein Advice-Monster sagt dann: „Ach, das kenne ich. Mach doch mal dies und das. Probiere es so und so. Ich habe das Buch gelesen, lies das auch mal. Denk mal darüber nach." Das ist ein Rapport-Killer erster Güte. Mein Gegenüber wird so mit Sicherheit ziemlich schnell sehr still.

Michael: Sprache wirkt. Ich bin immer noch baff von all den Ratschlägen, die du mir gegeben hast.

Christian: Damit ist das Gespräch dann auch beendet. Der andere ist baff und will am liebsten gar nichts mehr hören. Ich dagegen fühle mich super, denn ich konnte tolle Ratschläge geben.

Michael: Ja, super. Ich werde sofort alle deine Ratschläge umsetzen.

Christian: Da bin ich mir sicher.

Michael: Wie kann ich es denn besser machen? Spaß beiseite. Ich meine, ich spüre alleine an meiner Reaktion, dass es eher wenig hilfreich ist. Wenn ich dir etwas erzähle und du mir mit: „Du solltest es so und so machen" kommst, denke ich sofort: „Einen Teufel werde ich tun." In unserem Fall war deine Reaktion sogar vorher abgesprochen und dennoch hatte ich diesen Gedanken. Wie kann ich das als Führungskraft besser machen?

Christian: Du solltest erst einmal ein Glas Wasser trinken und tief durchatmen. [*Pause*] Es ist ein Kinderspiel, gute Ratschläge zu verteilen.

Michael: Den nehme ich an und trinke ein schönes, kaltes Glas Wasser. [*trinkt*]

FRAGEN, ZUHÖREN UND STILL SEIN

Christian: Was hilft dir denn, wenn du ein Problem hast? Wenn du auf eine Stelle triffst, an der du einfach nicht weiterkommst, was hilft dir? Was kann dein Gegenüber tun, damit du weiterkommst?

Michael: Ganz ehrlich? Manchmal einfach nur zuhören. Oft hilft mir mein eigener Monolog, den ich jemandem erzählen kann. Ich komme häufig dabei selbst auf die Lösung. Im Gespräch mit jemand anderen ist es irgendwie ein anderes Mindset. In dem Moment, in dem ich es jemand anderem erzähle, wird mir mein Problem erst richtig klar. Die Lösung liegt dann häufig auf der Hand. Manchmal frage ich auch konkret nach ähnlichen Erfahrungen oder nach einem konkreten Rat. „Hast du schon mal eine vergleichbare Situation erlebt? Wie hast du sie gelöst?" oder „Darf ich dich um einen Rat bitten?" Das kann hilfreich sein, wenn es tatsächlich eine vergleichbare Situation und der Rat wertvoll ist. Wenn ich diese Art von Unterstützung benötige, frage ich konkret danach, es ist also kein unerwünschter oder ungefragter Rat.

Christian: Was habe ich gerade gemacht?

Michael: Du hast mir eine Frage gestellt.

Christian: Ich habe dir eine Frage gestellt und dann zugehört.

Michael: Genau. Und ich habe dann drei Optionen aufgelistet und dabei erkannt, welche meine präferierte Lösung ist.

Christian: Die Stimmung ist gleich eine ganz andere.

Michael: Ja, das stimmt. Ich bin damit beschäftigt, eine Lösung zu erarbeiten, statt mir zu überlegen, warum mir der Ratschlag von deinem Advice-Monster nicht gefallen will.

Christian: Du kannst also an der Stelle, an der es dich eigentlich reizt einen ungefragten Ratschlag zu geben, einfach eine Frage stellen. Welche Möglichkeiten habe ich noch, um dir zu helfen, ein Problem zu lösen?

Michael: Ich brauche gerade keine Hilfe.

Christian: Och Mensch, tu' doch wenigstens so. [*gespielt beleidigt*] Fragen stellen und zuhören!

Michael: Ask questions and listen. Kennst du Columbo, ich meine Inspektor Columbo?

Christian: Ich dachte schon, du meinst die Hauptstadt von Sri Lanka.

Michael: Die ist auch schön und heißt Colombo. Ich meine Inspektor Columbo aus der Krimiserie aus den 70ern. Er trägt immer diese großen beigefarbenen Trenchcoats und wuselt überall herum beim Lösen seiner Fälle. Weißt du, was er dabei die ganze Zeit macht? Er stellt Fragen. Die ganze Folge über stellt er allen möglichen Leuten Fragen, um den Fall zu lösen. Vermutlich hat er den Mörder schon nach fünf Minuten identifiziert, dennoch stellt er immer mehr und mehr Fragen. Die Folge muss ja voll werden. „Dort, hinter der Hecke stand der Gärtner am Fenster und hat rausgeschaut." Columbo: „So? Was hat er denn bloß da beobachtet?" Auf seine schrullige Art und Weise stellt er eine Frage nach der nächsten und hört sich alles ganz genau an. Erst ganz am Ende, in den letzten zwei Minuten setzt er dann alle Puzzleteile zusammen und löst den Fall — ein schönes Bild.

Christian: Columbo nutzt noch eine andere, sehr lässige Technik. Nach jedem Gespräch, wenn er all die Leute mit seinen Fragen gelöchert hat, verlässt er langsam den Raum. Bevor er durch die Tür verschwindet, dreht er sich immer noch einmal um und sagt: „Eine Sache fällt mir noch ein, ..." Das ist der Hammer. Alle sind sich schon sicher, dass es vorbei ist, die Anspannung fällt ab und plötzlich fällt ihm etwas Merkwürdiges auf.

Michael: Genau das ist die Columbo-Methode. Ich kann diese nutzen, um zu führen. Fragen stellen und gut zuhören. *God gave me two ears and one mouth* *and I should use them proportionally* — Ich habe zwei Ohren und einen Mund und genau in der Proportion sollte ich sie nutzen.

Christian: Einfach mal fragen und zuhören. Wie kann ich noch ein besserer Zuhörer werden?

Michael: Ich nutze dafür die Denkerpose. Ich nehme die Hand an mein Kinn und bringe mich so ganz bewusst in den Zuhör-Modus. So beeinflusse und führe ich mich selbst, damit mir das Zuhören leichter fällt.

Christian: Wenn mir jemand etwas erzählt, erwische ich mich schnell dabei, dass ich überlege, was ich darauf antworten kann. So nach dem Motto: „Dazu kenne ich auch eine Geschichte." Das ist der kleine Bruder des Advice-Monsters. Ich versuche daher bewusst zuzuhören, geduldig abzuwarten, bis mein Gegenüber fertig ist. Dann kann ich meine Geschichte erzählen.

Michael: *Am I listening to respond or listening to understand?*

Christian: Guter Spruch, das kann am Anfang knifflig sein, das zu unterscheiden. Es lohnt sich.

Michael: Was kann ich noch tun?

Christian: Manchmal hilft es einen Augenblick lang zu schweigen. Wenn ich jemandem eine Frage stelle und es passiert erstmal nichts, weil mein Gegenüber sich für die Antwort Zeit lässt, kommt meistens etwas Gutes dabei heraus. Diese Stille halte ich aus. Gerade in Coaching-Situationen bin ich manchmal in Versuchung, die Stille zu unterbrechen und noch etwas zu sagen. Ich habe festgestellt, dass es meistens nicht hilft. Daher halte ich die Stille einfach aus.

Michael: Drei Elemente: *Ask questions, listen and be silent*.

Christian: Genau. Es ist hilfreich, seinem Gegenüber Zeit zum Nachdenken zu geben.

Michael: Als Coach von Gruppen erlebe ich das auch oft. Wenn ich eine Frage stelle, vergehen häufig acht, neun, zehn Sekunden, bis jemand etwas sagt. Es war nicht immer einfach, diese Stille auszuhalten. Früher dachte ich häufig: „Oh, es sagt niemand was, vielleicht sollte ich einfach weitermachen." Ich habe nun gelernt, es auszuhalten, und genieße diese Momente. Fast immer sagt dann doch noch jemand etwas, und häufig ist dieser Beitrag besonders wertvoll.

Christian: Es fühlt sich manchmal an wie eine Ewigkeit.

Michael: Und alle Augen sind auf dich gerichtet. Am Anfang war es richtig unangenehm.

Christian: Vielleicht erinnern sich die Leser noch an den *Happy-Birthday-Trick*. Ich singe in solchen Situationen den Happy-Birthday-Song in meinem Kopf, es dauert ziemlich genau fünfzehn Sekunden. Solange halte ich die Stille aus und gebe meinem Gegenüber Zeit. Das ist eine gute Zeitspanne und eine super Methode, die von der Stille und den starrenden Augen ablenkt.

Michael: Ja, das ist super. Ich singe ab sofort auch einfach *Happy Birthday* in diesen Momenten.

Christian: Nur im Kopf singen und besser nicht den anderen erzählen. [*Stille — 15 Sekunden*]

Michael: Das war eine lange Stille, lass uns die Energie wieder hochziehen.

Christian: Stille funktioniert auch am Telefon super. Einfach mal die Klappe zu halten ist eine super Verhandlungsmethode, insbesondere am Telefon.

Michael: Zeit für ein Recap. Was hast du heute mitgenommen?

Christian: Oder: Was haben wir weggelassen? Ich habe das Advice-Monster weggelassen.

Michael: Richtig, wir haben über das Advice-Monster gesprochen.

Christian: Und wir haben über seinen kleinen Bruder gesprochen: „Ich höre dir nur zu, weil ich selber darüber nachdenke, was ich gleich erzählen will." Daher gilt: Fragen stellen, zuhören und die Stille nutzen.

Michael: Alles klar. Diese nutze ich jetzt.

Erst einmal vielen Dank für dieses Recap. Ich verstehe, was ihr da tut. Ihr helft mir durch Wiederholung eure eigenen Inhalte in meinem Kopf zu behalten – super Sache. Es funktioniert. Ich denke, ich bin nun von eurer Definition von Leadership überzeugt und freue mich auf das nächste Mal, wenn ihr sie erwähnt – zur Erinnerung.

Diese Advice-Monster kenne ich nur zu gut – offengestanden auch durchaus von mir selbst. Ich fühle mich ein wenig peinlich berührt. Ich werde ab sofort, meine Ratschläge für mich behalten bis mich jemand danach fragt. Zumindest werde ich sie mithilfe eurer Frage-Technik geschickter verpacken. Denn ich bin mir sicher, dass meine Ratschläge clever sind. Oft weiß mein Gegenüber ja gar nicht, wie clever meine Ratschläge sind … ;-)

KISS EINSTEIN!

KOMMUNIKATION FORMATIEREN

Christian: Heute machen wir ganz einfach den Eisberg zu Ende. Also halte es bitte einfach. So einfach, dass es jeder versteht. Keep it simple.

Michael: Warum heißt es eigentlich: *Keep it simple, stupid*?

Christian: Da steht ein Komma vor *stupid*, also *du Dummerchen*.

Michael: Okay. Also, wenn ich es als Chef nicht simpel halte, bin ich dumm.

Christian: Genau. Oder *Halte es bitte einfach für mich, du Dummerchen*. Ich kann auch sagen *keep it simple and stupid*, im Sinne von *Halte es einfach und leicht verständlich*.

Michael: Kurz und knackig auf den Punkt.

Christian: Geht klar. Eisberg fertig. Fehlt noch etwas?

Michael: Neben *Keep it simple, stupid* — das haben wir ja jetzt schon abgehakt — gibt es noch eine zweite Technik. Es geht um das *Wie*, welches zu 25 % dazu beiträgt, Kommunikation erfolgreich zu gestalten. Es ist eine Formatierungsformel. In vier Schritten und durch die richtige Reihenfolge kann ich meine Botschaft so formatieren, dass sie optimal ankommt.

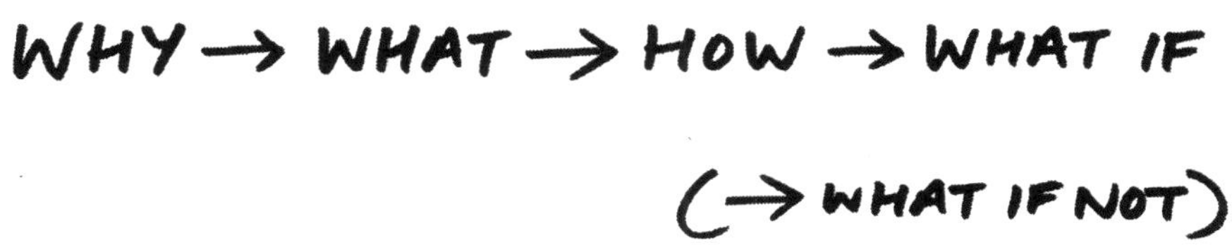

Abbildung: Kommunikations-Format
So formatiere ich meine Botschaft wirkungsvoll.

Christian: Machen wir doch ein Beispiel.

Michael: Ich hatte heute Morgen einen Coaching-Call. Eine Klientin hat mir von einem Problem berichtet. Sie steht vor der Aufgabe, ihrem Team mitzuteilen, dass bedingt durch die Corona-Krise zwei ihrer Mitarbeiter das Unternehmen verlassen werden. Es gilt, Kosten zu sparen. Sie war auf der Suche nach dem optimalen Weg, diese Nachricht zu überbringen, ohne dass der Teamspirit leidet und so, dass ihre Mitarbeiter verstehen, zu welchem Zweck dies nun leider so passieren muss.

Christian: Warum ist das denn notwendig?

Michael: Das ist der erste Schritt: Vor dem *Was*, geht es um das *Warum?*, *Zu welchem Zweck?* „Weil die Umsätze um siebzig Prozent eingebrochen sind, ist unsere Firma in ihrer Existenz bedroht. Wenn wir nicht kurzfristig handeln und unsere Kosten senken, müssen wir bis Juli die Firma dichtmachen."

Christian: Okay, das ist das *Warum*. Was passiert jetzt?

Michael: „Von zwei Mitarbeitern müssen wir uns leider trennen. Sie werden zum 30. April aus dem Unternehmen ausscheiden und bereits ab nächsten Montag freigestellt. Sie werden ab sofort nicht mehr in unserer Runde dabei sein."

Christian: Das ist nicht nur das *Was*, sondern schon fast das *Wie*, der dritte Schritt, oder?

Michael: Fast. Das *Wie* ist der Termin im April und die Freistellung ab Montag. *Wie* ist auch, „Ich bedanke mich bei den beiden Kollegen für ihren Beitrag, den sie in den letzten Jahren geleistet haben und dafür, dass sie uns als Team weitergebracht haben. Ich schätze sie für ihre Expertise und ihre Kompetenz, die sie hier eingebracht haben und wünsche mir, dass wir auch in Zukunft freundschaftlich verbunden sind, auch wenn sich jetzt unsere Wege trennen werden."

Christian: What if?

Michael: Der vierte Schritt, *What if* – *Was ist, wenn* wir das jetzt so machen? „Wenn wir nun so vorgehen, dann gewährleisten wir dadurch, dass alle anderen im Team eine hohe Sicherheit haben und wir dieses schwierige

Jahr gemeinsam überstehen werden, um auch in Zukunft weiter an unserer gemeinsamen Vision arbeiten zu können. Nur so können wir in dieser Gemeinschaft mit allen engagierten Mitarbeitern und Mitarbeiterinnen, die hier täglich zusammenkommen — wenn auch zurzeit nur virtuell — unser gemeinsames Ziel erreichen."

Christian: Und was ist, wenn nicht?

Michael: *Was passiert, wenn wir das nicht tun würden?*, ist die fünfte Frage zum Unterstreichen der Message. „Wenn wir das jetzt nicht machen, dann bedeutet dies, dass wir wahrscheinlich bis Ende Juli alle nach Hause gehen können und alle unsere Jobs verlieren. In diesem Fall wird die Firma geschlossen."

Christian: Und dann ist die Kommunikation beendet?

Michael: Genau. Dieses *Format-Frame* ist die Formatierungsformel: *Why, What, How, What if*. Und wenn ich meine Message noch extra unterstreichen möchte, kann ich zusätzlich das *What if not* benennen. Tolle Methode. Das kann ich auch in einem Rapport nutzen oder wenn ich in einer anderen Art und Weise eine wichtige Sache zum Ausdruck bringen will. Egal, ob es etwas Positives oder etwas Negatives ist. Ich fange an mit dem *Warum* oder dem *Wofür*, nenne dann das *Was* und danach das *Wie*. Am Ende formuliere ich dann die Abzeichnung mit dem *„Wenn wir das jetzt so machen, dann passiert das und das."* So erzeuge ich Motivation.

Christian: So schaffe ich es, den großen Bogen zu spannen zwischen Vision und Purpose. Es geht darum, dass das Unternehmen überlebt. Mit der Formulierung erreiche ich, dass klar wird, dass meine heutigen Entscheidungen darauf ausgerichtet sind.

Michael: Genau. Das ist, was Führung bedeutet. Diese Entscheidung muss ich treffen. Es ist ein Baseball, der mir gerade entgegengeflogen kommt, den ich treffen darf. Und wenn ich diesen Ball — trotz des Schlags — sauber und verständlich kommuniziere, bin ich als Führungskraft, als Firmenlenker, als Chef (meines Lebens) erfolgreich.

Christian: Für welche Art von Kommunikation kann ich diese Methode verwenden?

Michael: Für jede: Face-to-face, in Gruppen, in E-Mails, am Telefon, in einer Konferenzschaltung. Wir Menschen sind grundsätzlich irgendwie verdrahtet. Wir alle wollen am Anfang wissen: *Warum? Wofür? Wofür ist das eigentlich wichtig?* Wenn ich das verstanden habe, bin ich für das, was danach folgt, offen. Ich habe früher oft den Fehler gemacht, mit dem *Was* anzufangen: „Hallo, ich habe euch mitzuteilen, dass wir uns von zwei Kollegen trennen werden."

Christian: Start with What[30].

Michael: Es könnte ja mal jemand versuchen, ein Buch darüber zu schreiben. Ich werde es nicht tun. *Start with Why* ist genau der Punkt simpler Kommunikation: *Warum? Wofür? For what Purpose?* Und erst danach erkläre ich, was ist es, wie ist es und was passiert, wenn wir es so machen.

Christian: Was hat *Kiss* mit Einstein zu tun?

Michael: *KISS* steht ja etwas salopp für *Keep it simple, stupid*. Einstein war da eloquenter. Er hat sinngemäß gesagt: „Wenn ich es nicht einfach erklären kann, hab ich es noch nicht gut genug verstanden."

Christian: Gar nicht so dumm, der Einstein.

Klingt überzeugend. Das merke ich mir. KISS: Why, what, how, what if?

30 In Anspielung auf das Buch „Start with Why — How Great Leaders Inspire Everyone to Take Action" von Simon Sinek

„JEDE JECK IS ANDERS"

— SPRICHWORT AUS KÖLN

VAKOG

JEDER MENSCH LEBT IN SEINEM EIGENEN UNIVERSUM

Christian: Es war Wochenende. Wie fühlst du dich?

Michael: Klasse, ich fühle mich wunderbar.

Christian: Was macht für dich ein tolles Wochenende aus?

Michael: Was an diesem Wochenende toll war, war die Quality Time mit meinen Liebsten, meiner Frau und meinen beiden Kindern. Gestern bin ich mit meinen Töchtern in unseren Nachbarort Fahrrad gefahren. Meine Kleine, sie ist zwei Jahre alt, saß hinter mir im Kindersitz. Meine 5-jährige Tochter ist mit ihrem eigenen Rad gefahren. Gemeinsam sind wir eine halbe Stunde durch die Felder gedüst. Es war total schön, mit den beiden durch die Natur zu gurken.

Christian: Was hast du gesehen, als du durch die Felder gefahren bist?

Michael: Gestern war es sehr sonnig. Wir sind an einem gelben Rapsfeld vorbeigefahren, es sah super schön aus. Ich habe den beiden Mädels erklärt, dass daraus Öl gewonnen wird. Wir konnten sogar die Windmühlen am Horizont sehen. Es wehte ein leichtes Lüftchen, Leute kamen uns ab und zu entgegen. Es war toll, das Wetter und die Landschaft waren einfach traumhaft. Auf dem Rückweg stand die Abendsonne etwas tiefer und war schon leicht orange. Es war ein malerisches Setting, fast schon kitschig.

Christian: Hast du auch etwas gehört?

Michael: Ab und zu habe ich eine Fahrradklingel gehört, zum Beispiel von meiner Tochter. Und natürlich meine eigene Stimme, wenn ich mich nach ihr umgeschaut habe oder mit den beiden gequatscht habe. Es war insgesamt relativ still.

Christian: Hast du etwas gerochen?

Michael: Das Rapsfeld konnte ich riechen. Und auf dem Hinweg sind wir durch ein kleines Waldstück gefahren, es war noch etwas kühler am frühen

Nachmittag. Dort hatte ich einen richtig frischen, frühlingshaften Waldgeruch in der Nase — sehr aromatisch.

Christian: Was hast du zu dir selbst gesagt, als du dort entlang gefahren bist?

Michael: Ich habe mich wirklich glücklich und zufrieden gefühlt. Ich habe gedacht, wie schön es ist, mit meinen beiden Kindern und dem Fahrrad durch diesen Wald und die Felder zu fahren. Ich habe diesen Moment sehr bewusst wahrgenommen und mich sehr glücklich geschätzt.

Christian: Ich kann das total nachvollziehen, ich bin gestern auch Fahrrad gefahren.

Michael: Wie war es bei dir?

Christian: Zu dieser Jahreszeit gibt es eine Menge toller Vögel da draußen. Gestern habe ich auch einige richtig laut singen hören. Sogar während wir unsere Podcasts aufnehmen, höre ich sie manchmal. Ich wurde sogar schon mal darauf angesprochen, ob wir das Vogelgezwitscher mit separaten Lautsprechern im Garten verstärken. Ich finde das total faszinierend.

Michael: Was war noch schön an deinem Wochenende?

Christian: Zufälligerweise bin ich ebenfalls durch einen Wald gefahren. Ich habe es total genossen, abwechselnd die Sonne durch die Bäume und dann wieder den Schatten zu spüren. Die Helligkeit, das Licht ändert sich ständig und es gibt viele unterschiedliche Gerüche im Wald. Manchmal riecht es nach warmem Holz und manchmal nach feuchter Erde.

Michael: Sind noch weitere Eindrücke bei dir hängengeblieben?

Christian: Mir ist aufgefallen, dass der Wald an manchen Stellen noch sehr winterlich, sehr karg und braun aussah und an anderen Stellen wurde es langsam grün und die Blätter und Blüten sprießen nur so. Das habe ich sehr genossen. Außerdem habe ich ein Wildschwein gesehen.

Michael: Wie hast du dich gefühlt?

Christian: Leicht. Insbesondere als ich Rückenwind hatte.

Michael: Was ging dir durch den Kopf?

Christian: Es ist so schön, habe ich gedacht. Schön, dass ich das erleben darf.

Michael: Wenn dieser Tag ein Geschmack gewesen wäre, welcher Geschmack wäre es?

Christian: Am Abend war es Spargel mit Buttersoße.

Michael: Das passt zum Frühling, sehr schön.

Christian: Nun sind wir alle *VAKOG*-Kanäle durchgegangen. Konntest du feststellen, dass wir unterschiedliche Präferenzen haben?

Michael: Ich habe etwas gehört.

Christian: Ich habe bei dir andere Sachen gesehen, als ich bei mir gehört habe. Wir haben uns natürlich auch gegenseitig abgefragt, um einen Gesamteindruck des jeweils anderen zu erhalten.

Michael: Wir kennen unsere Präferenzen ja nun auch. Wir sind nun mitten im Thema *Andersartigkeit der Menschen*. Eine Art und Weise, die uns Menschen voneinander unterscheidet, sind unsere Sinnespräferenzen — visuell, auditorisch, kinästhetisch, olfaktorisch und gustatorisch. Ich merke das sogar, während wir in vollem Bewusstsein darüber sprechen und von unseren Sinneseindrücken erzählen. Und trotzdem fallen mir immer zuerst die visuellen Eindrücke ein. Die Bilder von der Fahrradtour mit meinen Kindern habe ich noch sehr präsent. Als du mich nach den Klängen gefragt hast, ist mir außer Stille nicht sehr viel mehr eingefallen. Ich konnte mich hingegen sehr gut an die Gedanken, die in meinem Kopf waren, erinnern. Ich habe mich glücklich gefühlt. Im Hinblick auf meinen Geschmack denke ich an das Gegrillte, dass wir zwischendurch gegessen haben. Wenn mich jemand unvorbereitet nach meinem Wochenende gefragt hätte, hätte ich vermutlich erstmal nur die Bilder in meinem Kopf beschrieben und von meinen Gedanken berichtet, denn das sind meine Präferenzen. Meine präferierten Kanäle sind der visuelle und der digital-auditive Kanal — das, was ich sehe und das, was ich in meinem Kopf so für mich denke. Ich bin mir nicht sicher, welcher der beiden Kanäle die Nummer 1 ist. Beide sind ziemlich ausgeprägt. Die anderen Sinneskanäle kommen erst nach diesen beiden. Wie ist es bei dir?

Christian: Bei mir ist der auditive Kanal sehr stark ausgeprägt. Danach kommt direkt das Visuelle. Auch darüber nehme ich ziemlich viel wahr. Es hat vielleicht etwas mit meiner Gestaltungsfreude zu. Die innere Stimme in mir kenne ich natürlich auch, sie ist bloß nicht ganz so stark ausgeprägt. Meditation hilft möglicherweise dabei, die Stimme etwas zu beruhigen.

Michael: Das könnte ich mal probieren.

Christian: Davon bin ich jedenfalls überzeugt. Aktuell achte ich zudem sehr stark auf Gerüche. Sie sind im Moment für mich sehr präsent.

Michael: Das ist interessant. Das Gustatorische, der Geschmackssinn ist so eine Sache. Manchmal habe ich Lust zu essen, weil ich den Geschmack, die geschmacklichen Sinneseindrücke so sehr mag. Ich trinke auch gerne Wein oder Whiskey wegen des Geschmacks. Manchmal, wenn auch selten, rauche ich auch gerne eine Zigarre. Ich genieße das Aroma, den Geruch und die ganzen Geschmackseindrücke. Diese sind bei mir auf jeden Fall auch sehr ausgeprägt. Vielleicht ist doch dieser Kanal der von mir präferierte. [*grinst*] Das würde zumindest erklären, wieso ich ein paar Pfunde loswerden sollte.

Christian: Dazu kannst du sicher deine innere Stimme mal aktivieren. Was machen wir denn jetzt damit? Wir wissen nun, dass es die *VAKOG*-Kanäle gibt — visuell, auditorisch, kinästhetisch, olfaktorisch und gustatorisch. Wir wissen auch, dass jeder Mensch andere Präferenzen im Hinblick auf diese Kanäle hat. Wie kann ich das nun als Chef oder zum Führen von Mitarbeitern nutzen?

Michael: Mit dem Wissen kann ich Verständnis und Vertrauen zu anderen Menschen aufbauen und ein tolles Team kreieren. Das wäre eine Kurzantwort, die mir dazu einfällt.

Christian: Sehr schön und wie mache ich das konkret?

Michael: *Jede Jeck is anders.* Bevor mir bewusst geworden ist, wie sehr wir Menschen uns bereits auf dieser ersten Wahrnehmungsebene unterscheiden, habe ich immer gedacht: „Das kann doch jeder sehen" oder „Das ist doch klar, wir haben es doch alle gehört." Nein, haben wir nicht. Das wurde mir erst mit der Zeit klar. Jeder nimmt Dinge unterschiedlich wahr. Es gibt ein schönes Beispiel von mir zu Hause. Wie bereits erwähnt, bin ich ein sehr visueller Typ. Wenn in der Wohnung, in der Küche oder im Wohnzimmer Unordnung herrscht, nehme ich das sofort wahr. Jede Kleinigkeit fällt mir auf. Meine Frau hat eine andere Sinnespräferenz, sie nimmt all das gar nicht wahr. Sie hat eher eine auditive und eine kinästhetische Präferenz.

Christian: Nun, ich kann es auch sehen und es ist mir trotzdem egal. [*lacht*]

Michael: Das ist dann deine Entscheidung. Ob es dir egal ist oder nicht, hängt mit deinen Werten zusammen. Du entscheidest, was du aus deiner Wahrnehmung machst. Was ich ganz klar beobachte, ist, dass wir tatsächlich unterschiedliche Dinge wahrnehmen. Die Wahrnehmung unserer Umwelt läuft bei jedem anders ab. Meine Frau nimmt die Gefühle anderer Menschen sehr sensibel wahr, dafür hat sie sehr genaue Antennen. Das ist bei mir wiederum nicht so stark ausgeprägt. Wir ergänzen uns sehr gut. Es ist das *Topf-und-Deckel-Prinzip*. Wir ergänzen uns mit unseren Stärken super und haben eben auch ein gewisses Konfliktpotenzial aufgrund der Verschiedenartigkeit. So wie ich es gerade in der Beziehung mit meiner Frau beschrieben habe, ist es auch in Teams. Im Team gibt es Leute mit unterschiedlichen Präferenzen, auch wenn sie sich schon eine ganze Weile kennen. Ich hatte letztens einen spannenden Workshop mit fünf Gründern, die sich schon seit über zehn Jahren kennen. Sie haben nun eine gemeinsame Firma und wir haben ein paar Workshops zum Thema Führung gemacht. Es war eine offene Runde und wir haben über Führung und Kommunikation gesprochen. Wir kamen also zwangsläufig sehr schnell auf das VAKOG-Thema. Es gibt einen kleinen Test, den ich häufig mit den Teilnehmern mache, um schnell herauszufinden, welche Präferenz sie haben. Es dauert bloß zehn Minuten und jeder füllt dabei einen kleinen Fragebogen aus. Wir haben die Ergebnisse also durchgesprochen und erarbeitet, wie sich das im Alltag manifestiert. Es kamen wirklich sehr spannende Dinge dabei heraus. Einer der Fünf hat eine sehr ausgeprägte visuelle Präferenz, ein anderer eine kinästhetische. Sie haben dies zum ersten Mal bemerkt und verstanden, wieso sie ständig voneinander angezickt waren. Beide haben sich angezipft gefühlt, weil die eigene Präferenz in dem Handeln und in der Kommunikation des jeweils anderen in ihren Augen zu wenig berücksichtigt wurde. Es war ein richtiger Aha-Moment. Das VAKOG-Thema, das sich am Anfang so locker-flockig anhört, wurde dann zu einem zweistündigen, sehr tiefgründigen Austausch bei den allen erst einmal klar geworden ist, welche

Präferenzen jeder mitbringt und welches Potenzial darin steckt. Es hat zu sehr viel Verständnis füreinander beigetragen.

Christian: Du hast gerade gesagt, sie haben sich *angezipft gefühlt.* Das ist umgangssprachlich und ein kinästhetischer Ausdruck. Wie hat sich das geäußert? Wie könnte denn so ein Konflikt aussehen, der dadurch entsteht, und wie schaffen es die beiden, die Kurve zu kriegen? Wie kann ich es besser machen?

Michael: Das Gespräch zwischen den beiden lief etwa wie folgt ab: „Du malst ständig diese verrückten Sachen auf und willst immer alles visualisieren" – „Mir war nicht klar, dass es dich stört. Wieso eigentlich?" – „Ich habe immer das Gefühl, du hörst mir gar nicht zu, sondern denkst nur an irgendwelche Charts." Es zeichneten sich verschiedene Muster in der Kommunikation der beiden ab. Es wurde schnell klar, es gibt Leute, die möchten gerne zunächst über ein Thema sprechen, sie präferieren den auditorischen Kanal. Diejenigen, die schnell aufspringen und zu einem Flipchart rennen oder ein Papier zur Hand nehmen, möchten es gerne visualisieren. Ganz anders ist es wiederum bei Menschen mit kinästhetischer Präferenz. Ihnen geht es vor allem darum, zunächst ein Gefühl dafür zu bekommen — für ihren Gegenüber, für das Thema. Sie fragen sich zum Beispiel: *Wo stehen wir bei diesem Thema eigentlich?* Es spiegelt sich häufig auch in ihrer Gestik wieder. Häufig werden Gesten verwendet oder im Raum Strukturen mit der Hand aufgezeigt. Menschen mit digital-auditiver Präferenz sagen bei einem Thema vielleicht: „Darüber möchte ich erstmal in Ruhe nachdenken und meine Gedanken sortieren. Ich möchte nichts mehr hören oder sehen, ich brauche erst einmal einen Moment Ruhe. Ich lasse meine innere Stimme zu Wort kommen." In diesem Gründungsteam waren wirklich alle Präferenzen vertreten, es hatte eine große Auswirkung auf ihre Arbeitsrollen. Eine visuelle Präferenz ist natürlich immer super für Aufgaben wie Gestaltung, Design und so weiter. Menschen mit auditiver Präferenz sind gut darin, mit anderen Leuten in Interaktion zu treten. Ich denke alleine schon an die Mitarbeiter in einem Callcenter. Es wäre großartig, wenn sie alle eine auditorische Präferenz hätten. Sie können gut zuhören. Wenn sie dann auch noch zusätzlich sehr einfühlsam sind, also eine weitere Präferenz für den kinästhetischen Kanal haben, ist das natürlich super hilfreich, um schnell eine Beziehung zu den anrufenden Kunden aufzubauen, indem sie sich in das Problem einfühlen und dies auch zum Ausdruck bringen. Unter Druck bleiben in solchen Situationen Leute mit gegenüberliegenden Präferenzen schnell auf der Strecke. Daher ist die Rollenverteilung unter Berücksichtigung der jeweiligen Präferenzen auch in dem Gründerteam eine wichtige.

Christian: Ich kann es nun auf zwei Arten für mich nutzen. Zum einen kann ich bewusst darauf achten, wenn jemand mit mir kommuniziert, welche Sinne sie bei mir anspricht. Gerade wenn ich merke, dass es irgendwie nicht passt. Ich kann dann gedanklich einen Schritt zurückgehen und auf die Wahrnehmungskanäle achten, die sie nutzt oder anspricht. Zum Beispiel haben mich früher manchmal Menschen mit ausgeprägter digital-auditiver Präferenz genervt. Ich stand daneben und habe ihnen beim inneren Monolog zugehört, während ich mir dachte: „Das ist doch klar, warum braucht sie so lange?" Zum anderen kann ich meine Sprache an mein Gegenüber anpassen, wenn ich weiß, welche Präferenzen sie hat. Ich kann meine Wortwahl, meine Beschreibungen und so weiter an die Sinne anpassen, die bei ihr besser funktionieren.

Michael: Ultimative Verhaltensflexibilität.

Christian: Ganz genau. Hier funktioniert es über die Wörter, die ich verwende, über die Geräusche, die ich mache und die Bilder, die ich zeichne.

Michael: Der Flexiblere führt. Es gibt übrigens eine Korrelation zwischen den präferierten Sinneskanälen und den Farbtypen aus dem Insights-Modell, also den Persönlichkeitstypen. Die beiden Modelle scheinen zusammenzuhängen. Ich bin ein typischer Fall. Zwischen dem visuellen Kanal und der roten Energie gibt es eine starke Korrelation. Machen, vorwärtsgehen und gleichzeitig die Dinge über den visuellen Kanal aufnehmen, hängen häufig zusammen. Gegenüber ist die grüne Energie: Leute die sehr viel Wert auf Harmonie und Zusammensein legen und gleichzeitig eine kinästhetische Präferenz haben und im Gefühl unterwegs sind. Ich habe mich daher bewusst mit der Gefühlsebene connectet und meinen Wortschatz auch um entsprechende Ausdrücke wie: „Wie fühlt sich das für dich an?", „Ich fühle mit dir", erweitert, um mir darin eine Kompetenz aufzubauen. Wenn ich heute mit jemandem spreche, der eine kinästhetische Präferenz hat, nutze ich dieses Vokabular sehr viel stärker und bewusster. Ich spüre auch, dass es sich von Mal zu Mal natürlicher anfühlt und ich mich wohler dabei fühle. Du hast mir vor Kurzem erzählt, dass du eine Analyse unseres Podcasts gemacht und untersucht hast, welche Wörter wir aus welchem Bereich häufig verwenden. Es war ein echt schönes Feedback, denn das Ergebnis war, dass wir sehr viel mehr auditive und kinästhetische Wörter benutzen als visuelle. Da habe ich gedacht: „Chaka, ich bin endlich am Ziel." Jetzt habe ich so viel Verhaltensflexibilität geübt, dass ich es auch mit einem kinästhetischen Vokabular über die Runden schaffe.

Christian: Da hast du schon die Ziellinie sehen können. [*grinst*]

Michael: Ja, genau. [*lacht*] Erwischt. Dabei war ich dann doch wieder in meiner roten Komfortzone.

Christian: Wenn ich nun mit meinem Team spreche und es sitzen viele verschiedene Leute vor mir, wie schaffe ich es denn alle mitzunehmen?

Michael: Bis zu etwa zehn Leuten, also 7±2, versuche ich mich individuell anzupassen. Wenn ich in einem Meeting mit Leuten sitze, die eher eine kinästhetische Präferenz haben, nutze ich als erstes auch mein entsprechendes Vokabular. Dann achte ich besonders auf meine Körpersprache und meine Gestik. Ich versuche vielleicht leichten Körperkontakt herzustellen, einen Handschlag oder je nach dem eine Umarmung. In Workshops finde ich schnell heraus, ob jemand eine gefühlsmäßige Präferenz hat. Ich lege oder teile verschiedenes Spielzeug aus. Menschen mit kinästhetischer Präferenz greifen immer zuerst zu. Zumindest ist die Wahrscheinlichkeit sehr hoch, dass sie eine solche Präferenz haben. Ich achte dann sehr genau auf die Reaktion, wenn ich jemandem die Hand gebe oder mein Vokabular anpasse. Das kann auch schnell zu weit gehen. Wenn ich merke, dass jemand sehr visuell beschreibt oder etwas in Bildern ausdrückt, vielleicht etwas malt, weil er Papier und Stift zur Hand hat, versuche ich wiederum darauf einzugehen. Das geht natürlich nur in einer kleineren Runde.

Christian: Und in einer größeren Runde?

Michael: Da ist es natürlich schwierig. Bei einer Rede vor zwanzig, dreißig oder vielleicht sogar hundert Leuten und mehr, bekomme ich das individuell natürlich nicht mehr geregelt. Daher rotiere ich. Ich verwende abwechselnd kinästhetische, visuelle und dann auditorische Sprachbilder und Ausdrücke. Ich versuche manchmal sogar einen Geruchs- oder Geschmackssinn einzubauen, wenn der Kontext es her gibt. Die drei wichtigsten Sinne sind KVA — kinästhetisch, visuell und auditorisch. Ich habe gelernt, mit dem kinästhetischen anzufangen, weil die als Erstes gedanklich abschalten. Daher merke ich mir die KVA-Formel, um Rapport aufzubauen. So bin ich im Wie der Kommunikation effektiv und erfolgreicher.

Christian: Klasse, vielen Dank. Wie fühlt sich das jetzt für dich an?

Michael: Meine innere Stimme sagt mir: „Das sah gut aus."

Das ist ja spannend. Ich werde mal darauf achten, welche Ausdrücke die Menschen um mich herum primär verwenden. Schon wieder habe ich das Gefühl, eine mir bisher unbekannte Sprache plötzlich dekodieren zu können. Aufmerksamkeit gehört wohl auch zu den Stärken einer Führungskraft.

MENSCHENKENNTNIS

DIE VIER FARB-ENERGIEN

Christian: Hallo Michael, wie geht es dir?

Michael: Fantastisch. Wir haben am Wochenende den Geburtstag von einem gemeinsamen Freund gefeiert. Heute geht es mir langsam wieder besser.

Christian: [*lacht*] Es war eine klasse Feier, oder?

Michael: Absolut, ich hatte sehr viel Spaß. Es war ein schöner bunter Abend.

Christian: Bunt ist ein gutes Stichwort. Lass uns über Farben sprechen.

Michael: Gerne, das Leben ist so schön bunt. Vor allem Menschen sind bunt. Menschliche Verhaltensweisen sind sehr verschiedenartig.

Christian: Das stimmt, darum geht es. Letztendlich geht es um Management und Unternehmensführung. Es geht darum, wie ich Mitarbeiter dazu bringe, das zu machen, was ich von ihnen möchte. Da Menschen sehr verschieden sind, wünsche ich mir eine Technik, meine Mitarbeiter besser einordnen und verstehen zu können, um auch meine Kommunikation so anzupassen, dass sie mich richtig verstehen.

Michael: Es gibt verschiedene Methoden, die dabei behilflich sind. Als ich in meiner ersten Führungsrolle war, ist es mir passiert, dass ich nur Leute in mein Team geholt habe, die ähnlich ticken wie ich selbst. Damit habe ich natürlich eine fantastische Monokultur geschaffen, die nicht unbedingt erfolgreich war. Sinnvoller ist es, Verschiedenartigkeit im Team herzustellen. Unterschiedliche Persönlichkeitstypen sind wichtig und hilfreich, um erfolgreich zu sein. Als Führungskraft stellt mich das natürlich vor besondere Herausforderungen. Mit dieser Verschiedenartigkeit umzugehen, ist als Leader nicht unbedingt einfach. Es fällt mir natürlich leichter mit Menschen zu kommunizieren und zu arbeiten, die genauso funktionieren wie ich.

Christian: Welche Tools gibt es, die ich dafür nutzen kann? Es ist ja sicherlich kein neues Problem in unserer Menschheitsgeschichte.

Michael: Puhh… Unsere Menschheitsgeschichte ist 300.000 Jahre alt, zumindest wurden bisher keine älteren Überreste eines Homo sapiens gefunden. Die ältesten wurden in Marokko vor wenigen Jahren gefunden. Seit 300.000 Jahren gibt es also unsere Spezies und auch die Herausforderungen oder besser die Möglichkeiten, etwas aus unserer Verschiedenartigkeit zu machen. Wir können das zwischenmenschliche Miteinander so gestalten, dass es richtig gut fluppt. Hippokrates[31] hat die erste Methode dazu erfunden. Ein alter Grieche hat sich 500 Jahre v. Chr. das erste System überlegt, wie man verschiedene Typen von Mensch erkennen und einordnen kann. Er hat die erste Typologie des Menschen eingeführt: *die vier Temperamente*. Hippokrates hat vier Grundtypen ausgemacht: den Choleriker, den Melancholiker, den Sanguiniker und noch einen.

Christian: Den Phlegmatiker.

Michael: Den Phlegmatiker, genau.

Christian: Das hört sich alles nicht besonders positiv an.

Michael: Das stimmt. Die Begriffe, die er damals gewählt, hat sind im heutigen Sprachgebrauch eher negativ besetzt. Damals waren sie noch nicht so populär. Heute nennt sich keiner gerne *Choleriker*, selbst wenn es zutrifft. Im Grunde hat er eine sehr coole Sache gemacht, die gar nicht so weit weg ist von den Modellen, die aus der heutigen, modernen Psychologien hervorgegangen sind. Allerdings lag er auch in einigen Dingen ziemlich daneben. Er hat die Unterschiede menschlichen Verhaltens an medizinischen Eigenschaften wie zum Beispiel eine übergehende Galle festgemacht. Wir haben in 2.500 Jahren doch noch ein paar Dinge dazugelernt.

Christian: Was ist dann passiert?

Michael: Dann kam Brian, zur Zeit Christi. *Das Leben des Brian*. Wer Monty Python kennt, wird jetzt schmunzeln. Alle anderen haben nun eine großartige Filmempfehlung erhalten. Aus diesem Film kommt der berühmte Spruch: „Ihr seid doch alle Individuen."

Christian: „Ich nicht." [*grinst*]

Michael: [*grinst*] Genau das ist der Punkt. Wir reden bei Modellen und Persönlichkeitstypen natürlich immer über Gemeinsamkeiten von Menschen,

---

31 https://de.wikipedia.org/wiki/Hippokrates_von_Kos ca. 500 v. Chr.

die wir uns zunutze machen wollen und über Schubladen — immer im positiven Sinne. Am Ende gilt natürlich: *Jeder ist ein Individuum*. Dennoch gibt es ein paar Dinge, die wir uns bei unserer Kommunikation zunutze machen können.

Christian: Welche positiven Schubladen gibt es denn, die ich nutzen kann? Sind diese wissenschaftlich belegt?

Michael: Die wissenschaftliche Grundlage geht auf C.G. Jung zurück. C.G. steht für Carl Gustav. Zumindest die Grundlage für das *Insights*- Modell geht auf seine Arbeiten zurück. Jung war ein Zeitgenosse von Freud und Adler, zwei weitere große Namen in der Welt der Psychologie, zu Beginn des 20. Jahrhunderts, also um 1900 herum. Er hat die menschlichen Verhaltensweisen tiefgehend analysiert und einige polare Eigenschaften ausgemacht. Manche davon sind auch heute noch im alltäglichen Sprachgebrauch üblich. Dadurch sind manche Begriffe durchaus etwas vorbelastet.

Christian: Mach doch mal ein Beispiel.

Michael: *Introvertiert* und *extrovertiert* sind zwei Beispiele. Davon haben wir allerdings häufig eine etwas fehlgeleitete Vorstellung. Die eigentliche Definition ist die Quelle der Motivation. Ob ich ein introvertierter oder extrovertierter Mensch bin, entscheidet sich wodurch ich eher motiviert bin. Extrovertierte Menschen schöpfen ihre Motivation aus der Interaktion mit Menschen und Dingen, wenn sie sich draußen in der Welt mit Menschen und ihrer Umwelt beschäftigen. Introvertierte Menschen kehren eher in sich und machen sich gerne zunächst in Ruhe Gedanken über sich und ihre Gefühle, andere Menschen und die Welt. Erst nach reiflicher innerer Überlegung treten sie in Aktion. Jeder Mensch hat seine eigene Präferenz auf der Skala von introvertiert bis extrovertiert. Einige haben eine sehr extreme Präferenz für das eine oder das andere, andere wiederum liegen irgendwo dazwischen und sind sehr ausgeglichen. Wie Vieles in der Natur ist es auch hier eine Normalverteilung. Diese Dimension ist ein Beispiel für eine Erkenntnis von Jung. Sie funktioniert auch heute noch sehr gut.

Eine zweite Dimension ist eine Skala, die auf der einen Seite die *Sachorientierung* und auf der anderen die *Menschenorientierung* nennt. Hierbei geht es darum, wie ich Entscheidungen treffe. Treffe ich eine Entscheidung basierend auf der reinen Sachlage oder beziehe ich vor allem den Einfluss auf andere Menschen bei meinen Entscheidungen ein?

Welche Präferenz ich habe, ist auch meinem Sprachgebrauch anzumerken. Auch hier kann ich irgendwo zwischen den beiden Präferenzen meine persönliche Neigung haben oder auch in einem der Extreme. Mit diesen zwei polaren Dimensionen von C.G. Jung haben wir das erste Grundgerüst beschrieben, um in das *Insights-Modell* einzusteigen. Aus diesen Dimensionen ergibt sich eine 2x2-Matrix. Es ist eine Vier-Felder-Matrix, in der die vier Dimensionen Intro- und Extrovertiertheit, Sach- und Menschenorientierung miteinander kombiniert werden. Jedem Feld in dieser Matrix kann ich eine Farbe zuweisen. Jede Kombination assoziiere ich dann mit einer Farbe. Das ist die Magie des *Insights-Modells*. Es gibt viele Modelle der Persönlichkeitspsychologie. Ich benutze *Insights* seit vielen Jahren und finde es immer noch am praktikabelsten für die tägliche Arbeit. Es gehört zu meinen absoluten Standard-Werkzeugen für alles, was mit Leadership und Management zu tun hat.

Christian: Also eine 2x2-Matrix, in der die einzelnen Quadranten farbig sind.

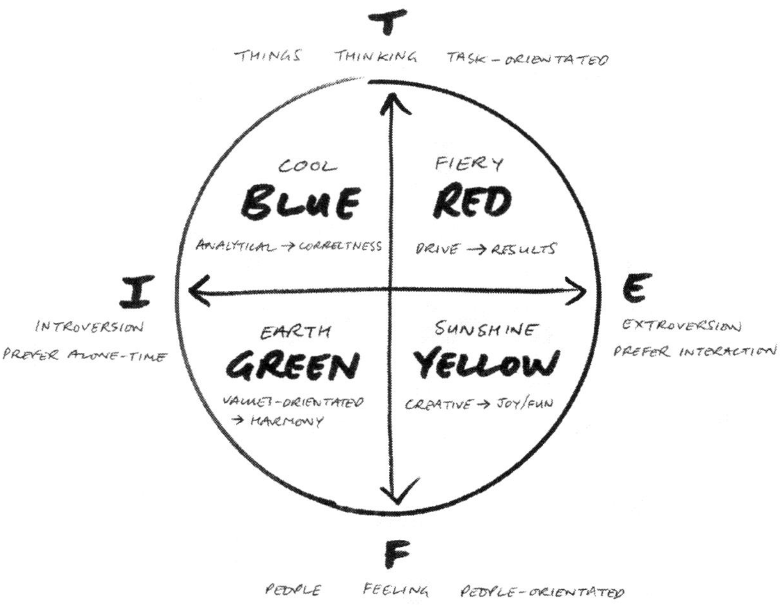

Abbildung: Insights-Modell der Farbenergien
In jedem von uns steckt eine individuelle Mischung aus Präferenzen und Farb-Energien.

Michael: Genau. Die vier Farben sind Blau, Grün, Gelb und Rot. Ich konkretisiere die Farbbezeichnung häufig noch zu Feuerrot, Sonnengelb, Erdgrün und Tiefblau. Ich zeige dir, wieso. Was assoziierst du mit der Farbe Blau? Stell dir vor, ich male vor dir einen blauen Klecks hin. Wie fühlt sich Blau für dich an? Was siehst du dabei?

Christian: Hmmm… [überlegt] Ich assoziiere mit Blau etwas kühles, analytisches, tiefgehendes. Vielleicht auch Ruhe, ein tiefes Gewässer, irgendetwas mit Wasser auf jeden Fall. Ein bestimmtes Energielevel.

Michael: Siehst du? Etwas Tiefes. Daher Tiefblau. Was fällt dir zu Grün ein?

Christian: Bäume, Naturverbundenheit, Werteorientierung.

Michael: Natur, daher Erdgrün. Was ist mit Gelb?

Christian: Bei Gelb denke ich an die Sonne, an Energie, Wärme, Spaß.

Michael: Sonnengelb. Bleibt noch Rot übrig. Was assoziierst du mit der Farbe Rot?

Christian: Bei Rot denke ich an Achtung, Feuer, Hitze, Stopp.

Michael: Ja, genau. Feuerrot, häufig assoziieren Menschen damit Gefahr. Diese Assoziationen, die du eben im Kopf hattest und so schnell genannt hast, haben die meisten Menschen. Die Antwort auf die Fragen, die ich dir gestellt habe, sind bei den meisten Menschen sehr ähnlich, es gibt zumindest eine hohe Korrelation. Bemerkenswerterweise funktioniert dies sogar international in nahezu jeder Kultur. Es gibt nur wenige Ausnahmen, in denen dieFarben anders besetzt sind. Das macht sich *Insights* zunutze und kombiniert damit die psychologischen Grundlagen von Jung mit sehr einfach zu verstehenden Farbassoziationen. Das macht die Sache so pragmatisch und ist der Grund, warum ich so ein Fan davon bin. Gehen wir die vier Farben einmal durch. Blau repräsentiert den Analytiker. Wir reden von menschlichen Verhaltensweisen. Jemand mit sehr viel blauer Energie ist sehr akkurat, legt Wert auf hundertprozentige Ergebnisse. Ihr ist Pünktlichkeit und Ordnung sehr wichtig. Menschen mit primär blauer Energie erledigen die Dinge anständig, bloß nicht zu schnell, sondern führen sie korrekt aus. Das Motto der blauen Farbe lautet, *Wir machen es korrekt*.

Die grüne Energie ist die Energie der Werteorientierung. Ihr Motto ist: *Wir machen es werteorientiert.* Dabei geht es um Harmonie zwischen Menschen und um das, was Menschen verbindet, was eine Gemeinschaft ausmacht. Werte sind für Menschen mit grüner Energie ausschlaggebend. Gelb ist die *Sunshine*-Energie. Sonnenschein-Menschen kann ich sehr schnell erkennen. Es sind häufig sehr kreative Menschen, die gerne Spaß haben und gerne feiern. Ihr Motto lautet: *Wir machen es zusammen*. Dabei dürfen gerne ein paar Menschen mitmachen. Für Menschen mit gelber Energie ist es nicht untypisch auf einer Party zwanzig oder dreißig Menschen kennenzulernen. Schlussendlich gibt es noch die rote Energie. Das ist die Farbe der Macher, im Englischen *Driver*. Das Motto ist: *Wir machen es jetzt.* Manchmal auch: *Warum ist es nicht gestern schon gemacht worden?* oder *Es könnte schon längst fertig sein*. Das sind die vier Grundtypen im *Insights-Modell*. Jeder Mensch hat eine individuelle Kombination aus diesen vier Präferenzen, wie ein eigener Fingerabdruck. Jeder Mensch hat also sein individuelles Spektrum an Präferenzen.

Christian: Wie erkenne ich nun, welche dieser Präferenzen jemand hat? Wie nutze ich dieses Modell?

Michael: Ich kann es an verschiedenen Parametern erkennen. Häufig deutet schon die Sprache, die Wortwahl darauf hin, welche Präferenzen jemand primär besitzt. *Korrekt* = Blau, *Das macht Spaß* = Gelb, *Los geht's!* = Rot und *In Ruhe überlegen* = Grün. Das Sprechtempo ist ein weiteres Erkennungszeichen. Die rote Energie spricht sehr schnell.

Christian: Haben wir da zufällig jemanden anwesend?

Michael: Ja, das trifft auf mich durchaus zu. Die rote Energie redet gerne laut und deutlich, häufig vorneweg und nimmt selten ein Blatt vor den Mund. Schnell schieße ich auch gerne einfach etwas raus. In der gelben Energie wird gerne viel gesprochen. Jeder kennt einen Freund oder Kollegen, der — einmal den Redefluss begonnen — kaum mehr aufhört zu sprechen. Das ist wahrscheinlich jemand mit viel gelber Energie. Menschen mit viel grüner Energie sind im Redeanteil eher zurückhaltend, gleiches gilt für das Sprechtempo. Die grüne Energie ist eher eine ruhige Beständigkeit, der Ton geht runter, es ist ruhiger als bei den beiden extrovertierten roten und gelben Energien. Oft erkenne ich eine grüne Energiepräferenz bei Menschen daran, dass sie bis zum Ende warten, bis sie selbst sprechen. Sie lassen gerne erst die anderen ausreden und übernehmen erst dann. Sie erwarten dann allerdings auch, dass sie irgendwann auch sprechen dürfen und sie ausreichend Zeit eingeräumt bekommen, um ihre Gefühle in Ruhe auszudrücken. Menschen mit viel blauer Energie sind eher still, wirken manchmal etwas kühl. Ihre Sprache kann durchaus etwas lauter und deutlicher sein als in der grünen Energie, drückt sich dennoch mit einer Menge Zurückhaltung in der Körpersprache aus. Jetzt sind wir durch alle Farbtypen durchgegangen. Was ist deine Präferenz, Christian?

Christian: Ich denke, ich habe eine Präferenz zur gelben Energie. Ich mag es, wenn die Sonne scheint.

Michael: Ich muss schmunzeln, weil wir, seit wir uns kennen, häufig über *Spaß* sprechen. Du sagst häufig, dass etwas Spaß macht oder dass es dir wichtig ist, bei all den Dingen, die wir tun, Spaß zu haben. Du benutzt sehr häufig das Wort *Spaß*. Jeder dieser Grundtypen hat typischerweise auch einen präferierten VAKOG-Sinneskanal. Es ist wie so häufig normalverteilt, daher gibt es natürlich Ausnahmen. In der roten Energie ist der visuelle Kanal der bevorzugte. Menschen mit viel roter Energie sehen gerne Charts, Grafiken und Fakten. Sie malen gerne auf Papier oder Flipcharts, so wie ich. Menschen mit viel gelber Energie, so wie du, sprechen gerne und hören gerne zu. Mund und Ohren spielen eine wichtige Rolle. Ihr präferierter Kanal ist auditorisch. In der grünen Energie ist der präferierte Sinneskanal das Fühlen, die Kinästhetik. Deswegen nutzen Menschen mit viel grüner Energie gerne entsprechende Wörter, zum Beispiel: „Es fühlt sich an wie, ...“ In der blauen Energie ist der sechste Sinneskanal der bevorzugte. Solche Menschen mit viel blauer Energie haben also typischerweise eine sehr ausgeprägte innere Stimme. Sie kann auch schon mal laut werden und nach außen dringen. Ich kann das gut nachvollziehen, denn meine innere Stimme ist auch sehr stark ausgeprägt. Es war eine spannende Erfahrung, das herauszufinden. [*schmunzelt*]

Christian: Vielen Dank für die ausführliche Beschreibung der Persönlichkeitstypen. Im nächsten Kapitel geht es dann darum, wie ich diese im Management nutzen kann und welches Konfliktpotential dadurch entstehen kann.

Michael: Das stimmt. Viele Farben können mehr Konflikte bedeuten und auch bessere Ergebnisse. Das ist genau der Punkt, um den es geht.

Hmm... interessant. Bei manchen Eigenschaften, die ihr erwähnt habt, fühle ich mich sofort angesprochen und denke: „Ja, das könnte passen. Das trifft auf mich zu." Bei anderen wiederum gar nicht. Vielleicht liegt es nicht immer direkt auf der Hand, welcher Typ ich bin oder welche Präferenz ich habe. Möglicherweise gibt es verschiedene Mischungen und Kombinationen von Farbtypen und Präferenzen. Oder vielleicht bin ich auch ein Chamäleon. Es erklärt auf jeden Fall verschiedene Verhaltensweisen in meinem Team. Ich würde gerne genauer herausfinden, welcher Kollege welche Präferenzen hat.

TYPENPSYCHOLOGIE MIT FARBEN

DIVERSE TEAMS

Christian: Wir haben bereits über die Insights-Farbpsychologie und verschiedene Persönlichkeitstypen gesprochen. Es ging darum, andere Menschen und ihre Präferenzen besser zu verstehen. Ich würde gerne in das Thema noch etwas tiefer einsteigen und die Fragen beantworten, wie ich das konkret als Manager nutzen kann. Wie kann ich mein Verhalten anpassen? Wie erkenne ich Konflikte, die aufgrund unterschiedlicher Persönlichkeitstypen im Team auftreten?

Michael: Sehr gerne. Ich wiederhole noch einmal kurz die vier Grundtypen, die auf C.G. Jungs Psychologie und den Farbassoziationen basieren. Sie sind tatsächlich weltweit konsistent, unabhängig von Kultur oder Nation. Menschen mit primär blauer Energie bezeichnen wir als den Analytiker. Sie sind sehr akkurat, achten auf Genauigkeit und Präzision. Menschen mit blauer Energie führen die Dinge sehr korrekt aus, sie machen die Dinge richtig. Die erdgrüne Energie ist die Energie, die sehr werteorientiert ist. Menschen mit grüner Energie ist Harmonie zwischen den beteiligten Personen sehr wichtig. Dann gibt es die Kreativen, sie haben sehr viel gelbe Energie, sonnengelb. Ihnen geht es um Optionen und verschiedene Sichtweisen. Kreativ bedeutet nicht unbedingt, dass jemand malt oder irgendetwas Künstlerisches macht. Es kann auch bedeuten, dass kreative, unkonventionelle Methoden, Denk- und Vorgehensweisen bei Dingen angewendet werden, die einem möglicherweise gar nicht so kreativ erscheinen. Auch eine Buchhalterin kann ein durchaus kreativer Typ sein, die sich zum Beispiel ständig neue, kreative und clevere Methoden ausdenkt. Dann gibt es noch den roten Typus. Mit roter Energie bin ich eher getrieben, Dinge anzupacken. Im Englischen nennt man diesen Typus daher *Driver*. Der Macher, der vorangeht, keine Fragen stellt, sondern erst einmal drauflos schießt und erst hinterher die Fragen stellt. Das sind die vier Grundenergien: Blau, Grün, Gelb und Rot. Der erste Schritt für mich als Führungskraft ist, die jeweilige Energie bei meinen Mitarbeitern zu erkennen. Darüber haben wir schon gesprochen. Ich erkenne es häufig an den Verhaltensweisen der Menschen und an ihrer Sprache, an ihrer

Körpersprache, in ihrem Ausdruck, der Wortwahl, ihrer grundsätzlichen Haltung, sogar an ihren Gesichtszügen. Es gibt zusätzlich noch einige Tools, die ich nutzen kann, um dies zu erkennen. Sie sind sehr einfach und intuitiv anzuwenden, sodass mir schnell klar wird, welche Farbenergie bei jemandem vorwiegend vorhanden ist. Bevor ich darauf zu sprechen komme, wie ich mein Verhalten an mein Gegenüber anpasse — darum geht es ja letztendlich, dass ich mein Verhalten, meine Kommunikation an jemanden anpasse, der anders ist als ich, um noch bessere Ergebnisse zu erzielen. Vorher will ich jedoch wissen, wo ich selber stehe. Denn alles ist relativ.

Christian: Wo stehst du denn?

Michael: Meine persönliche Präferenz ist die rote Energie. Ich mag es gerne knackig und auf den Punkt gebracht. Ich will, dass die Dinge laufen und erledigt werden. Meine sekundäre Präferenz ist die gelbe Energie, danach kommt die blaue Energie. Die Energie, die ich am geringsten präferiere, ist die grüne Energie. Wenn ich mich an einen anderen Menschen anpassen möchte, ist es wichtig, zu wissen, welche Präferenzen ich selbst habe. Die Anpassung ist relativ zu dem, wie ich bin. Früher als Kind habe ich gedacht, dass sich das ganze Universum nur um mich dreht, dass ich Normalnull bin, der Referenzpunkt. Irgendwann habe ich dann erkannt, dass ich bloß einer von Milliarden bin und meine Position relativ zum Universum ist. Erst wenn ich meine relative Position verstanden habe, kann ich anfangen zu verstehen, an welcher Position andere Menschen stehen, zum Beispiel in dem Vier-Farben-Spektrum. Dann weiß ich auch, wie ich meine Verhaltensweise anzupassen habe.

Christian: Du bist als Mensch mit roter Energie eher extrovertiert und sachorientiert. Jemand mit grüner Energie ist eher menschenorientiert und introvertiert. Sie steht also an ganz anderer Stelle als du. Da knallt es doch vermutlich sofort.

Michael: Richtig, das ist in der Regel so. *People like people who are like themselves*. Deswegen ist es typischerweise so, dass ich mit Menschen, die ebenfalls viel rote Energie haben, direkt klarkomme. Der Rapport ist sofort gegeben. Es gibt von Anfang an ein grundsätzliches Verständnis füreinander. Wenn ich hingegen auf jemanden mit gegenüberliegender

Energie treffe — in meinem Fall ist es tatsächlich die grüne Energie — dann braucht es etwas mehr Mühe, um Rapport herzustellen. Früher habe ich mich in solchen Fällen immer gewundert und gedacht: „Was ist denn mit der los, die sagt ja gar nichts und alles dauert so lange, sie ist so ruhig und still." Ich habe diese Person in meinem Kopf sofort beurteilt. Heute weiß ich, dass es bloß jemand mit anderer Energiepräferenz ist. Mittlerweile erkenne ich das schnell, ich habe mich nun auch einige Jahre damit beschäftigt und mich weiterentwickelt. Ich verstehe jetzt, dass es vollkommen okay ist, dass andere Menschen so sind, wie sie sind. Die Verantwortung liegt bei mir, mich darauf einzustellen und mein Verhalten anzupassen, wenn ich mit ihnen zusammenarbeite, vor allem als Führungskraft.

Christian: Als Manager ist es natürlich am einfachsten, ein Team aufzubauen, in dem alle die gleiche Farbpräferenz haben. In deinem Fall wäre es doch einfach, wenn alle Leute in deinem Team auch eine rote Energiepräferenz hätten. Du verstehst dich auf Anhieb mit ihnen, kannst mit ihnen arbeiten und wenn du klare Ansagen machst, flutscht es einfach, die Sachen laufen. Du baust also ein Team auf, das nur aus Leuten mit roter Energie besteht, oder nicht?

Michael: [*grinst*] Leider sehen unsere Leser dein schelmisches Grinsen nicht. Das ist natürlich eine provokante Frage. Leider ist mir genau das vor vielen Jahren passiert. Als Marketingdirektor habe ich ein Marketingteam von vierzig Leuten aufgebaut. Mit diesem Team hab ich dann zum ersten Mal ein *Insights*-Training als Teambuilding gemacht. Dabei hat jeder Einzelne ein persönliches Profil erhalten, anhand dessen sich jeder sehr gut weiterentwickeln konnte. Als Manager bekam ich einen Eindruck davon, wie mein Team insgesamt im Kontext der vier Farbenergien aufgestellt ist. Es war sogar noch detaillierter, es gibt noch weitere Differenzierungen der Farbpräferenzen zu sechzehn beziehungsweise zweiundsiebzig Typen. Und siehe da, ich hatte es erfolgreich geschafft, vornehmlich Leute einzustellen, die genau wie ich eine rot-gelbe Präferenz hatten. *People like people who are like themselves and inexperienced managers hire people who are like themselves.* Am Anfang fühlt sich das total gut an, weil sich alle direkt gut verstehen und die Wellenlänge stimmt. Am Ende geht es dann katastrophal schief, weil die anderen Präferenzen einfach fehlen, um ein gutes Ergebnis abzuliefern. Für ein gutes Ergebnis brauche ich auch die blaue Energie, die dafür sorgt, dass die Dinge richtig gemacht werden. Ich brauche die grüne Energie, damit das Ganze werteorientiert ist und harmonisch abläuft, damit es für das Team einen Sinn ergibt und sich gut anfühlt. Die gelbe Energie brauche ich, um mehrere Optionen aufzurufen und Kreativität zuzulassen, um auch mal neue Dinge auszuprobieren.

Christian: Das heißt, danach hast du dann ein Team aufgebaut, in dem alle Farbpräferenzen vertreten sind?

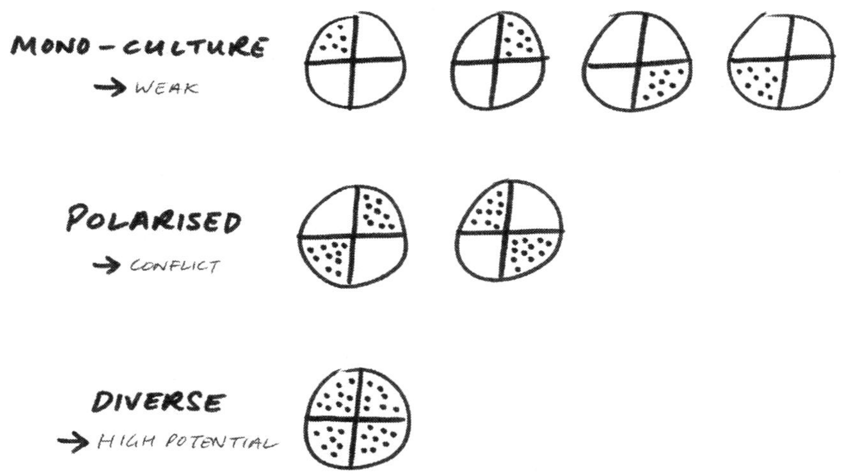

Abbildung: Team Wheel
Je diverser das Team, also je mehr Präferenzen im Team abgedeckt sind, desto besser sind die Ergebnisse, die das Team erzielen kann.

Michael: Seitdem achte ich darauf sehr bewusst, ja. Selbst mit diesem Wissen hilft es mir immer noch Tools und Instrumente wie *Insights* zu verwenden, um sicherzustellen, dass ich es auch wirklich richtig mache. Mein Ziel ist es seitdem, Teams aufzubauen, die sehr divers sind in den vorhandenen Präferenzen, sodass alle Farbenergien vertreten sind. Mit einem diversen Team erziele ich einfach bessere Ergebnisse. Allerdings bringt es die Verantwortung mit sich, sicherzustellen, dass die Leute im Team auch miteinander klarkommen. Deswegen mache ich diese Trainings immer mit dem Team gemeinsam und schaffe das Bewusstsein für diese Verschiedenartigkeit und dafür, dass diese

Verschiedenartigkeit am Ende zu einem geileren Ergebnis führt — für alle. Es ist doch super für alle, wenn wir als Team etwas schaffen, was wir sonst nicht hinbekommen hätten. Es erfordert eben gleichzeitig Konfliktfähigkeit. Gehen wir die Typologien konkret durch. Die rote und grüne Energie befinden sich auf einer Achse, sie haben also eher gegensätzliche Präferenzen. Zwischen Menschen mit roter und Menschen mit grüner Energie kann es schon mal zu Konflikten kommen. Als Führungskraft ist es meine Aufgabe, das Verständnis füreinander aufzubauen. Auf der anderen Achse befinden sich die blaue und die gelbe Energie. Auf der einen Seite steht der Analytiker, auf der anderen der Kreative. Auch hier bedarf es an Verständnis, damit diese beiden Typen gut miteinander auskommen und sich gegenseitig wertschätzen. Ich darf als Manager also klarstellen, dass die Verschiedenartigkeit für das Team Stärke bedeutet. Das Gleiche funktioniert übrigens auch über die sogenannten Hauptachsen. Hier stehen sich introvertierte Menschen den extrovertierten Menschen gegenüber. Auch in dieser Dimension kommt es häufig zu Konflikten und Unverständnis, die die Performance des Teams hemmen können. Das Pendant zu dieser Hauptachse ist die Achse zwischen starker Sachorientierung und der Menschenorientierung. Hier kommt es am häufigsten zu Konflikten. Hier braucht es am meisten Verständnis füreinander und gegebenenfalls Vermittlung zwischen diesen Präferenzen, damit aus dem Ganzen schlussendlich ein Riesenerfolg wird statt einem Team, das sich die ganze Zeit zofft.

Christian: Wie mache ich das denn? Ich habe beispielsweise eine gelbe Farbenergie und probiere gerne Dinge aus, es darf schnell gehen, Spaß bringen und ich bin zusätzlich immer auf der Suche nach neuen Optionen und Wegen. Im Team gibt es dann einen Menschen, der hat vornehmlich blaue Energie und geht mir total auf den Senkel, weil er alles super korrekt ausführen möchte und es entsprechend dauert. Was kann ich tun? Oder anders gesagt: In meinem Team gibt es nun alle konfliktreichen Kombinationen, rot mit gelb, gelb mit rot und so weiter. Sie alle müssen nun miteinander umgehen. Für jeden ist es ungewohnt.

Michael: Das ist richtig. Was kannst du da machen? Was kann ich machen? Was können wir alle machen? Wir alle können uns mehr aufeinander einstellen. Die Idealsituation ist ein Team, in dem allen die Thematik bewusst ist und sie sich Mühe geben, sich aufeinander einzustellen. Bleiben wir in deinem Beispiel. Du hast vornehmlich eine gelbe Präferenz. Einer deiner Kollegen oder deine Chefin hat eine blaue Präferenz. Ideal wäre es, wenn du weißt: „Alles klar, ich lasse die blaue Energie zu. Ich verstehe, warum dieser Person diese Dinge wichtig sind. Ich gebe mir Mühe, genauer zu arbeiten, etwas akkurater zu sein, pünktlicher zu sein, mehr zuzuhören und Dinge einmal mehr zu überdenken." Auf der anderen Seite, weiß dein Kollege und deine Chefin mit blauer Energiepräferenz „Wenn ich mit dem Christian zu tun habe, lasse ich mehr Optionen zu, diskutiere etwas mehr mit ihm, schaue, dass wir Spaß zusammen haben, und achte darauf, dass es keine rein nüchterne, transaktionale Angelegenheit bleibt." Das wären zumindest die typischen Themen, die Personen mit gelber und blauer Energie in ihrer Zusammenarbeit haben. So ist es für beide sehr angenehm.

Christian: Ich schaffe also Bewusstsein für die jeweiligen Präferenzen und wir treffen uns im besten Fall irgendwo in der Mitte. Wir haben gegenseitig Verständnis füreinander und wissen, wo die Haken in der Kommunikation sind und was wir falsch machen können.

Michael: Genau. Leider ist dieser Idealfall erst der Endzustand, das Ziel einer Reise, bei der ich das Team führe und begleite. Es erfordert viel Arbeit und Training, dieses Bewusstsein und das Wissen aufzubauen. Es ist eine Kompetenz, die ich mir aneigne, um mit den verschiedenen Typen umzugehen. Auf dem Weg dorthin ist es meine Verantwortung als Führungskraft, mit gutem Beispiel voranzugehen und mich selbst an die verschiedenen Präferenzen meiner Mitarbeiter und Kollegen anzupassen.

Christian: Nochmal *in a nutshell*. Ein Management Summary, was kann ich nun für mich als Manager daraus mitnehmen?

Michael: Das Wichtigste ist die Anpassung meines Verhaltens an die jeweiligen Präferenzen meines Gegenübers. Das bringt die Sache auf den Punkt und ist natürlich leicht gesagt. Viele denken sich jetzt: „Alles klar, kein Thema. Dann bin ich hier und da einfach etwas introvertierter oder ein bisschen mehr menschen- oder sachorientierter, je nachdem — kein Problem." Ich beschäftigte mich nun seit dreizehn oder vierzehn Jahren damit. Es ist nichts, was ich von heute auf morgen umsetzen kann. Es ist eine Disziplin, es erfordert Übung. Es ist genauso wie ins Fitnessstudio zu gehen.

Ich darf immer wieder trainieren und üben, um besser zu werden. Dann irgendwann kommt der Fahrradfahr-Effekt, es geht nicht mehr weg, ich verlerne es nicht mehr. Wenn ich richtig gut sein will, darf ich immer wieder daran arbeiten und trainieren. Einen Tipp habe ich noch. Wenn ich mich auf andere Menschen einstelle und merke, dass jemand anders tickt als ich und anfange, mein Verhalten anzupassen und ihr entgegenzukommen, dann merkt diese Person erst dann eine Veränderung, wenn ich diese auch in mir spüre. Erst wenn ich denke: „Oh shit, jetzt bin ich wirklich außerhalb meiner Komfortzone, ich übertreibe sicher total" — erst dann, wird mein Gegenüber eine Veränderung in meinem Verhalten bemerken. Das war für mich eine wichtige Erkenntnis. Erst wenn ich selbst denke: „Michael, jetzt übertreibst du es aber ein bisschen", ist das genau die Stelle, an der mein Gegenüber meine Anpassung überhaupt erst wahrnimmt. Vorher bin ich nach wie vor in meiner Komfortzone, in meiner Präferenz. Diese Übung, dieses Stretching meiner eigenen Verhaltensflexibilität ist eine andauernde Aufgabe. Das Ziel, dass ich mir selbst dabei stecke, heißt: *Ultimate behavioural flexibility*, ultimative Verhaltensflexibilität. Der Grund dafür ist einfach: Je flexibler ich bin, desto mehr Erfolg habe ich in der Zusammenarbeit, im Zusammenleben mit anderen Menschen.

Christian: Und je mehr Optionen du hast, desto besser sind die Entscheidungen, die du treffen kannst. Der Flexiblere führt.

Michael: Exakt. Der Flexiblere führt.

Die eigenen Präferenzen sowie die meines Umfeldes zu verstehen, hilft mir nicht nur im beruflichen, sondern auch im privaten Kontext. Das Zusammenleben, das Organisieren des Haushalts, der Umgang mit Freunden, Familien und Kindern ist viel leichter, wenn ich verstehe, wann sich mein Gegenüber in seiner Komfortzone befindet und wann nicht. Für mich liegt die wahre Erkenntnis dieses Modells zudem in dem Verständnis dafür, dass es bei den verschiedenen Typen keine Wertung gibt. Es gibt keine Rangfolge, kein besser oder schlechter. Es ist ein neutrales Verständnis dafür wie ich und mein Umfeld funktionieren. Es ist eine gute Toleranz-Übung. Mithilfe dieses Modells lerne ich die Stärken und Schwächen jeder Einzelnen, inklusive meiner eigenen zu schätzen ohne diese zu bewerten.

STÄRKEN STÄRKEN

JEDER MACHT, WAS ER AM BESTEN KANN

Michael: Hey Christian, ich würde dir gerne eine Frage zu meinen Stärken stellen. Welche Stärken siehst du bei mir?

Christian: Du fragst mich nach deinen Stärken? Hmm... Mal sehen. [überlegt] Du bist ein Macher. Du packst die Dinge einfach an, das ist eine deiner großen Stärken. Du weißt, was du willst. Deine zweite große Stärke ist, dass du das, was du willst auch in der Regel tatsächlich bekommst. Du hast eine ausgeprägte Kommunikationsfähigkeit und kannst überzeugen. Deine Kommunikationsstärke hilft dir, das zu bekommen, was du willst. Außerdem hast du eine hohe Kompetenz, viel Erfahrung und sehr viel Knowhow zum Thema Mitarbeiterführung, sogar international. Du kannst dich sehr gut in Menschen hineinversetzen und bist sehr empathisch.

Michael: Wow, vielen Dank. Jetzt fühle ich mich großartig. Das geht runter wie Öl. Was heißt das nun? Aus welchem Grund sprechen wir über meine Stärken, abgesehen davon, damit ich mich besser fühle?

Christian: Wenn ich weiß, welche Stärken du hast, kann ich dich besser in meinem Unternehmen einsetzen. Ich habe andere Stärken als du, sie sind komplementär zu deinen. Im Team macht uns das deutlich stärker. Ich kann auf deine Stärken zurückgreifen. Wenn ich jemanden überzeugen möchte, etwas zu tun, und zwar sofort, schicke ich dich zu ihm. Ich nutze dich, Michael als Tool.

Michael: Das ist nützlich.

Christian: Das ist super nützlich.

Michael: Es ist schön, das so zu hören. In der Vergangenheit war ich mir über meine Stärken lange nicht bewusst. All das, was du gerade aufgezählt hast, war mir nicht klar. Über meine Schwächen war ich mir deutlich bewusster. Ich habe häufig das Feedback bekommen, ich solle besser zuhören. Nicht im Sinne von erst zuhören und dann sprechen, sondern in dem Sinne, mich stärker in den anderen hineinzufühlen, während ich zuhöre. Ich habe daher immer wieder versucht, darin besser zu werden und gezielt Kompetenz im Zuhören aufzubauen. Darüber haben wir auch schon gesprochen. Insofern war es gerade für mich ein besonders schönes Gefühl, dass du Empathie als eine meiner Stärken genannt hast. Ich habe viel daran gearbeitet.

Christian: Zu welchem Zweck hast du daran gearbeitet?

Michael: Sehr gute Frage. Ich habe an meinen Schwächen gearbeitet, um weiterzukommen. Ich dachte, es würde mir ein besseres Gefühl geben. Verrückt, ich fühle mich jetzt wieder ganz anders. Vor zwei Minuten, als du all die positiven Dinge gesagt hast, habe ich mich besser gefühlt. Jetzt denke ich wieder über meine Schwächen nach — wie früher. Das zieht mich total runter. Mein Körper wird schwerer, ich sitze jetzt irgendwie tiefer in meinem Stuhl, als hätte ich Blei in den Füßen. Ich möchte hier lieber schnell weg.

Christian: Ich will gar nicht, dass du besser zuhörst. Wenn ich jemandem zum Zuhören brauche, nutze ich jemand anderen.

Michael: Herrlich. Das gefällt mir. Das bedeutet in der Konsequenz für mich, wenn eine Person auf mich zukommt und jemanden zum Zuhören braucht, sage ich einfach: „Du, das wäre sicher ein tolles Gespräch mit XY. Ich bin dafür nicht der Richtige."

Christian: Ja, klar. Natürlich.

Michael: Jetzt, wo du es sagst, hatte ich mal eine ähnliche Situation. Vor einer Weile habe ich einen Bekannten etwas zu einem bestimmten Thema gefragt. Welches Thema das war, weiß ich gar nicht mehr. Er sagte daraufhin zu mir: „Du, sprich darüber lieber mit meiner Frau, sie hat dafür die richtigen Antennen." Er war sich offenbar über seine Stärken bewusst und dachte sich vielleicht: „Oh, von dem Thema habe ich wirklich keine Ahnung. Mir das anzuhören, ist vertane Zeit. Sprich lieber mit jemand, der darin besser ist." Es wird mir erst jetzt klar, was da eigentlich passiert ist. Wenn ich mir meiner Schwächen bewusst bin, kann ich sie einfach in meinem Team delegieren und verteilen. Es erledigt besser jemand, der darin eine Kompetenz hat. Bin ich mir meiner Stärken bewusst, gebe ich dabei Gas und bleibe am Ball.

Christian: Absolut. Es wird noch deutlicher, wenn wir den Spieß umdrehen. Stell dir vor, ein Mitarbeiter im Team ist ein besonders guter Zuhörer. Er ist eher ein ruhiger Typ und bevorzugt es, andere Menschen sprechen zu hören, statt selbst zu erzählen. Er steht einfach nicht gerne im Scheinwerferlicht. Nun brauche ich jemanden, der mein Team motiviert, sich vor die Mitarbeiter stellt und sie überzeugt, ein neues Projekt anzugehen. Jemanden, der frontal nach vorne stürmt und die Mannschaft mitreißt. Wenn ich nun den eher ruhigen Typ, meinen besten Zuhörer bitte, diese Aufgabe zu übernehmen, wird er sicherlich nicht glücklich dabei sein und vermutlich wenig erfolgreich.

Michael: [*schmunzelt*] Ich erinnere mich an einen meiner Mitarbeiter vor fünfzehn oder zwanzig Jahren. Er sagte doch glatt zu mir: „If you need somebody to kick in a door, call me. I'm gonna kick in that door. That is exactly my thing." Mein Ding ist das nicht. Ich habe damals nur mit dem Kopf geschüttelt und mich gefragt, wieso zum Teufel jemand so etwas gerne tut. Jetzt, zwanzig Jahre später, denke ich: „Gut zu wissen, dass du das kannst. Wenn das erforderlich ist, weiß ich, dass ich mich bei dir melden werde."

Christian: Kann ja passieren, dass du mal vor einer geschlossenen Tür stehst, durch die du unbedingt durch willst. Ich hatte eine Kollegin bei der HypoVereinsbank, deren Spezialität es war, abzusagen. Wenn es in irgendeiner Weise darum ging, jemanden abzulehnen oder etwas abzusagen, hat sie das mit unglaublich viel Freude und Spaß getan. „Nö, mit Ihnen arbeiten wir nicht zusammen." Ich hatte in solchen Situationen durchaus Hemmungen. Sie nicht. Sie hatte sogar eine große Kompetenz darin, die Ablehnung auch noch eloquent und sympathisch herüberzubringen, nicht so wie in meinem Beispiel. Sie war die beste Absagerin, die ich je kennengelernt habe.

Michael: Super. Leute abzulehnen oder zu kündigen ist ein schwieriges Thema. Das fällt nicht jedem leicht. In einer solchen Situation überlege ich genau, wer von uns im Team die Kompetenz hat, eine solche Nachricht auf eine Art und Weise zu überbringen, die für die Person und die Firma am besten ist.

Christian: Bedeutet das nun, dass ich den ganzen Tag nur Dinge tue, die mir Spaß machen und in denen ich gut bin oder erledige ich auch andere Dinge?

Michael: Aus meiner Sicht wäre die Welt so eine bessere. Ich finde es klasse, wenn alle nur noch das machen, was ihnen Spaß macht, worin sie produktiv sind und Ergebnisse erzielen. Meinst du nicht?

Christian: Nun, ich habe noch ein sehr protestantisches Arbeitsethos, obwohl ich eigentlich katholisch bin. Ich denke, es gibt durchaus Dinge, die es für mich einfach zu erledigen gilt, auch wenn sie mir keinen Spaß bringen: Steuererklärung, Badezimmer putzen, eine Buchhaltung in meinem Unternehmen aufbauen, wenn es niemand anderen gibt, der es kann. In manche Dinge gilt es sich einfach hinein zu fuchsen, die machen vielleicht niemandem richtig Spaß.

Michael: Hineinfuchsen ist so eine Sache.

Christian: Mittelfristig kann ich es vielleicht an jemandem übergeben, der es besser macht und sogar Spaß daran hat. Am Anfang fuchse ich mich einfach hinein und erledige es.

Michael: Du meinst, weil es mir als Chef durchaus helfen kann, die Aufgaben und Themen zu verstehen, die später vielleicht meine Mitarbeiter erledigen? Auch wenn es mir möglicherweise nicht unbedingt liegt, kann ich meine Rolle als Führungskraft besser ausüben. Wenn ich verstehe, was passiert und was die Aufgaben bedeuten, kann ich sie besser delegieren und managen und dabei den richtigen Experten auswählen. Es gibt einen ganz berühmten Glaubenssatz, der gut zu deinem protestantischen Arbeitsethos — wie du ihn so schön genannt hast — passt. „Wenn ich hart arbeite, bin ich auch erfolgreich." Das ist auch ein Arbeitsethos. Nur harte Arbeit führt zum Erfolg. Das ist ein limitierender Glaubenssatz. Wenn ich glaube, dass ich nur dann erfolgreich sein kann, wenn ich viel arbeite, werde ich mein Leben lang sehr hart arbeiten und vielleicht auch erfolgreich sein. Ich stelle mir mein Leben anders vor. Ich stelle mir vor, wie es klingt, wie es aussieht und wie es sich anfühlt, erfolgreich zu sein. Für mich fühlt es sich gar nicht wie harte Arbeit an. Es fühlt sich leicht an, nach viel Freude.

Christian: So etwas Ähnliches habe ich neulich auch gehört. Es ging darum, glücklich zu sein. Viele glauben daran, wenn sie hart arbeiten, verdienen sie viel Geld und sind dann automatisch glücklich. Ich glaube, es ist genau umgekehrt. Ich treffe die Entscheidung, glücklich zu sein, E + R = O. Ich entscheide mich für diese Response. Daraus folgt dann das Geldverdienen.

Michael: *Live your purpose and the money will follow.*

Christian: Wenn ich diese Entscheidung getroffen habe, arbeite ich an den Dingen, die mir Spaß machen.

Michael: Und in diesen Dingen bist du stark. Du setzt deine Stärken ein.

Christian: Die folgenden Glaubenssätze habe ich ausgetauscht. Ich glaube nicht mehr daran, *dass ich erst buckeln muss*, *Lehrjahre sind keine Herrenjahre*, *Was Hänschen nicht lernt, lernt Hans nimmermehr*. Sucht euch einen dieser Sprüche aus, es gibt sehr viele davon.

Michael: Es war für mich eine totale Erlösung, meinen Glaubenssatz neu zu definieren und zu erkennen, dass sich Arbeit nicht wie harte Arbeit anfühlen muss, um erfolgreich sein zu können. Wenn etwas mal leicht ging und es einfach lief, hat es sich gar nicht richtig als Erfolg angefühlt. In mir kam sofort der Gedanke auf: „Habe ich das überhaupt verdient?" Diese Frage kann niemand beantworten. Dazu hat jeder eine andere Meinung. Was heißt das schon? Woran mache ich Erfolg fest? Das ist doch Quatsch. Ich habe das Ergebnis, das ich haben wollte, also bin ich glücklich. Ich habe in meinem Leben etwas geschafft. Wenn ich das auch noch als Leichtigkeit empfinde und ich es auf eine leichte Weise erreicht habe, ist es doch ganz fantastisch. Eigentlich sollte dies das Ideal sein. Ich denke gerade an all die Stärken und Schwächen in einem Unternehmen. Sagen wir, eine Firma hat eintausend Angestellte. Ich baue zwei Szenarien auf. Im Szenario A tauschen sich alle eintausend Mitarbeiter über ihre Stärken und Schwächen aus und fangen an, an ihren Schwächen zu arbeiten. Alle Mitarbeiter versuchen, in ihren Schwächen besser zu werden.

Christian: Sie versuchen, ihre Schwächen zu schwächen.

Michael: *[lacht]* Genau. Wie ich. Ich hatte eine Schwäche im Zuhören und habe angefangen, Kurse zu besuchen, Fortbildungen zu absolvieren, und habe hart an mir gearbeitet, um ein besserer Zuhörer zu sein.

Christian: Du bist im Customer-Happiness-Modus. Du versuchst, andere damit glücklich zu machen.

Michael: Im Szenario A arbeiten also alle eintausend Mitarbeiter an ihren Schwächen. Sie versuchen, ihre Schwächen zu verbessern, indem sie sich ausgiebig mit ihnen auseinandersetzen. Im Szenario B sind sich alle eintausend Mitarbeiter über ihre Stärken bewusst und arbeiten daran, diese noch weiter auszubauen. Ich sehe dich grinsen und jubeln. [*lacht*] Es fühlt sich schon ganz anders an, oder? Die Mitarbeiter sind sich über ihre Schwächen bewusst, um ein paar grobe Fehler zu vermeiden, arbeiten aber nur an ihren Stärken, an dem, was ihnen Spaß macht und ihnen leicht fällt. Das Gefühl, welches entsteht, wenn eintausend Leute nur noch daran arbeiten, ihre Stärken auszubauen, ist unglaublich motivierend und inspirierend. Szenario A fühlt sich eher grau und schwer wie Blei an, sehr träge.

Christian: Mir helfen an dieser Stelle oft absurde Bilder. Stell dir ein Orchester vor mit lauter begnadeten Musikern. Ein begnadeter Geiger, ein Bratschist, ein Oboist — sie alle sind wirklich gut und haben unendlich viel Spaß an ihren Instrumenten. Nun kommt ein neuer Dirigent und sagt: „So Freunde, lasst uns an unseren Schwächen arbeiten. Du, lieber Geiger, spielst ab heute die Oboe. Du bist darin nämlich wirklich schlecht. Lieber Bratschist, du gehst ab sofort ans Klavier."

Michael: Fantastisch. Das ist wirklich ein super Bild.

Christian: Dieses Orchester wird vermutlich keinen Erfolg haben. Ich denke gerade an diese schlecht singende Engländerin, die ausschließlich LPs aufgenommen hat. Na ja, egal.

Michael: Wir nennen sie lieber nicht namentlich.

Christian: Stellen wir uns eine Fußballmannschaft vor. Es gibt einen super Stürmer, der super schlecht im Tor ist. Nun sagt der Trainer: „Lieber Stürmer, du gehst nun solange ins Tor, bis du gut darin bist." Der Trainer wird vermutlich gefeuert.

Michael: Als Fazit halten wir also fest, ich spiele meine Stärken aus und arbeite daran, sie noch stärker zu machen. Meiner Schwächen bin ich mir lediglich bewusst. Fertig.

Christian: Exakt. Meine Schwächen sind unerheblich. Ich kann diese einfach zu jemandem delegieren, der darin besser ist. Für den Geiger ist es unerheblich, dass er schlecht Oboe spielt.

Michael: Er würde nie auf die Idee kommen, an dieser Schwäche zu arbeiten.

Christian: Ich habe sicher viele Schwächen, die ich noch gar nicht kenne, da ich sie vielleicht noch nie ausprobiert habe. Ich probiere viel aus und nutze lieber meine Stärken.

Michael: Starkes Thema, vielen Dank. Das war ganz leicht.

Das Orchester-Beispiel ist eindringlich und die Vorstellung, jeder im Unternehmen macht nur das, was er am besten kann, ist wunderbar. Ich würde am liebsten auch nur die Dinge tun, die mir leicht fallen. In der Projektarbeit lässt sich dies sicher auch gut umsetzen, Rollen könnten dabei neu definiert und Aufgaben besser verteilt werden. Im Alltagsgeschäft hingegen stelle ich mir die Umsetzung schwieriger vor. Es gibt nun mal Aufgaben, die zu bestimmten Stellen dazugehören. Jede Führungskraft hat diverse Reportings vorzulegen, Mitarbeitergespräche zu führen oder an Sitzungen teilzunehmen – ob sie es nun gerne macht und dafür eine Stärke hat oder nicht. Neue Tools müssen bedient, operative, teils unliebsame Tätigkeiten erledigt werden, die niemand gerne macht. Wenn sich jeder nur das heraussucht, was er gut kann und mag, endet es doch sicher im Cherry-Picking. Einige Dinge würden auf der Strecke bleiben. Um das Problem zu lösen, gilt es Arbeit im gesamten Unternehmen ganz neu verteilt werden. Ich bräuchte möglicherweise auch ganz andere Leute in meinen Teams. Im Grunde dürfte ich für jede Aufgabe im Unternehmen jemanden finden, der diese gerne tut. Eigentlich keine schlechte Idee …

SITUATIVES FÜHREN

VOM MICROMANAGER ZUM COACH

Christian: Ich begrüße dich ganz herzlich an deinem ersten Tag bei uns als Barista. Ich freue mich sehr, dass du dich bei uns beworben hast, Michael. Lass uns mit einem Espresso beginnen. Ich zeige dir gerne, wie wir hier bei *chicco di caffe* Espresso machen.

Michael: *[lacht]* Das ist eine gute Idee.

Christian: Du nimmst diesen Siebträger in die rechte Hand und drehst ihn nach links aus der Windung. Er fällt fast automatisch nach unten in deine Hand. Den Kaffeesatz, der noch darin ist, klopfen wir hier, in diese Schublade aus. Mit diesem Pinsel kannst du die Reste entfernen und den Siebträger reinigen. Jetzt hältst du das ganze Ding unter die Mühle, sie startet automatisch und mahlt frischen Kaffee, bis der Träger voll ist. Nun mit diesem Tamper festdrücken.

Michael: Dieses Ding, mit dem ich oben feste drauf drücke, heißt Tamper?

Christian: Ja, genau. Ganz gerade drauf drücken, bis der frisch gemahlene Kaffee ganz platt ist, mit etwa zwanzig Kilogramm Druck. Nochmal kurz ein bisschen klopfen, damit das restliche Kaffeemehl auch noch hineinfällt, dann nochmal tampen, drehen und jetzt in die Maschine einhängen. Nun drückst du auf die Taste, auf der die zwei kleinen Tässchen abgebildet sind. Jetzt nur noch zwei Espresso-Tassen darunter stellen.

Michael: Klasse, ganz einfach.

Christian: Offengestanden hatte ich gehofft, du bist schon ein bisschen weiter und ich kann Aufgaben einfach an dich delegieren. Doch ich muss tatsächlich mit Micromanagement beginnen und dir jeden Handgriff zeigen und erklären. Wir sind jetzt mitten im Thema *Führungsstile*.

Michael: Mir war gar nicht klar, dass ich mich bei dir als Barista beworben hatte. Zum Glück bin ich ultimativ verhaltensflexibel, let's go, gar kein Problem.

Christian: Welcher Führungsstil ist der richtige? Ich habe es gerade mit Micromanagement probiert. Ich habe im wahrsten Sinne des Wortes deine Hand genommen und dich geführt, im Grunde war es betreutes Arbeiten.

Michael: Ich fand es klasse, ich hätte es sonst nicht hinbekommen. Diese Espressomaschine ist durchaus etwas komplizierter als andere.

Christian: Bei anderen Aufgaben würde ich es gerne anders machen und dich nicht unbedingt so kleinteilig anweisen.

Michael: Du könntest vielleicht einfach sagen: „Mach doch einfach mal einen Kaffee."

Christian: Ja oder: „Mach mal die Webseite." Wenn ich dabei deine Hand nehme und zu dir sage: „Klick nun mit der Maus hier rechts", würdest du sicher einen Föhn kriegen.

Michael: Absolut, ich würde ausflippen.

Christian: Welcher Managementstil ist also der richtige?

Michael: Gute Frage. Ich habe gelernt, dass es von Person zu Person sehr verschieden ist. Es geht also wieder um verschiedene Persönlichkeitstypen. Eine weitere Erkenntnis ist, dass es nicht nur von Person zu Person, sondern auch von Situation zu Situation verschieden sein kann. In welcher Situation ist die Person gerade, die ich als Manager führen möchte? Wie kann ich sie als Manager am besten unterstützen? Was braucht der- oder diejenige gerade von mir?

Christian: Einen neuen Mitarbeiter in die Kaffeebar einzuweisen benötigt durchaus Detailarbeit. Ich erkläre besser alles im Detail und manage sehr kleinteilig. Nachdem ich das ein-, zwei-, drei-, manchmal zehnmal erklärt habe, kann ich zum nächsten Führungsstil gehen.

Michael: Welcher ist das?

Christian: Ich nenne es *Teaching*. In unserem Beispiel bitte ich den neuen Mitarbeiter nun zehn Espresso hintereinander zuzubereiten. Ich stehe daneben und schaue mir an, wie es läuft.

Michael: Micromanagement, der erste Führungsstil, den du angesprochen hast, hat eher einen negativen Touch. Wertfrei ausgedrückt kann ich sagen, du bist als Führungskraft sehr stark involviert, du bist sehr im Detail unterwegs und packst mit an. *Hands on,* würde man auf Englisch sagen. Beim *Teaching*, so hast du den zweiten Stil genannt, bringe ich jemandem etwas bei. Worin liegt der Unterschied?

Christian: Beim *Teaching* kann ich bereits auf Kompetenz zurückgreifen. Der Mitarbeiter ist noch nicht ausgelernt, doch er hat es schon mal gemacht oder gesehen. Er wird sicher noch einige Fragen stellen und auch ich stelle öfter Fragen und bin nah dran, um ihm Feedback zu geben und zur Not zu helfen. Ich verstärke die positiven Handgriffe durch Aussagen wie: „Hey, das läuft schon richtig gut" oder „Dieser Cappuccino sieht super aus, weiter so."

Michael: Beim Micromanagement legst du selbst noch Hand an. Du arbeitest mit, packst mit an und sagst Schritt für Schritt: „Jetzt drückst du bitte diese Taste", „Nun tust du jenes." Ihr arbeitet quasi mit vier Händen gleichzeitig an dem Ergebnis, während du im Teaching-Modus vielleicht nur noch zuschaust.

Christian: Genau. Ich schaue die ganze Zeit zu.

Michael: Ähnlich wie ein Klavierlehrer, der die ganze Stunde neben dem Schüler sitzt. Klavierspielen darf der Schüler selbst, der Lehrer sitzt daneben und kommentiert und gibt Tipps zur Verbesserung.

Christian: Richtig, der Lehrer drückt selbst keine Taste.

Michael: Es sei denn, er spielt etwas vor. Dann sind wir wieder im Micromanagement. Verstehe. Was ist der nächste Führungsstil?

Christian: In der nächsten Phase kann ich mich als Führungskraft einen Schritt weiter entfernen. Ich sage zum Beispiel zu meiner neuen Barista: „Gleich kommen die Gäste. Wenn jemand einen Espresso bestellt, machst du einen Espresso. Wenn jemand *Cappuccino* sagt, machst du einen Cappuccino. Danach kassierst du ab. Wenn du Fragen hast, ich sitze dort drüben und mache die Buchhaltung."

Michael: Du stehst also gar nicht mehr daneben. Du bist noch anwesend, nur nicht mehr selber involviert. Der Mitarbeiter kann den Job mehr oder weniger alleine machen.

Christian: Richtig. Er hat die Kompetenz, den Job alleine durchzuführen und auch bereits Erfahrung gesammelt. Es läuft also. Falls eine Situation aufkommt, die er nicht beherrscht, bin ich da, um ihm zu helfen. Wenn alles läuft, lasse ich den Mitarbeiter in Ruhe.

Michael: Wir haben also bereits drei verschiedene Führungsstile besprochen. Zum einen das Micromanagement, bei dem ich ganz *hands on* mit anpacke und etwas vormache. Den Teaching-Stil, in dem ich einer Person etwas beibringe, ohne selbst aktiv zu werden und den Coaching-Stil. Dabei stehe ich der Person als Coach zur Verfügung, insbesondere in Situationen, in denen sie selbst nicht weiterkommt. So kann die Person noch besser werden und sich weiterentwickeln, ohne dass ich in einer Lehrfunktion bin oder als Micromanager agiere. Welche Stile gibt es noch?

Christian: In der nächsten Stufe kann ich zu meiner Mitarbeiterin sagen: „Hör zu, du schmeißt den Laden. Du kannst das. Wir sehen uns nächste Woche zu unserem 1:1-Gespräch." Ich brauche also gar nicht mehr anwesend sein und bespreche offene Fragen und Themen nur noch in einem regelmäßigen Mitarbeitergespräch.

Michael: Dann erhältst du das Ergebnis und das war es?

Christian: Genau. Das ist Delegieren von Aufgaben.

Michael: Das Modell, welches wir gerade in leicht modifizierter Form besprochen haben, ist ein recht berühmtes Führungsmodell und stammt ursprünglich von Kenneth Blanchard.

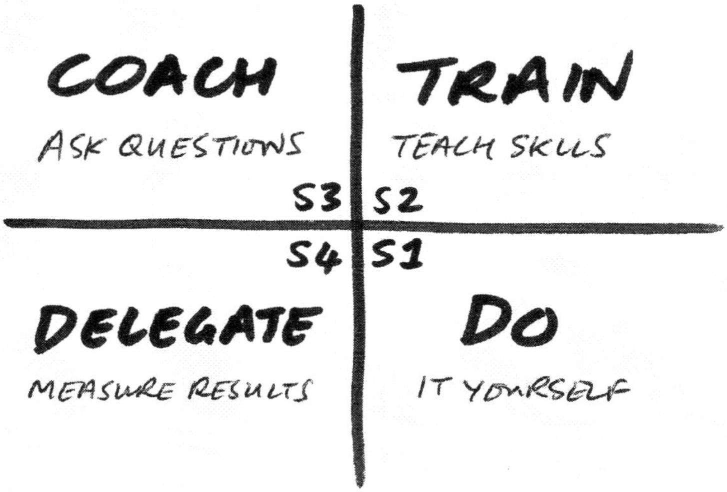

Abbildung: Situatives Führen
Vom Micromanager zum Coach. Meine Aufgabe ist es, mich der Kompetenz und der Situation in meinem Führungsstil anzupassen.

Christian: Es zeigt, dass ich in verschiedenen Situationen und bei unterschiedlichen Kompetenzen der Mitarbeiter unterschiedliche Führungsstile wählen darf. Wenn ich mich für den falschen oder immer den gleichen Stil entscheide, unabhängig von Person und Situation, kann es sowohl für mich als Führungskraft als auch für die Mitarbeiterin ziemlich frustrierend sein. Wenn sie bereits den Laden alleine schmeißen kann, wird sie mich ziemlich schief anschauen, wenn ich ihr erkläre, welcher Knopf für Espresso der richtige ist.

Michael: Dann wäre es Micromanagement im negativen Sinne.

Christian: Genau daher hat dieser Führungsstil ein negatives Geschmäckle. Wenn eine Person eine hohe Kompetenz in ihren Aufgaben hat und ich ihr haargenau erkläre, was sie zu tun hat, stelle ich indirekt die Kompetenz in Frage. Dann erhalte ich Reaktionen wie: „Ich kann das, lass mich das nur machen" oder: „Hey Chef, lass mich bitte meinen Job erledigen. Mach du deinen Job." Ich spüre die negativen Vibes direkt.

Michael: Wie erkenne ich denn, welcher Stil der richtige ist? Wann schalte ich von dem einen Stil zum anderen? Es kann ja auch andersherum laufen. Zum Beispiel merke ich, dass ein Mitarbeiter oder eine Mitarbeiterin doch noch nicht weiß, wie die Maschine zu bedienen ist, obwohl er oder sie eigentlich den Laden alleine schmeißen will. Wie gehe ich damit um?

Christian: Bei neuen Mitarbeitern, neuen Tätigkeiten oder Skills starte ich am besten mit dem Mikromanagement im positiven Sinne. Ich wechsle gegebenenfalls schnell in den Teaching- und Coaching-Modus.

Michael: Ähnlich wie bei einer Gangschaltung. Ich starte im ersten Gang und schalte dann schnell in den zweiten, dritten und dann in den vierten Gang.

Christian: Wenn ich einen erfahrenen Barista für die Kaffeebar einstelle, bitte ich sie direkt einen Espresso zuzubereiten. Dabei sehe ich, wie sie mit der Maschine umgeht, und kann mich entsprechend für einen Führungsstil entscheiden. Entweder ich zeige es ihr nochmal und gehe in den Micromanagement-Modus oder ich verabschiede mich, gebe ihr den Schlüssel für den Laden und hinterlasse ihr meine Telefonnummer. Ich kann also sehr schnell durch die verschiedenen Führungsstile wechseln und mich in Richtung Delegation bewegen. Lange im Micromanagement zu verbleiben ist suboptimal. Genauso schlecht ist es, wenn ich direkt mit dem Delegieren starte. „Michael, du hast dich bei uns als Barista beworben. Ich freue mich sehr und habe keine Ahnung, ob du das schon drauf hast. Hier ist der Schlüssel zur Bar, wir sprechen uns nächste Woche."

Michael: „Ich wünsche dir einen schönen Tag. Heute Abend komme ich die Kasse abholen."

Christian: Die ist dann sicher leer, weil kein Kunde einen einzigen Kaffee bekommen hat. Du hast sie dann alle vergrault und bist selber maximal demotiviert. Das spannende an dem Modell ist, dass der Führungsstil von der Person selbst und den Tätigkeiten abhängt, die die Person erledigt. Nehmen wir als Beispiel einen Mitarbeiter, der einen großartigen Espresso macht und noch nicht weiß, wie man die Milch für einen Cappuccino aufschäumt. Als Führungskraft starte ich beim Milchschaum, also im Micromanagement-Modus, beim Espresso hingegen coache ich nur noch.

Michael: Ebenso wie bei der abendlichen Kassenabrechnung, denn die erfordert fachlich eine ganz andere Kompetenz.

Christian: Richtig. Einen Profi-Barista coache ich an der Bar nur noch, wenn überhaupt. Bei der Abrechnung zeige ich ihm Schritt für Schritt, wie er den Laptop bedient. „Komm her, ich zeige es dir. Jeden Abend nimmst du diesen Laptop und öffnest folgende Datei ..."

Michael: Bespreche ich das gemeinsam mit meinen Mitarbeitern? Sie merkt ja sicher, dass ich mich unterschiedlich verhalte. Wie gehst du damit um?

Christian: Ich habe nicht das Gefühl, dass meine Mitarbeiter das bewusst wahrnehmen. Da ich meinen Führungsstil sowohl an den Mitarbeiter als auch an die Situation anpasse, bekommt es die Mitarbeiterin häufig gar nicht mit. Es wird von ihnen eher positiv wahrgenommen. Wenn ich von meinem Team das Feedback bekomme, dass jemand an einer Stelle etwas mehr und an der anderen Stelle weniger Hilfe braucht, bekommt er von mir auch entsprechend mehr oder weniger Hilfe. Das ist für das ganze Team super. Daher nennt man es situatives Führen. Ich passe mich an jeden Mitarbeiter und jede Situation an.

Michael: Okay, cool.

Christian: Es gibt noch ein paar Fallen, in die ich tappen kann. Die erste Falle haben wir schon einmal kurz erwähnt. Wenn ich mit dem Delegieren starte und erst danach merke, dass der Mitarbeiter noch nicht so weit ist, ist es meistens zu spät. Ich übertrage es auf unser Beispiel. Ich gebe also einer neuen Mitarbeiterin den Schlüssel für die Bar und verabschiede mich. Nach einer Woche komme ich zurück und merke, dass in der Bar das totale Chaos herrscht. Dann rudere ich zurück und sage: „Okay, pass auf. Wir fangen nochmal beim Espresso an." In der Zeit kann viel kaputt gehen und die neue Kollegin ist total frustriert.

Michael: Das ist natürlich der Klassiker. Ich stelle einen neuen Mitarbeiter ein und sage zu ihm: „Hier ist dein neuer Arbeitsplatz. Fang einfach an, wir treffen uns in einer Woche und du präsentierst mir deine Ergebnisse." Der arme Kerl.

Christian: [*grinst*] Ja, nach einer Woche gehe ich dann doch noch mal mit ihm durch jede Präsentation und zeige ihm, wie er Microsoft Word und PowerPoint bedient. Ich gehe dann also vom Delegieren zurück ins Micromanagement und wieder zurück ins Delegieren.

Michael: Dafür gibt es einen Ausdruck: *Valley of despair*, Tal der Verzweiflung. Mehr bleibt nicht mehr übrig. Sowohl der Gemanagte als auch der Manager verzweifelt, denn etwas fehlt. Wenn ich vom ersten in den vierten und wieder zurück in den ersten Gang schalte, knirscht der Motor. Das ist keine gute Idee.

Christian: Was mache ich denn, wenn ich in den vierten Gang geschaltet habe und merke, dass ich etwas über das Ziel hinaus geschossen bin?

Michael: Im Auto würde ich wahrscheinlich in den dritten oder zweiten Gang zurückschalten, anstatt direkt in den ersten.

Christian: Ich gehe vom Delegieren zurück in den Coaching-Modus, um zu prüfen, ob es funktioniert. Wenn nicht, schalte ich noch einen Gang zurück und versuche es mit dem Teaching-Modus bevor ich ihm jeden Handgriff einzeln erläutere.

Michael: Sofern ich also noch nicht weiß, wie weit eine Mitarbeiterin ist, starte ich zur Sicherheit im Mikromanagement-Modus. Wenn ich dann feststelle, dass sie verstanden hat, worum es geht, schalte ich in den Teacher-Modus. Der nächste Schritt, sofern sie soweit zurechtkommt, ist der Coaching-Modus. Wenn die Mitarbeiterin selbst mein Coaching nicht mehr benötigt, weil alles rund läuft und meine Hilfe kaum noch notwendig ist, schalte ich in den Delegations-Modus und ich kann mich anderen Dingen widmen.

Christian: Genau. So mache ich es bei diesem einen Mitarbeiter und genau dieser Tätigkeit. Wenn der gleiche Mitarbeiter eine neue Tätigkeit ausübt, gehe ich die vier Stile wieder von vorne durch.

Michael: Ich als Chef passe mich also die ganze Zeit an, ununterbrochen.

Christian: Ununterbrochen. Ich bin die ganze Zeit aufmerksam.

Michael: Ich passe mich und meinen Führungsstil zum einen an jede Situation an und auch an die verschiedenen Persönlichkeitstypen. Ich bin als Führungskraft also sehr viel mit Anpassen beschäftigt.

Christian: Absolut, das stärkt meine Kommunikations-Skills. *Communication is what the listener does*.

Michael: *The receiver is always right*. Drei Wiederholungen, um zu überzeugen, sechs Wiederholungen zur Erinnerung.

Christian: Super, dann sind wir hier fertig. Ich brauche erstmal einen Kaffee. Du machst dir sicher jetzt auch noch einen, oder?

Michael: Wie ging denn das nochmal mit dieser Siebträger-Maschine?

Das Modell gefällt mir, es macht vieles, was ich intuitiv bereits tue noch einmal deutlich und verständlich und hilft mir, die einzelnen Führungssituationen und Kompetenzen meiner Mitarbeiter zu reflektieren. Es geht hierbei sehr stark um das Anlernen von Mitarbeitern. Dies übernehmen häufig Kollegen unter sich. Zudem habe ich ja gelernt, dass ich nicht alle Aufgaben selber können brauche, die ich an mein Team delegiere. Auch hier komme ich mit Micromanagement also nur bedingt weiter. Dieses Modell geht davon aus, dass ich sehr nah an meinen Mitarbeitern dran bin. Je nachdem wie viele Mitarbeiter ich führe, ist vor allem das Micromanagement gar nicht mehr zu bewältigen. Ich brauche also zusätzlich eine andere Lösung, die effizienter ist oder kleinere Teams.

„NOCH EINE FRAGE"

– INSPECTOR COLUMBO, 1971

COACHING ALS FÜHRUNGSSTIL

THINKING OUTSIDE THE BOX

Christian: Was beschäftigt dich gerade, Michael?

Michael: Mich beschäftigt das Thema Coaching. Ich überlege, was unsere Leser am schnellsten weiterbringt.

Christian: Was noch?

Michael: Mich beschäftigt zusätzlich, inwiefern meine Erfahrungen mit dem Thema Coaching dabei relevant sein können.

Christian: Welche Erfahrungen hast du denn mit Coaching?

Michael: Vor einigen Jahren hatte ich noch überhaupt keine Ahnung von Coaching. Es war mir natürlich ein Begriff, doch mir war nicht klar, wie wertvoll das sein kann. Ab und zu war ich dann selbst als Coachee mitten in einem Coaching-Prozess. Irgendwann habe ich dann verstanden, wie sehr es mir hilft und wie viel ich plötzlich dadurch erreichen konnte. Ich hatte immer noch keine wirkliche Ahnung, wie es funktioniert, und ich fing an, mich dafür zu interessieren.

Christian: Worum geht es denn beim Coaching überhaupt?

Michael: Beim Coaching geht es darum, seinen eigenen Lösungsraum zu erweitern. Das Coaching vermittelt mir neue Perspektiven, durch die ich mehr Möglichkeiten in meinem Handeln erkenne und in Betracht ziehe, um meine Ziele zu erreichen, sowohl beruflich als auch privat. Die Rolle des Coaches ist es, genau diese verschiedenen Wege und Möglichkeiten aufzuzeigen. Sie hilft ihren Coachees, diese Möglichkeiten zu durchdenken, sich hineinzufühlen und zu explorieren. Als derjenige, der gecoacht wird, erkenne ich plötzlich neue Wege oder ziehe Optionen in Betracht, die ich vorher ausgeschlossen habe. Gerade diese Wege führen in der Regel zum Erfolg. Coaching räumt Steine aus dem Weg, meistens die Steine, die ich mir vorher selbst in den Weg gerollt habe.

Christian: [*ironisch*] Coaches haben in der Regel mehr Erfahrung und wissen genau, wie es läuft. Sie können dem Coachee die richtigen Tipps geben und einfach sagen: „Wenn du dahin willst, mache Folgendes ...", „An deiner Stelle würde ich ...", „Du solltest unbedingt, ..."

Michael: „Das musst du so und so machen." [*lacht*] Leider könnt ihr jetzt nicht das breite Grinsen auf Christians Gesicht sehen, als er diese Sprüche gerade vom Stapel gelassen hat. Genau darum geht es natürlich nicht. Als Coach ist es meine Aufgabe, lediglich Fragen zu stellen, ohne eine eigene Agenda im Gepäck zu haben. Fragen, die den Lösungsraum erweitern und neue Möglichkeiten zulassen, ohne dass ich als Coach dabei eine Vorstellung habe, wo die Reise hingeht. Es geht nicht darum, bestimmte Antworten aus dem Coachee herauszukitzeln, um ihn dorthin zu führen, wo ich ihn als Coach haben will. Der Coach führt den Coachee nicht. Das Gegenteil ist der Fall. Der Coachee exploriert Möglichkeiten und führt sowohl den Coach als Unterstützer als auch sich selbst zu seiner eigenen persönlichen, für ihn richtigen Lösung.

Christian: Das klingt, als wäre der Coach vollkommen unnötig.

Michael: Es klingt vielleicht so. Es ist ein himmelweiter Unterschied, ob ich mich in meinen eigenen Gedanken im Kreis drehe oder mir jemand im Gespräch Fragen stellt, die ich mir selbst noch nie gestellt habe oder um dessen Antworten ich mich geschickt drücke. Im Gespräch mit jemand anderen laufen im Gehirn Prozesse ab. Prozesse, die mir helfen, Antworten auf verschiedene Fragen zu finden und Anregungen zu erhalten. Dafür ist der Coach da. Wenn ich einmal weiß, wie es funktioniert, kann ich mich auch in einem Monolog selbst coachen. Wenn jemand anderes mir die Fragen stellt, verantwortet der Coach den Prozess, ich selbst muss mir darum also keine Gedanken machen und kann mich auf meine Antworten und den Lösungsraum konzentrieren. Daher hat es immer einen großen Mehrwert, diese Verantwortung an einen professionellen Außenstehenden abzugeben. So wird sichergestellt, dass der Prozess des Coachinggesprächs von Anfang bis Ende gelenkt und gesteuert wird, ohne dass die Inhalte gesteuert werden.

Christian: Was ist dir denn heute über Coaching bewusst, was dir vor zwei oder drei Jahren noch nicht bewusst war?

Michael: Dass Coaching dazu dient, ständig dazuzulernen und mich weiterzuentwickeln. Es hat sehr viel mit Self Development zu tun. Der Coach muss kein Experte in meinen Themen sein, die mich beschäftigen. Das Coaching dient in erster Linie der Selbstreflexion. Es kann dem Coach natürlich schon helfen, den Kontext und das Vokabular des Coachees zu verstehen. Du und ich arbeiten als Business Coaches mit Leuten in Führungsrollen, in Geschäftsführungs-Positionen oder mit Unternehmern. Dabei hilft es natürlich schon zu wissen, wovon die Leute sprechen. Es ist jedoch nicht sinnvoll, vermeintliche Lösungen, die uns in den Kopf kommen, herauszuhauen und den Coachee dahingehend zu steuern oder ihm inhaltlichen Input zu geben. Es ist gefährlich, wenn der Coachee am Ende das Gefühl hat, nicht eine eigene Lösung entwickelt zu haben. Bevor ich meine eigenen Erfahrungen zu einem Thema mit meinen Klienten teile, stelle ich vorher immer die Frage, ob das gewünscht ist. Ich mache das nur, wenn ich der Meinung bin, dass es dem Coachee wirklich an dieser Stelle hilft. Er oder sie kann dies immer selbst entscheiden. „Darf ich eine eigene Erfahrung dazu teilen? Vielleicht hilft es dir in deinem Denkprozess weiter." Häufig schaut mich mein Klient dann etwas verwundert an und sagt etwas wie: „Äh, ja klar." Es ist nicht klassischerweise die Aufgabe eines Coaches. In einem puristischen Ansatz bringt ein Coach keine eigenen Erfahrung und Gedanken ein. Es ist daher wichtig, klarzustellen, dass der Coach gerade den eigentlichen Coachingraum verlässt und in den Erfahrungsaustausch geht. Das ist ein großer Unterschied.

Christian: Und wenn der Coachee explizit nach Tipps und Tricks fragt?

Michael: Dann sage ich, dass das als Coach eigentlich nicht meine Aufgabe ist. Vornehmlich geht es um das Denken und Fühlen des Klienten, des Coachees, darum verschiedene Möglichkeiten zu explorieren und zu hinterfragen, „Warum denkst du so, wie du denkst?" oder „Warum fühlt sich das für dich so an, wie es sich anfühlt?" und „Könntest du nicht eine andere Entscheidung im Hinblick auf deine Gedanken und Gefühle treffen?" Es ist wichtig, das zunächst zu klären. Wenn es geklärt und verstanden ist, entscheide ich je nach Situation, aus meinem Coachingraum herauszutreten und in den Raum des Erfahrungsaustausches einzutreten. Ich weise immer darauf hin, dass dies nur meine eigenen Erfahrungen sind und es nicht bedeutet, dass dies die richtige Antwort oder Lösung für den Klienten ist.

„Es ist nur eine von vielen möglichen Antworten, die du in Betracht ziehen darfst, um die für dich richtige Lösung zu finden."

Christian: Die gesuchten Lösungen sind ja oft Entscheidungen. Ich will als Coachee von A nach B kommen und dafür muss ich Entscheidungen treffen. „Mache ich als Nächstes diesen Schritt oder lieber jenen Schritt?" Es hilft mir also, eine Wahl zu haben. Um genau zu sein, helfen mir *acht Wale.* [*grinst*] Es gibt immer mindestens acht Wahlmöglichkeiten, die ich habe. Wenn ich von A nach B will, gibt es mindestens acht Wege. Manche von ihnen scheinen absurd, manche sind offenkundig. Es hilft, sich klar zu werden, dass die offensichtliche Lösung nicht immer die richtige sein muss. Sie kann die richtige sein, es kann auch eine andere Lösung sein.

Michael: Mach doch mal ein Beispiel für mich.

Christian: Ich hatte neulich ein Gespräch mit einem Coachee. Es ging um eine neue Mitarbeiterin, beziehungsweise um ihr Interesse an einer Mitarbeit in seinem Unternehmen. Er hatte zwei Möglichkeiten. Entweder er stellt sie als neue Mitarbeiterin ein oder nicht.

Michael: Er hat es also binär gesehen: Einstellen oder nicht einstellen?

Christian: Zunächst habe ich es auch binär betrachtet. Wir haben alle Vor- und Nachteile besprochen und ein Reframing durchgeführt. Ich habe ihn unter anderem gefragt: „Was glaubst du jetzt schon zu wissen, was du vermutlich erst später erfahren wirst?" — eben all diese Coachingfragen. Plötzlich hat er auch mich mit einer neuen Möglichkeit überrascht. Er sagte: „Ich kann die Mitarbeiterin auch einfach später einstellen." Im Grunde hat er mich damit auch gecoacht. Wir waren also schon beim dritten Wal. Welche Möglichkeiten gäbe es noch?

Michael: Jetzt bin ich dein Coachee und gebe eine Antwort darauf. [überlegt] Stelle ich jemanden ein oder nicht? Stelle ich sie erst später ein? Eine weitere Möglichkeit wäre, den Bewerbungsprozess weiter auszudehnen, um mir sicherer in meiner Entscheidung zu werden. Ich führe weitere Gespräche mit der Kandidatin, vielleicht führen auch noch andere Kollegen im Unternehmen Gespräche mit ihr. So gewinne ich ein besseres, detaillierteres Bild, bevor ich entscheide. Noch eine Option könnte sein, sie unter anderen Bedingungen einzustellen. Es muss vielleicht nicht direkt als Vollzeitkraft sein. Ich könnte sie in Teilzeit einstellen oder als Aushilfe oder sogar zunächst als Freelancer. Ich kann also verschiedene Szenarien, Modalitäten durchgehen. Vielleicht ist das eine passende Lösung.

Christian: Eine weitere Option wäre, die Aufgaben, die diese Person erledigen soll, einfach gar nicht zu erledigen. Oder ich überlege, die Stelle mit jemanden zu tauschen, wenn die Entscheidung eine Kostenfrage ist. Vielleicht gibt es jemanden im Unternehmen, der nicht besonders gut passt und im Grunde überflüssig ist. Das sollte ich nicht unbedingt offiziell so begründen, es ist trotzdem eine Möglichkeit.

Michael: Ich könnte die Person an eine Partnerfirma vermitteln, wo sie möglicherweise besser aufgehoben ist und in der sie als Mitarbeiterin einen höheren Mehrwert liefern kann. So kann ich gegebenenfalls auch mit ihr zusammenarbeiten, eben indirekt. Auch das ist eine Variante.

Christian: Und schon haben wir acht oder neun Möglichkeiten. Manche davon lassen sich aus verschiedenen Gründen vielleicht nicht realisieren, andere sind es wert, über sie nachzudenken.

Michael: Ja, genau. Und jetzt?

Christian: Woher kommt eigentlich der Name *Coach*?

Michael: Das habe ich letztens herausgefunden, es ist interessant. Meine Mutter kommt ursprünglich aus Ungarn, das hatte ich schon mal erwähnt. Dort gibt es einen kleinen Ort namens Kocs. Im 16. Jahrhundert wurde in Kocs eine berühmte, revolutionäre Form der Kutsche erfunden. Sie war wesentlich komfortabler und angenehmer und wurde zu einem großen Hit. Diese Kutsche hat sich innerhalb der folgenden fünfzig bis hundert Jahre in ganz Europa durchgesetzt. Dieser neuartige Wagen aus Kocs hat das deutsche Wort Kutsche geprägt. Das englische Wort für Kutsche ist *Coach*. Später, in den 1700er Jahren wurde dann an den Universitäten Englands dieser Begriff, wie wir ihn heute verwenden, geprägt. Wenn die Studenten damals Schwierigkeiten hatten, ihr Examen zu bestehen, besorgten sie sich einen Tutor, einen Helfer. Umgangssprachlich haben sie ihn *Coach* genannt, also Kutsche, weil er dafür zuständig war, sie von A nach B zu bringen.

Christian: Auf einem damals noch vorgegebenen Weg.

Michael: Richtig, auf einem damals noch vorgegebenen Weg. Der Coach war das Vehikel dafür, dass die Studenten ihr Ziel erreichen konnten. So entstand umgangssprachlich das Wort *Coach*. Erst Ende des 19. Jahrhunderts wurde dieses Wort in den Sportbereich übertragen, ebenfalls an den Universitäten. Denn die Sportteams der Unis adaptierten den Begriff auf ihren Trainer. Daher ist der Begriff vor allem im 20. Jahrhundert durch den Sport besetzt worden. Erst in den letzten zwanzig, dreißig Jahren ist der Begriff in der Businesswelt angekommen, im Grunde noch immer mit der gleichen Funktion. Die Aufgabe eines Coaches ist es, Leute von A nach B zu bringen. Dabei helfe ich den Leuten erstmal ihr A zu erkennen, um zu verstehen, wo sie überhaupt stehen und wer sie sind. Dann darf der Coachee das B definieren, also das Ziel der Reise bestimmen. Mithilfe der acht Wale und anderen Techniken kann ich von dort die verschiedenen Möglichkeiten explorieren. Am Ende einer Coaching-Session steht dann immer die Frage: „Was nimmst du dir nun vor? Was möchtest du umsetzen? Und möchtest du, dass ich dich beim nächsten Mal danach frage, wie es gelaufen ist?" So erzeugen wir das Gefühl der Verpflichtung — im Englischen Accountability. Die Verpflichtung, an der Umsetzung zu arbeiten.

Christian: Wie eine kleine Hausaufgabe.

Michael: Ja, genau. Wenn nichts passiert, haben wir nur darüber gesprochen. Dann ändert sich nichts.

Christian: Wenn du Coach bist, was bist du dann nicht?

Michael: Als Coach bin ich kein Ratgeber.

Christian: Okay. Also kein: *Du solltest, Du müsstest*.

Michael: Genau.

Christian: Besser: „Aus meiner Erfahrung könntest du mal..." [*grinst*]

Michael: „Mach das doch so, das ist doch eine tolle Idee, findest du nicht?" [*lacht*] Nein, überhaupt nicht. Das ist keine tolle Idee, auf keinen Fall spiele ich den Ratgeber. Als guter Coach bin ich Unterstützer der Person. Meine Rolle ist es, meinem Klienten, dem Coachee dabei zu helfen, sich weiterzuentwickeln, damit sie ihre Ziele erreichen kann.

Christian: Dafür gehst du sogar sogenannte Coaching-Verträge ein, richtig? Coaching contracts. Was ist das genau?

Michael: Richtig, ein Kontrakt ist wichtig. Jeder Coaching-Prozess, zumindest wenn er professionell durchgeführt wird, beinhaltet am Anfang immer einen sogenannten Kontrakt. Es ist kein umfangreicher Vertrag mit Rechten und Pflichten, für den ich Anwälte brauche. Es ist eine simple und doch klare Vereinbarung zwischen dem Klienten und dem Coach. Er hält fest, welche Zielsetzung verfolgt wird und welche Verhaltensweisen angemessen sind. Dort stehen zum Beispiel solche einfachen Dinge drin wie: *pünktlich sein*, die Uhrzeit, wann die Sessions anfangen, wie groß der Umfang insgesamt ist, über welchen Zeitraum das Coaching läuft und welche Rolle der Coach hat und welche nicht. Viele dieser Dinge haben wir bereits besprochen. Der Kontrakt hält fest, was die Klientin von dem Coach und dem Coaching-Prozess zu erwarten hat sowie einige ethische Richtlinien, in denen wir uns in einem Coaching-Verhältnis bewegen.

Christian: Was ist noch wichtig?

Michael: Fragen stellen. Genau wie die Fragen, die du gerade stellst. Ein guter Coach stellt gute Fragen und macht fast nichts anderes. Auch das habe ich gelernt: Gute Fragen zu stellen ist eine echte Kunst. Dazu gibt es viele Methoden aus der NLP-Welt. Sie liefert verschiedene Modelle zu unterschiedlichen Fragestellungen. Wie viel gute Fragen ausmachen, fasziniert mich ungemein. Wahrscheinlich fragst du mich gleich wieder: „Und was noch?"

Christian: Das könnte ich natürlich fragen. Wir sind nun am Ende unserer Coaching-Session angelangt. Was war besonders hilfreich für dich in dieser Session?

Michael: Besonders hilfreich war für mich, dass ich wie in jeder Session immer wieder selbst etwas dazulerne. Die Reflexion und das Gespräch über das Thema Coaching löst in meinem Kopf immer wieder eine Veränderung aus, die mich weiterbringt. Eine der größten Erkenntnisse für mich ist, dass in einer guten, professionellen Coaching-Beziehung nicht nur die Klientin lernt und weiterkommt, sondern auch immer der Coach. Dafür bin ich allen meinen Coachees sehr dankbar.

Christian: Was nimmst du dir bis zu unserem nächsten Kapitel vor?

Michael: Ich nehme mir vor, zu überlegen, wie wir unseren Lesern mit dem Thema Coaching in puncto Führungsstilen weiterhelfen können. Denn Coaching ist ein Werkzeug aus dem Repertoire des situativen Führens. Und darüber wollen wir noch intensiver sprechen. Coaching ist einer von vier markanten Führungsstilen mit sehr viel Potential. Es ist mittlerweile mein Lieblingsthema.

Christian: Klasse, vielen Dank Michael. Ich bin gespannt.

Michael: Ich danke dir, Christian für die tollen Fragen.

Da bin auch ich gespannt. Möglicherweise könnte mir dies bei der Führung von Mitarbeitern helfen, deren Aufgaben ich selber gar nicht verstehe oder verstehen will. Es könnte also die Lösung für die Herausforderungen nach dem letzten Kapitel sein. Coaching statt Micromanagement. Die Geduld, die als Coach sicher hilfreich ist, kann ich ja lernen. Ich kann einfach lernen, ein guter Coach zu sein.

Eins noch: Gibt es wirklich immer acht Wale? Selbst wenn nicht – mir gefällt es, zu versuchen all diese Möglichkeiten zu finden. Es zwingt mich automatisch dazu, mehr Lösungswege als nur die offensichtlichen zu sehen. Damit kann ich mein eigenes Out-of-the-box-Denken trainieren und das meiner Mitarbeiter. „Hmm … Welche Möglichkeit gibt es noch?"

DER COACHING-FISCH

RAUS AUS DER DUSCHE!

Christian: So, Michael. Komm jetzt raus aus der Dusche!

Michael: Starten wir unsere Coaching-Session?

Christian: Ja. Du sagst ja gerne zu deinen Coachees: „Raus aus der Dusche." Heißt das, du magst keine frisch geduschten Klienten oder wie darf ich das verstehen?

Michael: *Get out of the shower* ist ein schöner Spruch aus meiner Coach-Ausbildung. Das Bild ist bei mir hängen geblieben. Es ist eine Analogie, denn ein Coaching-Prozess ist ja immer eine sehr persönliche Angelegenheit.

Christian: Wie duschen.

Michael: Ja, genau. Es geht meistens um sehr persönliche Themen, die ich nicht unbedingt in die Öffentlichkeit tragen möchte und auch nicht mit jedem besprechen will. Ein Coach ist also eine starke Vertrauensperson. Das Bild von der Dusche soll ausdrücken, dass sich der Coachee während des Coaching-Prozesses in einer ähnlichen Situation wie beim Duschen befindet. Er ist verletzlich, unbedeckt, ohne Schutz und äußeren Einflüssen ausgesetzt. Als Coach gehöre ich nicht mit in die Duschkabine hinein.

Christian: Daher: „Raus aus der Dusche."

Michael: Genau. Der Coachee befindet sich mit seinen Problemen und den Themen, an denen er arbeiten möchte in der Dusche. Nur er gehört dort hinein. Als Coach begleite ich meinen Coachee lediglich und unterstützte von außerhalb, ich gehe niemals mit in die Dusche, ich gehe niemals mit in das Problem hinein. Ich darf mitfühlen und Empathie zeigen. Ich identifiziere mich niemals mit dem Problem.

Christian: Ich sage ihm sozusagen, dass er sich nun unter den Armen waschen darf.

Michael: Wenn ich mit meinem Coachee in das Thema reingehe, sage ich vielleicht Dinge wie: „Das tut mir total leid, wie fürchterlich. Das ist wirklich schlimm." In dem Moment, in dem ich so etwas sage, stehe ich in der Duschkabine. Das ist nicht gut. Außerhalb der Dusche sage ich etwas wie: „Das, was du gerade erlebst, fühlt sich sicher ziemlich schwer für dich an. Ich bin im Herzen bei dir. Wie kann ich dich unterstützen?" Ich nehme wahr, was in der Dusche passiert und zeige Empathie. Ich drücke mein Verständnis für die Situation und die Gefühle des Coachees aus, doch ich gehe nicht in das Gefühl selber mit hinein.

Christian: Du gehst auch nicht hinein und hilfst beim Duschen?

Michael: Nein. Du meinst im Sinne von: *Heb mal den Arm*. Das hilft nicht. Ich stelle typische Coachingfragen, die dem Coachee helfen, selbst auf neue Ideen zu kommen, vielleicht mal etwas anderes auszuprobieren. Ich weiß nicht, ob wir in diesem Bild noch länger drin bleiben sollten.

Christian: Doch, doch. Ich würde gerne noch etwas in diesem Bild verweilen. Unter der Dusche ist eine Menge Wasser und wo Wasser ist, gibt es häufig auch Fische.

Michael: Wow, welch eine elegante Brücke.

Christian: Richtig, denn ich würde gerne über den Coaching-Fisch sprechen.

Michael: Der Coaching-Fisch ist ein super Konzept.

Christian: Als Coach gehe ich raus aus der Dusche und denke direkt an einen Fisch.

Michael: An welchen Fisch denkst du denn gerade?

Christian: An einen Fisch mit einem spitzen Maul, einer Flosse am Ende und in der Mitte ist er dick.

Michael: Wie eine Flunder oder eine Scholle?

Christian: An einen Doktorfisch oder so ähnlich.

Michael: Das ist kein Trompetenfisch, oder? Ich denke an eine Scholle. Ich sitze in einem Restaurant und vor mir schwimmt eine leckere Scholle auf meinem Teller in Zitronensaft. Sie ist groß, breit in der Mitte und am Ende, an der Flosse wieder schmaler. Was hat das mit Coaching zu tun?

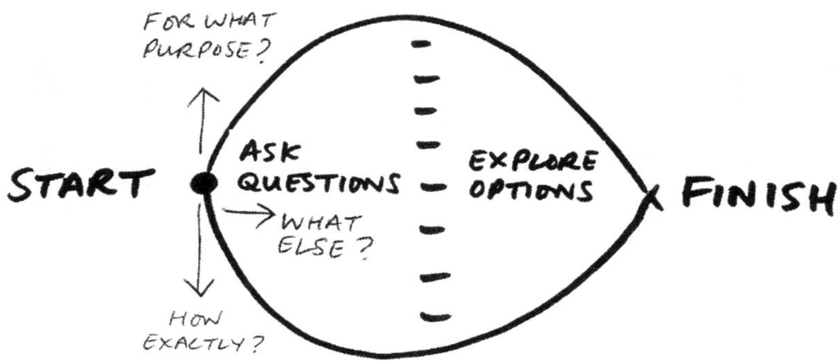

Abbildung: Coaching-Fisch
Zunächst öffne ich den Lösungsraum durch Fragen, um dann die passende Lösung aus vielen Optionen auswählen zu können.

Christian: In der Regel geht die Coachee mit einem Problem oder einer Herausforderung zu einem Coach. Sie möchte dieses Problem gelöst haben. Diese Herausforderung ist bei ihr sehr präsent. Doch oftmals ist das eigentliche Thema, um das es geht, ein ganz anderes.

Michael: Das anfängliche Problem beschreibt den spitzen Mund des Fisches?

Christian: Ja, könnte ich so sehen. Ich kann das Pferd oder besser den Fisch auch von hinten aufzäumen. Auf jeden Fall ist es zu Beginn ein spitzes Thema. Meine Aufgabe als Coach ist es, das anfängliche Thema dann ein bisschen größer zu machen. Ich versuche herauszukitzeln, welche Möglichkeiten, Lösungsoptionen, Betrachtungsweisen und Blickwinkel es möglicherweise darüber hinaus noch gibt.

Michael: Ich stelle mir nun diesen Punkt ganz vorne am Mund eines Fisches vor, an dem er startet.

Christian: Dann arbeitest du dich nach hinten durch und der Fisch wird immer dicker.

Michael: Wie eine x-Achse, an der die Zeit entlang läuft, sie verläuft wie ein Speer durch den Fisch durch — ein Schwertfisch. Durch diesen Fisch läuft die Zeit durch, im Gespräch wird das Thema immer weiter ausgedehnt. Es wird immer dramatischer, schlimmer, dicker und fetter, oder?

Christian: Je nach Sinnespräferenz kann es auch klarer und deutlicher werden. Oder einfach breiter. Es gibt einfach mehr Möglichkeiten. Welche Möglichkeiten gibt es zum Beispiel?

Michael: Es geht darum, zu explorieren, wie ich an das Thema herangehen kann. Du hast dafür auch ein schönes Bild mit Fischen. Wobei, es sind eigentlich gar keine Fische, sondern Säugetiere. Egal, sie leben auch im Wasser.

Christian: Du meinst die acht Wale als Bild für die Wahlmöglichkeiten. Richtig, auch Wale sind in der Mitte dick. Acht Wale sind besser als weniger als acht Wale.

Michael: Wir starten also in einem Coachinggespräch mit einem konkreten Thema, welches der Coachee mitbringt. Dahinter steckt oft ein anderes Thema, zu dem wir uns durch geschickte Coachingfragen durcharbeiten, bis der Coachee acht Handlungsoptionen identifiziert hat, die als Lösung in Betracht kommen. Am Ende entscheidet sich der Coachee für eine dieser Alternativen und erreicht das Ergebnis, das er haben wollte, das Ziel, welches er bisher noch nicht erreicht hat.

Christian: Genau. Das erste Thema, welches der Coachee am Anfang benennt, ist ganz vorne am Mund des Fisches. Häufig denkt sich der Coachee bei dem Thema: „Das wird sicher eine leichte Session. Ich sage dem Michael einfach, worum es geht, dann sind wir sicher recht schnell fertig." Häufig stellt sich dann heraus, dass diese Themen, die zu Beginn genannt werden, also vorne am Mund des Fisches, gar nicht die entscheidenden sind.

Michael: In meiner Ausbildung habe ich dazu ein englisches Statement gelernt. *The presenting problem never is the real problem.* Das Problem, das sich am Anfang präsentiert, ist nie das wirkliche Problem. Erlebst du das auch so? Hast du dazu ein Beispiel?

Christian: Klar. Machen wir mal ein einfaches Chef-Beispiel.

Michael: Ich bin Chef und habe unendlich viel zu tun, ich darf eine Million Dinge erledigen und weiß einfach nicht, wo mir der Kopf steht. Ich kriege all die Arbeit gar nicht geschafft. Das ist also mein Problem. Zu viel Arbeit.

Christian: Bitte gib mir ein Tool, mit dem ich das lösen kann. [*grinst*]

Michael: [*schmunzelt*] Klar, gerne. Warte, ich habe eine Pille dafür.

Christian: Du zeigst ihm also ein paar Tools, zum Beispiel die 2x2 Matrix, die zur Priorisierung dient und empfiehlst ein paar Bücher wie *Getting things done*. Doch oftmals ist nicht die viele Arbeit das zugrunde liegende Thema. Was könnte denn ein zugrunde liegendes Thema sein?

Michael: Zum Beispiel, dass ich nicht *nein* sagen kann.

Christian: Ja. Möglich.

Michael: Was noch?

Christian: Möglicherweise habe ich die falschen Leute eingestellt. Oder mein Geschäftsmodell ist nicht das richtige. Vielleicht kann ich mich nicht konzentrieren, ich lasse mich zu leicht ablenken und verbringe den ganzen Tag auf Twitter, Facebook oder LinkedIn.

Michael: Vielleicht habe ich ein Problem damit, Kontrolle abzugeben. Ich bin der Meinung, dass ich alles besser mache als alle anderen. [*Pause*] Das ist ein super Beispiel für ein *presenting problem* — Ich kriege die Arbeit nicht geschafft — und dem eigentlichen *real problem* — Ich will Kontrolle über alles. All diese Themen kommen im Gespräch möglicherweise hoch. In die einzelnen Optionen gehen wir dann hinein und machen den Fisch in der Mitte dick. Wir packen alle acht Wale und noch mehr hinein und besprechen alle Optionen. Wie wird der Fisch am Ende wieder kleiner?

Christian: Wenn ich als Coachee erst einmal die verschiedenen Möglichkeiten identifiziert habe, um an mein wahres Problem heranzugehen, kann ich damit beginnen, meine Optionen wieder zu reduzieren. Ich kann entscheiden, welches der Themen, ich als Erstes angehe.

Michael: Wenn ich meine Coachees zum x-ten Mal gefragt habe: „Wie kannst du das Thema noch lösen?", denken sie häufig, ich würde auf eine spezielle Antwort hinaus wollen. Das will ich gar nicht, ich kenne die Antwort ja selber nicht. Wenn wir dann einmal an diesem Punkt sind, an dem alle Optionen auf dem Tisch liegen, beobachte ich häufig, dass es von da aus ganz schnell geht, bis der Coachee spürt, welche Option die richtige für sie ist. Wir wiederholen in unseren Sessions alle Optionen noch ein, zwei Mal, damit wir eine gute Übersicht und ein Gefühl für die verschiedenen Wege bekommen. Danach wird dem Coachee recht schnell klar, welche Lösung am besten passt.

Christian: Ja, das ist erstaunlich. Ich erlebe es meistens genauso.

Michael: Es ist dieser Fisch ...

Christian: Manchmal passiert es sogar schon, wenn wir bei Variante sechs oder sieben sind und noch gar nicht alle acht Wale gefunden haben. Ich frage dennoch weiter: „Was gibt es noch für Optionen, wie könnte eine achte Variante aussehen?" Oftmals erkenne ich dann die Klarheit in meinem Gegenüber. „Oh ja, jetzt habe ich es."

Michael: Ich fasse noch einmal zusammen, worüber wir gesprochen haben. *Raus aus der Dusche!* Als Coach stehe ich immer außerhalb der Dusche und identifiziere mich nicht mit dem Problem meines Coachees. Ich fühle mit und zeige Verständnis und Empathie, fühle mich jedoch nicht selbst in die Emotionen ein. Das zweite Bild ist der Coaching-Fisch. Ein Coachinggespräch startet mit einem vermeintlichen Thema oder Problem. Häufig verbergen sich weitere zugrunde liegende Themen dahinter. Daher weite ich das Thema aus und stelle gezielte Coachingfragen, um den Lösungsraum zu vergrößern. Wir gehen auf die Suche nach mindestens acht Walen. Wir explorieren jede dieser 7±2 Möglichkeiten, mit dem Thema umzugehen. Der Fisch wird also breiter und größer. Ganz am Ende läuft er wieder spitz zusammen. Der Coachee entscheidet sich selbstständig für einen der möglichen Wege, den er bestreiten möchte. Als Coach bleibt mir dann noch die höfliche Frage, „Möchtest du, dass ich das nächstes Mal nachfrage, wie es gelaufen ist oder lieber nicht?" Meistens antwortet der Coachee mit „Ja." Im nächsten Gespräch knüpfen wir dann daran an. Was ist denn noch wichtig für ein erfolgreiches Coaching?

Christian: Vielleicht sollten wir den Unterschied zwischen Coach, Berater und Mentor klarstellen.

Michael: Consultant, Coach oder Mentor. [*ironisch*] Ist ein Coach nicht alles in einem?

Christian: Der Coaching-Fisch beschreibt letztendlich, dass ich als Coach, meinem Coachee im Denkprozess unterstütze. Dazu gehört es vor allem, ihr dabei Zeit zu geben. Zeit zum Nachdenken und Reflektieren ist einer der großen Mehrwerte des Coachings. Zeit, um in Ruhe selbst nach Lösungen zu suchen.

Michael: Dabei reden wir natürlich vom professionellen Coaching im eigentlichen Sinne. Wir sprechen nicht über den Fußball-Coach oder einen Workshopmoderator. Der Begriff wird heutzutage für Vieles genutzt.

Christian: Als Fußball-Coach bin ich eher ein Trainer.

Michael: Im Englischen ist es das gleiche Wort. Daher ist es manchmal missverständlich. Wir sprechen von einem professionellen Coaching-Prozess, dem zertifizierten Coaching, für das ich mich ausbilden lassen, viel lernen und viel praktizieren darf. Beim professionellen Coaching unterstütze ich den Denkprozess des Coachees, ich würde sogar sagen, ich challenge die Gedanken meines Coachees durch Fragen, die ich mitgebe. Diese Fragen führen zu einer neuen Perspektive auf ein bekanntes Thema und helfen dem Coachee auf neue Antworten zu kommen. Challengen tue ich natürlich die Gedanken nur, wenn es mir erlaubt ist. Ich frage ganz offen in den Sessions, was sich mein Coachee erwartet und was nicht, was erlaubt ist und was nicht. Reines Coaching unterstützt den Denkprozess, es ist vor allem mentale Arbeit. Was ist nun der Unterschied zum Mentoring?

Christian: Hast du nicht neulich dazu ein umfangreiches Paper geschrieben?

Michael: Ja, das habe ich tatsächlich.

Christian: Nun als Coach kenne ich die Lösung auf die Frage des Coachees nicht. Es kann sogar hinderlich sein, wenn ich sie kenne und meinem Coachee einen Ratschlag gebe. Ratschläge führen im Coaching im Regelfall nicht zu einem guten Ergebnis. Als Mentor hingegen kenne ich Lösungen, weil ich erfahren bin, richtig? Als Mentor helfe ich eher in den inhaltlichen Themen, in denen ich selbst viel Erfahrung habe.

Michael: Ja, das ist zumindest das, was ich von einem Mentor erwarte. Ich hatte einige Mentoren in meinem Leben, die mir sehr geholfen haben. Zu den meisten hatte ich immer nur sehr sporadisch Kontakt, nur wenige Male im Jahr. Dafür waren die Gespräche unglaublich geil, super interessant und immer auf Augenhöhe. Die meisten meiner Mentoren waren mir im Leben und in der Karriere zehn, fünfzehn, zwanzig Jahre oder mehr voraus und hatten einfach einen anderen Blick auf die Dinge als ich. Sie hatten hier und da ganz konkrete Tipps für mich und haben mir gesagt, wie ich die eine oder andere Situation lösen kann. Das würde ein Coach nie machen. Ich fand es super. Von meinen Mentoren hätte ich mir auch gar kein klassisches Coachinggespräch gewünscht. Für mich war es hilfreich, von ihren Erfahrungen zu profitieren und tatsächlich erwünschte Ratschläge zu bekommen. Es ist eine ganz andere Sache als Coaching.

Christian: Stell dir mal vor, dein Mentor fragt dich: „Okay, das sind sieben Wahlmöglichkeiten, welche gibt es denn noch?" Hallo?! Geht's noch?

Michael: Der Begriff *Mentor* kommt ursprünglich aus einer griechischen Sage. Ein Königssohn musste kurzfristig die Amtsgeschäfte seines Vaters übernehmen, weil der König selbst für eine lange Zeit fortgehen musste. Er hat seinem Sohn für diese Zeit einen *Mentor* zur Seite gestellt. Daher kommt der Name Mentor. Das Witzige an der Geschichte ist, dass es fast schief gelaufen wäre, wenn nicht eine Göttin im Spiel gewesen wäre, die es gerichtet hat. Der Mentor selbst hatte im Grunde gar keine Ahnung, was er dem Königssohn raten sollte. Nur aufgrund von Eingebungen durch die Göttin ist es am Ende gut gegangen. Die eigenen Lösungen des Mentors waren für seinen Mentee nicht geeignet. Mein Fazit aus dieser Sage ist, dass ich mich als Mentee nicht blind auf einen Ratschlag verlassen kann, sondern immer auch die Absichten, die Erfahrungen, die mein Mentor gemacht hat, hinterfrage, um die für mich richtige Lösung zu finden. Coaching ist ein super wertvoller Prozess, der mir hilft, Dinge anders zu betrachten und selbst auf neue, bessere Lösungen zu kommen oder überhaupt zu einer Lösung zu kommen. Die Lösungsvorschläge meines Mentors sind nicht zwangsläufig immer die richtigen für mich. Von einem Mentor kann ich viel lernen und kritisches Hinterfragen ist durchaus angebracht.

Christian: Häufig ist es auch schon Jahrzehnte her. „Damals in den 80er Jahren habe ich es wie folgt gelöst ..."

Michael: Als ich 35 Jahre alt war, hatte ich einen Mentor, er war etwa 75 Jahre alt. Wir hatten super nette Gespräche. Inhaltlich waren sie in puncto Business auf einem ganz anderen Level. Im Grunde ging es immer nur darum, ob die Firma am Ende des Tages Geld macht oder nicht. „Was können wir noch tun, um Kohle zu verdienen und die Renditen zu steigern?"

Christian: Mentor, Coach, bleibt noch der Consultant als dritter Fisch. Was unterscheidet den Berater von einem Mentor? Er kommt dazu und sagt: „Wir machen es folgendermaßen."

Michael: Deswegen benutze ich auch lieber das Wort *Consultant* statt *Berater*. Das Wort ist nicht so stark besetzt. Es klingt wie: „Der Berater kommt mit einem guten Rat", im Grunde wie der Mentor. Der Unterschied zu einem Mentor ist, dass der Consultant es dann auch umsetzt. Einen Consultant hole ich temporär zum Beispiel in ein Projektteam dazu. Er arbeitet eine Weile mit, ist vielleicht vorübergehend Teil des Teams. Es fühlt sich manchmal an wie ein Mitarbeiter, nur dass er nicht auf meiner Payroll erscheint. Er ist eben nur temporär da, weil ich zum Beispiel kurzfristig eine bestimmte Fähigkeit in einem Projekt benötige, die sie hat. Häufig sind diese Skills nicht so häufig vorhanden, eher speziell und daher teurer als die Fähigkeiten anderer Mitarbeiter. Das ist für mich ein Consultant. In einem Projekt brauche ich eine bestimmte Expertise und diese kaufe ich mir mit einem Consultant punktuell ein. Ein Consultant setzt um, sie macht. Der Mentor macht nichts. Der Coach macht schon mal gar nichts.

Christian: Er fragt, hält dann den Mund und hört zu.

Michael: Richtig, er macht nichts, er berät nicht. Was macht er eigentlich? Er hat eigentlich den besten Job von allen. Er macht die psychologische Kiste oben im Kopf auf. Meine Probleme sind meine Probleme und nicht die Probleme der Welt. Die Lösungen dazu steckten bisher fast immer in mir selbst.

Christian: Was nimmst du nun aus dieser Session für dich mit?

Michael: Klarheit.

Christian: Darf ich dich beim nächsten Mal wieder danach fragen?

Michael: Ja klar. Gerne.

Acht Wale im inneren des Coaching-Fisches – es scheinen wirklich immer acht zu sein. Oft liegt für mich als Außenstehender die Lösung direkt auf der Hand, auch wenn sie für mein Gegenüber noch nicht sichtbar ist. Am Anfang ist es mir nicht immer leicht gefallen, mich mit meinen Ratschlägen zurückzuhalten. Ich dachte, es braucht viel Geduld und Zeit, um zu einer Lösung zu kommen. Doch das war Quatsch. Seit ich verstanden habe, worum es geht, ist die Coaching-Technik fester Bestandteil meines Führungsstil-Werkzeugkoffers geworden und überhaupt nicht schwer. Ziel ist es ja, je nach Situation als Mentor, Coach oder Berater für mein Team da zu sein. Es hilft mir, über meine situative Rolle und die Anforderungen meines Gegenübers klar zu werden – privat wie beruflich.

WEEKLY ONE-ON-ONE

DAS WÖCHENTLICHE MITARBEITERGESPRÄCH

Michael: Du hast mal in einem unserer Chef-Seminare eine spannende Sache gesagt. Daran kann ich mich gut erinnern. Du hast gesagt: „Wenn ich nur noch eine Sache machen dürfte, dann wären es das One-on-One Gespräch.", was gerne abgekürzt als 101, 1:1, 121 und 1o1 geschrieben wird.

Christian: Ja, richtig. Das trifft im Business-Kontext als Führungskraft zu. Im privaten Umfeld wäre es vielleicht eine andere Sache.

Michael: Ich stelle mir das gerade vor. Der Christian führt in seinem ganzen Leben nur noch 1:1 Gespräche. [*lacht*]

Christian: Ich habe es tatsächlich eine Zeit lang geschafft, meine Unternehmen fast ausschließlich damit zu führen. Ich glaube, ich decke meine Managementtätigkeit zu siebzig bis achtzig Prozent mit den wöchentlichen 1:1-Meetings ab. Der Rest sind dann noch weitere weekly Meetings wie Geschäftsführungs-Meetings, Strategie-Meetings und so weiter. Im Wesentlichen erreiche ich mit den 1:1-Gesprächen am meisten.

Michael: Bevor wir darüber sprechen, wie es genau funktioniert: Wie kommt es, dass diese Meetings einen so großen Effekt haben?

Christian: Warum machen wir denn Management? Was ist das ultimative Ziel von Management? Management bedeutet, Ergebnisse erzielen und Mitarbeiter halten. Ich will entweder die Ergebnisse erzielen, die ich mir als Unternehmensgründer selbst vornehme oder die mir vorgegeben werden, wenn ich angestellter Manager bin. Auf der einen Seite gibt es KPIs, die ich erreichen möchte wie bestimmte Unternehmensziele, Geldverdienen und so weiter. Auf der anderen Seite will ich die Mitarbeiter in meinem Team halten. Sie sollen gerne für mich arbeiten und mich gerne dabei unterstützen, meine Ziele zu erreichen. Natürlich nur die, die ich auch wirklich halten will. Von den Mitarbeitern, die ich nicht halten will, trenne ich mich relativ schnell. Das sind manchmal gegensätzliche Pole. Auf der einen Seite stehen die Ziele, die ich erreichen will, auf der anderen Seite die Mitarbeiter, die ich halten möchte.

Michael: Die zwei wesentlichen Funktionen von Management kommen von Peter Drucker. Erstens: Ergebnisse erzielen und zweitens: Mitarbeiter halten. Peter Drucker ist einer der großen Management-Gurus. Dieser Fokus hat mir enorm geholfen. Als Gründer, Geschäftsführer und als Führungskraft war meine erste Reaktion auf *Ergebnisse erzielen*, „Ja, klar. Verstehe ich." Dann habe ich über den zweiten Punkt nachgedacht, *Mitarbeiter halten*, speziell über dieses Wort „halten." Das hat mich zum Nachdenken gebracht. Kannst du vielleicht nochmal eine Anekdote dazu erzählen und ausführen, was das genau bedeutet?

Christian: Gerne. Ich versuche mal zu erklären, wie ich diese beiden Ziele erreichen kann, dann wird es klarer. Die Frage ist also, wie ich es gleichzeitig schaffe, Ergebnisse zu erzielen und Mitarbeiter zu binden. Peter Drucker hat festgestellt, dass Manager, die darin besonders erfolgreich sind, vier Gemeinsamkeiten hatten. Folgende vier Dinge haben sie besonders gut gemacht. Erstens, sie haben eine gute Beziehung zu ihren Mitarbeitern aufgebaut. Zweitens, sie sprechen laufend über Performance. Gute Manager reden laufend über Performance. Sie kennen ihre Ziele und sprechen auch mit ihren Mitarbeitern kontinuierlich darüber. „Liebe Mitarbeiterin, hier wollen wir hin. Folgendes zahlt darauf ein, Folgendes nicht." Sie geben ständig Feedback und richten sich und ihr Team immer an den gesteckten Zielen aus. Drittens, sie entwickeln ihre Mitarbeiter. Mitarbeiter, die möglicherweise noch nicht so weit sind, mir großartig dabei zu helfen, meine Ziele zu erreichen, coache ich dahingehend, dass sie das schnellstmöglich können. Mitarbeiter fühlen sich dadurch wertgeschätzt, sie lernen bei mir kontinuierlich dazu und können sich selbst weiterentwickeln. Das hilft mir bei der Zielerreichung und bei der Mitarbeiterbindung. Wenn ich nun eine gute Beziehung zu meinen Mitarbeitern habe, ständig mit ihnen über Performance spreche und sie weiterentwickele, dann kann ich sie mit Arbeit versorgen. Peter Drucker nennt es *Push work down*, Mitarbeiter so mit Arbeit zu versorgen, dass sie ausreichend zu tun haben und vor allem an den richtigen Dingen arbeiten.

Michael: Das heißt, du drehst die Stellschrauben so, dass die richtige Arbeit an die richtigen Leute verteilt wird. Mit den vier Prinzipien: eine gute Beziehung aufbauen, Feedback zur Performance geben, Mitarbeiter entwickeln und die richtigen Aufgaben verteilen, ist die gesamte Vorarbeit geleistet, um Ergebnisse zu erzielen und Mitarbeiter zu halten.

Christian: Genau. Das klingt jetzt natürlich recht simpel. Es dauert eine Weile, bis ich das erreicht habe. Die Reihenfolge, die ich gerade genannt habe, ist dabei wichtig. Ich baue also erstmal eine gute Beziehung auf, bevor ich *Push work down* betreibe und Arbeit verteile. Auch über Performance zu sprechen, bevor ich die Mitarbeiterin entwickele, ist hilfreich. „Wenn du dies machst, ist es super. Jenes zahlt eher weniger auf unser Ziel ein. Lass uns gemeinsam überlegen, wie du darin noch besser wirst." Die Reihenfolge ist wichtig.

Michael: Nun kommt die Magie. Du sprichst häufig davon, dass ich all das mit einem weekly 1:1 erreichen kann. Ich höre dir dabei immer aufmerksam zu. Wie meinst du das genau?

Christian: Die erste Frage ist, wie ich eine professionelle und vertrauensvolle Beziehung zu meinen Mitarbeitern aufbaue. Die schlechte Nachricht ist, dass Menschen häufig Zeit brauchen, um Beziehungen aufzubauen. Die gute Nachricht ist, wenn ich mir und meinen Mitarbeitern Zeit gebe und diese richtig nutze, ist es relativ leicht, eine gute Beziehung aufzubauen. Ich setze mich zum Beispiel jede Woche eine halbe Stunde mit jedem Mitarbeiter zusammen. Ich nutze diese Zeit qualitativ, um eine Beziehung herzustellen. Das bedeutet, ich habe etwa 24 Stunden pro Jahr zur Verfügung, um eine Beziehung zur Mitarbeiterin aufzubauen. Das funktioniert gut.

Michael: Kommt es nicht auch darauf an, wie viele Mitarbeiter ich in meinem Team habe?

Christian: Wenn ich natürlich fünfzig Mitarbeiter habe und mit jedem eine halbe Stunde pro Woche ein 1:1-Gespräch führe, wird es zeitlich eng. Ich empfehle ohnehin eine Teamgröße von maximal sechs bis neun Mitarbeitern. Ich hatte mal neun direkte Mitarbeiterinnen, das ist durchaus anstrengend. Ich habe normalerweise meine 1:1-Gespräche immer alle an einem Tag durchgeführt. Zu dieser Zeit habe ich sie auf zwei Tage aufgeteilt. Viereinhalb Stunden 1:1-Gespräche am Stück sind nicht ohne. Jede Mitarbeiterin ist ein Individuum und ich lasse mich auf jede mit ihren unterschiedlichen Präferenzen ein. Ich habe daher häufig die Teams geteilt und eine Führungsebene eingezogen. So habe ich es geschafft, dann irgendwann nur zwei wöchentliche 1:1-Gespräche zu führen. Das war sehr angenehm.

Michael: Also fünfzig Leute in einem Team ohne weitere Führungsebene sind schwierig. Ich habe eine Faustformel im Hinterkopf, die auch hier passt. 7±2 ist eine optimale Teamgröße.

Christian: Genau. Sechs bis neun Mitarbeiterinnen halt ich für optimal.

Michael: Du hattest also auch mal eine Phase, in der du nur zwei direkte Mitarbeiterinnen hattest und diese über 1:1-Gespräche erfolgreich geführt hast. Du hattest also sehr viel Zeit für andere Dinge. Viele Führungskräfte, viele Coachees haben das Problem, dass sie zu nichts mehr kommen und mit unendlich vielen Dingen beschäftigt sind. Wie lösen denn diese weekly 1:1-Gespräche dieses Problem?

Christian: Ein großer Zeitfresser sind häufig diese *Tür-und-Angel-Gespräche*. Plötzlich steht eine Mitarbeiterin in der Tür und sagt: „Chef, hast du mal fünf Minuten." „Ja, klar", sage ich als Chef meistens. Aus mehreren Gründen sind diese Gespräche ungünstig. Der erste Grund ist, dass ich diese fünf Minuten in diesem Moment gar nicht habe. Ich bin mit meinem Kopf ganz woanders. Ein zweiter Grund ist, dass die Mitarbeiterin sich in der Regel bereits sehr lange mit dem Thema beschäftigt hat, bevor sie bei mir in der Tür steht und es in nur fünf Minuten durchboxen möchte. Damit sind wir direkt beim nächsten Grund. Es sind meistens nicht nur fünf Minuten. Häufig hat die Mitarbeiterin ein Problem, von dem ich froh bin, dass sie es hat und nicht ich. Das zahlt natürlich nicht gerade auf eine gute Beziehung ein. Wenn es ein regelmäßiges 1:1-Gespräch zum Beispiel jeden Donnerstag um 9:30 Uhr gibt, kann sich die Mitarbeiterin darauf einstellen, ihre Themen sammeln und sauber vorbereiten. Sie kann sich darauf verlassen, dass ich mich auf sie einlasse und mir die Zeit für ihre Themen nehme. Das ist aus meiner Sicht das Tolle daran. Meine Mitarbeiterin weiß, ich nehme mir jede Woche eine halbe Stunde für sie Zeit und sie nimmt sich für mich Zeit. Wir können die Themen in Ruhe besprechen und ich bin dem Kopf voll dabei.

Michael: Jede Woche, selbe Zeit, selber Ort, selbe Mitarbeiterin, richtig?

Christian: Idealerweise schon. Wichtig ist, dass es nicht ausfällt. Das zeigt Verlässlichkeit. Wichtig ist auch, dass der Termin im Kalender steht. Jeden Donnerstag, 9:30 Uhr. Dann steht es auch für November 2022 schon im Kalender und findet statt.

Michael: Es steht also als wiederkehrender Termin, als Serientermin in meinem Kalender. Im Google- oder Outlook-Kalender, wo auch immer. Jeden Donnerstag, 9:30 Uhr.

Christian: Genau. Es steht drin. Natürlich wird auch jeder mal krank oder hat Urlaub. Dann kann es ausfallen. Ein anderer Termin oder eine Dienstreise an diesem Tag darf nicht als Ausrede dienen. Wenn es in so einem Fall nicht anders geht, verschiebe ich das 1:1 Gespräch rechtzeitig. Es findet noch in der gleichen Woche statt. Es wird nur verschoben, es fällt nicht aus.

Michael: Kann ich es per Telefon oder Zoom machen?

Christian: Das ist okay. Besser ist natürlich, wenn ich meiner Mitarbeiterin gegenüber sitze, um sich wirklich kennenzulernen. Ich empfehle daher, dass sich am Anfang persönlich zu treffen. Wenn es dann läuft und wir uns besser kennen, sprechen wir auch mal per Zoom. Per Telefon geht auch, ich habe eine Zeitlang mal meine Mitarbeiter über 1:1-Gespräche per Telefon geführt. Es funktioniert, über Zoom und persönliche Meetings ist es besser.

Michael: Wenn die Beziehung einmal aufgebaut ist und ich die Leute kenne, wir uns verstehen, ist es über das Telefon auch leichter.

Christian: Genau. Wichtiger ist vor allem die Regelmäßigkeit. Ein weiterer Erfolgsfaktor ist, dass ich verstehe, dass das Meeting für die Mitarbeiterin ist. Das heißt, ihre Themen haben zunächst Vorrang. Warum? Weil es für mich als Chef immer einfacher ist von meinen Mitarbeitern ein paar Minuten Zeit zu bekommen als umgekehrt. Wenn ich zu einer Mitarbeiterin gehe und frage: „Hast du mal fünf Minuten?", wird die Antwort meistens lauten: „Ja klar, Chef." Für die Mitarbeiterin ist es oft eine größere Hürde zu mir zu kommen. „Chef, hast du mal fünf Minuten?" — „Jetzt ist es gerade schlecht." Ich starte das 1:1 also immer mit der gleichen Frage. „Was beschäftigt dich? Worüber möchtest du heute sprechen?"

Michael: Es ist eine schöne, offene Frage.

Christian: Genau. Offene Fragen und alles ist erlaubt. Wenn die Mitarbeiterin über Sport, Fußball oder das Wetter reden will, dann reden wir über Fußball oder das Wetter. Wenn die Mitarbeiterin sechs Monate später immer noch ausschließlich über Fußball reden will, haben wir vielleicht doch ein anderes Thema. Im Regelfall hatten meine Mitarbeiter sehr ähnliche Themen auf ihrer Liste wie ich. Ich hatte selbst auch immer eine Liste mit fünf bis zehn Themen. Wenn wir uns eingeschwungen hatten, waren die Themen meistens sehr ähnlich.

Michael: Und was noch?

Christian: Abgesehen davon, dass das Meeting nie ausfällt, ist es hilfreich, die richtigen Fragen zu stellen.

Michael: Welche Fragen sind denn die richtigen?

Christian: Eine gute Einstiegsfrage ist: „Was beschäftigt dich aktuell?“ Offene Fragen sind wichtig. Wenn danach nichts mehr kommt, frage ich noch einmal nach: „Was gibt es sonst noch? Was beschäftigt dich sonst noch?”, Coachingfragen eben. Irgendwann kamen meine Mitarbeiter schon mit einem breiten Grinsen in das Meeting und sagten oft: „Ist schon klar, ich erzähle dir einfach mal, was mich beschäftigt.” Es darf ruhig ein bisschen spielerisch sein.

Michael: Und das Meeting dauert eine halbe Stunde, oder?

Christian: Genau. Eine halbe Stunde ist ein gutes Zeitfenster.

Michael: Reicht das? Ist das zu viel?

Christian: Es reicht. Es gibt auch die Möglichkeit, größere Themen in einem separaten Meeting abzustimmen, sollte es nicht ausreichen. Wenn wir etwas erarbeiten oder tiefergehend diskutieren wollen wie: „Lass uns dazu ein Angebot entwickeln.”, dann haben wir das in einem separaten Termin getrennt von den 1:1-Meetings gemacht. Daher reichen dreißig Minuten vollkommen aus. Ab und zu dauert es auch mal fünfundvierzig Minuten, zum Beispiel nach dem Urlaub oder so. Außerdem führt die Zeitbeschränkung dazu, dass sich die Mitarbeiter vorbereiten und die Zeit gut nutzen, um ihre Themen durchzubringen. Es ist ein knackiges, qualitativ hochwertiges Meeting für beide Teilnehmer. Oft fällt mir auf, dass diejenigen, die in unserem 1:1-Meeting knackig unterwegs sind, auch in anderen Meetings schnell auf den Punkt kommen.

Michael: Wie sind die dreißig Minuten typischerweise strukturiert? Gibt es fixe Bestandteile des Meetings?

Christian: Es gibt eine Regel, die 10-10-10-Regel. Wenn wir in einem eingeschwungenen Zustand sind, besprechen wir in den ersten 10 Minuten die Themen der Mitarbeiterin. Sie hat freie Themenwahl. Danach sprechen wir 10 Minuten über meine Themen und zuletzt 10 Minuten über die Zukunft. Die letzten zehn Minuten sind klassischerweise ein Coachinggespräch, um die Mitarbeiterin zu entwickeln. Für mich ist es wichtig, dass meine Mitarbeiter präsentieren können. Wir haben gemeinsam überlegt, welche Bücher ihnen helfen können, welche Ted-Talks sich eignen und wie sich jeder Einzelne noch weiterentwickeln kann. Darüber hinaus sind meine Mitarbeiter angehalten, die weiteren Teammeetings abwechselnd zu moderieren, um ihre Präsentations- und Kommunikationsskills auszubauen, wöchentliche Teammeetings, die Daily Huddles, die Strategie-Meetings und so weiter.

Michael: Und das besprichst du dann im 1:1-Meeting?

Christian: Ja, genau. Ich gebe Feedback und Tipps. Zum Beispiel: „Probiere es doch mal so oder nutze einen Communication-Starter." Ich gebe Ideen und Impulse. Dazu kommt dann noch die Herausforderung für meine Mitarbeiter, Projekte zu managen.

Michael: Klar.

Christian: Also zusätzliche, kleine Projekte, die nicht unbedingt zur regulären Linienfunktion gehören.

Michael: Du meinst Projekte, die nicht unbedingt etwas mit der eigentlichen Rolle des Mitarbeiters zu tun haben, sondern on top kommen?

Christian: Ja. Zum Beispiel eine Teamveranstaltung planen oder den Umzug der Zentrale organisieren, je nach Vorkenntnisse und Skills der Mitarbeiter.

Michael: Ich habe noch eine abschließende Frage. Du hast eben den schönen Ausdruck *im eingeschwungenen Zustand* verwendet. Wie sind deine Erfahrungen dazu? Wenn ich nun ab morgen mit den 1:1-Meetings starte, wie ist die Beziehung am Anfang, wie entwickeln sich diese Meetings und wann komme ich typischerweise in diesen eingeschwungenen Zustand? Wie viel Geduld brauche ich, bis die Sache rund läuft?

Christian: In den meisten Fällen freuen sich die Mitarbeiter über ein regelmäßiges Meeting. Sie finden es toll, wenn sich ihre Chefin jede Woche Zeit für sie nimmt.

Michael: Erzählst du ihnen auch, wie du es in der Regel gestaltest und wie es funktioniert?

Christian: Ja, auf jeden Fall. Genauso wie ich es gerade gemacht habe.

Michael: Du bist also vollständig transparent?

Christian: Komplett transparent. „Ich möchte mit dir eine gute Beziehung aufbauen, deswegen nehme ich mir ab sofort jede Woche Zeit für dich."

Michael: Komplett transparent, genauso wie wir es gerade besprochen haben. Die Mitarbeiterin erhält also das Kochrezept, die Blaupause für das 1:1-Meeting, kennt den Sinn und Zweck des Ganzen und den Grund, warum du diese Gespräche führst.

Christian: Na klar. Meine Mitarbeiter sind ja meistens selbst Manager. Sie können es also genauso auch an ihre Mitarbeiter weitergeben. Es ist ein super Tool, das schnell für das gesamte Unternehmen skaliert und einfach zu erlernen ist.

Michael: Super.

Christian: Ich habe auch schon mal eine Befindlichkeit erlebt. Eine Mitarbeiterin sagte mal zu mir: „Eine halbe Stunde? Ich muss doch arbeiten." Ein anderer hat mal gesagt: „Was soll ich denn da dreißig Minuten erzählen?" Mit ein paar „Was noch?"-Fragen ging es dann doch ganz gut. Ein Mitarbeiter wollte es absolut nicht. Wir haben irgendwann auch wirklich nicht mehr zusammen gepasst. Das wurde mir dadurch zusätzlich klar. Wer sich weigert, dreißig Minuten pro Woche miteinander zu sprechen, mit dem wird auch eine Zusammenarbeit schwierig möglich sein. Nach drei bis sechs Monaten läuft es in der Regel rund.

Michael: Fantastisch.

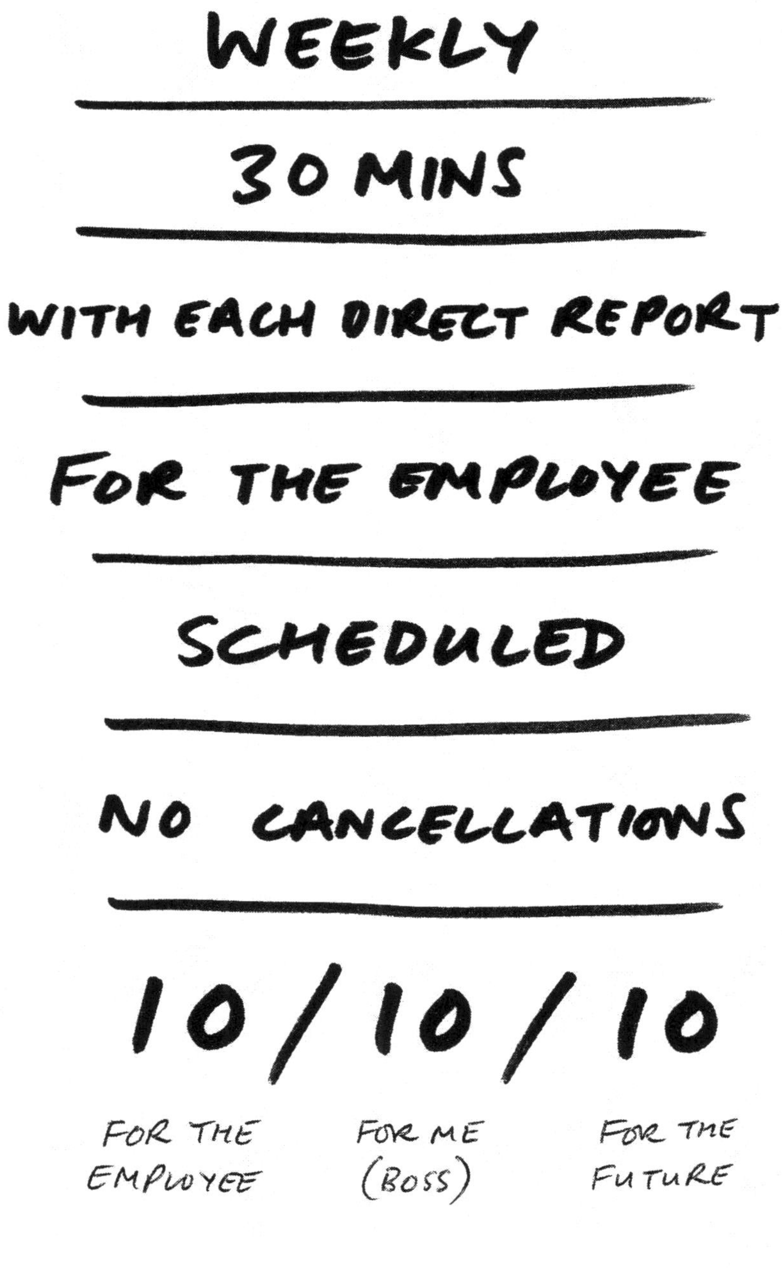

Abbildung: Weekly 101
Das wöchentliche Mitarbeitergespräch ist für mich eines der wirkungsvollsten Führungsinstrumente und essentieller Bestandteil einer erfolgreichen Führungskultur.

Gerade für Führungskräfte in der mittleren Management-Ebene sind diese Gespräche häufig eine besondere zeitliche Herausforderung. Denn auf der einen Seite will ich mir Zeit für meine Mitarbeiter nehmen, auf der anderen Seite will ich meine Arbeit erledigen und gleichzeitig das 1:1 mit dem eigenen Chef vorbereiten. Der Tipp für eine optimale Teamgröße ist daher sehr hilfreich. Bei zu vielen Mitarbeitern ist dies kaum händelbar, wenn ich noch zusätzlich eigene Projekte realisieren und Weiterentwicklung betreiben möchte. Auch die zeitliche Begrenzung der Meetings und Vorbereitungszeit ist wichtig, so kommen wir einfach schneller durch die Themen. Auf 1:1-Gespräche zu verzichten ist in der Tat fatal. Es ist dem Mitarbeiter gegenüber eine Frage der Wertschätzung und wirklich ein effizientes und effektives Führungstool, sowohl für die Führungskraft als auch für die Mitarbeiterin.

FEEDFORWARD

FEEDBACK WAR GESTERN

Christian: Du Michael, darf ich dir Feedback geben?

Michael: Unbedingt, sehr gerne.

Christian: Du gibst gerade mega Gas mit unserem Buch. Wir kommen super gut voran, weil du das Inhaltsverzeichnis laufend bearbeitest und dir neue Kapitel und Inhalte überlegst. Wenn du so weitermachst, werden wir mit unserem Buch ziemlich schnell fertig sein.

Michael: Danke dir, sehr gerne. Cooles Feedback. Jetzt bin ich gespannt, was noch kommt.

Christian: Was ist jetzt gerade passiert?

Michael: Du hast mich gefragt, ob du mir Feedback geben darfst.

Christian: Ich habe mir also erstmal deine Erlaubnis eingeholt.

Michael: Ich habe gesagt: „Ja, klar." Ich musste schon ein bisschen schmunzeln, weil ich mir dachte, „Oh shit, was kommt denn jetzt?" Dann kamen all die positiven Dinge. Offengestanden habe ich schon darauf gewartet, dass da noch ein *aber* kommt und du anfängst, die Dinge aufzulisten, die ich noch nicht so gut mache. Die kamen gar nicht, daher hat sich das Feedback für mich einfach nur gut angefühlt.

Christian: Was machst du denn jetzt mit diesem Feedback?

Michael: Ich bin stolz darauf, dass meine rote Energie, mit der ich ja durchaus auch manchmal anecke, geschätzt wird. Es war für mich eine wertvolle Anerkennung, dass die Art und Weise, mit der ich die Dinge vorantreibe, von dir wertgeschätzt werden und zu unserem Ergebnis beitragen. Ich habe mich bestätigt gefühlt.

Christian: Wirst du nun noch mehr Energie in die Sache hineinstecken? Vielleicht denkst du: „Hey, es kommt gut an, was ich da tue, also mache ich mehr davon."

Michael: Auf jeden Fall. Obwohl ich in den vergangenen Jahren meines Lebens, die immer mehr werden, gelernt habe, mit meinem Gaspedal etwas aufzupassen. In unserer Zusammenarbeit weiß ich jetzt, dass es okay ist, wenn ich so arbeite und Gas gebe. Der Christian findet es gut, ich fühle mich bestätigt und sicherer in dem, was ich tue. Daher denke ich: „Alles klar, ich darf so sein, wie ich bin. Also gebe ich jetzt Vollgas."

Christian: Sehr gut. Ich habe mein Feedback gezielt auf unser gemeinsames Ziel ausgerichtet. Wir wollen gemeinsam ein Buch schreiben. Ich kann dich also tatsächlich dazu bringen, noch mehr und noch besser an unserem Buch zu arbeiten, wenn ich dich positiv bestärke.

Michael: Ja, richtig. Wenn du mir in diesem Kontext auch noch etwas gesagt hättest, was ich noch besser machen kann oder wo vielleicht noch mehr rauszuholen ist, hätte ich das gerne angenommen. Ich habe schon fast darauf gewartet. Das ist eine Erfahrung, die ich mit Feedback oder besser Feedforward gemacht habe. Wir nennen es in unseren Workshop-Seminaren Feedforward, weil der Trick an gutem Feedback ist, jemanden zu bestärken und in der Zukunft eine Veränderung herbeizuführen. Eigentlich geht es nur um die Zukunft und nicht um die Vergangenheit. Wenn ich es auf die Vergangenheit beziehe, klingt es eher nach: „Du bist schuld", das bringt gar nichts. Viele fangen mit etwas Gutem an, dann folgt etwas Schlechtes und am Ende zur Motivation sagen sie dann noch etwas Gutes, um das Feedback-Sandwich zu schließen. Wenn ich zu Beginn weiß, jetzt kommt gleich etwas Schlechtes, ist es dennoch ein Shit-Sandwich, auch wenn der Höflichkeit halber danach nochmal etwas Nettes gesagt wird. Es bleibt ein Shit-Sandwich.

Christian: „Super, dass du heute pünktlich zur Arbeit gekommen bist, aber ...", dann kommt die Sache mit zu viel Kaffeetrinken gehen.

Michael: [*grinst*] Ja, genau. Ich habe in der Vergangenheit in großen Organisationen und Konzernen gearbeitet und dort auch im Hinblick auf Feedback, sprachliche Methodik und positive Sprache viel gelernt. All das ist super wertvoll. Rückblickend stelle ich fest, wie viel Zeit ich mit unnützen, nicht zielführenden und aufwändigen Feedback-Prozessen vertan habe. Es gab halbjährliches Feedback, Jahresgespräche, formale

Feedbacks, vierteljährliche Gespräche mit dem Line Manager. Beide setzen sich dann hin und überlegen, was sie sagen sollen. Erst ich selbst, dann überlegt der andere stundenlang, was er mir mitgeben kann. Es ist ein unglaublich kompliziertes Ding daraus geworden. Teilweise haben wir ein, zwei Seiten Feedback geschrieben und einen gequirlten Mist aus uns herausgezwungen, bei dem das Wesentliche, die Essenz total verloren gegangen ist. Im Nachhinein fasse ich mir echt an den Kopf, dass ich das jahrelang mitgemacht habe. Im Grunde geht es nur um zwei Sachen: Die eine Sache ist das, was du eben bei mir gemacht hast, positive Bestärkung in den Dingen, in denen ich richtig gut bin. Wenn es nach mir geht, können wir das in der ganzen Welt noch viel häufiger machen. Dann würde es überall richtig vorangehen und alle würden sich gut fühlen, ihre Stärken stärken und einen großen Beitrag leisten. Lob fängt zu Hause an. Ich wäre gerne mehr von meinem Vater gelobt worden. Lob von den Eltern bringt wirklich eine Menge. Die zweite Sache, die wichtig ist, ist, dass ich bei den Dingen, die ich häufig verbocke, eine klare Hilfestellung bekomme. Tipps, wie ich es in Zukunft anders machen kann, damit es funktioniert. Denn so, wie ich es aktuell mache, bringt es offenbar nichts. Dafür brauche ich aus meiner Sicht kein seitenlanges Feedbackdokument mit zehn Punkten, aufwändig in einem Sandwich verpackt und vielleicht noch ein Schleifchen drumherum. Mir hat es oft nicht genug Klarheit über meine eigentlichen Stärken und Schwächen gegeben, über die ich mir besser bewusst gewesen wäre.

Christian: Apropos *Lob*. Ich habe anfänglich versucht, mein Feedback so konkret wie möglich zu machen. Ich habe mich auf das Inhaltsverzeichnis bezogen und erwähnt, dass uns die Arbeit daran weit nach vorne bringt. Ich hätte auch einfach sagen können: „Toller Job, den du gerade machst. Danke dir, weiter so."

Michael: Das klingt dann eher wie ein Schulterklopfer. „Guter Mann, klasse Arbeit."

Christian: Ja, genau. Und dann schnell wieder verschwinden. Das Feedback darf konkret sein. Wenn ich unkonkret bleibe und sage: „Toller Job, Michael", weißt du nicht, was du gut gemacht hast und was genau auf unser Ziel einzahlt. Ein anderes Thema ist die Frequenz von Feedback. Du hast eben von jährlichen oder halbjährlichen Feedback-Prozessen gesprochen. Ich denke dabei direkt an eine Autofahrt, zum Beispiel von München nach Ingolstadt. Ich halte den Lenker fest, gebe Gas und überlege mir nach einem halben Jahr, in dem Fall nach vielleicht zehn Kilometern, zu lenken. Ich würde ziemlich sicher irgendwo einschlagen, nämlich direkt bei der ersten Unebenheit oder in der ersten Kurve. Was passiert in Wirklichkeit, wenn ich mit dem Auto von München nach Ingolstadt fahre? Ich lenke ununterbrochen. Auch wenn es geradeaus geht, mache ich kleine Lenkbewegungen. Aus meiner Sicht ist Feedback dann richtig stark, wenn ich, wie beim Autofahren immer wieder ein bisschen gegenlenke. „Ein bisschen mehr hiervon, ein bisschen weniger davon." Ich denke bei Feedback gar nicht an gut oder schlecht, sondern ich verstehe es als Lenkbewegung. „Ein bisschen mehr in diese Richtung, jetzt ein bisschen mehr in die andere Richtung", einfach leichte Lenkbewegungen. Dann kann ich nirgendwo einschlagen. Dann ist mir keiner böse, wenn ich Feedback gebe. Es erwartet auch keiner etwas wie: „Jetzt hat er fünfmal nach rechts gelenkt, jetzt muss doch irgendwann das *aber* kommen und eine Lenkung nach links." Einfach immer mehr hiervon, weniger davon.

Michael: Also eher *in the moment* statt einmal im Jahr.

Christian: Ja. Die ganze Zeit.

Michael: Heißt das, ich muss dann immer Feedback geben?

Christian: Als Chef?

Michael: Ja.

Christian: Hast du eine andere Aufgabe?

Michael: Okay, verstehe. So wie du es mit dem Lenkrad beschrieben hast, klang es sehr nach Korrektur.

Christian: Ja, eher Lenkbewegungen. Meine Aufgabe als Manager ist es, Ergebnisse zu erzielen und Mitarbeiter zu halten. Wenn die Ergebnisse sich Richtung Ziel bewegen, sage ich: „Super, du läufst in die richtige Richtung." Wenn sich die Ergebnisse in eine andere Richtung entwickeln, sage ich: „Geh besser mehr nach links oder mehr nach rechts."

Michael: Nehmen wir mal an, das Auto fährt gerade in die richtige Richtung und ich brauche nicht korrigierend einzugreifen. Wie bestärke ich meine

Mitarbeiter dann? Du hast mich vorhin bestärkt und nicht korrigiert. Du hast ja nicht gesagt: „Mehr links, etwas mehr rechts", sondern du hast einfach gesagt: „Super, läuft. Fahr weiter so."

Christian: Es war schon eine Korrektur. Ich habe dich in der Bearbeitung des Inhaltsverzeichnisses bestärkt. Ich habe dir gesagt, dass uns das ans Ziel bringt und dass du es super gemacht hast. Wenn du nun weiter an unserem Buch arbeitest, denkst du dir sicher: „Ah ja, der Christian sagte, dass uns vor allem das Inhaltsverzeichnis weiter bringt, darin bin ich gut. Dann mache ich damit weiter und gebe noch mehr Gas." Ich lenke dein Verhalten mit meiner positiven Bestärkung.

Michael: Verstanden. Das Bestärken bedeutet im Grunde: „Das machst du schon sehr gut und du kannst es noch besser machen."

Christian: Bestärkung ist keine Korrektur im Sinne von Gegensteuern, sondern im Sinne von *noch mehr, noch besser*. *Mehr links, mehr rechts* wäre vielleicht eher eine Minderung von dem, was du bisher gemacht hast und eine Aufforderung mehr von etwas anderem zu tun.

Michael:: Im Autobeispiel bedeutet es: „Er lenkt bereits nach links und fährt links herum, er könnte noch stärker einlenken und weiter links fahren."

Christian: Ja klar, zum Beispiel, weil die Kurve jetzt noch enger wird. Das sehe ich ja auch erst, wenn ich in die Kurve einbiege. Manchmal steht hinter der Kurve auch ein Baum, den ich vorher nicht sehen konnte.

Michael: Okay, gut. Jetzt denke ich an Weihnachten.

Christian: Das freut mich. Was machen wir an Weihnachten?

Michael: Geschenke verteilen. Mindset: Feedback ist ein Geschenk. Das Bild hilft mir total. Es ist ein schönes Mindset, an Weihnachten zu denken, wenn ich Feedback gebe.

Christian: Geben oder nehmen?

Michael: Beides. *Feedback is a gift*. Feedback ist immer ein Geschenk. Das funktioniert mit Geben und Nehmen. Wenn ich Feedback gebe, tue ich das immer mit der Intention, dem anderen ein Geschenk zu machen. Er soll etwas davon haben. Ich gebe Feedback nicht, weil ich jemandem etwas stecken will. Ich möchte, dass sie weiterkommt. Wenn ich jemandem Feedback gebe, macht sie einen besseren Job, eine steilere Karriere oder hat ein schöneres Leben. Feedback hat immer eine positive Absicht. Das ist die eine Seite des Geschenks. Andersherum nehme ich Feedback auch immer wie ein Geschenk entgegen. Ich nehme es an. Ich muss gerade an eine Situation mit meiner Mutter denken. Ich weiß nicht, ob sie unseren Podcast hört oder dieses Buch lesen wird. Jedenfalls erinnere ich mich an Weihnachten vor nicht allzu vielen Jahren. Sie überreichte mir ein Geschenk, mühevoll eingepackt, es lief Weihnachtsmusik, es roch nach Glühwein. Es war in der Wohnung meiner Eltern und die Stimmung war super schön, sehr weihnachtlich. Wir haben gut gegessen. Ich mache also mein Geschenk von ihr auf und finde darin sieben Socken in sieben verschiedenen Farben. Ein Paar für jeden Tag der Woche. In orange, knallgrün, blau, lila und vielen weiteren bunten Farben. Ich sollte dazu sagen, dass ich ausschließlich dunkelblaue und schwarze Socken trage. Ganz selten trage ich weiße Socken, wenn ich Tennis spiele zum Beispiel. Und ich spiele nie Tennis. Wie dem auch sei. Es war sicher sehr lieb gemeint von meiner Mutter und möglicherweise ist sie auch davon überzeugt, dass mir bunte Socken gut stehen. Ich bin ja auch ein bunter Typ. Jedenfalls habe ich in diesem Augenblick gedacht: „Oh weia, das kann ich wirklich gar nicht gebrauchen. Was soll ich denn damit?"

Christian: *Feedback is a gift.* [*lacht*]

Michael: Richtig, es ist ein Geschenk. Was mache ich, wenn ich ein Geschenk bekomme? Von meiner Mutter, von meinen Kollegen, von meinem Vorgesetzten? Ich nehme es an und bedanke mich. Dann überlege ich in Ruhe, was ich damit mache und wie ich es umsetze. In jedem Fall sage ich: „Mama, ganz lieben Dank für dieses Geschenk." Dann gebe ich ihr eine Umarmung und freue mich, dass sie mir etwas geschenkt hat. *Feedback is a gift and it works both ways*. Ich gebe Feedback mit der Absicht, ein Geschenk zu überreichen, und ich nehme Feedback an wie ein Geschenk, ganz egal, was drin ist.

Christian: Es gibt auch noch den Spruch: *Wenn mir jemand Feedback gibt, erfahre ich mehr über den anderen, als über mich*. Das finde ich spannend. Bleiben wir bei dem Beispiel mit deiner Mutter. Du erfährst über sie, dass sie entweder selber bunte Socken sehr mag, dass sie findet, dass du häufiger bunte Socken tragen solltest oder dass sie dir nicht zutraut, dass du die frischen Socken von den gebrauchten unterscheiden kannst. Daher hat jedes Paar eine eigene Farbe.

Michael: Ich vermute Ersteres.

Christian: Auf jeden Fall erfährst du etwas über deine Mutter, das für dich neu ist. Als ich dir vorhin Feedback gegeben habe, hast du auch etwas über mich erfahren. Nämlich dass ich möglicherweise selber gerade kein Bock habe, mich um das Inhaltsverzeichnis zu kümmern.

Michael: Das weiß ich doch schon. [*lacht*]

Christian: Danke. [*lacht*]

Michael: Je älter ich werde und je länger ich mich mit dem Feedback-Thema auseinandersetze — es treibt mich mittlerweile seit über zwanzig Jahren um — desto häufiger denke ich darüber nach, ob ich überhaupt Feedback geben soll. Ich entschuldige mich an dieser Stelle schon mal bei allen, denen ich in der Vergangenheit schon mal Feedback gegeben habe, das noch nicht so gut war, wie ich es heute geben würde. Euch wird es vielleicht freuen, dass ich mich heute tatsächlich häufiger entscheide, einfach mal die Klappe zu halten, statt Feedback zugeben. Ich versuche zu akzeptieren, dass andere die Dinge anders machen, als ich es tun würde und dass mein Feedback lediglich an der Motivation kratzen könnte — unabhängig davon, wie gut ich es überbringe. Daher entscheide ich mich immer öfter für die Version: *Punkt*. Nichts weiter.

Christian: Einfach mal die Klappe halten.

Michael: Einfach mal die Klappe halten. Das Sandwich ist einfach nur eine gute Schnitte Brot, ohne Shit dazwischen. So wie du es eben gemacht hast, positive Verstärkung, nichts weiter. „Du hast das mit dem Inhaltsverzeichnis super gemacht. Klasse, dass du dich um die Struktur kümmerst." Punkt. Einfach nur eine leckere Schnitte Brot.

Christian: Früher ging es mir beim Feedbackgeben häufig nur darum, recht zu haben. Ich bin dann über einen Spruch gestolpert, der es auf den Punkt bringt. „Möchtest du recht haben oder willst du eine gute Ehe führen?"

Michael: „Yes dear" — „Ja, Schatz." [*lacht*] Das Cleverste, was ich meinem Ehepartner sagen kann.

Christian: Recht haben ist für mich nicht mehr der Punkt, es geht mir mittlerweile um andere Dinge, um eine gute Beziehung, eine Freundschaft, darum, schneller voranzukommen. Daher verkneife ich mir mein Feedback häufig.

Michael: Es gibt häufig viele Wege zum Ziel. Wenn ich früher bemerkt habe, dass jemand einen anderen Weg einschlägt als ich, habe ich das häufig zum Anlass genommen, um Feedback zu geben. Das war natürlich totaler Quatsch. Auf ihrem Weg sind sie auch zum Ziel gekommen. Manchmal brauche ich einfach mehr Geduld, um das zu erkennen. Heute weiß ich: „Einfach mal machen lassen, Klappe halten und nur dann einschreiten, wenn es erforderlich ist." Und immer positiv bestärken. Es war ein schönes Gespräch mit dir, Christian.

Christian: An der Stelle kann Coaching helfen, mehr Möglichkeiten zu finden. Erinnerst du dich? Und jetzt raus der Dusche.

Es ist gut zu lesen, dass es eine Alternative zum Feedback-Sandwich gibt. Das finde ich mittlerweile auch etwas abgedroschen. Feedforward finde ich super. Es hebt gleich die Stimmung und macht das Gespräch sehr viel angenehmer. Zusammen mit der Einstellung, die Stärken zu stärken und sich auf diese mehr zu konzentrieren als darauf, die Schwächen zu schwächen, ist das Feedforwardgespräch für alle Beteiligten sehr viel wertvoller. Auch der pragmatische Ansatz im Vergleich zu aufwändigen Feedbackprozessen spielt mir in die Karten. Hier wird häufig sehr viel Zeit verschwendet und mehr Frust produziert als Motivation erzeugt.

INTRINSISCHE MOTIVATION

STATT EXTRINSISCHER DEMOTIVATION

Christian: Sag mal, Michael. Bist du als Mensch eigentlich eher intrinsisch oder extrinsisch motiviert?

Michael: Wie meinst du das? Kannst du mir den Unterschied erklären?

Christian: Darf ich dazu eine Geschichte erzählen?

Michael: Na klar, unbedingt.

Christian: Gegenüber von meinem Haus haben vor einiger Zeit ein paar Jungs draußen auf einer Garagenauffahrt Fußball gespielt. Sie waren total begeistert und tierisch motiviert. Sie hatten unheimlich viel Spaß und haben einen Höllenlärm gemacht. Mich hat es total genervt. Daher habe ich ihnen Geld angeboten. Ich gab jedem von ihnen 1 Euro für jede Stunde, die sie dort Fußballspielen.

Michael: Moment. [*verwirrt*] Die Jungs haben dich genervt, du wolltest sie loswerden und dann hast du ihnen Geld angeboten dafür, dass sie bleiben?

Christian: Ja, richtig. Sie bekommen Geld fürs Fußballspielen. Kurzfristig spielen sie also deutlich besser. Es macht ihnen Spaß, sie bekommen Geld dafür. Am nächsten Tag habe ich ihnen sogar 2 Euro pro Person gegeben. Das habe ich so lange gemacht, wie ich es mir leisten wollte. Dann habe ich plötzlich aufgehört, ihnen Geld zu geben. „Danke Jungs, ihr spielt super Fußball. Ab jetzt gebe ich euch kein Geld mehr." Was meinst du, was passiert ist? Sie sind gegangen und haben gesagt: „Das ist doch bekloppt, ohne Geld spielen wir hier kein Fußball mehr." Sie sind weggelaufen und ich habe sie nie wieder in der Garagenauffahrt gesehen.

Michael: Du hast dein Ziel erreicht.

Christian: Ich habe ihre intrinsische Motivation, die sie beim Fußballspielen hatten, in extrinsische Motivation umgewandelt. Plötzlich haben sie deshalb gerne Fußball gespielt, weil sie von mir Geld erhalten haben. Das habe ich ihnen weggenommen und plötzlich sind sie gegangen, es hat ihnen kein Spaß mehr gemacht. Intrinsisch motiviert bin ich, wenn ich etwas tue, weil ich es tun möchte, weil es mir Spaß macht, es meinem Purpose und meiner Vision entspricht. Extrinsisch motiviert bin ich dann, wenn ich etwas für mein Tun erhalte, zum Beispiel ein Goodie, Geld, Bonbon, Schokolade, Anerkennung, ein Orden oder eine Zertifizierung. Ich stelle dir also nochmal meine Frage, bist du intrinsisch oder extrinsisch motiviert?

Michael: [überlegt] Ich glaube, ich bin intrinsisch motiviert. Ich denke gerade darüber nach, ob dies schon mal anders war, ob sich meine intrinsische Motivation zu einer extrinsischen Motivation verschoben hat. Ich glaube, das habe ich auch schon erlebt. Ich denke gerade an Boni. Bei einigen Unternehmen, für die ich gearbeitet habe, habe ich am Ende des Jahres, wenn es super gut gelaufen ist, einen Bonus bekommen. Das hat mich durchaus motiviert. Wobei ich nicht aufgrund des Bonus für diese Firmen gearbeitet habe. Wenn der Bonus dann mal in einem Jahr nicht so hoch ausfiel, war es irgendwie doof.

Christian: Warum solltest du auch für weniger Geld arbeiten? Warum sollten die Jungs plötzlich ohne Bezahlung Fußball spielen?

Michael: Als Firmenchef kann ich mir sehr gut überlegen, wie ich damit umgehe, da ich mit einer Bonuszahlung natürlich in die Motivations-Gleichung eingreife.

Christian: Ja, richtig. Es war natürlich eine Fangfrage, ob du intrinsisch oder extrinsisch motiviert bist. Die Frage, die sich dahinter verbirgt, ist die Frage nach dem *Wofür*. Das kann von Aufgabe zu Aufgabe unterschiedlich sein.

Michael: Am Ende ist auch das meine Entscheidung.

Christian: Genau. Wenn ich für ein Unternehmen arbeite, in dem ich ausschließlich extrinsisch motiviert bin, würden mein Purpose, meine Vision und meine Werte auch nicht zum Unternehmen passen.

Michael: Ich selbst und mein Lebensplan würden nicht zum Unternehmen passen. In so einem Fall brauche ich gar nicht dort anfangen zu arbeiten, oder? Vermutlich würden sie mich auch überhaupt nicht dort haben wollen.

Christian: Im besten Falle würdest du dort nicht arbeiten wollen.

Michael: Sehe ich auch so.

Christian: Denken wir das Ganze mal weiter. Mitarbeiter, die ich als Führungskraft einstelle, sind grundsätzlich zunächst intrinsisch motiviert, sonst würde ich sie ja nicht einstellen. Es ist also meine Aufgabe als Führungskraft zu verhindern, dass ich sie extrinsisch demotiviere.

Michael: Klasse. Das merke ich mir. Ich setze auf intrinsische Motivation bei der Mitarbeiterrekrutierung und achte auf die Übereinstimmung mit unserem Nordstern – unserem Purpose, der Vision, unserer Werte und Strategien. Dann darf ich nur nichts mit irgendwelchen extrinsischen Elementen kaputtmachen.

Christian: Es ist natürlich relativ leicht zu sagen: „Mein Team ist gerade nicht besonders motiviert, lass uns eine Bonusregelung einführen."

Michael: Das erlebe ich im Coaching öfter. Firmen geben tierisch Gas und auf einmal kommen sie an den Punkt, an dem die Motivation der Mitarbeiter im Keller ist. Wie bist du damit umgegangen?

Christian: Ich beantworte lieber eine andere Frage: Wie würde ich jetzt damit umgehen? Jetzt würde ich mir die Frage stellen: Woran erkenne ich denn, dass meine Mitarbeiter motiviert sind? Woran mache ich fest, dass die Motivation im Keller ist?

Michael: Zum Beispiel an schlechter Stimmung. Es wird wenig gelacht, Leute sind häufiger krank, gehen früher nach Hause, sie machen keine oder nur sehr ungern Überstunden. Der Pep ist weg, das Feuer ist erloschen.

Christian: Möglicherweise habe ich ein extrinsisches Demotivationsprogramm aufgesetzt. Du sagst: „Die Mitarbeiter lächeln nicht." Lächle ich denn als Chef? Du sagtest auch: „Die Mitarbeiter machen keine Überstunden." Müssen sie denn überhaupt Überstunden machen?

Michael: Wir sind wieder bei dem Thema *Perception is projection*. Das, was ich als Chef ausstrahle, ist das, was ich zurückbekomme. So wie ich in den Wald hinein rufe, schallt es wieder heraus. Durch das, was ich vorlebe und das, was ich entscheide auszustrahlen, kann ich beeinflussen. Worauf kann ich also achten, damit mir das gelingt? Es ist natürlich anstrengend, mich als

Chef zu entscheiden voranzugehen, wieder mehr zu lächeln, Gas zu geben und Spaß zu haben.

Christian: Und schließlich wirst du als Chef ja dafür bezahlt, einen nicht sehr anstrengenden Job zu haben. [*grinst*]

Michael: Ja, das ist wohl wahr. [*lacht*]

Christian: Wie ging der Spruch? „Sie werden nicht dafür bezahlt, nur angenehme Gespräche zu führen."

Michael: Es hilft mir möglicherweise, mich wieder daran zu erinnern, wer ich eigentlich bin und was mich selbst motiviert. Ich kann das zum einen über die verschiedenen Persönlichkeitstypen angehen, über die Insights-Typen und die Farbenergien. Ich habe eine rote Präferenz. Ergebnis und Leistung ist für mich wichtig. Bei gelber Energie ist Spaßhaben wichtig. Ich kann mir also überlegen, was für jeden Mitarbeiter, für das gesamte Team und die Firmenkultur Spaß bringt. Es gibt drei Grundmotivatoren, die sich aus dem Bedürfnis nach Leistung, Macht und Zugehörigkeit ergeben. Für manche Menschen ist Leistung etwas sehr Motivierendes, für andere ist es Macht und wieder für andere ist es die Zugehörigkeit zu einer Gruppe. Ich versuche also zu verstehen, wo wir in diesen drei Punkten als Firma und als Team stehen und wo jeder Einzelne steht. Ich schaue durch die Psychobrille und überlege, wie ich das Team und jeden einzelnen Mitarbeiter motivieren kann.

Christian: Wenn wir bei *chicco di caffe* über Motivatoren, Firmenveranstaltungen, Feiern oder Bonus-Themen diskutiert haben, hatten wir immer einen Gedanken im Hinterkopf. „Glückliche Mitarbeiter sind nicht produktiver als unglückliche Mitarbeiter. Doch produktive Mitarbeiter sind glücklicher." Das ist der erste Motivator, der Leistungsaspekt, den du angesprochen hast. Hierbei geht es auch um das sogenannte Topgrading. Darauf kommen wir später noch einmal genauer zu sprechen. A-Mitarbeiter wollen Leistung bringen und Ergebnisse erzielen. Meine Aufgabe als Chef ist es, sie das auch machen zu lassen.

Michael: Leistung erbringen ist nicht unbedingt harte Arbeit. Es geht um Ergebnisse. Es geht um entspannte Produktivität, locker, fluffig performant sein.

Christian: Es ist noch einfacher, wenn ich die Produktivitäts-Blockaden aus dem Weg räume. Wie kann ich es meinen Mitarbeiterinnen noch einfacher machen, produktiv zu sein? Wie ist es mit Macht im Unternehmen? Wenn jemand durch Macht motiviert ist, ist es dann extrinsische Motivation?

Michael: Das ist wieder eine Fangfrage, oder? Ich glaube, Motivation durch Macht ist auch intrinsisch. Manche Menschen haben ein intrinsisches Bedürfnis nach Macht, andere nicht. Wenn ich in diesem Fall plötzlich keine Macht mehr besitze, weil sich irgendetwas verändert hat, es herrschen plötzlich andere Rahmenbedingungen durch externe Effekte, dann fehlt mir etwas. Auch dabei geht es letztendlich um das Erfüllen von Bedürfnissen. Jeder Mensch hat Bedürfnisse, die erfüllt sein müssen, um motiviert zu sein.

Christian: Ich kann also auch bei der Machtfrage sehr leicht extrinsisch demotivieren?

Michael: Absolut, gute Frage. Ich kann Macht entziehen.

Christian: Zugehörigkeit kann ich auch entziehen.

Michael: Genau, ich kann jemanden aus einer Gruppe ausschließen. Das führt unmittelbar zu Demotivation. „Ab sofort bist du nicht mehr Teil dieser Gruppe, dieses Teams. Danke dir für deine Hilfe." Zack, Motivation weg. Wenn jemand über Zugehörigkeit motiviert ist, kann ich denjenigen durch die Zugehörigkeit zu einer Arbeitsgruppe, durch das Arbeiten an gemeinsamen Themen motivieren. Zugehörigkeit, Macht und Leistung. Dabei kommt es darauf an, was jeden Einzelnen in der jeweiligen Situation motiviert.

Christian: Für mich als Manager geht es also darum, intrinsisch motivierte Mitarbeiter zu finden, einzustellen und diese dann nicht extrinsisch zu demotivieren.

Michael: Wie stehst du zum Thema Erfolge feiern? *Celebrate success.* Wie hilft mir das, Mitarbeiter zu motivieren? Oder ist es eher nur eine Verstärkung?

Christian: Einige meiner Mitarbeiter haben tatsächlich mal gesagt, sie hätten statt der Weihnachtsfeier lieber mehr Gehalt oder einen Bonus. Ich glaube nicht, dass solche Veranstaltungen motivieren, sie machen einfach Spaß. Die Frage ist, welches Ziel verfolgen wir mit einer Weihnachtsfeier?

Machen wir das, weil wir es immer so gemacht haben oder weil man es halt so macht? Oder mache ich eine Weihnachtsfeier, weil ich gerne mit meinen Mitarbeitern feiere?

Michael: Mein Thema war ja, Erfolge feiern, *celebrate success*. Dabei geht es um die Anerkennung dessen, was geleistet wurde. Wir haben eben über die Situation gesprochen, wenn die Motivation eher mau ist und die Stimmung im Keller. Wie komme ich da wieder heraus? Ich habe dann häufig noch mal überlegt, woran ich das überhaupt erkenne, dass die Motivation schlecht ist. Ich habe den Purpose, die Vision, unsere Werte und Strategien noch einmal reflektiert und mich gefragt, was wir denn nun in den letzten drei, sechs und zwölf Monaten geleistet und erreicht haben. Auf welche Erfolge können wir stolz sein? Diese Erfolge haben wir gemeinsam als Team erreicht und damit auch etwas in der Welt bewegt. Wenn ich mir das vor Augen führe, wird mir schnell klar, dass es eine ganze Menge ist, was wir geschafft haben. Jetzt dürfen wir alle auch einmal durchatmen und uns daran erfreuen. Häufig denken wir nach vorne und planen die Zukunft. Der Fokus liegt auf „mehr, mehr und noch mehr." Ich habe große Freude daran, gelegentlich auf die Erfolge zurückzublicken und diese anzuerkennen. Ich mache das ab und zu auch für mich selbst, häufiger mit meinem Team. Es hat mit Wertschätzung zu tun. *Smell the roses*. Einfach mal anhalten, in Ruhe einen Kaffee trinken und die Sonne genießen.

Christian: Ja, du hast Recht. Es ist ein großer Unterschied, ob ich die Leistung und Erfolge, die gemeinsam im Unternehmen erreicht wurden, anerkenne oder eher sage: „So schlimm, war es ja gar nicht."

Michael: „So schlimm war es ja gar nicht. Schaut mal, was wir alles geschafft haben, wir können stolz darauf sein. Jetzt geht es in großen Schritten weiter nach vorne." In manchen Situationen ist es hilfreich, zurückzublicken und sich zu freuen, wie weit wir gekommen sind, wie hoch wir bereits auf dem Weg zum Gipfel des Mount Everests gekommen sind und wo wir mal angefangen haben. Vor einem halben Jahr haben wir all das noch für unmöglich gehalten. Es gibt überhaupt keinen Grund, demotiviert zu sein. Den Rest schaffen wir auch noch.

Christian: Ich gebe dir ab sofort für jeden Podcast, den wir machen, 1 Euro. [*überlegt*] Lieber nicht.

Michael: Damit kommen wir auf keinen grünen Zweig. In ein paar Monaten können wir lieber zusammen Eis essen gehen. Ich lade dich ein.

Christian: Wir bleiben weiterhin intrinsisch motiviert, die Podcasts zu machen.

Michael: Absolut, ich stehe auch morgen wieder früh für den nächsten Podcast auf, mit einem Lächeln im Gesicht.

Christian: Ich freue mich. Es ist erstaunlich, was wir schon alles geschafft haben. Das ist tatsächlich schon Podcast-Aufnahme Nummer 44.

Michael: Das ist doch geil. Celebrate success.

Christian: Hammer.

Natürlich arbeite ich lieber mit intrinsisch motivierten Mitarbeitern. Sie gehen meistens gerne eine Extrameile, weil sie ihre Arbeit gern tun und sich selbst darin verwirklichen können. Der Abgleich mit dem Purpose, der Vision und den Werten ist eine gute Methode, um die richtigen Teammitglieder während des Recruitingprozesses auszuwählen. Allerdings ist es ein schmaler Grad, diese Mitarbeiter extrinsisch zu demotivieren, denn natürlich wollen auch intrinsisch motivierte Mitarbeiter angemessen entlohnt werden. Wo ist also die Grenze? Wann ist ein Bonus oder eine Gehaltserhöhung eine extrinsische Demotivation und wann ist es eine angebrachte Wertschätzung? Es ist also meine Aufgabe, kontinuierlich sicherzustellen, dass das Wofür meiner Mitarbeiter stets der Beitrag zur Erfüllung des Purpose ist. Sobald das Materielle alleine die Antwort auf das Wofür? ist, kippt die Stimmung. Dann fühlt es sich nur noch an wie Schmerzensgeld.

3.

LEADING
TEAMS

WORLD-
CLASS-HIGH-
PERFORMANCE-
VIRTUOSO-
KICK-ASS
TEAMS

KONFLIKTFÄHIGKEIT

DIVERSITÄT FÜHRT ZU KONFLIKTEN UND AUS DIESEN FOLGEN BESSERE ERGEBNISSE

Christian: Wir haben darüber gesprochen, dass ich als Manager Mitarbeiter einstelle, die intrinsisch motiviert sind, zu den Unternehmenswerten passen, also ein Value-fit sind und meinen Purpose und meine Vision teilen. Wir haben auch besprochen, dass jede Mitarbeiterin individuelle Präferenzen hat. Wie mache ich denn aus einer Anzahl von einzelnen Mitarbeitern, die alle in ihrer Individualität zu mir passen, ein performantes *Kick-Ass-Team*?

Michael: Das ist eine sehr gute Frage. Am Anfang stehen zunächst die einzelnen Mitarbeiter in ihrer Individualität, wie du gerade gesagt hast. Ab wann ist ein Team wirklich ein Team? Welcher Schritt macht aus einer Gruppe von Menschen ein Team?

Christian: Zur Not bin ich eben alleine ein Team.

Michael: Team of one. Ich bin mir nicht sicher, ob das der Definition genügt. Was bringt ein Team zusammen und macht eine Gruppe von Mitarbeitern zu einem geilen Team, das Großartiges leistet? Dafür gibt es verschiedene Begriffe: *World-Class-Team, Kick-Ass-Team, Functional Team* und *High-Performance-Team* werden in der Literatur häufig verwendet. Dann gibt es noch den Begriff des *Virtuoso Teams* — dazu gibt es auch ein gutes Buch mit gleichem Titel[32]. Mir persönlich fallen eine ganze Menge Dinge zu diesem Thema ein.

Christian: Fangen wir doch mit der ersten Komponente an.

Michael: Die erste Komponente ist unseren Lesern bereits bekannt. *This is how we are gonna run this company*. Unser gemeinsamer Masterplan besteht aus Purpose, Vision, Werten und Strategien.

32 Virtuoso Teams: Lessons from Teams that Changed Their Worlds, Pearson Education, 2005

Christian: Das Team weiß, warum wir ein Team sind, was von uns erwartet wird und warum wir all das tun. Ein Team hat einen gemeinsamen Masterplan.

Michael: Ganz genau. Das Team weiß, dass wir all das für einen gemeinsamen Zweck tun. Alle stehen morgens für die gleiche Vision auf, gehen aus dem gleichen Grund zur Arbeit, teilen alle die gleichen grundsätzlichen Werte und haben das gleiche Verständnis davon, wie wir zusammenarbeiten wollen und woran wir arbeiten. Wir alle wollen die gleichen Ziele erreichen.

Christian: Im Grunde sind die Tools und Techniken, die ich dafür nutze, um ein Team in eine bestimmte Richtung zu bewegen, die gleichen, die ich für mein Unternehmen anwende und auch für mich selbst. *This is how we are gonna run this company* — Purpose, Vision, Values, Strategies. Es ist kein großer Unterschied.

Michael: Stimmt, die wesentlichen Zutaten sind darin enthalten. Je nach Größe der Firma gehen wir auf Teamebene noch eine Stufe tiefer, zum Beispiel mithilfe des Stop-Start-Continue-Modells. Den Masterplan mit Purpose, Vision, Values und Strategies haben wir auf Teamebene oft ähnlich oder sogar genauso genutzt, wie er auf Unternehmensebene formuliert wurde. In einem Team kommen allerdings noch ein paar Dinge auf der menschlichen Ebene hinzu. Wir sind aktuell noch sehr funktional bei der Beschreibung dessen, was ein Team ausmacht und zusammenschweißt. Eine weitere Komponente für ein erfolgreiches Team ist der Umgang mit Konflikten. Diese Erkenntnis war für mich damals überraschend. Denn Konflikte sind tatsächlich notwendig, um als Team bessere Ergebnisse zu erzielen.

Christian: Aha. Heißt das, es ist gut, wenn sich die Mitarbeiter die ganze Zeit streiten?

Michael: Nennen wir es vielleicht besser gesunde Konflikte. Es geht um die Fähigkeit des Teams, mit gesunden Konflikten auf eine bestimmte Art und Weise umzugehen. Es ist wichtig, Vielfarbigkeit von Meinungen und Positionen zuzulassen, die am Ende zu einem besseren Ergebnis führen als ohne Konflikt-Situation. Am Beispiel des Insights-Modells lässt es sich gut erklären. Ein buntes Team mit verschiedenen Persönlichkeitstypen ist am Ende immer erfolgreicher als ein eintöniges Team, in dem alle Mitglieder einen ähnlichen Charakter und gleiche Farbenergie haben. Je bunter das Team, desto besser.

Christian: Wie schüre ich denn diese Art von Konflikten im Team?

Michael: Indem ich ein buntes Team aufbaue. Es ist ähnlich wie beim Aufstellen einer Fußballmannschaft. Ich analysiere, welche Persönlichkeitstypen, Charaktere und Fähigkeiten in meinem Team bereits vorhanden sind, um alle zu repräsentieren. Auf die Charaktere, die noch fehlen, achte ich bei der Einstellung von neuen Mitarbeitern besonders. Früher hätte ich das nicht gemacht. Damals hatte ich eher Angst vor zu vielen Konflikten, die durch die Verschiedenartigkeit von Menschen entstehen können, wenn diese zusammenkommen, miteinander arbeiten und Ergebnisse erzielen sollen. Heute mache ich das ganz bewusst und sorge dafür, dass wir möglichst unterschiedlich sind. Ich kommuniziere das auch ganz offen im Team. Jede weiß Bescheid und es entsteht eine hohe Wertschätzung für die Andersartigkeit von Kollegen. Jede leistet mit ihrer Art einen Beitrag, der dazu führt, dass wir im Team etwas schaffen, dass über die Fähigkeiten jedes Einzelnen hinausgeht. Wir schaffen mehr als das, was jeder alleine oder wir in einer gleichartigen Gruppe geschafft hätten.

Christian: Ich finde also Mitarbeiter, die möglichst unterschiedlich und konfliktfreudig sind, setze sie zusammen in ein Büro und sage: „Ihr seid jetzt ein Team." Mein Gefühl sagt mir, dass es dabei zu Schwierigkeiten kommen könnte. Fehlt dabei nicht noch etwas?

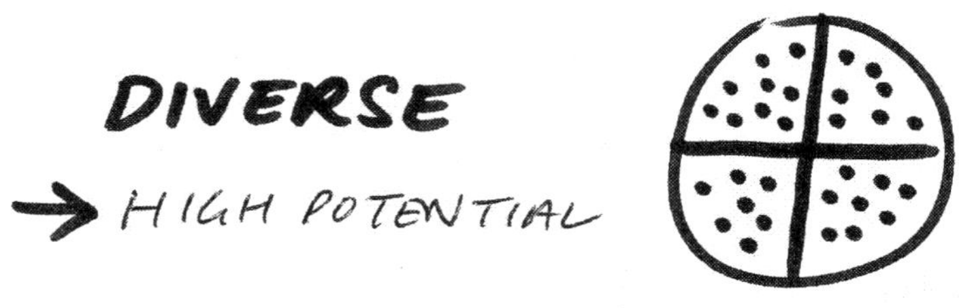

Abbildung: Diverse Teams
Die höchste Leistung bringt ein diverses Team, wenn es uns gelingt, die durch die höhere Diversität entstehenden Konflikte wertschätzend in noch bessere Ergebnisse zu verwandeln.

Michael: Ja, es gibt noch ein paar Komponenten. Einen gemeinsamen Purpose, eine Vision und ein gleiches Werteverständnis kann ich nicht oft genug wiederholen. Insbesondere die gemeinsamen Werte sind entscheidend. Unterschiedliche Persönlichkeitstypen ist etwas anderes als unterschiedliche Werte. Es ist mir wichtig, dies noch einmal zu betonen. Als Chef trage ich dafür Sorge, dass allen im Team dieser Unterschied bewusst ist. Alle Teammitglieder zeigen Wertschätzung für die Verschiedenartigkeit jedes Einzelnen und gleichzeitig Verständnis für die Gleichartigkeit im Hinblick auf den Werte-Kodex. Wir glauben alle an die gleichen Werte und dürfen diese auf verschiedene Art und Weise leben. Aus dieser Kombination entsteht ein besseres Ergebnis. Der Trick, damit sich nicht alle an die Gurgel gehen, ist, dass alle wissen, wie es funktioniert. Es gibt großartige Diversity-Trainings, die auf Grundlage von Persönlichkeitstypen wie Insights oder Ähnlichem aufgebaut sind. Solche Trainings und das Hochhalten der Werte bringt viel für den Erfolg des Teams.

Christian: Wie stehst du zum Thema Vertrauen? Ich stelle mir gerade vor, Teil eines solchen Teams zu sein. Wir haben dieselben Werte und teilen einen gemeinsamen Purpose. Nun brauche ich doch auch Vertrauen in das Team, in meine Kollegen, dass sie auch wirklich in die gleiche Richtung arbeiten und einen Beitrag zu unserem Purpose leisten. Ich denke, Vertrauen ist eine wichtige Komponente eines High-Performing-Teams. Wie kriege ich das hin?

Michael: Ja, du hast recht. Möglicherweise ist Vertrauen sogar die erste, wichtigste Komponente. Alle im Team können sich gegenseitig vertrauen. Ein Klassiker sind natürlich Teambuildings. Wir fahren für einen Tag irgendwo hin, machen eine Schnitzeljagd im Wald, die eine ist blind, der andere stumm und so weiter. Das macht ja durchaus auch Spaß. Für einen halben Tag macht mir das Spaß. Es gibt noch andere Möglichkeiten, Vertrauen aufzubauen. Eine andere Methode ist die Lifeline-Methode. Die haben wir auch schon besprochen und nutzen sie beide sehr häufig. Jeder im Team erzählt reihum seine persönliche Geschichte, um sich besser kennenzulernen. Fünf bis zehn Minuten erzählt jede Person darüber, wer sie ist, was sie besonders macht, was sie erlebt und geprägt hat. Die anderen hören aufmerksam zu. Jeder kann wirklich alles auspacken: Woher komme ich? Wohin gehe ich? Was will ich eigentlich im Leben erreichen? Was ist mir wichtig? Was habe ich gelernt? Wann habe ich in meiner Vergangenheit mal so richtig Pech gehabt? Welche besonderen Momente sind mir in Erinnerung geblieben? Ich bin ein großer Fan von Lifelines. Ich lerne enorm viel über die Person und auch über mich.

Christian: Vertrauen heißt, dass ich mich verletzlich zeigen kann. Ich teile auch die Dinge, die nicht so gut gelaufen sind im Leben. So verstehen die anderen, dass auch bei mir als Chef nicht immer alles rund läuft und nur Sonnenschein herrscht. Wenn ich normalerweise meinen Lebenslauf präsentiere, ist in der Regel immer alles tippi toppi. Ich war Jahrgangsbester, habe nur die schwierigsten Sachen studiert. Dabei haue ich richtig auf den Putz, um gut dazustehen. Um Vertrauen aufzubauen und sich wirklich kennenzulernen, ist es wichtig zu zeigen, dass nicht immer alles glänzt.

Michael: Das sehe ich ganz genauso. Auch dabei habe ich als Chef die Verantwortung, mit gutem Beispiel voranzugehen und eine authentische Figur abzugeben für eine sinnvolle Sache. In dem Moment, in dem ich etwas aus meinem Leben erzähle, gebe ich dem Team einen Vertrauensvorschuss. Ich erzähle ihnen dabei Dinge, die ich eigentlich so nicht in der Öffentlichkeit erzählen würde. Ich öffne mich vor meinem Team und gebe Einblick in meine Historie und meine Persönlichkeit inklusive meiner Schwächen. Dabei hoffe ich natürlich, dass die einzelnen Leute in der Gruppe dies auch entsprechend anerkennen. Wenn sich dann jemand bei mir mit Angebereien vorstellt und mir von all den ganz tollen Dingen erzählt, die er geleistet hat, sinkt mein Vertrauen eher, als dass es steigt. Die 5 %-Themen, die ich sonst eigentlich nicht erzählen möchte oder nur meinem allerbesten Kumpel erzähle, sind oft die Themen, die viel Vertrauen aufbauen.

Christian: Um Vertrauen im Team aufzubauen, machst du diese Lifeline-Übung? Jeder erzählt, was gut und was schlecht lief im Leben?

Michael: Ja. Vielleicht erkläre ich nochmal kurz, wie die Übung genau funktioniert. Ein festes Zeitfenster ist dabei wichtig. Alle Teilnehmer haben Zeit, ihre Lifeline in Ruhe vorzubereiten. Manche benötigen etwas mehr Zeit, andere wollen sofort loslegen. Die, die eher schnell unterwegs sind, starten. So ist für jeden Präferenz- und Persönlichkeitstypen ein Rahmen geschaffen. Dann geht es reihum. Jede Teilnehmerin hat gleich viel Zeit, ihre Lifeline zu erzählen, etwa fünf bis zehn Minuten. Am besten sind sieben Minuten plus eine Minute für Fragen. Bei einem Team von sieben Leuten sind es 7 x 7

Minuten = 49 Minuten + 7 Minuten Fragen. Nach etwa einer Stunde hat also jeder von jedem gehört, wie ihr Leben verlaufen ist. Es ist super spannend und macht riesen Spaß. Wenn ich diese Übung mache, starte ich häufig selber als Erstes, um sicherzustellen, dass es von Anfang an entsprechend tief geht. Ich lege also immer erst mal vor. Die anderen sind dann häufig sehr überrascht und denken: „Wow, dass er uns das jetzt echt erzählt, ...?!" So fühlen sich alle entsprechend frei und gehen ebenfalls sehr in die Tiefe bei ihrer Lifeline.

Christian: Auch ich komme immer sehr geflasht aus dieser Übung heraus, weil es schlicht und einfach beeindruckend ist, wie schnell und tiefgründig ich Menschen dadurch kennenlernen und verstehen kann.

Michael: Alleine durch das, was sie entscheiden zu erzählen, lerne ich einen Menschen schon kennen. Jeder entscheidet bewusst darüber, was er in der Runde erzählt. Schon diese Auswahl, die der Mensch trifft, sagt viel über diesen Menschen aus. Gleichzeitig lerne ich durch die Auswahl, die ich treffe, viel über mich selbst. Ich reflektiere, worüber ich erzähle, um Verletzlichkeit und Offenheit zu demonstrieren, um Vertrauen aufzubauen. Es ist eine schöne Übung zur Selbstreflexion.

Christian: Ich komme noch einmal zurück auf unseren Anfang. Wir haben nun die richtigen Mitarbeiter, ein diverses Team, wir haben Vertrauen und wir wissen, wo es hingeht. Was brauche ich noch für ein erfolgreiches Team?

Michael: Mir fällt noch ein wichtiger Punkt zum Thema Konfliktfähigkeit ein. Es ist wichtig, einander Feedforward geben zu können, Dinge offen thematisieren zu können. Es ist sinnvoll, einen entsprechenden Mechanismus dafür einzuführen. Dies kann zum Beispiel ein 360-Grad-Feedforward sein, bei dem jeder jedem mitteilt, welche Stärken diese Person hat und welche Dinge eher nicht zu den Stärken gehören, um sich auch darüber bewusst zu sein. Eine andere Möglichkeit sind 1:1-Gespräche, um eine Feedforward-Kultur zu schaffen und sich in sicherer Umgebung offen Dinge sagen zu können. Wir beide sprechen häufig darüber, dass es viel wichtiger ist, sich gegenseitig zu bestärken und in positiver Sprache zu sprechen als über Schwächen oder *Improvement Areas* zu reden. Es darf durchaus zum Selbstverständnis gehören, Feedforward zu geben und sich immer wieder zu bestärken. „Das machst du echt klasse, darin bist du total gut, ...“ Wenn ich bemerke, dass sich jemand vielleicht mal selbst im Weg steht, kann ich zum Beispiel sagen: „Wenn du darauf noch mehr achtest, wirst du in Zukunft noch weiter kommen.“ Eben diese ganze Kommunikations-Kiste, über die wir auch schon gesprochen haben.

Christian: Was darüber hinaus noch wichtig ist, ist die Frage, wie im Team Entscheidungen getroffen werden. Entscheide ich? Entscheiden wir? Entscheidet ihr? Das sind die berühmten Fragen, die häufig nicht klar sind. Dann ist es wichtig, dass die getroffenen Entscheidungen vom Team getragen und akzeptiert werden, auch wenn diese möglicherweise nicht meiner eigenen Meinungen entsprechen oder ich dagegen gestimmt habe. Die anderen können sich darauf verlassen, dass ich jede getroffene Entscheidung im Team mittrage.

Michael: Absolut, das ist super wichtig. Mir fällt noch ein Punkt zu all den Methoden und Modellen ein. Als Chef ist es meine Verantwortung, diese ganzen Modelle, Methoden und Techniken in das Team einzubringen und dies auch zu fördern. So bringt dann auch das Team nach und nach eigene Ideen und Methoden ein, die uns dabei helfen gut zusammenzuarbeiten. Für die Art und Weise, wie wir zusammenarbeiten, bin ich als Chef verantwortlich. Ich bin accountable. Ich darf es fördern, sodass sich diese Art und Weise im Team etabliert. Noch einen super Spruch habe ich gelernt und mir die Umsetzung mühevoll angeeignet: *Get out of the way*. Ich als Chef darf meinen Leuten durchaus aus dem Weg gehen und darauf vertrauen, dass sie es schon wuppen werden, ohne dass ich immer involviert bin und glaube, es besser machen zu können. Einer meiner Vorgesetzten hat mir mal ein richtig gutes Feedforward gegeben, das mich echt geprägt hat. Er sagte: „Michael, du hast da ein richtig geiles Team, setzt unglaublich gute Sachen um, nutzt all diese Methoden und entwickelst sogar deine Leute weiter. Das ist echt super. One thing, that you can do more is, get out of the fucking way.“ Lass die Leute auch ihr eigenes Ding machen und zieh dich selber etwas raus. *Get your hands off*. Das fiel mir damals schwer.

Christian: Einfach mal nicht beim Arbeiten stören.

Michael: Genau: *Let them do their job*.

Christian: Ich denke gerade an: *Get out of the shower*, wenn es um Coaching geht. Nun heißt es: *Get out of the way*. Es scheint sich so durchzuziehen.

Michael: *Get out*.

Christian: Einfach mal machen lassen. Auch das ist Vertrauen, Vertrauen in das Team zu haben und ihnen zeigen: „Ihr macht das schon." Vielleicht machen sie es anders, als ich es erwartet hätte. Na und?

Michael: Am Ende geht es im Management darum, Ergebnisse zu erzielen und Mitarbeiter zu halten.

Christian: Was brauchen wir noch für ein *Kick-Ass-Team*?

Michael: Weiterentwicklung. Auch das ist meine Aufgabe als Chef. Mich selbst weiterentwickeln und vor allem dafür zu sorgen, dass es ausreichend Möglichkeiten für meine Mitarbeiter gibt, sich weiterzuentwickeln und neue Sachen dazuzulernen. Es ist mein Job, Neugier zu schüren, Neugier im Team zu fördern und neue Methoden auszuprobieren — ständiges Lernen. Das ist etwas, was mir in unserer Zusammenarbeit total gut gefällt und Spaß macht. Du bist auch jemand, der sich gerne weiterentwickelt, immer neue Dinge ausprobiert und dazu lernen will. Diese Gelegenheiten sorgen dafür, dass ich mich in einem Team wohlfühle, wenn ich merke, dass ich weiter komme, mich persönlich entwickeln und wachsen kann, auch als Chef. Der Spirit, mich als Mensch im Team entwickeln zu können, neue Ideen austauschen und offen für Neues sein zu können — das macht für mich auch ein geiles Team aus.

Christian: Großartig. Ich bin schon ganz gespannt, was ich im nächsten Kapitel Neues von dir lernen darf.

Eine Sache wird mir immer klarer: Wie sehr das Verhalten im Team, die Performance, das Vertrauen und die Motivation jedes Einzelnen von mir als Chef abhängt. Kein Wunder, dass so viele Mitarbeiter immer wieder in Studien angeben, dass sie ein Unternehmen nicht aufgrund des Jobs, sondern aufgrund ihres Vorgesetzten verlassen. Mein Job ist es offensichtlich nicht immer mit guter Performance voranzugehen, die besten Ergebnisse vorzuweisen und auf jede Frage eine Antwort zu wissen. Ich darf in meiner Persönlichkeit, in meiner Menschlichkeit und in dem, wie ich das Team gestalten will, ein exzellentes Vorbild sein. Schwächen zeigen, Vertrauen haben, zuhören, sich selbst reflektieren und sich weiterbilden, auf verschiedene Persönlichkeiten eingehen und Toleranz gegenüber Andersartigkeit zeigen und wertschätzen sowie mit Konflikten umgehen – all das sind nicht nur Kernkompetenzen einer Führungskraft. Mit diesen Fähigkeiten leiste ich einen Beitrag zu einer besseren Welt.

VERTRAUEN = VERSTÄNDNIS

DAS TEAM ALS JOCH

Christian: Wir sprechen in diesem Kapitel über Teams. TEAM ist die Abkürzung für T*oll,* e*in* a*nderer* m*acht's*. Daher ist Teamarbeit auch so beliebt. Ich kann darauf vertrauen, dass die Dinge, die ich nicht machen will, jemand anderes erledigt. Denn wir sind ja als Team für das Ergebnis zusammen verantwortlich. Wenn ich also keine Lust habe, kann ich mich in einem Team gut verstecken und die anderen arbeiten lassen. Das ist ja auch das, was du immer in deinen Workshops erzählst.

Michael: Ist es das? Na, dann sind wir ja schon fertig.

Christian: Warum arbeite ich überhaupt in Teams? Ich könnte das alles doch auch alleine machen.

Michael: Deine Frage erinnert mich an eine Situation vor vielen Jahren. Ich habe damals meinem Chef erklärt, dass ich gerne Führungsverantwortung übernehmen möchte. Er fragte mich daraufhin: „Wofür denn?"

Christian: Für meinen Lebenslauf.

Michael: Das wäre tatsächlich die ehrliche Antwort gewesen. Mein Bauchgefühl hat mir damals gesagt, dass ich ein Team führen möchte. Ich wollte mich in diese Richtung weiterentwickeln und lernen, ein Team zu führen. Als er mir diese Frage stellte, antwortete ich: „Ich möchte etwas machen, das größer ist als das, was ich alleine machen kann." Im Nachhinein denke ich, war die Antwort gar nicht so schlecht. Damals fühlte sie sich unspektakulär an und es stimmte, ich habe später mit meinem Team Ziele erreicht, die ich alleine nie erreicht hätte. Es ging nur im Team und nur mit anderen Leuten zusammen. Ich wollte damals lernen, wie das funktioniert.

Christian: Das ist der Punkt, an dem ich mich beispielsweise von einem Freiberufler oder einem Selbstständigen zu einem Unternehmer entwickle. Ich stelle weitere Mitarbeiter ein, vergrößere mein Unternehmen und kann dadurch mehr Dinge machen und größere Ziele erreichen, als ich das alleine kann. Mein Unternehmen wächst, Aufgaben und Projekte entwickeln sich so, dass ich sie alleine nicht mehr stemmen kann. Ich baue Teams auf, die diese Projekte umsetzen können und die dabei im Laufe der Unternehmensentwicklung immer spezialisierter werden.

Michael: Ja, sie werden auch menschlicher. Menschen sind grundsätzlich eher gruppenorientiert. Alleine kann ich eigentlich nicht überleben. Es wäre zumindest langweilig. Als Gruppe können wir mehr schaffen als alleine. Nur so ist die Menschheit überhaupt erst so weit gekommen.

Christian: In einem Team gibt es neben mir noch andere Menschen, die andere Dinge gut können. Sie haben einen anderen Persönlichkeitstyp als ich, andere Stärken. All die verschiedenen Stärken, Energien und die Kraft kann in einem Team gebündelt werden. Dazu fällt mir eine schöne Geschichte ein, darf ich sie erzählen?

Michael: Bitte.

Christian: Ich war vor einer Weile auf einer Hochzeit. Als der Priester anfing zu predigen, haben die meisten schon automatisch in eine Art Schlummermodus geschaltet. Dann stellte sich der Priester oben auf seine Kanzel und sagte ganz laut: „Die Ehe ist ein Joch." Alle Hochzeitsgäste waren plötzlich wieder hellwach und aufmerksam. Alle dachten: „Ein Joch? Wie ein Joch?" Das klingt im ersten Moment sehr negativ. Er erklärte, dass ein Joch ein Werkzeug ist, mit dem zwei Tiere — Ochsen oder Esel — ihre Kraft bündeln und besser pflügen können als alleine. Durch das Joch sind sie zusammen stärker als jeder Einzelne von ihnen. Die Ehe ist ein Joch, durch die zwei Menschen ihre Kräfte bündeln, um gemeinsam besser durchs Leben zukommen als alleine. In dem Sinne ist ein Team auch ein Joch. Durch ein Team kann ich es ebenfalls schaffen, die Energie und Kraft von verschiedenen Persönlichkeiten, Kompetenzen und Stärken zu bündeln und so besser durchs Unternehmen pflügen.

Michael: Danke für das Kopfkino, ich werde später für meine Frau und mich bei Amazon ein Joch bestellen. Ich stelle mir gerade bildlich vor, wie das im Team aussieht, wenn wir alle ein solches Joch tragen und durchs Büro pflügen. Ein schönes Bild. Dafür braucht es natürlich auch Vertrauen. Sowohl meine Frau als auch die Leute in einem Team dürfen darauf vertrauen, dass wir im Joch alle in die gleiche Richtung pflügen.

Christian: Wenn das nicht zutrifft, funktioniert es nicht.

Michael: Dann wird das mit dem Joch eine ziemlich ätzende Erfahrung.

Christian: Ich traue mich gar nicht, es auszusprechen. Ich tue es trotzdem. Wie bekomme ich denn nun meine Mitarbeiter unterjocht? Wie bündel ich die gesamte Energie in einem Team? Zu diesem Thema gibt es unendlich viel Literatur, es kann dabei einiges schief laufen.

Michael: Für mich ist Vertrauen das Allerwichtigste. Vertrauen darauf, dass das Joch einen Zweck hat und wir damit etwas Positives erreichen, denn ich stelle meine Arbeit, meine Energie und Kraft in den Dienst des gemeinsamen Unternehmens. Wir haben ein Team zusammengestellt und sind uns über die großen Themen schon mal einig. Wir haben einen gemeinsamen Purpose, kämpfen für die gleiche Vision, haben einen grundsätzlich übereinstimmenden Wertekatalog und haben Strategien definiert, die wir erreichen wollen. Nun stellt sich die Frage nach dem Umgang mit dem Zwischenmenschlichen. Ein Ausbilder hat einmal gesagt: „Da, wo Menschen sind, da menschelt es." Das hat mir gefallen, es stimmt. Wir sprechen also wieder über die Verschiedenartigkeit von Menschen. Wie gehe ich nun mit dem *Menscheln* um, das in einem Team entsteht?

Christian: Ich hake noch einmal bei dem Thema Vertrauen ein. Als wir über Werte gesprochen haben, haben wir festgestellt, dass es wichtig ist, dass alle das gleiche Verständnis von den Werten haben, so auch von Vertrauen. Dennoch hat beim Thema Vertrauen jeder ein anderes Bild vor Augen. Ich denke bei Vertrauen an einen Klettergurt.

Michael: Ich denke dabei an einen Handschlag, bei dem ich jemandem in die Augen schaue.

Christian: Ja, genau. Wir können uns darauf einigen, dass Vertrauen gut ist, und haben trotzdem andere Bilder im Kopf. Woran erkenne ich denn, dass im Team ausreichend Vertrauen vorhanden ist, um gut zusammenzuarbeiten?

Michael: Ich denke gerade an deine Geschichte über einen Chef, die du mal in einem Workshop erzählt hast. Du hast erzählt, dass er alle seine Leute nicht nur mit Namen kennt, sondern auch genau weiß, wo sie im Leben stehen, wie deren Kinder heißen und so weiter. Er steht im totalen Gegensatz zu einem anderen Chef, der bloß davon redet, wie geil sein Team ist und welche Ergebnisse er erreicht hat und im Grunde nicht viel mehr als das über seine Teammitglieder weiß. Es ist ein Zeichen von Vertrauen, wenn sich die Teammitglieder wirklich kennen und sich miteinander beschäftigen. Es ist ein Zeichen von Anerkennung. Sich zu kennen ist eine gute Voraussetzung, um gut miteinander zu arbeiten. Wenn ich jemanden kenne, fällt es mir leichter, die Rolle desjenigen im Team anzuerkennen. Ich akzeptiere und wertschätze leichter, was diejenige inhaltlich, fachlich und als Mensch einbringt und für das Team leistet.

Christian: *Menscheln* bedeutet letztendlich, sein Gegenüber als Menschen anzuerkennen.

Michael: Ja, die Leute in meinem Team sind ja keine Batterien, die ich irgendwo hineinstecke. Sie alle sind wertvolle, interessante, einzigartige Menschen. Ich will sie kennenlernen. Jeder hat seine Präferenzen und entscheidet, wie viel er preisgeben möchte. Die Lifeline-Übung eignet sich super zur Vorstellung in einem neuen Team. Ich mache diese Übung gerne, wenn ich als Coach zu einem neuen Team hinzustoße. So lernt jede jeden noch ein bisschen besser kennen. Selbst wenn ich das mit Teams mache, die sich bereits seit zehn Jahren kennen, fallen immer noch Groschen und alle lernen noch mehr über die anderen dazu. Ich habe die Lifeline-Übung mal in einem Team durchgeführt, dass sich seit über zwanzig Jahren kennt. Es war erstaunlich. Sie haben selbst nach zwanzig Jahren immer noch neue Dinge über ihre Kollegen gelernt und sich seitdem in einem neuen Licht gesehen. Alle waren sehr überrascht, wie sehr es geholfen hat, das Vertrauen noch mehr zu stärken und aufzubauen. Der erste Schritt in einem Team ist, etwas über sich preiszugeben, um sich kennenzulernen und Vertrauen aufzubauen. Als Chef gehe ich in solchen Runden immer voran und beginne mit meiner Lifeline. Ich lasse quasi als Erster die Hosen herunter, um zu signalisieren: „Ich bin bereit, mich zu öffnen. Auch ich bin verletzlich."

Christian: Darum geht es beim Aufbau von Vertrauen, sich verletzlich zu zeigen und die Hosen herunter zu lassen. Daher ist es wichtig, in der Lifeline-Geschichte zu erzählen, an welchen Stellen im Leben es mal nicht so gut gelaufen ist. Es ist wichtig, auch über Schwächen oder schwierige Zeiten im Leben zu berichten. Häufig erzählen wir im Business-Umfeld, wie großartig alles läuft und wie toll wir sind, gerade in einem Vorstellungsgespräch. Gut, in einem Vorstellungsgespräch würde ich mich auch nicht verletzlich zeigen, es sei denn, es wird gezielt nach schwierigen Situationen im Leben gefragt. Später im Team hilft es eben, sich verletzlich zu zeigen, um Vertrauen aufzubauen. Die Mitarbeiter erkennen: „Der Chef ist ja auch nur ein ganz normaler Mensch."

Michael: Wenn der Chef vorlegt und diese Dinge über sich preisgibt, seine Verletzlichkeit zeigt, ist es für mich als Mitarbeiter ein Zeichen dafür, dass ich es auch so machen darf. Es ist implizit eine Erlaubnis. Wenn der Chef es so macht, ist es auch für mich erlaubt. Früher habe ich bei der Lifeline-Übung häufig die Frage nach den Highlights und den Lowlights, also nach den schwierigen Situationen im Leben gestellt. Heute frage ich eher danach, was ich im Leben aus verschiedenen Situationen gelernt habe. Das hängt natürlich meistens mit den Höhe- und Tiefpunkten zusammen, denn aus dramatischen Situationen, aus besonders positiven und besonders negativen Erfahrungen, lerne ich häufig am meisten. Daher nutze ich heute die Frage: „Was habe ich gelernt, dass mir für die Zukunft hilft?" Als Team wollen wir ja etwas in der Zukunft gemeinsam erreichen und nicht über die Vergangenheit, über alte Storys plaudern. Es geht darum, eine Basis zu schaffen, um gemeinsam unsere Ziele zu erreichen.

Christian: Kommen wir noch einmal zurück zu meiner ursprünglichen Frage. Woran erkenne ich denn, dass im Team ausreichend Vertrauen herrscht? Diese Frage haben wir noch nicht beantwortet. Wir haben darüber gesprochen, wie ich Vertrauen im Team aufbauen kann. Was macht ein Team, das Vertrauen zueinander hat, erfolgreicher im Vergleich zu einem Team mit weniger Vertrauen untereinander?

Michael: Entspannte Produktivität. Das Team mit ausreichend Vertrauen erreicht mehr mit weniger Konflikten. Es fällt ihnen leichter, ihre Ziele zu erreichen.

Christian: Wir hatten doch gesagt, dass gesunde Konflikte hilfreich sind.

Michael: Richtig, absolut. Sie sind sogar notwendig. Gesunde Konflikte sind super. Zumindest inhaltliche Konflikte, bei denen wir trotzdem noch abends zusammen ausgehen können und gemeinsam etwas essen und trinken. Gesunde, inhaltliche Konflikte, keine menschlichen.

Christian: Und dafür brauche ich Vertrauen?

Michael: Ja, und Verständnis.

Christian: Ich kann einen Konflikt auf der Sachebene leichter austragen, wenn ich weiß, dass es der andere gut meint und wir das gleiche Ziel haben. Das Vertrauen, das gleiche Ziel zu verfolgen und in die gleiche Richtung laufen zu wollen, ist wichtig.

Michael: Außerdem Verständnis und Wertschätzung für Andersartigkeit. Auch darauf fällt ein Teil des Vertrauens. Früher ist es mir schwergefallen, Leuten zu vertrauen, die ganz anders ticken als ich. Ich habe erst mit der Zeit gelernt, dass Andersartigkeit nützlich ist und einen Beitrag zu meinen eigenen Zielen leistet. Jetzt habe ich Vertrauen darin, dass *anders* positiv für mich ist. Jetzt schätze ich Diskussionen, in denen jemand eine völlig andere Position vertritt als ich. Denn es gibt uns Stärke, diese Diskussion überhaupt führen zu können, um einen Kompromiss zu finden, der vielleicht eine bessere Lösung ist als mein alleiniger Weg. Es geht um das Verständnis, dass Andersartigkeit bereichernd ist für ein Team. Das war für mich ein großes Learning.

Christian: Durch dieses Vertrauen kann ich Konflikte auf der Sachebene führen und danach eine Entscheidung treffen, um den Konflikt zu lösen. Ich kann darauf vertrauen, dass wir alle in eine Richtung gehen, selbst wenn ich alleine eine andere Lösung bevorzugt hätte. Ich trage diese Entscheidung mit, denn ich weiß, dass wir alle das gleiche Ziel verfolgen.

Michael: Damit wären wir beim Thema Entscheidungsprozesse. Alle ziehen mit. Ich vertraue dir voll und ganz.

Christian: Ich kaufe uns jetzt ein Joch.

Michael: Ich habe volles Verständnis dafür.

Christian: Dann gibt es keinen Konflikt mehr.

Jeder kennt diese Teamevents, die ihr auch schon mal angesprochen habt: Im Wald herumspazieren und sich rückwärts fallen lassen, in der Hoffnung, jemand aus dem Team wird mich schon auffangen. Sicher kann die eine oder andere dem etwas abgewinnen und es ist auch sinnvoll, gemeinsame Zeit außerhalb des Büros zu verbringen, etwas zusammen zu erleben. Doch mir wird gerade klar, wie verschwendet diese Zeit ist, wenn ich nichts tue, um ehrliches Vertrauen aktiv aufzubauen. Ich verstehe allmählich die Bedeutung der Methoden, wie der Lifeline-Übung, das Insights-Modell, das gegenseitige Reflektieren und Aussprechen der individuellen Stärken. Vielleicht haben diese Teamevents deswegen so einen schlechten Ruf, weil sie selten richtig gestaltet werden.

HIRE SLOW

ALLES EINSTELLUNGSSACHE

Christian: *Hire slow and fire fast*. Dieser Spruch will sagen, dass ich mir gründlich überlegen sollte, wen ich einstelle und mir dabei Zeit lassen. Wenn ich feststelle, dass jemand nicht ins Unternehmen passt und ich ihn feuern möchte, sollte ich hingegen lieber schnell reagieren. Über Zweiteres werden wir später noch einmal ausführlicher sprechen.

Michael: Was mache ich denn, wenn meine Realität genau umgekehrt aussieht? Häufig ist es so, dass ich dringend jemanden brauche. Gleichzeitig erkenne ich, dass eine bestimmte Mitarbeiterin nicht ins Unternehmen passt, doch ich kann mich nicht durchringen, sie zu kündigen. Ich beobachte oft das Verhalten nach dem Prinzip *Hire fast and fire slow*. [*schmunzelt*] Es ist gar nicht so einfach, es so herum auszusprechen.

Christian: Was ist denn der Grund dafür, dass du möglichst schnell eine Stelle besetzen willst? Denkst du, die Arbeit wird dann schneller erledigt?

Michael: Nun, ich habe ja viel rote Energie und treffe Entscheidungen gerne schnell. Ich bin auch bereit Risiken einzugehen. Wobei mir der Spruch *Hire slow* durchaus in Mark und Bein übergegangen ist. Ich bin beim Einstellen von neuen Mitarbeitern durchaus sehr viel vorsichtiger geworden.

Christian: Bei *chicco di caffe* haben wir sehr viele neue Mitarbeiter in kurzer Zeit eingestellt. Am Anfang hatten wir dabei leider einige Fehlgriffe. Wir haben jemanden gesehen, die uns gefallen hat, weil sie aussah, als hätten wir sie schon mal gesehen oder weil jemand auf der gleichen Uni war wie ich oder weil sie schon mal bei Starbucks gearbeitet hat.

Michael: Wie heißt nochmal der Teil unseres Gehirns, der diese super schnellen Entscheidungen trifft? Amygdala?

Christian: Das Reptiliengehirn?

Michael: Ja, es ist eine urzeitliche Verhaltensweise, blitzschnell eine Entscheidung zu treffen. Ich brauche etwas jetzt sofort, ganz dringend. *Fight* *or flight*, weglaufen oder kämpfen. Die Entscheidung muss jetzt getroffen werden. In solchen Fällen übernimmt ein Teil unseres Gehirns die Kontrolle, der an diesem Tag manchmal besser zu Hause geblieben wäre.

Christian: Eine Zeit lang kann das gut gehen. Bei *chicco di caffe* haben Ralf und ich zu Beginn noch alle Einstellungsgespräche selbst geführt. Wir hatten damals noch ein ganz gutes Gefühl dafür, wer passt und wer nicht passt. Als wir dann größer wurden und immer mehr Mitarbeiter hatten, haben auch sie weitere Leute eingestellt. Es hat sich dadurch deutlich verschlechtert, weshalb wir zügig angefangen haben, einen strengen Prozess aufzusetzen. Mit jeder Bewerberin wurde zunächst ein Telefoninterview durchgeführt, um abzuklären, ob sie überhaupt bei uns arbeiten will, ob die Arbeitszeiten passen, ob die Einsatzorte passen und das Gehalt ungefähr stimmt. Wir haben viele verrückte Erfahrungen gemacht. Ein Mitarbeiter wurde von uns schon so gut wie eingestellt. Als wir dann darüber gesprochen haben, wo er eingesetzt wird, sagte er: „Na, in Ulm." Wir antworteten verdutzt: „Ulm? Nein, München." Daher klären wir solche wesentlichen Punkte bereits direkt zu Beginn im ersten Telefonat. Danach folgt ein persönliches Gespräch, unter anderem auch direkt an der Kaffeebar. Im Keller unserer Zentrale hatten wir eine richtig schöne Testbar. Hier haben wir Einlern-Tage abgehalten, um zu sehen, was die Bewerber an der Bar bereits können und was nicht. Für die, die sich in der Zentrale beworben haben, haben wir noch zusätzlich einen Präsentationstermin vereinbart, an dem sie die entsprechenden Kollegen persönlich kennengelernt haben und sich vorgestellt haben. Jeder Kollege aus der Zentrale hatte ein Vetorecht.

Michael: Ihr habt also zum einen sehr gründlich gefiltert, um zu sehen, ob die grundlegenden Dinge wie Arbeitsort, Verfügbarkeit und so weiter passen. Es kann ja auch sein, dass jemand noch eine sechsmonatige Kündigungsfrist hat und gar nicht rechtzeitig starten kann.

Christian: Genau. Grundlegende Dinge haben wir zuerst geklärt. „Trinken Sie überhaupt Kaffee?"

Michael: Das erste Gespräch, nach dem gefiltert worden ist, waren Telefon- oder Videointerviews?

Christian: Ein Telefoninterview.

Michael: Danach durfte die Bewerberin vorbeikommen und für euch Kaffee machen, damit ihr seht, ob sie überhaupt für eine Kaffeebar taugt. Danach hat sie dann all die anderen Mitarbeiterinnen getroffen, die sich ebenfalls einen Eindruck von der Person gemacht haben, richtig?

Christian: Das Kennenlernen mit den Kollegen gab es nur für Bewerber in der Zentrale, zum Beispiel im Produktmanagement, Marketing und so weiter. Die Bewerber durften sich ihnen noch einmal persönlich vorstellen. Es gab die Regel, dass jeder Mitarbeiter ein Veto einlegen darf. In wenigen Fällen haben wir das Vetorecht schon mal übergangen und den Bewerber trotzdem eingestellt. Es waren tatsächlich häufig Fehlentscheidungen. In diesen Fällen haben wir in der Geschäftsführung schon mal ein Auge zugedrückt und gedacht: „Ach komm, wir haben einen so langen Prozess durchgemacht, das wird schon passen." Die Mitarbeiter hatten ein Gefühl dafür, ob das passt oder nicht. Wenn wir uns über sie hinweggesetzt haben, war es immer schlecht.

Michael: Es ist also ein systemischer Ansatz, bei dem mehrere Leute zur Entscheidungsfindung beitragen und nicht nur der Chef die Entscheidung trifft.

Christian: Genau. Mir war es wichtig, dass wir einen Prozess haben, der unabhängig von mir ist und vor allem unabhängig von der Tagesform, von meinem emotionalen Zustand. Wenn ich schon mit dem Gedanken in ein Bewerbungsgespräch gehe, dass ich unbedingt jemanden brauche, stelle ich eher jemanden ein, auch wenn sie nicht optimal passt.

Michael: Das finde ich gut. Wir haben es ähnlich gemacht. Bei uns gab es noch zusätzlich für jede Rolle eine sehr umfangreiche Job Description. Das hat mich am Anfang total genervt und viel Zeit gekostet. Es war eine sehr analytische und umfangreiche Aufgabe. Ich musste mir damals für mein Team zunächst eine Struktur überlegen, welche Rollen und Kompetenzen ich überhaupt für mein Marketing-Team benötige. Dann habe ich für jede Rolle eine ein- bis zweiseitige Rollenbeschreibung formuliert. Je kürzer, desto schwieriger war es. Ich habe es versucht auf den Punkt zu bringen, um es später im Auswahlprozess auch valide abfragen und testen zu können. Es hat mich etliche Stunden Zeit gekostet. Das war eine gute Vorbereitung für die Gespräche, weil ich genau wusste, nach wem beziehungsweise, nach welchen Fähigkeiten ich suchte und was ich in den Bewerbungsgesprächen abfragen wollte. Dann folgte ein ähnlicher Prozess, wie du beschrieben hast. Die Bewerberinnen wurden anhand von Telefoninterviews vorausgewählt und gefiltert. Danach wurden sie zu einem Bewerbertag eingeladen, an dem sie sieben, acht, neun oder sogar zehn Leute aus dem Unternehmen kennengelernt haben. So können sich sowohl der Kandidat als auch die zehn Kolleginnen ein gutes Bild voneinander machen. Jeder der zehn Kollegen gibt danach eine Einschätzung dazu ab, wie gut die Kandidatin zu unserem Unternehmen, unserer Kultur und unseren Werten passt. Darüber werden wir noch beim Thema TEV sprechen. Es ist gut, wenn nicht nur einer das Talent, die Erfahrung und den Wertefit bewertet, sondern wenn mehrere Leute dazu eine Einschätzung machen. Vor allem zu dem V, zum Values-fit, ist es wichtig, mehrere Meinungen zu hören. Ich habe dabei eine ähnliche Erfahrung gemacht wie du. Wann immer ich mich über die Einschätzung der Kollegen hinweggesetzt habe, insbesondere im Hinblick auf die Werte, habe ich es bereut.

Christian: Diese Job Description, von der du gesprochen hast, heißt in manchen Systemen *Scorecard*. Dabei geht es letztlich darum, das implizite Wissen über eine Rolle im Unternehmen explizit zu machen. Das implizite Wissen darüber, welche Skills dabei helfen, die Ziele zu erreichen. Ziel einer solchen Scorecard ist, die Entscheidung über die Einstellung eines Mitarbeiters unabhängig von meiner persönlichen Tagesform und meiner Anwesenheit zu machen. In unseren Scorecards steht zum Beispiel die Mission der Stelle, welchen Unterschied macht die Stelle oder welchen Beitrag leistet die Stelle zu unserer Vision und unserem Purpose. Das Beste an der Scorecard sind für mich die Ziele. Diese haben wir ganz konkret darin aufgenommen. Welche Ziele erhält der neue Mitarbeiter oder die neue Mitarbeiterin ab dem ersten Tag für die folgenden drei bis sechs Monate? Natürlich haben wir diese als SMART-Goals formuliert. Wenn ich diese Scorecard im Bewerbungsgespräch vorliegen hatte, konnte ich nach genau diesen Anforderungen fragen und entscheiden, ob ich dieser Person zutraue, dass sie diese Ziele in den ersten drei Monaten erreicht oder nicht.

Michael: Es hilft schon sehr, wenn das Ziel klar ist und die Metriken definiert sind, mit denen ich dies messen kann. Auch die Kandidatin kann später ihren eigenen Erfolg als Mitarbeiterin daran erkennen. Dabei fällt mir gerade noch etwas zum Bewerbungsprozess ein, das häufig gut funktioniert hat. Wir haben Bewerber ab und zu in ungewöhnliche Situationen gebracht und beobachtet, wie sie sich dabei verhalten. Werte drücken sich vor allem durch Verhaltensweisen aus. Meine Werte bestimmen mein Verhalten. Der Klassiker ist dabei ein Restaurantbesuch mit dem gesamten Team. Wir beobachten, wie sich die Kandidatin im Team, bei Tisch, gegenüber dem Kellner und dem Personal verhält. Eine andere, etwas ungewöhnlichere Situation haben wir herbeigeführt, indem wir sie in unsere Kaffeebar eingeladen haben. Wir hatten auf unserem Campus ein kleines Café. Walter, einer unserer Baristas, verwickelt die Kandidaten in ein Schwätzchen und hat sie auf einen Kaffee eingeladen. Die Kandidaten dachten, sie würden einfach nur einen Cappuccino trinken und sich anschauen, wie es hier so abläuft. Wir haben ihnen natürlich nichts über den eigentlichen Zweck der Aktion erzählt. Walter hat uns dann später auch sein Feedback gegeben. Wir wollten wissen, was auch er von dieser Person hält, denn es kam immer wieder vor, dass sich Bewerberinnen gegenüber dem Kollegen an der Kaffeebar anders verhalten als gegenüber dem Vorstand in den Chefetagen. Das sagt durchaus viel über das Wertesystem eines Menschen aus. Wenn es um die Besetzung einer Führungsposition ging, gab es zusätzlich noch ein Gespräch mit meinem Chef, unserem CEO. Ich war damals CMO in dieser Firma. Dieses Gespräch hat nicht einfach in einem Büro am Schreibtisch stattgefunden, sondern es waren immer etwas außergewöhnlichere Situationen. Das Gespräch hat zum Beispiel in der Regel am Wochenende stattgefunden. Viele Kandidaten wurden eingeflogen und waren entsprechend für ein paar Tage vor Ort. An einem freien Tag haben wir dann das Gespräch mit dem CEO angesetzt, zum Beispiel in irgendeinem 5-Sterne-Hotel im Pool.

Christian: In Badehose?

Michael: Ja. Kulturell war es natürlich nicht immer praktizierbar und das ist das extremste Beispiel. Jeder Bewerber für eine Führungsposition hatte eineinhalb Stunden Zeit, mit dem CEO zu sprechen. Manchmal gab es auch eine Poolbar und sie haben ein Getränk an der Bar genommen. Je nach Situation erhielten die Kandidaten auch eine Einladung zu einem außergewöhnlichen Dinner, einer privaten Party oder einem Wüstenausflug. Spannend dabei ist, dass viele Kandidaten sich bereits in Sicherheit gewogen haben, wenn sie mit dem CEO der Firma in einer solchen Umgebung sprechen, sie waren durchaus euphorisiert. In diesem Zustand kommen dann ab und zu andere Verhaltensweisen zu Tage als unter gewöhnlichen Umständen. Es zeigt sich, wie gut sich jemand im Griff hat, seine Verhaltensweisen steuern kann und der Situation gerecht wird. Auch wenn es ein Gespräch in lockerer Atmosphäre ist, ist es der CEO der Firma, der da an der Bar sitzt. Es war cool und hat Eindruck gemacht. Es hat auch unserer Kultur geholfen und gezeigt, wie ernst wir den Einstellungsprozess nehmen und dass dieser bei uns anders ist als in anderen Firmen. Es passte zu unserer Marke, wir waren ziemlich bunt, daher passte es gut zu unserem *Employer Brand*.

Christian: Du hast erwähnt, dass sich Bewerber manchmal verstellen und sich zum Beispiel gegenüber dem CEO anders verhalten als gegenüber dem Barista.

Michael: Ja, bewusst oder unbewusst.

Christian: Daher halte ich es für einen guten Ansatz, die Zeitspanne des Einstellungsprozesses zu verlängern. Ich verstehe zum Beispiel die Probezeit als eine Art Verlängerung des Zeitraumes, um Gespräche zu führen und sich gegenseitig besser kennenzulernen. Die Kandidaten lernen das Unternehmen kennen und die Kollegen die neue Mitarbeiterin. Sich sechs Monate lang zu verstellen, fällt hoffentlich den meisten schwer.

Michael: Mein Chef hat mir damals eine Faustformel eingebläut. Er sagte: „Du kannst davon ausgehen, dass zwei Drittel von allen Leuten, die du einstellst, *hiring mistakes* sind" — Fehleinstellungen. Zwei Drittel Fehleinstellungen. Ich dachte damals, dass ich sicher zu achtzig bis neunzig Prozent richtig entscheide, ich kann das gut. Ich bin auch danach noch davon überzeugt gewesen, dass ich trotz der Faustformel eine höhere Erfolgsquote erreiche, fünfzig Prozent mindestens. Im Nachhinein kann ich sagen, dass eine optimale Besetzung, ohne *hiring mistake* Jahre dauert. Auch mich hat die Realität eingeholt und unser Mantra war, wie du auch sagst, dass ich erst in der Probezeit wirklich herausfinde, ob die Person zu diesen zwei Dritteln gehört oder nicht. Unser Ziel war es, möglichst einhundert Prozent dieser zwei Drittel während der Probezeit zu identifizieren und zu verabschieden. Ich habe mich für die Fehleinschätzung entschuldigt und es auf meine Kappe genommen. Es wichtig, den Fehler zu erkennen und in der Probezeit einen Strich drunter zu ziehen und nicht ein Drama daraus zu machen, dass sich dann über Jahre hinzieht. Das hilft keinem weiter.

Christian: Entweder *ja, super* oder *nein*. Egal ob vor oder nach der Probezeit, ich stelle die Person nur ein, wenn ich denke: „Ja, super. Die Person wird es rocken, die wollen wir unbedingt haben." Wenn es eher ein „Joa, passt schon. Möglicherweise kann sie sich hier und da noch entwickeln", ist, dann waren es nach meiner Erfahrung immer hiring mistakes. Am Ende der Probezeit stelle ich mir daher immer die Frage: „Würde ich diesen Mitarbeiter wieder voller Begeisterung neu einstellen oder nicht?"

Michael: Das geht in die Richtung des Topgradings. Eigentlich will ich nur A-Player, nur Superstars im Team haben. Nach sechs Monaten weiß ich, ob es ein Superstar ist oder zumindest, ob das Potenzial da ist, um einer zu werden. Meistens habe ich in dieser Zeit bereits hier und da Feedback gegeben und sehe, wie diejenige damit umgeht und in Gang kommt. Hier eine schöne Analogie: Beim Autofahren weiß ich auch, wenn es Zeit ist, rechts ranzufahren.

Christian: Absolut. Punkt eins ist, ich darf an dieser Stelle absolut und gnadenlos ehrlich zu mir sein. Der zweite wichtige Punkt ist, ein System zu etablieren, das mir erlaubt, diese Fragen zu stellen, um von Runde zu Runde eine ehrliche Antwort herauszubekommen.

Michael: Nach sechs Monaten bin ich also soweit, meine Amygdala — die innerhalb von zwei Sekunden, direkt am Anfang, blitzschnell eine Entscheidung treffen wollte — ausreichend kontrolliert zu haben. Nach sechs Monaten habe ich mir genug Zeit für mein Großhirn genommen, um eine reife Entscheidung zu treffen. Habe ich dann nach sechs Monaten Probezeit und den dann getroffenen Entscheidungen ausschließlich Topstars im Team? Habe ich dann zu einhundert Prozent richtige Entscheidungen getroffen? Ausnahmen bestätigen die Regel.

Christian: Offensichtlich.

Je mehr Auswahl ich habe, desto einfacher ist es natürlich, Leute gehen zu lassen oder nicht einzustellen, bei denen ich mir nicht zu einhundert Prozent sicher bin. Habe ich jedoch nur eine kleine Auswahl an Kandidaten und einen dringenden Bedarf an Unterstützung, bin ich häufiger geneigt, ein Auge zuzudrücken. Genau in diesen Augenblicken versuche ich mich ab sofort an eure Worte zu erinnern: Hire slow und niemals aus Verzweiflung. Denn die Konsequenzen sind in der Regel leidvoller für alle Beteiligten. Außerdem habe ich immer eine Wahl, acht Wa(h)le um genau zu sein.

THE RIGHT PEOPLE ON THE BUS

TALENT, EXPERIENCE, VALUES

Christian: Hallo Michael, wie geht es dir?

Michael: Fantastisch, dank dem wunderbaren Kaffee, den du mir gemacht hast.

Christian: Ja, der ist lecker. Das Leben ist einfach zu kurz, um schlechten Kaffee zu trinken.

Michael: Absolut. Daher vielen Dank für diesen.

Christian: Sehr gerne. Apropos Kaffee, wie wähle ich eigentlich die richtigen Mitarbeiter aus?

Michael: Das ist ein spannendes Thema. Mitarbeiterauswahl ist ein großes Thema, insbesondere für Firmen in der Wachstumsphase. Im Grunde für alle Firmen, unabhängig davon, wie schnell oder langsam sie wachsen. Es ist deswegen so entscheidend, weil die Mitarbeiter, die ich einstelle, in der Regel erst einmal bleiben und Einstellen leichter als Ausstellen ist. Es kann also durchaus teuer sein, eine falsche Wahl bei der Mitarbeiterauswahl zu treffen. Ich nutze gerne das TEV-Modell. Es hat sich über die Jahre bewährt, ich wende es nach wie vor sehr erfolgreich an. Die drei entscheidenden Parameter bei der Einstellung eines Mitarbeiters sind T, E und V.

Christian: Ich mag diese Drei-Buchstaben-Dinge: PPP, TEV, ...

Michael: Das T steht für Talent. Was ist für dich ein Talent?

Christian: Ein Talent ist angeboren. Ein Talent habe ich oder habe ich nicht. Ich erkenne sie an So bin ich- oder So war ich schon immer-Sätzen, etwa wie: „In Mathe war ich immer schon schlecht." Ich habe also kein Talent für Mathematik.

Michael: Du sprichst also von Dingen, die mir von Natur aus leicht fallen. „Der kleine Michael hat ein Talents fürs Klavierspielen. Das fällt ihm einfach leicht." Es lohnt sich also, ihn weiterhin zum Klavierunterricht zu schicken. Genau. Das T ist das Talent, eine Gabe. Ich kann natürlich auch ohne Talent alles lernen. Auch ohne ein Talent für das Klavierspielen kann ich sehr gut Klavierspielen lernen. Es fällt mir ohne Talent vielleicht etwas schwerer, dauert länger und möglicherweise bin ich auch nicht ganz so gut wie jemand, der talentierter ist als ich und genauso viel lernt. Ich schaue also bei der Auswahl von Mitarbeiter, ob der Kandidat oder die Kandidatin Talent besitzt. Talent bedeutet für mich auch, welche Entwicklung kann die Person in meinem Unternehmen machen? Welches Potential hat dieser Mensch, in Zukunft andere Rollen und mehr Verantwortung zu übernehmen? In welche Rolle kann die Person mit dem Unternehmen zusammen hineinwachsen? Der zweite Parameter ist das E und das steht für Experience, auf Deutsch Erfahrung. Hier stellt sich die Frage, was die Person in der Vergangenheit bereits gemacht hat und ob diese Erfahrungen für die Rolle, für die ich in meinem Team gerade rekrutiere, nützlich sind. Wenn jemand beispielsweise bereits fünf Jahre lang Java programmiert hat, hat er darin ein großes E. Er hat darin bereits fünf Jahre Erfahrung. Wenn ich einen Java-Programmierer suche, ist dieser Parameter erfüllt.

Christian: Auch wenn er möglicherweise überhaupt kein Talent für Java-Programmierung hat, hat er Erfahrung. Er hat vielleicht eine Präferenz und die Kompetenz.

Michael: Absolut. Was wir in der Typenpsychologie Präferenz und Kompetenz nennen, korreliert mit dem, was wir im TEV-Modell unter Talent und Erfahrung verstehen. Das ist das E. Wenn jemand Talent und Erfahrung mitbringt, ist es natürlich eine perfekte Kombination. Der dritte Parameter ist das V. Es ist im Deutschen und Englischen unterschiedlich. Im Deutschen ist es die Werte-Passung. Das klingt nicht ganz so passend, finde ich, wie das V für Values-fit im Englischen. Dabei ist nicht entscheidend, welche Werte der Kandidat oder die Kandidatin im Einzelnen hat, sondern darum, ob die Werte dieses Menschen zu unseren Unternehmenswerten passen.

Christian: Wie wir wissen, sagen die Unternehmenswerte aus, wie unsere Company tickt. Anhand der Werte von Mitarbeitern und potenziellen Mitarbeitern sehe ich, ob es ein Fit ist und ob dieser Mensch in das Unternehmen passt.

Michael: Values-fit ist das Stichwort. Die Passgenauigkeit zum Unternehmen. Wie gut passen die Werte des Individuums zu den Werten des Unternehmens? Wenn sie gut zueinander passen, spricht es dafür, dass die Zusammenarbeit funktioniert und gute Ergebnisse erzielt werden können. Wenn die Werte nicht optimal zueinander passen, neigt die Zusammenarbeit eher zu Schwierigkeiten. Nach diesen drei Parametern wähle ich neue Mitarbeiter für mein Unternehmen aus. Daraufhin bewerte ich die Kandidaten im Interview und im gesamten Bewerbungsprozess. TEV – Talent, Erfahrung und Values-fit.

Christian: Und wie machst du das konkret, wenn dir jemand gegenüber sitzt?

Michael: Ich stelle Fragen, um die Themen abzuklopfen. Natürlich kann ich den Bewerber oder die Bewerberin nicht fragen: „Wie sehen denn deine Werte aus?" Ich kann durchaus die Unternehmenswerte vorstellen und danach fragen, was die Person davon hält, in welchen Situationen er oder sie diese Werte schon einmal gelebt hat. Zum Beispiel kann ich fragen, wie er oder sie Entscheidungen trifft oder ob weitere Karriereschritte geplant sind. Häufig spiegeln getroffene Entscheidungen und Beweggründe die eigenen Werte wieder. Es zeigt oft, wo die eine oder andere Präferenz liegt. Es bringt oftmals Talente und auch Erfahrungen zu Tage.

Christian: Du stellst also nur Leute ein, die Talent, Erfahrung und einen Value-fit haben?

Michael: Genau. Idealerweise schon. Während des Einstellungsprozesses sammel ich Indizien für das T, E und das V. Je nachdem, wie meine Einschätzung aussieht, male ich ein großes oder kleines T, E oder V in mein Notizbuch auf, je nachdem, ob er viel oder wenig Talent, Erfahrung oder Values-fit mitbringt. Wenn ich also während des Gesprächs merke, dass jemand besonders viel Erfahrung mitbringt, male ich ein großes E in mein Buch. Natürlich nur, wenn die Erfahrung auch zu der Rolle passt, die ich einstelle. Zehn Jahre Erfahrung in Java-Programmierung führt nur zu einem großen E, wenn ich auch einen Java-Programmierer suche. Gleiches gilt für Talent. Wenn das Talent nützlich ist und ich schon vor Augen habe, wo ich die Person auch perspektivisch sehe und wo sie sich mit diesem Talent hin entwickeln kann, male ich ein großes T auf. Wenn es nicht so sehr zu den Rollen passt, die ich brauche, ist es eben nur ein kleines t. Beim Values-fit, dem V, ist es das gleiche. Wenn mir die Person von ihren Beweggründen und Entscheidungen im Leben erzählt, bekomme ich einen Eindruck ihres Wertekataloges. Wenn mein Gefühl mir sagt, dass es zum Unternehmen passt, notiere ich ein großes V. Am Ende habe ich dann drei Buchstabenkombinationen in großen und kleinen Buchstaben vor mir stehen. Daraus ziehe ich dann meine Schlüsse und treffe meine Entscheidung.

Christian: Wie sieht die beste Bewertung aus?

Michael: Das Beste, was mir passieren kann, ist natürlich, wenn die Kandidatin ein großes T, ein großes E und ein großes V mitbringt. Jemand, der talentiert ist, viel Erfahrung in relevanten Bereichen hat und auch noch zu unseren Unternehmenswerten passt — diese Person stelle ich sofort ein.

Christian: Klar, das ist einfach. Die schlechteste Kombination ist demnach, wenn du nur kleine Buchstaben notiert hast: Wenig Talent, kaum Erfahrung und passt nicht ins Unternehmen.

Michael: Hier fängt dann die Crux an. Klar, wenn jemand wenig Talent und wenig Erfahrung hat und auch kein Values-fit ist, ist die Entscheidung einfach. Die Person stelle ich unter keinen Umständen ein. Es gibt allerdings noch einen Fall, der schlimmer ist. Vielleicht gehen wir erstmal die anderen Fälle durch. Ich lasse das mal als Cliffhanger für ein paar Minuten hier stehen.

Christian: Der schlimmste Fall im TEV-Modell.

Michael: Richtig. Was ist der zweitbeste Fall? Alle Buchstaben sind groß, das ist einfach. Das ist der beste Fall: TEV. Der zweitbeste Fall ist, wenn jemand viel Talent hat, eher weniger Erfahrung und gut ins Unternehmen passt, also ein großes T, kleines e und großes V, TeV. Warum ist das der zweitbeste Fall? Das e kann ich durch Weiterbildung, Development-Maßnahmen, Coaching, Training und so weiter fördern und vergrößern. Ein kleines e kann ich relativ leicht zu einem großen E entwickeln. Es braucht möglicherweise ein bisschen Zeit und ein bisschen Aufwand. Es ist absolut machbar. Daher ist TeV der zweitbeste Fall.

Christian: Insbesondere wenn der Wertefit stimmt, ist es machbar. Denn dann passt die Person gut ins Unternehmen, ich selbst komme wertetechnisch auch gut mit ihr klar und kann sie gut führen und damit auch entwickeln.

Michael: Genau, und sofern Talent da ist, lernt die Person schnell und ist lernwillig. Es fällt der Person leicht und sie ist motiviert, neue Skills zu erwerben. Skills ist übrigens noch ein anderes Wort, das heute gerne benutzt wird. Skills sind Kompetenzen und Kompetenzen sind Erfahrungen. Die Begriffe liegen also sehr nah beieinander. Eine weitere Kombination ist tEV — wenig Talent für anderes, viel Erfahrungen in der Rolle, die ich Suche und ein Wertefit für unser Unternehmen.

Christian: Das bedeutet, sie macht einfach das, was sie bisher auch gemacht hat, nur für unser Unternehmen. Sie passt auch zu uns.

Michael: Genau. Er passt ins Unternehmen und macht einen super Job in seiner Rolle. Ich kann eben nicht erwarten, dass diese Person in ein paar Monaten etwas anderes macht oder sich flexibel in verschiedene Rollen einarbeitet und vom Marketing in die IT und danach in die Buchhaltung wechselt. Im TEV-Modell wird diese Person typischerweise als Spezialist bezeichnet. Sie kann, was sie kann und liefert super ab und passt gut ins Unternehmen. Solange ich damit als Führungskraft glücklich bin, ist sie damit wahrscheinlich auch glücklich. Die Zusammenarbeit funktioniert. Das waren im Grunde die wichtigsten Kombinationsmöglichkeiten, die gut funktionieren: Der Spezialist, der, der schnell und viel lernt, und der Performer mit allen drei Großbuchstaben. Kommen wir zum schwierigsten Fall. Dieser tritt ein, sobald das v klein ist. Stell dir vor, du sprichst mit einem Kandidaten und denkst: „Wow, das ist ein absolutes Supertalent mit unglaublich viel Erfahrung. Er könnte mit wahnsinnig viel Arbeit abnehmen und uns richtig nach vorne bringen. Er macht im Grunde diesen Job schon seit so vielen Jahren. Ich könnte sein Talent und seine Erfahrungen wirklich gut gebrauchen. Ob er nun in unser Unternehmen passt, da bin ich mir nicht so sicher. Der Values-fit ist schwierig. Es könnte vielleicht sein, dass er mit dem einen oder anderen Team-Kollegen aneckt."

Christian: Nun, wenn sie wirklich so viel Erfahrungen hat und auch noch Talent dazu, würde ich sie doch einstellen, oder nicht?

Michael: Das könnte ich denken. Die Erfahrung zeigt, dass TEv eine gefährliche Zeitbombe ist. Das Risiko ist zumindest sehr hoch. Die Unternehmenswerte spiegeln ja alle Mitarbeiter wieder und unsere Stärken. Wenn nun jemand nicht darein passt und sich gegebenenfalls auch nicht gut mit den Kollegen versteht, geht es irgendwann schief. Er verfolgt womöglich eigene Ziele, die nicht zu denen der Company und des Teams passen. Die Erfahrung zeigt, dass es häufig knallt und zu Frustration und vielen Konflikten führt.

Im TEV-Modell nennen wir diesen Typus, den Terroristen. Denn andere Werte führen am Ende des Tages zu anderen Zielen und es kommt zur Explosion. TEv ist ein ganz gefährlicher Fall, der leider auch nicht einfach zu erkennen ist. Wenn ich ein komisches Gefühl in puncto Values-fit habe, lasse ich es lieber sein. Ich stelle den Kandidaten nicht ein.

Christian: Das heißt, ein kleines v würdest du nie einstellen?

Michael: Nein, nie.

Christian: Die anderen beiden Parameter spielen im Grunde keine Rolle, denn Erfahrungen kann ich sammeln und Talent kann ich mit Erfahrungen wettmachen, richtig?

Michael: Im Grunde schon. Ein Großbuchstabe zusätzlich zum großen V ist allerdings schon notwendig. Denn ohne Talent und ohne Erfahrungen wird es ein langer, mühsamer Weg. Ohne Talent ist es eben ein Spezialist, der womöglich nicht unbedingt mit dem Unternehmen mitwächst, dennoch performant ist und einen guten Job macht. Erfahrungen kann ich insbesondere mit Talent schnell aufbauen. Das passt alles ganz gut.

Abbildung: TEV
Diese simplen drei Kriterien erleichtern mir den Einstellungsprozess enorm: Talent, Erfahrung, Wertefit.

Christian: *People like people who are like themselves*, wir haben darüber gesprochen. Wenn du nun einen Wertecheck machst, bist du vermutlich voreingenommen, oder nicht? Wie gehst du das an?

Michael: Ja, absolut. Vor vielen Jahren durfte ich ein Marketingteam mit vierzig Leuten aufbauen. Ich habe den Fehler gemacht, überwiegend Leute einzustellen, die vom Typ so ähnlich waren wie ich. Mir gefielen diese Leute und ich kannte all die psychologischen Methoden und Führungsmodelle noch nicht. Es war eine totale Katastrophe. Heute gehe ich viel systemischer vor. Systemisch bedeutet für mich, dass ich nicht der Einzige bin, der die Bewerber interviewt. Im Gegenteil — ich überlege mir ein System, welches die Kandidaten interviewt. Ich frage eine Reihe Kollegen, Mitarbeiter oder Co-Gesellschafter, den Bewerber kennenzulernen. Vielleicht frage ich sogar außenstehende Experten. Mindestens sechs oder sieben Leute frage ich, die mit der Kandidatin oder dem Kandidaten sprechen und deren Einschätzung ich berücksichtige. „Nenne mir doch bitte deine Einschätzung zu T, E und V." Ich höre dann genau hin und wir diskutieren gemeinsam, vor allem, wenn es um das V geht. Einige Leute nutzen Skalen für ihre Einschätzung, einen Punktewert zum Beispiel von 1 bis 10. Auch das kann jeder machen, wie er möchte. Meine Erfahrung zeigt, wenn es um den Values-fit geht, ist es eher eine binäre Geschichte. Entweder Null oder Eins.

Christian: Ja, super oder nein.

Michael: Genau. Und selbst wenn zwei von drei Firmenwerten passen, lasse ich es lieber sein. Selbst bei nur einem Misfit von drei Werten ist das Risiko hoch, dass es irgendwann knallt.

Christian: Klasse. Du bekommst von mir nach diesem Gespräch ein großes T für viel Talent, ein großes E aufgrund von viel Erfahrung im Management und ein großes V, denn der Werte-fit ist auch da: TEV.

Ich kenne einige Bewertungssysteme, die sehr ähnlich funktionieren. Allerdings sind die meisten sehr komplex und versuchen die Einschätzung des Bewerbes maximal zu objektivieren. Das ist im Grunde ohnehin nicht vollständig möglich. Es ist immer ein wenig Bauchgefühl bei der Bewertung dabei, egal wie viele Metriken und Kriterien ich nutze. Daher gefällt mir dieser sehr einfache, pragmatische und gleichzeitig fokussierte Ansatz. Ich mache mir vorher klar, welche Skills und welche Persönlichkeit ich suche, damit ich die Einschätzung möglichst zutreffend vornehmen kann.

PEOPLE REVIEW

MITARBEITERBEWERTUNG MIT TOPGRADING

Christian: Wir haben bereits festgehalten, dass wir uns bei der Einstellung von neuen Mitarbeitern Zeit nehmen, *Hire slow*. Ich wähle zum Beispiel anhand der TEV-Methode neue Mitarbeiter mit viel Sorgfalt aus. Ich will ja nicht nur jemanden einstellen, damit ich jemand Neues habe, sondern ich möchte ein Weltklasse-Team aufbauen. Die Teammitglieder sollen zusammen und zum Unternehmen passen, sich gegenseitig vertrauen können, um gut zusammenzuarbeiten und bessere Ergebnisse zu liefern, als es jeder einzeln kann. Wenn ich diese Mitarbeiter nun gefunden und eingestellt habe, wie kann ich sie im laufenden Geschäft bewerten, um sie weiterentwickeln zu können?

Michael: Es gibt den sogenannten HR-Zyklus, den HR-Cycle — einstellen, weiterentwickeln und entlassen. Bei dem Thema, das du gerade beschreibst, geht es um den mittleren Teil, die Weiterentwicklung von Mitarbeitern.

Christian: Mitarbeiter halten.

Michael: Genau. Die richtigen Mitarbeiter halten. Mitarbeiterentwicklung ist also das Stichwort. Wie fördere ich das Team als Ganzes und wie fördere ich jeden einzelnen Mitarbeiter, damit er in unserem Virtuoso-Team ein optimaler Spieler sein kann?

Christian: Wir wären ja nicht Chefs, wenn es dafür nicht eine 2x2-Matrix gäbe.

Michael: Absolut. Jedes Modell aus der Business-School ist als 2x2-Matrix abbildbar. Dieses Modell heißt Topgrading und wurde ursprünglich von General Electric entwickelt. Es geistert schon seit dreißig oder vierzig Jahren durch die Management-Literatur und hat sich in der Praxis sehr gut bewährt. Wir nutzen es seit vielen Jahren sehr erfolgreich, sodass es zu einem absoluten Standard geworden ist. Ist es bei euch auch so?

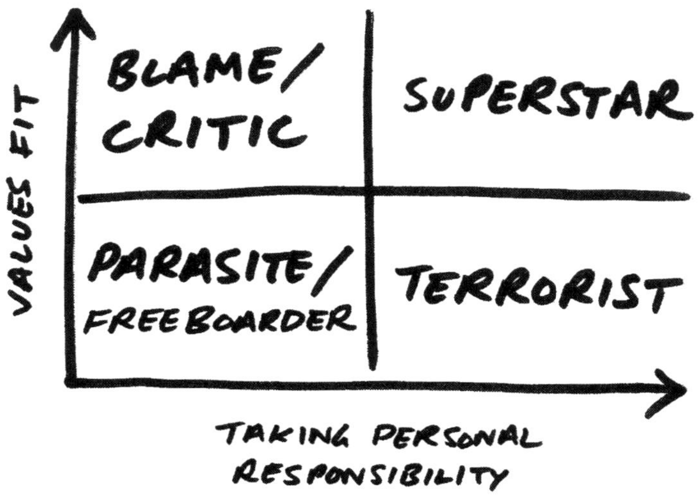

Abbildung: Topgrading
Mit dem Topgrading-Modell identifiziere ich, wer zu meinem Team passt, wen ich fördere und von wem ich mich besser trenne.

Christian: Ja sicher. Das Modell teilt Mitarbeiter in ABCD-Mitarbeiter ein. Wir haben es auch bei *chicco* sehr erfolgreich angewendet. Alle drei Monate haben wir unsere Mitarbeiter in diesem System bewertet.

Michael: Wow, alle drei Monate sogar. Wir haben es nur alle sechs Monate gemacht. Schon bei der Einstellung haben wir es den Kandidaten gezeigt. Wir haben ihnen genau erklärt, wie wir in unserem Unternehmen führen und jede Mitarbeiterin entwickeln. Dann haben wir ihnen das Modell mit allen vier Quadranten erläutert. Allerdings hießen diese bei uns nicht A, B, C und D wie ursprünglich bei General Electric, sondern wir haben ihnen aussagekräftigere Namen gegeben. Die A-Player waren bei uns die *Superstars*, die B-Player haben wir als *Development Case* gelabelt, die also noch etwas Entwicklung brauchen. Und auch für C- und D-Player hatten wir beschreibende Begriffe.

Christian: Im Grunde sind nur die A-Player wirklich positiv, oder?

Michael: Ja, eigentlich will ich nur A-Player in meinem Unternehmen haben. Wenn ich eine Fußballmannschaft zusammenstelle, zum Beispiel eine

Nationalmannschaft, mit der ich unbedingt gewinnen will, brauche ich natürlich Top-Leute.

Christian: Wir nutzen häufig das Bild eines Orchesters. Dort ist es auch so. In einem Orchester brauche ich einen A-Player an der Geige, einen A-Player an der Oboe und akzeptiere keinen D-Player am Cello, nur weil ich es vielleicht ohnehin nicht höre. [*Pause*] Ich entschuldige mich an dieser Stelle bei allen Cello-Spielern. Ich möchte nur A-Player in meinem Orchester und nur A-Player in meinem Team.

Michael: Mein Job als Führungskraft ist es also, dafür zu sorgen, dass alle zu A-Playern werden, sodass das ganze Team nur aus A-Playern besteht.

Christian: Was ist denn überhaupt ein A-Player?

Michael: Gute Frage. Lass uns die Achsen des Modells vorstellen, dann wird es klar. Es gibt wie in jeder 2x2-Matrix eine x- und eine y-Achse. Auf der y-Achse steht der Wertefit, also, wie sehr die Person zu den Werten unseres Unternehmens passt. Über Values-fit und TEV hatten wir ausführlich gesprochen. Auf der x-Achse gibt es verschiedene Definitionen. Welche habt ihr benutzt?

Christian: Ich habe das Modell immer im Kontext des Ziels von Management betrachtet. Was ist die Aufgabe von Management? Mitarbeiter halten und Ergebnisse erzielen. Daher haben wir bei uns auf der y-Achse, die nach oben verläuft, abgetragen, wie sehr mir die Mitarbeiterin hilft, das Team zusammenzuhalten. Auf der x-Achse haben wir bewertet, wie gut die Ergebnisse sind, die sie abliefert.

Michael: Cool.

Christian: Ihr habt es etwas anders gemacht, oder?

Michael: Ja, nur ein bisschen abgeändert. Im Grunde kommt es auf dasselbe hinaus. Wenn du sagst: „Wie sehr hilft die Mitarbeiterin, das Team zusammenzuhalten", betrifft dies die Kultur im Unternehmen. Und ein wesentlicher Mechanismus für die Unternehmenskultur ist das Arbeiten mit Werten. Es ist also sehr ähnlich zu unserer Variante. Auf der x-Achse hast du gesagt, bewertet ihr die Ergebnisse. Ich kenne noch ein anderes Label für die Leistung eines Mitarbeiters. In der HR-Sprache reden wir häufig von Performance Management. Wir haben auf der x-Achse bewertet, wie sehr jemand persönlich Verantwortung übernimmt. Das hat für uns am besten funktioniert. Jemand der die Dinge in die Hand nimmt, Verantwortung für ihr Tun und ihre Ergebnisse übernimmt. Es hat einen bestimmten Grund, wieso wir es so gemacht haben. Dazu kommen wir gleich, wenn wir über den C- und D-Quadranten sprechen.

Christian: Im Sinne von: „Hat diejenige ihr Bestes gegeben, um dieses Ergebnis zu erzielen?“ Das ist das, was Verantwortung an dieser Stelle bedeutet, oder?

Michael: Dann wäre die x-Achse so etwas wie *Effort*, also wie sehr sich die Mitarbeiterin bemüht. Es hat auf jeden Fall etwas mit dem Ergebnis, mit der Leistung, mit Verantwortung zu tun. Das beschreibt die x-Achse. Vielleicht lassen wir es erstmal so stehen und schauen gleich noch einmal genauer hin. Im Grunde kann jeder selbst überlegen, was er an die Achsen schreiben möchte.

Christian: Es gibt also die Superstars, Stars oder A-Player. Sie stehen in der Matrix im oberen rechten Quadranten. Dort habe ich einen hohen Values-fit, die Mitarbeiterin passt sehr gut zum Unternehmen und unterstützt dabei, andere Mitarbeiter zu halten. Gleichzeitig gibt sie Vollgas, kann was und liefert verantwortungsvoll super Ergebnisse ab.

Michael: A-Player dürfen alles machen, Hauptsache, sie bleiben weiter in ihrem A-Quadranten und sind Superstars.

Christian: Was mache ich denn mit ihnen?

Michael: Halten, *Keep them sweet*. Halte sie süß, sodass sie es kuschelig haben — nicht im Sinne von entspannt, sondern im Sinne von: sie fühlen sich wohl im Unternehmen und möchten gerne bleiben. Das bedeutet auch, sie weiterzuentwickeln, Gelegenheiten zu geben, andere Rollen zu übernehmen, sie vielleicht befördern. Eine Beförderung heißt vielleicht auch, dass sie dann erst einmal wieder aus dem A-Quadranten herauskommen und sich in die neue Rolle hinarbeiten dürfen. Auch Benefits wie ein Firmenwagen, Nahverkehrsticket und so weiter können helfen, jemanden süß zu halten — *Keep them sweet*.

Christian: Hürden aus dem Weg räumen, hilft auch. Ihnen die Arbeit leicht machen. Es gibt einen super Spruch: *Glückliche Mitarbeiter sind nicht produktiver und produktive Mitarbeiter sind glücklicher.*

Michael: Sehr schön. Den merke ich mir.

Christian: Das bedeutet, ich gebe A-Playern die Chance, produktiv zu sein, zum Beispiel, indem ich sie frage: „Wie kann ich dir helfen?"

Michael: Klasse, gutes Mindset.

Christian: Absolut, ich darf davon ausgehen, dass A-Player höchstwahrscheinlich laufend auf dem Absprung sind.

Michael: Klar, jeder will A-Player haben. Ob sie auch überall so performen wie bei uns, hängt von der Kultur ab, von der Führungskraft, von dem Masterplan einer Firma — Purpose, Vision, Values, Strategies.

Christian: Richtig. Ein A-Player in meinem Unternehmen kann in einem anderen Unternehmen vollkommen anders bewertet werden und performen.

Michael: Ja, wenn ich als A-Player an etwas arbeite, an das ich nicht glaube und was ich eigentlich kacke finde, bin ich wahrscheinlich nur für kurze Zeit ein A-Player. Irgendwann leidet die Motivation und damit auch meine Leistung.

Christian: Es kann auch andersherum passieren. Ich komme in einem Unternehmen überhaupt nicht zurecht und bin nur ein B- oder C-Player. Wenn ich dann das Unternehmen wechsle, werde ich plötzlich zu einem A-Player.

Michael: Das ist genau der Punkt. Stell dir den Fall vor, du führst mit jemandem ein Bewerbungsgespräch und findest heraus, dass diejenige im letzten Job gefeuert worden ist. Es hat dort einfach nicht geklappt. Schon schleicht sich eine Selffulfilling Prophecy herein und es besteht die Gefahr, dass ich mir etwas einbilde, Vorurteile habe und diese zur Realität werden lassen. Obwohl es auch positiv ausgehen kann, denn es kann einen guten Grund gehabt haben, warum sie gegangen ist oder gegangen wurde. Möglicherweise ist sie bei uns ein Superstar, weil unser Unternehmen anders funktioniert und unsere Kultur, unsere Werte andere sind.

Christian: Gehen wir zum nächsten Quadranten.

Michael: Zum Quadranten links oben. Dort haben wir ebenfalls einen hohen Wertefit, sie passt zu unserer Kultur und unterstützt dabei, andere Mitarbeiter zu halten. Gleichzeitig klappt es mit der Leistung, mit den Ergebnissen und der Verantwortungsübernahme nicht so richtig. Wie gehen wir mit B-Playern um?

Christian: Dies sind möglicherweise Mitarbeiter, die noch nicht so lange im Unternehmen sind und noch nicht gelernt haben, wie wir im Unternehmen produktiv sind und Ergebnisse erzielen. Sie kennen möglicherweise die Strukturen noch nicht.

Michael: Sie trauen sich vielleicht noch nicht richtig, das kann gut sein. Ich kann auch nicht unbedingt erwarten, dass jemand, der gerade neu im Unternehmen ist, direkt ein A-Player ist, oder?

Christian: Das kommt auf die Aufgabe an.

Michael: Es ist möglich, dass die Person noch etwas lernen darf, vielleicht erst ein Training für den neuen Job benötigt. Vielleicht fehlt der Person noch ein Skill, eine Kompetenz, die notwendig ist oder hat sich noch nicht mit den anderen Leuten angefreundet, ist noch nicht ausreichend vernetzt, um ein A-Player zu sein. Die Überschrift dieses Quadranten ist bei uns *Development*. In diesem Fall investiere ich in die Mitarbeiterin, um sie schnell zu einem A-Player weiterzuentwickeln.

Christian: Ich investiere also in ihre Skills, in Fähigkeiten, in Training und Entwicklung. Wenn das nicht klappt und sie danach immer noch ein B-Player ist, gibt es vielleicht doch ein anderes Thema.

Michael: Es kann auch eine Frage der Einstellung sein. Ein anderes schönes Label für diesen Quadranten ist *Blame-critic*. Es ist jemand, der ständig anderen oder der Welt die Schuld für das eigene Versagen, die eigenen Fehler gibt. Diejenige ist nicht *at cause*, an der Ursache ihres Lebens, sondern in der Opferrolle. Sie kritisiert ständig andere oder beschwert sich über die Umstände. Solche Menschen sind gut darin, Schuld zuzuweisen und andere zu kritisieren. Sie sind weniger gut darin, selber Verantwortung zu übernehmen und die Dinge besser zu machen.

Christian: Es kann also jemand gleichzeitig ein hoher Wertefit sein und trotzdem *Blame-critic* sein.

Michael: Ja, im Grunde passt die Person zur Firma, hat nur gerade nicht die richtige Attitude. Dabei kann ich als Chef helfen, durch Feedback geben, pushen und ganz gezielt darauf hinweisen: „Du, ich sehe dich aktuell eher in dem *Blame-critic*-Quadranten. Du hast das Potenzial, ein A-Player zu sein." Leute, die grundsätzlich zu den A-Playern gehören sind dann häufig sehr überrascht, geben Vollgas, um schnell wieder im oberen, rechten Quadranten zu landen. Das erkenne ich dann ganz schnell.

Christian: Ja, sie sind in der Regel dankbar für das Feedback und laufen sofort los. Deswegen sind diese kleinen Lenkbewegungen zum ständigen Gegensteuern so wertvoll. Was ist mit dem nächsten Quadranten?

Michael: Der nächste Quadrant ist links unten. Hier ist weder ein Wertefit gegeben, noch stimmt die abgelieferte Leistung. Personen in diesem Quadranten passen kulturell scheinbar nicht ins Unternehmen und haben entsprechend auch keinen positiven Impact auf das Team. Sie liefern keine guten Ergebnisse und übernehmen keine Verantwortung.

Christian: Warum würde ich so jemanden in meinem Team haben wollen?

Michael: Ist doch klar, er bezieht Gehalt und tut nichts dafür. [*grinst*]

Christian: Das ist ja super. [*lacht*]

Michael: Der Titel für diesen Quadranten heißt *Trittbrettfahrer*.

Christian: Er hat einen warmen Arbeitsplatz, bezieht Gehalt und nutzt die Kontakte zu den Mitarbeitern. Da er nicht viel leistet, macht er auch nicht viel kaputt. Er fährt halt mit.

Michael: Überstunden machen Trittbrettfahrer auch nicht gerne, sie kommen eher gegen 10 Uhr, gehen um 17 Uhr nach Hause und haben eine lange, ausgedehnte Mittagspause. Es ist ja durchaus in Ordnung, pünktlich nach Hause zu gehen. Nur wenn die Leistung dabei ausbleibt, ist es ein Symptom für wenig Motivation und wenig Einsatz.

Christian: Wie gehen wir damit um?

Michael: Das Modell empfiehlt, *fire*. Adiós.

Christian: Du meinst ein Trennungsgespräch?

Michael: Ja, wir lassen die Mitarbeiterin gehen. Möglicherweise passt sie woanders sehr gut hin und performt phänomenal, nur zu uns passt sie einfach nicht.

Christian: Es ist eher knifflig, den Mitarbeiter zu einem A-Mitarbeiter zu entwickeln. In zwei Dimensionen ist Handlungsbedarf, sowohl im Wertefit, als auch in der Produktivität.

Michael: Was dieses Modell ganz deutlich macht, ist, dass es nicht machbar ist, einen Wertefit zu entwickeln. Die einzigen Möglichkeiten bestehen durch eine Gehirnwäsche oder durch eine signifikante Persönlichkeitsentwicklung. Beides sind keine realistischen Optionen.

Christian: Ich schreibe mir auf, dass wir über Gehirnwäsche noch ein Kapitel produzieren.

Michael: Unbedingt. Vor allem über die militärische Anwendung. [*lacht*] Spaß beiseite. Natürlich gibt es den Fall, in dem jemand gerade in ein Loch gefallen ist. Sie macht vielleicht gerade eine Scheidung durch, jemand ist verstorben oder etwas im Leben ist einfach schief gelaufen. Das passiert jedem mal und kann durchaus das eigene Werte-System durcheinanderbringen. Der Kompass fehlt dann einfach für eine Weile. Hattest du schon mal so einen Fall in deinem Team?

Christian: Ja, definitiv. Wichtig dabei ist, nicht sofort jemanden zu feuern, nur weil ich ihn bei meiner ersten Bewertung im C-Quadranten eingeordnet habe. Ich sollte es zumindest regelmäßig beobachten und bewerten. Es können auch durchaus Fehler bei der Einordnung passieren. Auch das habe ich erlebt. In einem Team hat ein Teamleiter alle Mitarbeiter als A-Player bewertet und gesagt: „Ich habe einfach ein super Team." Eine andere Teamleiterin war etwas strenger oder realistischer und war häufiger der Meinung: „Joa, geht so ..."

Michael: Insbesondere den Wertefit einzuschätzen ist eine echte Kunst.

Christian: Daher ist es besser, zwei oder drei Bewertungen vorzunehmen, bevor ich mich von jemandem verabschiede. Es sei denn, die Person ist noch in der Probezeit. In dem Fall würde ich mich eher schneller trennen. Jetzt fehlt noch der letzte Quadrant.

Michael: Ist es jetzt der B- oder D- Quadrant, der noch fehlt? Ich weiß nie, wie herum es geht.

Christian: Ich kann es mir auch nicht merken. Auf jeden Fall sind es die, die super produktiv sind und nicht ins Unternehmen passen.

Michael: Ja, richtig. Und was mache ich mit ihnen?

Christian: Darüber scheiden sich die Geister. Ich bin der Meinung *fire fast*.

Michael: Häufig fällt jemand in unseren Workshops an genau dieser Stelle aus allen Wolken und sagt etwas wie: „Ich habe es gewusst, ich habe einen Mitarbeiter, der genau in diese Kategorie fällt." Ich stelle dann manchmal die provokante Frage: „Hast du schon mal jemanden zu früh gefeuert?" Häufig lautet die Antwort: „Ich denke bei dieser Person schon seit ein, zwei Jahren über eine Kündigung nach. Doch wir brauchen sie. So schnell finde ich niemand Neues, der das kann."

Christian: Lass uns diesen Fall mal genauer aufdröseln. Jemanden, der super produktiv ist und großartige Ergebnisse liefert — den kann ich doch nicht feuern?

Michael: Liefert sie denn wirklich Ergebnisse im Sinne des Unternehmens? Ich habe diese Fälle schon häufig erlebt. Eine Person passt kulturell nicht ins Unternehmen, weil sie andere Werte hat. Sie übernimmt viel Verantwortung, ist ein richtiger Macher und setzt Dinge schnell um. Nach zwei Monaten präsentiert sie mir Ergebnisse von einem Projekt, das wir nie besprochen haben und das auch nicht zu unseren Strategien und Zielen passt. Zeit und Ressourcen sind darin verschwunden, es passte nicht zu unseren Werten und von Teamplay war keine Spur. Als ich dann gefragt habe: „Wofür hast du das gemacht?", war die Antwort: „Ich habe es für wichtig erachtet." Alle anderen schütteln nur den Kopf. Das ist gefährlich. Daher haben wir den D-Quadranten als *Terroristen* gelabelt.

Christian: Da diese Person nicht ins Team passt, womöglich sogar schlechten Einfluss auf das Team hat und von den anderen Mitarbeitern oft nicht gemocht wird, sind sie womöglich froh, wenn ich mich schnell von ihr trenne, *fire fast.*

Michael: Dazu habe ich auch ein paar interessante Erfahrungen gemacht. Als ich das erste Mal eine solche Person aus dem *Terroristen*-Quadranten gekündigt habe, habe ich ein Jahr gebraucht, um mich dazu durchzuringen. Ein Jahr lang habe ich gezögert. Als ich es dann im Team kommuniziert habe, kam eine Mitarbeiterin danach auf mich zu und sagte ziemlich forsch: „Michael, it was about time!" Es war an der Zeit und schon überfällig, und das Team hatte von mir erwartet, dass ich mich darum kümmere. Ich war total erleichtert und habe mich richtig gefreut, als sie das sagte.

Ich habe dabei auch wertvolle Erfahrung mit Leuten in meinem Team gemacht, die miteinander befreundet sind und ich einen von ihnen gekündigt habe. Sie können häufig besser zwischen Freundschaft und Unternehmensziel unterscheiden, als ich am Anfang dachte. Meistens haben sie genau verstanden, dass die Freundschaft durchaus weitergehen kann und es für sie okay ist, wenn der Kollege das Team verlässt. Sie sehen, dass es nicht richtig funktioniert, und verstehen die Entscheidung. Ich bin häufig von Menschen überrascht worden, die es nicht schwarz und weiß gesehen haben. Sie waren nicht gegen mich als Chef aufgebracht, sondern konnten die Entscheidung nachvollziehen.

Christian: Die Arbeit verteilt sich danach meistens ziemlich gut. Häufig kommen Bedenken hoch: „Wer macht denn nun die ganze Arbeit?" Wir haben es mit den Kollegen ganz offen besprochen und gemeinsam überlegt, wer was übernehmen kann. Am Ende ist es — verteilt auf allen Schultern — gar nicht so viel.

Michael: Ganz im Gegenteil. Ich habe es auch schon erlebt, dass das Team wieder richtig aufgeblüht ist und die Performance insgesamt nach kurzer Zeit rasant gestiegen ist. Die Rolle wurde schnell aufgefangen. Die Angst hat sich bei mir nie bewahrheitet.

Christian: Großartige Methode, 2x2-Matrix, ABCD-Mitarbeiter, virtuoses Team.

Sobald es also einen Wertekonflikt zwischen Mitarbeiter und Unternehmen gibt, ist die Situation in den meisten Fällen aussichtslos – gute Performance hin oder her. Werte werden dann wertvoll, wenn sie im Unternehmen etwas ausrichten. Ein fehlender Wertefit ist ein absoluter Dealbreaker – das habe ich verstanden. Das Topgrading ist eine Möglichkeit, dies zu identifizieren. Selbst wenn in der Konsequenz eine Stelle länger unbesetzt bleibt, werden die Mitarbeiter mit der richtigen Einstellung zum Unternehmen Verständnis dafür zeigen. Auch wenn die exakte Einordnung in die Matrix nicht ganz ohne eigenes Ermessen und Bauchgefühl möglich ist, hilft sie mir, Teammitglieder zu vergleichen und mir die richtigen Fragen zu stellen. Mithilfe des Topgradings kann ich letztendlich schnellere und bessere Entscheidungen treffen, um ein High-Performance-Kick-Ass-Team aufzustellen.

FIRE FAST

TSCHÜSS, TRITTBRETTFAHRER UND TERRORISTEN

Christian: Tschüss, Michael.

Michael: Ciao, Christian.

Christian: Auf Wiedersehen, es war schön mit dir. Tschüss, mach's gut. Okay, ganz so schnell geht es normalerweise nicht, wenn ich jemanden feuere.

Michael: Nicht ganz. Schön wäre es.

Christian: Es ist keine schöne Erfahrung, jemanden rauszuschmeißen.

Michael: Absolut nicht, das ist mir beim ersten Mal sehr, sehr, sehr, sehr schwergefallen. Ich habe es lange vor mir hergeschoben. Leute einzustellen, fande ich gut. Mich jedoch aktiv von jemandem zu trennen, war schwer.

Christian: Dabei sagen wir gerne, *fire fast*. Es hat für mich zwei Aspekte. Punkt eins ist, wenn ich jemanden gehen lasse, lasse ich ihn schnell gehen. Punkt zwei ist das Kündigungsgespräch. Auch das sollte schnell gehen. Kein Schrecken ohne Ende, sondern ein schnelles, kompaktes Gespräch, bei dem ich direkt auf den Punkt komme. „Leider ist es an dieser Stelle vorbei."

Michael: Stichwort *Führung*, Führung zeigen.

Christian: Richtig. Nicht ins Gespräch gehen und rumeiern. „Mal schauen, vielleicht bekommen wir es ja noch hin." Nein. Wenn ich die Entscheidung treffe, jemanden zu feuern, dann ist es so.

Michael: Es ist also wichtig, eine Entscheidung zu treffen. Ist sie dann getroffen, steht sie auch. Und dann?

Christian: Dann kommuniziere ich meine Entscheidung.

Michael: Okay und dazwischen?

Christian: Dazwischen lasse ich möglichst wenig Zeit verstreichen.

Michael: Ich habe noch gelernt, vorher zu prüfen, ob auch arbeitsrechtlich alles sauber ist. Ich treffe also die Entscheidung und hole mir zur Sicherheit noch einen Rat von einem Anwalt, wie ich die Entscheidung am besten durchführe, ohne dabei in rechtliche Schwierigkeiten zu geraten. Der dritte Schritt ist dann die Umsetzung, ich spreche die Kündigung in einem kompakten Gespräch schnell aus.

Christian: Stimmt, es ist sehr wichtig, diese Entscheidungen zu trennen. Ich treffe zunächst die Entscheidung, mich von jemandem zu trennen. Danach entscheide ich, wie ich die Kündigung durchziehe. Allerdings ist es manchmal nicht so einfach, zum Beispiel wenn der Mitarbeiter einen unbefristeten Arbeitsvertrag hat. Zudem kann es passieren, dass ich verpflichtet bin, eine Abfindung auszuzahlen.

Michael: Ein Jahr später brüte ich dann immer noch über derselben Entscheidung.

Christian: Genau. Meistens kostet es mich dann noch mehr Geld aufgrund der fehlenden Produktivität und der negativen Seiteneffekte. Diese Kosten sind nur eben nicht so offensichtlich, daher fühlt es sich für den Moment vielleicht besser an, den Mitarbeiter nicht zu kündigen. Warum kündige ich denn überhaupt jemanden?

Michael: Gute Frage. Du sagst ja immer, dass es das Ziel von Management ist, Ergebnisse zu erzielen und Mitarbeiter zu halten.

Christian: Schwierig wird es dann, wenn jemand nicht die Ergebnisse erzielt, die wir vereinbart haben oder wenn jemand nicht dazu beiträgt, das Team zusammenzuhalten.

Michael: Entweder bringt die Person keine Leistung oder sie passt nicht zur Kultur. Im schlimmsten Fall trifft sogar beides zu. Wie die 2x2-Matrix von General Electric, das Topgrading.

Christian: Aha, jetzt schließt sich der Kreis. Wenn ich also jemanden konsequent in den unteren Quadranten des Topgradings einsortiere, ist es ein eindeutiger Hinweis dafür, dass wir uns trennen werden. Dabei ist es egal, ob sie Ergebnisse abliefert oder nicht, sobald die Person schlecht fürs Team ist und nicht zum Unternehmen passt, empfiehlt es sich, die Zusammenarbeit zu beenden.

Michael: Wir haben im Grunde im Topgrading-Modell drei Quadranten, aus denen Fälle entstehen können, in denen eine Trennung sinnvoll ist. In den unteren beiden Quadranten stimmen die Werte nicht. Das ist ein Fall, der auf Dauer nie gut geht. Wenn die Chemie nicht stimmt, die Werte, die Kultur nicht übereinstimmen oder derjenige einfach nicht ins Team passt, geht es irgendwann immer schief. Befindet sich die Person im unteren rechten Quadranten, ist sie eine tickende Zeitbombe oder ein sogenannter *Terrorist*, der womöglich gegen die Ziele der Firma arbeitet. Im unteren linken Quadranten ist die Person ein *Trittbrettfahrer*, die keine Leistung bringt, einfach mitschwimmt und dabei bloß absahnt, ohne einen eigenen Beitrag zu leisten. Dann gibt es noch den Fall des B-Players, des *Kritikers*. Es ist nicht unbedingt ein dringender Fall, von dem ich mich zwingend sofort trenne. Doch wenn sich jemand über einen langen Zeitraum im B-Quadranten aufhält, passt er zwar zum Team, bringt jedoch keine Leistung, übernimmt keine Verantwortung und entwickelt sich nicht weiter. Auch da gilt es für mich irgendwann eine Entscheidung zu treffen, oder?

Christian: Ja, sonst ist es halt einfach nur ein netter Kerl.

Michael: Ich kann versuchen, ihm andere Rollen zu geben. „Probiere doch mal dies oder probiere es mal hier." Vielleicht liegt es an der Rolle, dass sie sich noch nicht zum A-Player entfaltet hat. Irgendwann darf ich jedoch ehrlich zu mir selbst sein. Vielleicht ist es einfach nur ein netter Kerl.

Christian: Ja, möglicherweise sitzt sie einfach noch nicht auf dem richtigen Platz. Als B-Player passt sie zumindest ins Unternehmen. Der Wertefit ist da.

Michael: Möglicherweise schafft sie es durch Training und Weiterentwicklung, ihre Rolle besser auszufüllen.

Christian: Der Wertefit ist in den unteren beiden Quadranten nicht gegeben.

Michael: Und das kann ich eben nicht ändern, nicht durch Training und auch nicht durch Weiterentwicklung.

Christian: C- und D-Mitarbeiter bedeuten also *Trennungsgespräch*. Diese Entscheidung treffe ich lieber schnell, statt es vor mir herzuschieben.

Michael: Es verhält sich gegensätzlich zur Leistung. Von Leuten, die vermeintlich viel leisten und nicht zu den Unternehmenswerten passen, trenne ich mich noch schneller. Das ist der klassische *fire fast*-Fall. Es ist im ersten Moment oft gegen das Bauchgefühl, weil diese Person immerhin viel leistet. Der Trittbrettfahrer hingegen leistet nichts, daher tut es nicht so weh, ihn gehen zu lassen.

Christian: B- und C-Mitarbeiter ohne Wertefit sind eben anders teuer. Sie sind teuer, weil möglicherweise A-Mitarbeiter kündigen, aufgrund der schwierigen Zusammenarbeit mit ihnen. „Dort möchte ich nicht arbeiten, das Team passt nicht." Oder sie sagen vielleicht: „Schau mal, der wird hier im Unternehmen gehalten und geduldet, obwohl er eigentlich gar nicht hier rein passt."

Michael: Der Trittbrettfahrer tut nicht weh, er steht eben nur auf dem Trittbrett und fährt mit. Der Zug fährt trotzdem.

Christian: Der Trittbrettfahrer kann wenigstens noch bei der Weihnachtsfeier mitmachen und für gute Stimmung sorgen. Wenn ich mich also entschieden habe, mich von einer Mitarbeiterin zu trennen, gibt es noch die rechtlichen Aspekte.

Michael: Hier geben wir besser keinen Rat, sondern überlassen das den Profis.

Christian: Das ist auch meine Erfahrung. Es hilft, einen guten Arbeitsrechtler zu haben, der sich darum kümmert, dass die Verträge hieb- und stichfest sind und gegebenenfalls auch vor Gericht mitzieht.

Michael: An der Stelle gebe ich lieber ein paar Euro mehr pro Stunde aus als weniger. Gute Anwälte haben sich bei mir tatsächlich immer sehr gelohnt. Auch das durfte ich lernen.

Christian: Die können gar nicht teuer genug sein.

Michael: Bei einem Vortrag hat mal jemand gesagt: „Als wir mit unserer Firma gestartet sind, haben wir darüber diskutiert, ob wir wirklich 350 Euro pro Stunde für einen Anwalt ausgeben sollen. Heute würden wir nie mehr so wenig ausgeben wollen, weil wir jetzt wissen, wie gut ein Anwalt für 600

Euro pro Stunde ist." Eine Stunde für 600 Euro ist am Ende günstiger als zehn Stunden für 200 Euro.

Christian: Ich kann natürlich auch einen Rechtsanwalt einstellen. In diesem Fall wäre es die teurere Option. Wenn ich mich nun entschieden habe, jemanden zu kündigen, und auch die arbeitsrechtlichen Geschichten geklärt habe, kommt es zum Trennungsgespräch. Auch das geht idealerweise schnell. Ich ziehe es am liebsten innerhalb von fünf Minuten durch und sage auch ganz offen, dass es meine Entscheidung war. Der Mitarbeiter kann die Entscheidung an mir festmachen. Ich gebe ihm die Chance zu sagen: „Okay, du warst es also."

Michael: Es ist im Grunde nur die offizielle Kommunikation der Entscheidung, die getroffen wurde. Es ist keine Diskussion zu dem Thema. Ich will dabei nicht in den Dialog treten und lange darüber sprechen, warum und wie denn das alles passiert ist. Es geht nur um die Mitteilung der Entscheidung. „Du, es passt an dieser Stelle nicht mehr. Ich habe die Entscheidung getroffen, getrennte Wege zu gehen."

Christian: Meine Erfahrung ist, dass die Mitarbeiterin ohnehin nicht lange aufnahmefähig ist. Sie merkt häufig schon, bereits bevor ich anfange zu sprechen, worum es geht. Meine Körpersprache, meine Haltung ist dabei meistens eine andere als sonst. Das erkennen Mitarbeiter schnell und sind in einem solchen Moment mit ihren Gedanken schon woanders. Sie denken sofort daran, was das nun für sie bedeutet: „Wie lange kriege ich noch mein Geld? Wie sage ich das meinen Freunden, meiner Familie?" und und und.

Michael: Sie sind mental verständlicherweise schon aus dem Raum raus.

Christian: Daher ist es am besten, wenn das Gespräch schnell vorbei ist und ich dabei versuche nett zu sein. Ich habe auch für euch ausprobiert, lange Gespräche zu führen, die sich über Stunden und sogar Tage hingezogen haben. Es hilft nicht. Schnelle Gespräche sind für alle Beteiligten besser.

Michael: Lieber ein Schrecken mit Ende.

Christian: Dann sind wir schon fertig, oder?

Michael: Was ist denn nach dem Gespräch? Wir haben dem Mitarbeiter mitgeteilt, dass wir uns von ihm trennen. „Wir beenden das Arbeitsverhältnis zum nächstmöglichen Zeitpunkt.” Dann verlässt die Mitarbeiterin den Raum und setzt sich noch für drei Monate in ihr Büro.

Christian: Auch hier gilt *fire fast*, lieber schnell als langsam. Ich hatte mal eine Mitarbeiterin, die selber gekündigt hat. Sie hatte eine dreimonatige Kündigungsfrist und war in diesem Zeitraum noch weiterhin bei uns beschäftigt. Es wurde zu einem totalen Chaos. Sie hat bloß noch die anderen von der Arbeit abgehalten, kaum noch etwas beigetragen und schlechte Stimmung verbreitet. Es wurde ein Desaster und ich habe sie freigestellt.

Michael: Irgendwann war es dann doch klar.

Christian: Daher tendiere ich mittlerweile dazu, die Leute in solchen Fällen sofort freizustellen.

Michael: Ich fasse unser Gespräch noch einmal zusammen. Fire fast bedeutet zum einen, schnell eine Entscheidung zu treffen. Wenn ich eine Entscheidung getroffen habe, steht sie. Dann checke ich die arbeitsrechtliche Situation und kläre, wie ich diese Entscheidung ausführe und was ich dabei zu beachten habe. Im dritten Schritt kommt dann das Gespräch. Ich spreche die Kündigung gegenüber dem Mitarbeiter aus — kurz, knackig und auf den Punkt. Fünf Minuten reichen dafür aus. Der vierte Schritt im *fire fast*-Ansatz ist das direkte Freistellen des Mitarbeiters. Ich lasse sie gehen, ihre Sachen packen und tschüss. Es kann also ganz leicht sein.

Christian: Klasse. Dann packe ich jetzt meine Sachen.

Michael: Okay, wir machen an dieser Stelle ein Ende ohne Schrecken. Tschüss.

Sicher spielen die Beweggründe und die Umstände der Kündigung auch immer eine Rolle, ob ich jemanden sofort freistelle oder die Arbeitsleistung der Person für die Restzeit noch nutze – wenn auch auf geringer Flamme. Es ist ein wertvoller Tipp, diese häufig unangenehmen Situationen schnell durchzuziehen und vor allem die Entscheidung schnell zu treffen. Je länger Unsicherheit besteht, desto höher ist das Risiko, dass es in einem vollständigen Desaster endet. Hire slow and fire fast. Nicht andersherum!

FORDERN &
FÖRDERN

ZIELE ERREICHEN

WER MACHT WAS BIS WANN?

Christian: Wir wissen also nun, wie wir ein Kick-Ass-Team aufstellen.

Michael: Jetzt sind wir am Ziel.

Christian: Genau. Jetzt gibt es nichts mehr zu tun. Wir wissen, wohin wir wollen und wir wissen, wie wir dorthin kommen. Jetzt geht es darum, uns Schritt für Schritt zu diesem Ziel hinzubewegen.

Michael: Wir wissen, welchem Zweck wir dienen, wir kennen unsere große Vision und auch unsere Werte, die uns zusammenhalten, sind klar. Was machen wir jetzt?

Christian: Woran erkennen wir denn überhaupt, dass wir am Ziel sind? Wenn ich auf den Mount Everest gehe, ist irgendwann klar, dass es nicht mehr höher geht. Ich bin am höchsten Punkt angekommen — klare Sache.

Michael: Ich fasse das Gipfelkreuz an und mache ein Selfie.

Christian: Als Unternehmen strebe ich einen Marktanteil von 30 Prozent an. Ich kann dann auf irgendeine Statistik schauen und feststellen: „Alles klar, 30% Marktanteil." Es ist wichtig zu wissen, wann ich angekommen bin. Woran merke ich, dass ich mein Ziel erreicht habe?

Michael: Ich definiere mein Ziel konkret.

Christian: Wir haben bereits über das Thema *VAKOG* gesprochen. Ich nehme mein Ziel über alle Sinne wahr. Ich spüre: „Jetzt bin ich da."

Michael: Mache ich das für Firmenziele und Teamziele genauso wie für meine persönlichen Ziele?

Christian: Ja, im Grunde schon. Letztlich sind es meine Ziele. Mit meinem Unternehmen möchte ich ein Ziel erreichen, für mich und für das Unternehmen.

Michael: Wir sitzen zum Beispiel mit dem gesamten Team in einem Strategie-Workshop zusammen und überlegen uns, was wir tun wollen, um unsere große Vision zu erreichen. Was ist denn der Unterschied zwischen Zielen und Vision? Gibt es überhaupt einen Unterschied?

Christian: Auf dem Weg zur Vision werde ich sehr viele Ziele erreichen. Um meine Vision zu realisieren, brauche ich Zwischenziele, sodass ich Schritt für Schritt der großen Vision näher komme. Ich nutze Methoden, um diese Zwischenziele eindeutig zu formulieren, sodass auch meine Mitarbeiter wissen, was sie zu tun haben und dass sie auf dem richtigen Weg zur Vision sind.

Michael: Die große Vision haben wir als das definiert, was wir erreicht haben, wenn alles mega geil gelaufen ist — in drei, vier oder fünf Jahren. *This is where we will get, when everything goes ridiculously perfect.* Es steckt Qualität darin. Ich bin mir möglicherweise etwas unsicher, ob wir es schaffen werden, doch wenn wirklich alles rund läuft, dann klappt es. Genau wie mit der Mount Everest-Besteigung. Ich habe keine Garantie, dass ich wirklich den Gipfel erreiche. Es gibt ein paar Faktoren, die ich nicht kalkulieren, nicht beeinflussen oder garantieren kann. Bei meinen Zielen ist es etwas anders, oder? Bei meinen Zielen bin ich sehr viel realistischer. Ich bin sicher, dass ich es schaffen kann, und nehme es mir ganz konkret vor. „Dort möchte ich im nächsten Schritt hinkommen."

Christian: Ja, ich setze mir Ziele, die ich realistisch erreichen kann. Ich kann davon ausgehen, dass ich diese mit sehr hoher Wahrscheinlichkeit erreichen kann. Ich kann mir natürlich auch ein Ziel setzen, das heißt: „Ich finde erst einmal heraus, ob das überhaupt machbar ist."

Michael: Wenn der Gipfel des Mount Everest meine Vision ist, ist mein nächstes Ziel das erste Basecamp. Das schafft eigentlich jeder. Dennoch darf ich es als Ziel festlegen und an der Umsetzung arbeiten. Ich weiß, es wird anstrengend und ich werde das Basecamp erreichen.

Christian: Ein vorheriges Etappenziel könnte auch sein, dass ich erst einmal auf mein Konto schaue und überlege, ob ich es mir überhaupt leisten kann, auf den Mount Everest zu steigen. Daraufhin zu sparen ist auch ein Ziel, dass ich schaffen kann. Und ich weiß direkt, wie es danach weitergeht.

Michael: Wenn ich also die Ziele für mein Unternehmen und einzelne Teams festlege, überlege ich ganz konkret, welche das — abhängig von meiner großen Vision sind, die ich auf dem Weg dahin erreichen will. Es sind also mehrere Ziele.

Christian: Genau. Ich habe eine Vision und auf dem Weg dahin gibt es mehrere kleine und große Schritte. Gleichzeitig gibt es mehrere Teammitglieder, die mitlaufen und einen Beitrag leisten. Sie wollen etwas erledigen. Dann sind wir schon bei unseren *SMART-Goals*, oder?

Abbildung: SMART-Goals
Ich lege fest, wie ich die kleinen und großen Schritte auf dem Weg zu meiner Vision messbar mache.

Michael: In meinem Kopf taucht gerade das Wort *Strategie* auf. Ich habe früher unter Strategie immer etwas sehr Kompliziertes, etwas Nebulöses verstanden, dass eine besondere Cleverness erfordert. Heute sehe ich den Begriff *Strategie* ganz anders. Strategie sind die Dinge, die wir in den nächste sechs bis zwölf Monaten konkret tun wollen, um der großen Vision einige Schritte näher zu kommen. Diese Dinge, die wir konkret angehen wollen, sind meine Etappenziele, meine Zwischenschritte, die ich auf dem Weg zur Vision erreichen will.

Christian: Genau. Auch zu den Etappenzielen gibt es wiederum kleine Schritte, die ich in den nächsten Wochen und Monaten erledige. Und dafür gibt es wiederum kleine Ziele, die ich heute und in den nächsten Tagen erledige.

Michael: Strategien sind also kleine Ziele. Das kann ich so sagen, oder?

Christian: Ja. Wenn wir so darüber sprechen, klingt es total einfach.

Michael: Um die Vision tatsächlich zu erreichen, darf das ganze Team — wir alle — diese Ziele, die Strategien zur Realität werden lassen.

Christian: Genau, Ziele dürfen erreicht und Ergebnisse geliefert werden. Darum geht es im Management.

Michael: Wie habt ihr denn das gemacht? Wie habt ihr die Ziele erarbeitet?

Christian: *SMART*-Goals waren immer zu kompliziert. Keiner wusste, wofür eigentlich das *S*, das *A* und das *R* stehen.

Michael: Davon gibt es auch tatsächlich mehrere Versionen.

Christian: Wir sind immer davon ausgegangen, dass die Ziele einigermaßen realistisch und natürlich für unser Gesamtziel, unsere Vision sinnvoll sind. Daher haben wir vor allem auf *messbar* und *terminiert* geachtet. Gerade bei kurzfristigen Themen hieß es dann: *Wer macht was bis wann?* Es ist eine 3-X-Matrix auf einem Flipchart. Wer macht was bis wann? Es stehen dort ein Name, ein Ergebnis und ein Zeitpunkt.

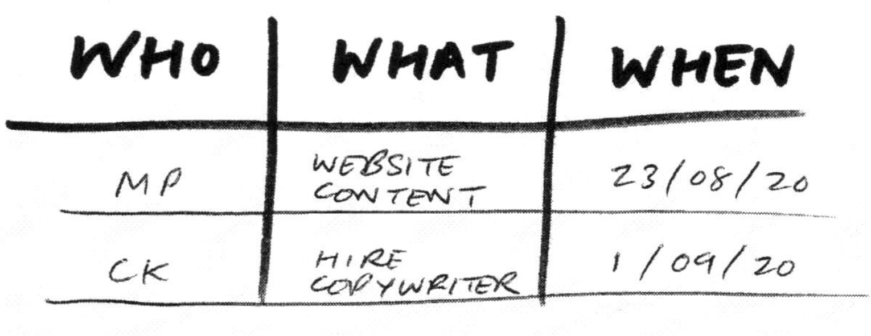

WHO	WHAT	WHEN
MP	WEBSITE CONTENT	23/08/20
CK	HIRE COPYWRITER	1/09/20

Abbildung: WER-WAS-WANN
Gerade bei kurzfristigen Maßnahmen, ist für mich entscheidend: Wer macht was bis wann?

Michael: So haben wir es auch gemacht. Wir haben jedes Jahr unsere Jahresstrategien definiert. Es waren meistens vier, fünf oder sechs große Aktionsfelder. Zu jedem Feld gehören natürlich eine ganze Menge Dinge, die es zu tun galt, mit jeder dieser Aktionen war eine Menge Zeug verbunden. Im Großen und Ganzen war damit klar, was wir als Firma in den nächsten sechs bis zwölf Monaten erreichen wollen. Vier, fünf, sechs große Dinge, die wir auch messbar gemacht haben. Wir haben sie mit Kennzahlen verknüpft, sodass wir erkannt haben, wenn wir angekommen sind und sie erreicht haben.

Christian: Ja. Strategien sind einfach die kleinen Schritte, die ich jeden Tag unternehme. So ist plötzlich nichts Kompliziertes mehr daran. Ich habe eine Vision, ich habe Ziele und dazwischen sind die Dinge, die ich tue, um in dieselbe Richtung zu laufen.

Michael: Mit einem Ziel verknüpfe ich einen Zeitpunkt und eine Messgröße, anhand der ich erkenne, dass ich das Ziel erreicht habe. *SMART* hattest du eben schon erwähnt. Ich kenne dafür folgende Definition. Um ein Ziel erreichbar zu machen, darf es erstens s*pezifisch* sein, also ganz konkret formuliert. Zudem ist es m*essbar*. Ich definiere, woran ich erkenne, dass ich dort angekommen bin. Das nächste *a* steht für das englische Wort a*chievable* — das Ziel ist erreichbar. Wenn mein Ziel lautet, auf den Mars zu kommen, ist es unter aktuellen Umständen in den nächsten Monaten noch nicht wirklich erreichbar. Dann kommt das *r* für r*elevant*. Das Ziel zahlt also auf unseren Purpose, unsere Vision und unsere Werte ein. Es ist relevant und wichtig, dass wir dieses Ziel erreichen. Das *t* steht für t*imebound*. Diese fünf Aspekte habe ich mir für meine Ziele gemerkt, meine Ziel sind *SMART*. In der Realität waren unsere Ziele eine Kombination aus: „Das hier wollen wir jetzt machen" und „an den zwei, drei Messgrößen erkennen wir, dass wir es geschafft haben."

Christian: Eine Vision wiederum ist nicht *SMART*. Sie ist nicht unbedingt realistisch. Bei einem BHAG zum Beispiel kann ich durchaus auch mal denken: „Wow, das ist vielleicht ein bisschen übertrieben, etwas unrealistisch."

Michael: Hmm, ich würde sagen, die Vision ist ein smartes Stretch-Goal.

Christian: Nehmen wir doch nochmal die Mondlandung als Beispiel. In dem Moment, als Kennedy das verkündet hat, war es auch nicht wirklich realistisch.

Michael: „We will put a man on the moon in this decade", innerhalb dieses Jahrzehnts bringen wir einen Menschen auf den Mond. Er hatte vermutlich schon eine Ahnung, dass es funktionieren kann, er wusste es nur nicht mit Sicherheit.

Christian: Das ist vielleicht der Punkt. Zu dem Zeitpunkt, an dem ich die Vision formuliere, ist sie vielleicht zu sechzig oder achtzig Prozent achievable. Die Zwischenziele werden dann *more achievable*, je kürzer der Zeithorizont ist. Ganz kurzfristig wäre: Du schreibst jetzt in zwei Minuten diese E-Mail, das schaffst du. Das ist *very achievable*.

Michael: Es gibt noch ein Thema, das in der Unternehmensführung zur Zeit sehr modern geworden ist. *OKRs — Objectives and Key Results*. Google hat diese Methode berühmt gemacht. Im Grunde ist es sehr ähnlich zur SMART-Methodik. Ich definiere ein Objective, ein Ziel und überlege mir ein paar Key Results, an denen ich erkenne, dass ich das Ziel erreicht habe.

Christian: Darüber hinaus gibt es in dieser Methode noch Timeframes. Sie machen es leichter, die Ziele im Unternehmen zu implementieren. Es ist eine vollständige Methodik. Letztlich geht es um genau dasselbe.

Michael: Bei dem ganzen Thema Zielsetzung geht es also immer um dieselben Grundlagen. Ich überlege mir, was ich eigentlich erreichen möchte, und lege fest, wie ich messen kann, dass ich diese Ziele erreicht habe. Dann liegt die Umsetzung darin, ständig zu schauen, ob wir alle aligned und fokussiert sind und dass sich nicht ein Teil der Mannschaft plötzlich überlegt, etwas anderes zu machen. Kurs halten, darum geht es.

Christian: Die kurzfristigen Ziele können sich auch ändern. Es ist nicht mehr wie noch vor ein paar Jahren oder Jahrzehnten, ein russischer 5-Jahres-Plan, in dem alles festgelegt ist und es exakt so umgesetzt wird. Es besteht die Möglichkeit, nach einer Woche oder nach drei Monaten noch einmal zu überprüfen und festzustellen: „Dieses mittelfristige Ziel ist nicht mehr sinnvoll."

Michael: Damit habe ich mich eine Weile schwer getan.

Christian: Mit 5-Jahres-Plänen?

Michael: Nein, dass Ziele flexibel sein dürfen. Dass die Vision flexibel sein darf. In meinen Workshops stelle ich gerne eine 5-Jahres-Vision auf. Es ist eine *ongoing discipline* und kein Einmal-Event. Ich erstelle nicht eine 5-Jahres-Vision und arbeite verkrampft fünf Jahre lang daran, sondern ich prüfe jedes Jahr, ob die 5-Jahres-Vision noch zu meinem Unternehmen passt. Ich entwickle die 5-Jahres-Vision jedes Jahr weiter. Dadurch wird daraus ein Nordstern. Wenn ich dann nach vielen Jahren zurückblicke, ging es mir häufig so, dass sich die 5-Jahres-Vision tatsächlich bewahrheitet hat, manchmal früher, manchmal später als die fünf Jahre, die ursprünglich geplant waren. Sie ist meistens eingetreten. Mit dem flexiblen Handhaben der Vision, war ich am Anfang ein bisschen stur. „Das ist doch unser festes Ziel", habe ich gedacht. Dann habe ich gelernt, dass es im Fluss ist. Ziele und Visionen dürfen fließend sein.

Christian: Ja, es ist wie beim Feedback und dem Gegenlenken. Rahmenbedingungen können sich ändern. Die Form der Straße ändert sich, das Umfeld ändert sich, die Krise kommt, die Krise geht, das Marktumfeld verändert sich. Kurz- und mittelfristige Ziele können sich ändern. Die Gefahr besteht allerdings darin, dass Mitarbeiter Ziele daher nicht richtig ernst nehmen. Auch diese Erfahrung habe ich gemacht. Eine Mitarbeiterin sagte einmal zu mir: „Dieses SMART-Goal mache ich nicht, es ändert sich ja sowieso wieder alles."

Michael: Das dürfen wir dann gemeinsam entscheiden.

Christian: Genau. Die Dinge dürfen schon erledigt werden.

Michael: Wobei sich ein SMART-Goal, eine Jahresstrategie, eine 6-Monats-Strategie und die ganze Welt schon verdammt schnell ändern. Die Frage ist, ob sich die Welt so schnell ändert, dass sich innerhalb von sechs Monaten meine Strategie ändert. In Ausnahmesituationen möglicherweise schon. Die Corona-Pandemie hat es gezeigt. Das ist in meiner Vergangenheit jedoch selten passiert. Wobei ich mir gut vorstellen kann, dass ein Mitbewerber überraschenderweise ein neues Produkt oder Ähnliches launcht und das für uns und unser Unternehmen viel ändert. Das kann passieren.

Christian: Woran erkennen wir denn, dass wir genug über das Thema Goals gesprochen haben?

Michael: Unser Ziel war es, über Zielsetzung zu sprechen und darüber, was wir uns vorgenommen haben. Dabei geht es immer auch um Messgrößen, über SMART-Goals und um OKRs. All das sind grundsätzliche Basics, teilweise entlehnt aus der Psychologie und dem NLP-Modell. Es geht darum, Ziele zu visualisieren, diese mithilfe von Metriken messbar zu machen und dabei sehr spezifisch zu sein. Was dient noch als Kenngröße?

Christian: Die kleinen Schritte auf dem Weg zur Vision und „Wer macht was bis wann?"

Michael: Ein Thema habe ich noch als Bonusmaterial. Das *RACI*-Modell ist quasi der große Bruder von „Wer macht was bis wann?" Wer, aus dem Team übernimmt welche Rolle und kümmert sich um welches Thema? Jetzt haben wir sogar noch Bonus-Content geliefert.

Christian: Hammer. Wir haben also overperformed.

Michael: World-Class-Kick-Ass-Team.

Das klingt fast zu einfach um wahr zu sein. Im Kern geht es natürlich genau darum: Wer macht was bis wann und wie messen wir das Ergebnis? Letzteres ist häufig genau der Punkt, an dem die Diskussionen anfangen. Wie messen wir das? Und wie viel ist erreichbar? Die Differenzierung von Vision und Ziel hilft mir dabei. Wenn ich die Vision in einzelne Schritte herunterbreche, kann ich leichter definieren, was ich messe, um dorthin zukommen und welche Schrittlänge angemessen ist.

RESPONSIBLE UND ACCOUNTABLE

RACI FOR REAL

Christian: Lass uns darüber sprechen, wer verantwortlich ist.

Michael: Gerne. Schieß los.

Christian: Im Deutschen gibt es nur ein Wort dafür. Jemand ist *verantwortlich*. Im Englischen gibt es zwei Wörter, die einen ganz großen Unterschied ausmachen *accountable* und *responsible*. Dazu gibt es eine schöne Geschichte von einem Metzger und einem Schwein. War darin nicht auch ein Huhn involviert?

Michael: Das Huhn kenne ich noch nicht, da bin ich gespannt.

Christian: Wenn ich zum Frühstück *Ham and Eggs* esse, ist ein Huhn involviert.

Michael: Achso, verstehe. [*lacht*] Das Huhn war *responsible*, das Egg zu produzieren.

Christian: Genau. Verantwortung.

Michael: Es ist ein wichtiges Thema, wenn wir darüber sprechen, ein World-Class-Kick-Ass-Team aufzubauen, das großartige Ergebnisse leistet und über sich hinauswächst. Leute in einem High-Performance-Team übernehmen Verantwortung, *commitment* und *accountability*. Die Geschichte zu den Begriffen, die du eben genannt hast — *accountable* und *responsible* — lautet wie folgt: *The butcher is responsible for the bacon and the pig is accountable*. Es ist eigentlich ein ziemlich derber Spruch. Der Metzger trägt die Verantwortung für den Schinken. Das Schwein ist auch verantwortlich, nur anders.

Christian: Heißt das, ich kann mehrere Metzger haben?

Michael: Genau.

Christian: Mehrere Metzger, die zusammenarbeiten und alle sind responsible, doch es gibt nur ein Schwein.

Michael: Okay, Kopfkino aus. Genauso ist es. Accountable ist immer nur eine: diejenige, die Rechenschaft ablegt. Accountable ist nur eine Person, responsible können viele sein. Es ist ein gutes Instrument, um Verantwortlichkeiten im Team festzulegen und Aufgaben zu verteilen. Ich kann mehreren Leuten Verantwortung übergeben, zum Beispiel an einem Projekt. Nur eine Person steht dafür gerade. Nur eine.

Christian: Nehmen wir an, wir haben ein Kick-Ass-Team und etwas muss erledigt werden.

Michael: Zum Beispiel soll eine neue Website gelauncht werden.

Christian: Wenn also die Aufgaben im Team verteilt werden, überlege ich mir, wer responsible ist, wer accountable ist und wer zusätzlich involviert ist.

Michael: Ich kann sogar noch spezifischer werden und festhalten, dass wir bis zum 30. Juni unsere neue Website launchen unter Berücksichtigung unseres neuen Corporate Designs und mit einem klaren Produktangebot für Konsumenten und Corporates.

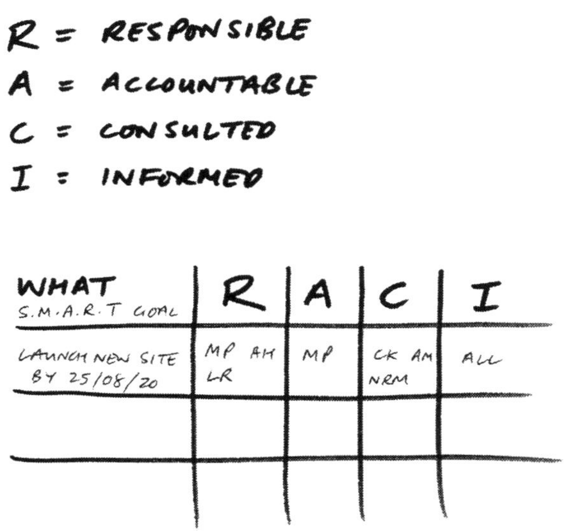

Abbildung: RACI-Matrix
Seit ich die RACI-Matrix in dieser leicht abgewandelten Version kenne, ist für mich die Anwendung wesentlich einfacher.

Christian: Das ist ein smartes Ziel.

Michael: Es könnte auch als OKR formuliert sein, als Objective mit Key Results. Es wird ganz klar, was geliefert werden muss. Idealerweise kommuniziere ich dies in einer Runde, in der alle Beteiligten dabei sind. Sie dürfen zustimmen, ob sie die Verantwortungen annehmen. Dann entscheiden wir, wer konkret verantwortlich ist, dass die neue Webseite bis zum 30. Juni steht. Das sind dann eine Reihe von Leuten. Vermutlich ist ein Designer dabei, ein Programmierer und vielleicht ein Projektmanager, der auch mit externen Leuten kollaboriert. Dann kommt der erfolgsentscheidende Schritt. Wer ist accountable für dieses Projekt? Wer sorgt dafür, dass wir on track bleiben und der Ball bis zum 30. Juni rollt? Früher habe ich gedacht, dass es diejenige sein sollte, die am meisten Ahnung von der Sache hat. Das sehe ich heute ganz anders. Es ist einfach nur jemand, der den Ball am Laufen hält und mit den Leuten so zusammenarbeitet, dass das Projekt erledigt wird. Sie gibt regelmäßig ein Statusupdate und eskaliert gegebenenfalls. „Es klappt nicht, wir brauchen Hilfe."

Christian: Was passiert, wenn sie dann nicht abliefert? Was ist, wenn die neue Webseite bis zum 30. Juni nicht steht?

Michael: Das darf nicht passieren. Als Chef stelle ich sicher, dass ich durch regelmäßige Updates, als eine Art Frühwarnsystem, rechtzeitig darüber informiert werde, dass etwas nicht läuft und einschreiten kann. Ich erkenne frühzeitig die Risiken und helfe dem Team dabei, eine Lösung zu finden und on-track zu bleiben. Bei einem sehr strikten Vorgehen hätte es Auswirkungen auf denjenigen, der accountable ist. Ich kann den Erfolg der Projektumsetzung an die Vergütung, an einen Bonus oder Ähnliches knüpfen. Dieser wird dann nicht oder nur zum Teil ausgeschüttet, wenn das Projekt nicht erfolgreich bis zum 30. Juni umgesetzt ist.

Christian: Jemand, der accountable ist, spürt die Konsequenzen.

Michael: Richtig. Ihr geht es dann richtig ans Leder. Den anderen nicht, zumindest nicht so stark. Das ist ja genau die Aufgabe der Person, die accountable ist. Es ist ihr Job, das Projekt am Laufen zu halten.

Christian: Diejenige, die accountable ist, kann kleinere Teilaufgaben vergeben, zum Beispiel an den Webdesigner oder an die Programmiererin, die wiederum für ihre Teilaufgabe accountable sind.

Michael: Das Projektteam kann sie auf viele Arten führen. Das Team kann sich selbst organisieren oder sie verteilt die Aufgaben selbst. Das Wichtigste ist unser Ziel. Bis zum 30. Juni steht die Webseite mit den folgenden Anforderungen ...

Christian: Ich komme nochmal auf das Huhn zurück. Wenn ich mir ein Frühstück mit Speck und Eiern mache, ist auch noch das Huhn involviert, quasi ein Zulieferer. Es können also auch noch weitere Personen involviert werden, die im Projekt unterstützen oder jemanden, den ich einfach nur um Rat frage.

Michael: Richtig, aus *responsible* und *accountable* wird das *RACI*-Modell. Ich bin ein großer Fan davon. RACI steht für r*esponsible*, *accountable*, c*onsulted* und i*nformed*. Derjenige, der konsultiert wird, gibt tatsächlich als eine Art Berater nur Input. Er steht nicht in der Verantwortung dafür, dass sein Input umgesetzt wird. *Informiert* ist die schwächste Form der Beteiligung. Hier geht es darum, zu klären, wer über das Ergebnis, das am Ende geliefert wird, zu informieren ist. Für diejenigen ist es vielleicht wichtig, zu wissen, wie weit der Projektfortschritt ist oder wie das Ergebnis am Ende konkret aussehen wird.

Christian: Ja, guter Punkt. Bei der Verteilung von Aufgaben gehört es auch dazu, zu kommunizieren, wenn sie fertig sind. Was bringt mir der Speck, der irgendwo herumliegt? Jemand anderes möchte ja etwas damit machen. In der Metzgerei kommt der Speck, wenn er fertig ist, in die Auslage oder auf meinen Teller.

Michael: Gerade bei größeren Projekten kommt am Ende häufig etwas anderes heraus als das, was zu Projektbeginn geplant war. Auch dazu fällt mir ein toller Spruch ein. *Planung ist alles, Pläne sind für'n Arsch.* Es ist wichtig, am Anfang das Projekt zu planen und eine Vision festzulegen. *Wo wollen wir eigentlich hin?* Auf dem Weg dahin ändert sich dann eine ganze Menge und nach drei, vier, fünf Monaten ist das, was bei dem Projekt herumgekommen ist, meistens ein anderes Ergebnis als das, was ursprünglich geplant war. Es ist immer noch ein gutes Ergebnis, vielleicht sogar ein besseres Ergebnis. Daher informiere ich die Leute, für die das Endergebnis relevant ist.

Christian: Ich plane also das, was ich machen will, und reagiere trotzdem flexibel auf das, was passiert.

Michael: Genau. Wir planen, den Gipfel des Mount Everest zu besteigen. Wir planen den Tag und den Termin, an dem wir oben ankommen. Dann gehen wir los zum ersten Basecamp. Möglicherweise stellen wir dann fest, dass wir aufgrund des Wetters eine andere Route nehmen müssen, die länger dauert. Wichtig ist, dass wir einen Plan haben und gleichzeitig ausreichend Flexibilität, um Entscheidungen im Moment treffen zu können. So stelle ich sicher, dass ich tatsächlich den Gipfel erreiche, wenn auch der Weg ein etwas anderer war, als ich geplant hatte.

Christian: Der Plan hilft auch dabei, einen Realitätscheck zu machen. Wenn mein Plan besagt, dass ich den Everest innerhalb von zwei Tagen erreichen möchte, merke ich spätestens, wenn ich nach Neapel fliege, hoch und wieder herunter laufe, dass der Plan nicht ganz ausgereift war.

Michael: Das stimmt. Pläne bringen nichts, nur die Planung.

Christian: Genau. Meine Planung ermöglicht mir eine Art Realitätscheck, ob es überhaupt sinnvoll und realistisch ist, was ich da geplant habe. Ich sammle Informationen und vergleiche meinen Plan. Ich schaue, wie es andere gemacht haben, überlege mir, auf welcher Höhe ich am besten einen Zwischenstopp einlege und welches Material mir noch fehlt. Die Ziele und meine Vision bleiben dabei gleich. Ich besteige den Mount Everest in einem bestimmten Zeitraum, ein SMART-Goal. Nur der Weg kann anders sein.

Michael: Der Weg ist das Ziel. Viel Erfolg.

Das RACI-Modell – ein Klassiker der alten Schule. In dieser abgewandelten Version ergibt es tatsächlich mehr Sinn. Es ist einfacher. Vielleicht ist das der Grund, wieso die klassische Version zwar überall bekannt, jedoch selten wirklich Anwendung in der Praxis findet. Es ist ein wunderbares, völlig unterschätztes Instrument, sowohl in kleinen als auch in großen Teams und Projekten. Es entfaltet seine Wirkung gerne zusammen mit einem kurzen Projektsteckbrief oder einem knackigen Statusupdate, auf denen die wichtigsten Projektinformationen und Zuständigkeiten notiert sind. Richtig angewendet, wird jedem Beteiligten sofort klar, welche die eigene Rolle ist. Wichtig finde ich vor allem, es pragmatisch zu gestalten und keine dogmatischen, seitenlangen Dokumente zu schreiben.

I GET WHAT I MEASURE

SMART OKR

Christian: *Where awareness goes, energy flows.* Meine Energie fließt dorthin, worauf sich meine Aufmerksamkeit richtet. Die Dinge, für die ich Energie aufbringe, passieren. Sie werden realisiert. Wenn ich möchte, dass in meinem Unternehmen Dinge passieren, Projekte umgesetzt, Aufgaben erledigt werden, richte ich die Aufmerksamkeit auf genau diese Themen. Ich messe sie. Wenn ich sie messe und transparent mache, ist Aufmerksamkeit auf sie gerichtet und Energie fließt. Ich darf also sehr sorgfältig auswählen, was ich im Unternehmen messe, denn diese Dinge werden realisiert, meine Mitarbeiter verwenden Zeit und Energie auf das, was gemessen wird.

Michael: Überhaupt zu messen ist schon ein guter Start. *You get what you measure,* heißt der schöne Spruch, den ich mir dazu gemerkt habe.

Christian: Dazu stellen sich mir zwei wesentliche Fragen. Zum einen frage ich mich, was ich messe. Was ist wichtig genug im Unternehmen, um gemessen zu werden? Die andere Frage lautet: Woran erkenne ich, dass wir etwas erfolgreich machen oder darin besser werden?

Michael: Die Frage klingt ähnlich zu unserer Zielsetzung. Woran erkenne ich, dass ich am Ziel angekommen bin, wie messe ich das?

Christian: Dazu gibt es einige Methoden.

Michael: Eine ganze Menge sogar.

Christian: Dann erzähl doch mal. Du kennst doch sicher einige aus deiner Callcenter-Zeit, oder?

Michael: Ja, das ist richtig. *We get what we measure* — das habe ich während dieser Zeit wirklich verinnerlicht. Diese Callcenter-Geschichte geht so: Ich habe für ein Unternehmen, einen Konzern, gearbeitet und war plötzlich für den Bereich *Customer Care* verantwortlich. Ich durfte helfen, das Callcenter zu managen. Der gesamte Firmenbereich hatte einen sehr schlechten Ruf und Kunden beschwerten sich permanent über sehr schlechten Service. Zu

Beginn lieferten wir also überhaupt keine guten Ergebnisse beim Kunden ab. Das war eine große Herausforderung.

Christian: Bevor du diesen Bereich geführt hast, wurde also gemessen, wie oft ein Kunde anruft und sich beschwert?

Michael: Leider nicht. Es wäre schön gewesen, wenn es so gewesen wäre und wir diese Information schon mal gehabt hätten. Tatsächlich wurde lediglich gemessen, wie viele E-Mails, wie viele Eskalationen, wie viele Anrufe beim CEO auf dem Tisch gelandet sind. Denn es kam häufig vor, dass Anfragen über informelle Kanäle ihren eigenen Weg bis zum CEO gefunden habe. „Hey, euer Laden läuft nicht, kannst du mir bitte mal helfen und das regeln?" — und plötzlich liegt die Anfrage auf seinem Tisch. Der CEO wird auf einmal zum Chief Customer Agent, was natürlich nicht sein sollte. Damit ging es im Grunde los. Wir haben also zunächst gestartet, ein Service-Level zu definieren, ein Kriterium, das in einem Callcenter oft genutzt wird. Es war ganz simpel. Wir haben gemessen, wie lange es dauert, bis ein Serviceagent ans Telefon geht. Ein Kunde ruft also die Servicehotline an und wir haben gemessen, wie oft es klingelt, bis jemand das Gespräch entgegennimmt, wie lange die Wartemusik läuft, bis der Kunde mit einem Agenten spricht.

Christian: Das war doch schon automatisiert möglich, oder nicht?

Michael: Absolut, das ist das Gute im Callcenter-Bereich. Das meiste kann ich automatisiert messen, heute noch viel mehr als damals in den 2000er Jahren. Heute wird alles vollständig digital verwaltet, geroutet und zugeteilt. Ich kann mittlerweile an jeder Stelle so ziemlich alles messen, was ich messen will.

Christian: Ihr konntet also alles messen und habt auch alles gemessen?

Michael: Am Anfang noch nicht. Am Anfang haben wir nur gemessen, ob wir dieses Service-Level einhalten oder nicht. Wenn achtzig Prozent aller Anrufe innerhalb von zwanzig Sekunden beantwortet wurden, dann hatten wir unser Ziel erreicht. Das war unsere erste Zielvorgabe.

Christian: Das klingt ein bisschen nach der Deutschen Bahn.

Michael: Ja, stimmt. Ihr Ziel war oder ist es, dass weniger als achtzig Prozent aller Züge nicht mehr als fünf Minuten zu spät kommen dürfen.

Christian: Das ist auch eine schöne positive Formulierung.

Michael: Über dieses Ziel muss ich immer dreimal nachdenken, um zu verstehen, was das überhaupt bedeutet. Unser Ziel war es, dass der Kunde innerhalb von zwanzig Sekunden mit einem Agenten verbunden ist, wenn er bis dahin nicht schon über die automatische Ansage eine Lösung gefunden hat. Das haben wir zu Beginn nicht erreicht. Wir lagen am Anfang bei stolzen sechs Prozent. Sechs Prozent aller Anrufe konnten wir zu Beginn und auch nur innerhalb von dreißig Sekunden annehmen. Das war ein unterirdisches Ergebnis. Wir haben viele Leute zusätzlich eingestellt und Prozesse optimiert, um überhaupt ein besseres Ergebnis erreichen zu können. Was uns dann vor allem geholfen hat, war das Herunterbrechen der Gesamtzahl auf einzelne Bereiche, denn dieses eine Ziel galt für tausende Mitarbeiter. Damit es einfacher war, haben wir für jeden einzelnen Bereich, jedes Produkt ein Service-Level definiert und konnten diese untereinander vergleichen und benchmarken. Das hat zu einer richtigen Erfolgswelle geführt. Es gab Teams von zehn bis zwölf Leuten. Für jedes Team und dann sogar für jeden Mitarbeiter haben wir das Service-Level transparent gemacht und gemessen. Es gab große Unterschiede zwischen den Teams. Damit wir auch unterschiedliche Rahmenbedingungen und die jeweiligen Möglichkeiten im Team berücksichtigen konnten, kamen auch noch weitere Kriterien hinzu, zum Beispiel wie lange ein Anruf im Durchschnitt dauert, wie das Gespräch vom Kunden bewertet wird und und und. All das haben wir in jedem Team gemessen und konnten genau feststellen, woran es hakte. So hatten wir die Möglichkeit, sehr gezielt an Optimierungen zu arbeiten. Alle Ergebnisse haben wir auf riesengroßen Fernsehmonitoren für alle sichtbar dargestellt. So konnte jeder Mitarbeiter zu jeder Zeit die Verbesserungen live mitverfolgen und ebenfalls sehen, wenn es mal wieder schlechter lief. Kollegen sind dadurch durchaus auch mal ein bisschen früher aus der Kaffeepause zurückkommen oder haben erst gar keine Pause gemacht, weil sie gesehen haben, dass gerade Not am Mann ist. Es war eine super wertvolle Neuerung, dass jeder überall das Dashboard sehen konnte. Die Ergebnisse wurden von alleine besser.

Christian: Die Teams hatten also unterschiedliche Aufgaben und haben sich auch in der Zielerreichung unterschieden?

Michael: Genau. Am Anfang machte jeder alles. Teil der neuen Strategie war es, die Anrufe je nach Thema, Wissen und Skills auf die Mitarbeiter zu verteilen. So konnten die Agenten dem Kunden sehr viel besser und schneller weiterhelfen. Dass alle alles gemacht haben, war ein Teil des Problems. Das mussten wir durch unsere Messungen erst herausfinden und lernen. Erst dann konnten wir eine bessere Lösung finden und die richtigen Fragen zu dem richtigen Mitarbeiter routen.

Christian: Es gibt dabei ja sicherlich eine ganze Menge an Kriterien. Ihr habt vermutlich die Performance, Antwortzeiten, die Anzahl der Beschwerden gemessen, die vermutlich zurückgegangen ist. Das ist ja ein klassischer Qualitätsindikator. Welche Indikatoren gibt es noch, die ich messen kann?

Michael: Du sprichst die großen Parameter an, die für uns als *Chief of Anything*, als Firmenlenker, Lenker eines Teams oder auch als Lenker meines Lebens wichtig sind, um meine Ziele zu erreichen. Dabei sprechen wir von unserem Purpose, unserer Vision, unseren Werten und Strategien. Wir wollen also feststellen, wie sehr wir unseren Purpose leben, wie nah wir unserer Vision, unseren Zielen bereits gekommen sind. Wir haben festgehalten, dass diese Ziele SMART sind, ebenso wie die Kriterien, die ich messen kann. Meine Werte kann ich eher nur indirekt messen. Bei den Strategien sind wir auf einem sehr operationalen Level. Hier habe ich ganz konkrete KPIs, die ich als Strategie, als Smart-Goal oder OKR formuliert habe — je nachdem, welche Methode ich nutze. Alle erfolgreichen Methoden haben gemeinsam, dass ganz klare KPIs festgelegt sind und dauernd gemessen, gemonitored und reviewed werden. Wenn eines meiner Ziele lautet: „Wir verbessern unsere Kundenzufriedenheit um zehn Prozent", dann weiß ich ganz genau, wie ich das messe.

Christian: Wie messe ich denn Kundenzufriedenheit? Über die Anzahl der Beschwerde-E-Mails?

Michael: Ja, möglich. Das wäre eine indirekte Messung. Die Standardmethode zur Messung der Kundenzufriedenheit ist der sogenannte NPS — Net Promoter Score. Dabei stelle ich dem Kunden die Frage: „Wie wahrscheinlich ist es, dass du uns Freunden oder Verwandten auf einer Skala von eins bis zehn weiterempfiehlst?" Der Kunde gibt dann eine Zahl von eins bis zehn an. Meistens erfolgt diese Abfrage digital und der Kunde klickt einfach auf eine Zahl auf der Skala. Eine Angabe von neun oder zehn gilt als positive Empfehlung, sieben und acht gelten als neutral und alles unter sechs gilt als *keine Empfehlung*. Die Auswertung aller Antworten kann ich dann als als Prozentzahlen darstellen, die ich gegeneinander aufwiege. Am Ende habe ich dann einen Wert, einen Score zwischen -100 und +100. Momentan ist diese Methode weltweit die gängigste zur Messung von Kundenzufriedenheit, die Weiterempfehlungsrate.

Christian: In welcher Größenordnung bewegen wir uns da? Gibt es Unternehmen, die einen Wert von +100 erreichen?

Michael: Ja, die gibt es schon. Wenn ein Unternehmen einen sehr kleinen Kundenstamm hat und alle auf neun oder zehn klicken, dann erreiche ich schnell einen Score von 100. Wenn dann allerdings schon ein einziger Kunde auf eine andere Zahl klickt, wird dies direkt im Endergebnis deutlich und liegt unter 100. Mathematisch reduziere ich einfach den prozentualen Anteil derer, die eins bis sechs angegeben haben, von dem Anteil, die neun und zehn angegeben haben. Angaben von sieben und acht lasse ich einfach unberücksichtigt. Ein Score von +100 ist extrem selten. Ein Weltklasse-Ergebnis, auch von größeren Organisationen mit fünfzig, hundert und mehr Mitarbeitern, ist ein Score von 70 und aufwärts. 20-50 gilt als gut, unter 20 ist befriedigend und sobald der Wert negativ ist, ist es sehr schlecht.

Christian: Der Score kann also auch negativ sein.

Michael: Ja. Wenn kein Kunde eine neun oder zehn angibt und viele einen Wert zwischen eins und sechs auswählen, kommt ein negativer Wert heraus.

Christian: Das bedeutet, ich habe im Grunde gar keine Fans, sondern nur Feinde?

Michael: Genau. Kunden denken dann womöglich: „Der Laden ist der einzige mit diesem Produkt, daher führt kein Weg daran vorbei. Empfehlen kann ich ihn dir nicht."

Christian: Sobald das Produkt oder die Dienstleistung von jemand anderem angeboten wird, bin ich weg.

Michael: Ja, dann bin ich weg und kaufe woanders. Eine solche Firma kann langfristig nur dann überleben, wenn sie tatsächlich einen unschlagbaren Preis bietet, der alles andere wettmacht oder ein Monopol hat. Es ist kein nachhaltiges Geschäftsmodell.

Christian: Im Falle des Callcenters sind eine Menge Kriterien automatisiert messbar. Bei jedem eingehenden Anruf weiß ich sofort, was passiert, und frage danach zusätzlich den Score ab. Bei *chicco* hatten wir die Herausforderung, dass es ein relativ behäbiges Geschäft ist. Es ändert sich täglich nicht sehr viel. Wir haben daher eine sogenannte Prosecco-Grenze eingeführt. Jede Kaffeebar, die einen neuen Umsatzrekord an der Bar erzielt hat, hat — damals noch — eine SMS mit der neuen Rekordzahl gesendet und dafür eine Flasche Prosecco bekommen. Das Schöne daran war, dass es alle mitbekommen haben, wenn es eine neue Umsatzsteigerung gab. Wir haben zusätzlich per E-Mail mitgeteilt, wer die Flasche Prosecco erhalten hat. Häufig sind an Donnerstagen oder außerhalb der Ferien viele Rekorde gepurzelt. Eine andere Methode war ein großer Glaszylinder, den wir aufgestellt hatten. Immer wenn eine neue Kaffeebar eröffnet hat, haben wir einen kleinen Styroporball hineingeworfen. Es gab eine Markierung mit dem Jahresziel.

Michael: Es ist sehr hilfreich, Fortschritte transparent und für alle sichtbar zu machen. Alle Mitarbeiter werden mitgenommen und nicht nur der Chef sitzt irgendwo alleine und schaut sich die Zahlen an. Wenn alle den Fortschritt und das Ziel im wahrsten Sinne des Wortes vor Augen haben, läuft vieles automatisch in die richtige Richtung. Im Callcenter haben wir am Ende überall Bildschirme aufgehängt und alle Ergebnisse pro Team mit konkreten Prozentzahlen für alle, die gesamte Organisation, sichtbar gemacht — in Echtzeit und für den Tag, die Woche und den Monat. Auch unser Jahresziel haben wir kommuniziert. Wir wollten von den 6 Prozent auf 80 Prozent kommen. Den Fortschritt konnte jeder jeden Tag sehen. Schon nach ein paar Monaten wurde es deutlich besser und auch die 80 Prozent haben wir tatsächlich erreicht. Es gab eine riesige Feier und ein großes Lob vom CEO. Er hat sich an alle Mitarbeiter gewandt und sich ausdrücklich bedankt. Auch die Kunden haben es spürbar gemerkt und uns mitgeteilt. In weniger als einem Jahr haben wir das gesamte Servicemodell von unterirdisch auf Weltklasse verbessert. Ohne transparentes Messen wäre das nicht gegangen, sogar ganz im Gegenteil. Es ist für die Mitarbeiter ungerecht, ihnen ständig zu erzählen, dass der Service schlecht ist, den sie abliefern, ohne ihnen die Mittel und Möglichkeiten zu geben, etwas zu verbessern. Es ist, als würde ich dir ein Auto ohne Tacho geben und zu dir sagen, du bist viel zu langsam, fahr bitte mindestens X Kilometer pro Stunde.

Christian: Schwierig.

Michael: Unmöglich.

Christian: Als Chef kann ich gemessene Ergebnisse nutzen und zum Beispiel mit meiner Mitarbeiterin besprechen: „Ich habe mir deine Zahlen von letzter Woche angeschaut, wie kann ich dich unterstützen, besser zu werden?" Prozessverbesserungen, strukturelle Verbesserungen sind sehr viel leichter, wenn ich die passenden Zahlen kenne.

Michael: Als Mitarbeiter kann ich viel selbstbestimmter arbeiten, sehe meine Ergebnisse und kann mir gezielt überlegen, wie ich diese verbessern kann. Als Chef habe ich dann nur noch eine Support-Funktion, so wie es sein soll, und bin nicht gezwungen, durch Micromanagement Lösungen zu finden, die ich ohnehin nicht kenne. Ich hatte eben noch einen anderen Gedanken. Wir haben gerade über Service Level, NPS und die Kundenperspektive gesprochen. Auch als Chef kann ich natürlich meine Mitarbeiter nach ihrer Zufriedenheit fragen. „Wie gut gefällt es dir hier im Unternehmen auf einer Skala von ein bis zehn?" „Wie sehr würdest du guten Freunden oder Verwandten empfehlen, für unser Unternehmen zu arbeiten?" Das nennt sich dann eNPS — Employee Net Promoter Score. Damit decke ich die interne Perspektive ab und kann mir ein klasse Feedback einholen. „Was können wir verbessern, damit du in zwei Jahren immer noch hier arbeitest?" Das ist die interne, die Mitarbeiter-Perspektive. Die Kundenperspektive ist die externe Perspektive. Hier lege ich fest, was ich messen will, um unseren Erfolg sichtbar zu machen. Es kann die Kundenzufriedenheit sein oder zum Beispiel die Marke, die ich messen kann. Intern messe ich die Prozesse im Unternehmen und die Zufriedenheit meiner Mitarbeiter. Denn Ziel von Management ist es, ...

Christian: ... Ergebnisse zu erzielen und Mitarbeiter zu halten. Das, was ich messe, ist das, was passieren wird. Daher ist es wichtig, die richtigen Dinge zu messen und meine Aufmerksamkeit darauf zu lenken.

Michael: Dazu habe ich noch eine Sache gelernt. Idealerweise messe ich nicht nur eine Messgröße, sondern Kriterien-Paare, die sich gegenseitig ergänzen. So erzeuge ich ein ausgeglichenes Verhalten.

Christian: Wenn ich beispielsweise nur messe, wie schnell jemand ans Telefon geht, weiß ich zwar, dass er das Kundengespräch immer schneller entgegennehmen wird. Er kann allerdings das Problem des Kunden möglicherweise nicht lösen.

Michael: Richtig. Dann geht der Mitarbeiter blitzschnell ans Telefon und legt blitzschnell wieder auf. Es entsteht ein korrumpiertes Ergebnis. Ich erhalte ein sensationelles Servicelevel und die Kunden sind immer noch unzufrieden. Ich benötige als Ergänzung und Ausgleich eine Bewertung der Kundenlösung, um Balance zu schaffen. Finanzgrößen sind ein anderes gutes Beispiel. Wenn ich Umsatzzahlen messe, führt es dazu, dass das Sales-Team einen Turbo einlegt und hohe Umsätze generiert. Messe ich jedoch nicht gleichzeitig auch die Profitabilität und gebe horrende Summen an Werbung aus, sodass der Umsatz nicht profitabel ist, hilft es der Firma nicht. Ich brauche also zwei Größen: Umsatzsteigerung und Profitabilität. Eine der beiden Größen ist nicht aussagekräftig genug. Zwei Größen sind mehr als eine Größe.

Christian: So sieht es aus.

Die Ideen zur Visualisierung der Erfolge und der Zielerreichung finde ich super. Es schafft einen gesunden Wettbewerb und gleichzeitig ein WIR-Gefühl und Motivation. Es ist tatsächlich entscheidend, was ich messe. Denn ich erlebe es auch, dass wir viel zu viele Kennzahlen haben, durch die niemand mehr durchblickt und die Aktivitäten schnell in verschiedene Richtungen laufen. Auch dies kann zu einem korrumpierten Ergebnis führen. Ich höre schon euren Kommentar dazu: Purpose, Vision, Werte und die Strategien helfen bei der Ausrichtung und bringen den notwendigen Fokus. Got it – Ich hab's verstanden.

LERNEN LEBENSLANG

KINÄSTHETISCH LERNT AM LÄNGSTEN

Michael: Sag mal, wie machst du das eigentlich in einem solchen World-Class-High-Performing-Kick-Ass-Team? Eine wesentliche Zutat für so ein virtuoses Team ist ja, sich ständig weiterzuentwickeln, dazuzulernen und sich weiterzubilden – sowohl für dich als Chef als auch für jeden Einzelnen im Team. Wie machst du das? Wie stellst du sicher, dass sich jeder kontinuierlich weiterbildet?

Christian: Ich versuche es zunächst mal, an einem Beispiel von mir selbst zu erklären. Mir war es schon immer sehr wichtig, dass ich mich selbst weiterbilde und immer Neues dazulerne. Für mich ist es wichtig, Optionen zu haben und flexibel zu sein. Ich probiere gerne verschiedene Dinge und Wege aus und passe mich sehr schnell an. Bei manchen Dingen bleibe ich dabei, bei anderen wiederum nicht. Ein gutes Beispiel für etwas, das ich mir selbst beigebracht habe, ist mein Sportseeschifferschein. Das ist im Prinzip wie eine Berufsausbildung zum professionellen Skipper. Ich habe zunächst einen Kurs besucht und schnell gemerkt, dass ich selbst ohne Vorkenntnisse den Kurs besser leiten könnte als der Trainer. Er hat sich wirklich schwergetan. Also habe ich mir gedacht: „Den Stoff kann ich mir auch selbst beibringen", und habe mich einfach ohne den Kurs zur Prüfung angemeldet. Das funktioniert bei mir super, wie eine Art Trick. Ich melde mich verbindlich zu einer Prüfung an und bringe es mir bis dahin selbst bei. In meinem Kopf sehe ich die Kosten der Prüfung, die ich bereits bezahlt habe. Auch wenn diese nicht besonders hoch sind, ist es für mich wie eine Art Anreiz. Ich will die Prüfung dann unbedingt schaffen, sodass ich plötzlich richtig fleißig werde, mich hinsetze und alles im Selbststudium lerne.

Michael: Du setzt dir also ein konkretes Ziel, dass du messen kannst und für das du sogar bereits bezahlt hast. Es löst eine Verpflichtung bei dir aus, unabhängig davon, wie groß oder klein der Betrag ist. Das Ziel willst du dann auch unbedingt erreichen und das Geld nicht einfach zum Fenster hinausschmeißen. Und dann machst du es einfach, ja?

Christian: Ja, ich will es dann auch durchziehen und mache es einfach. Zumindest dann, wenn ich davon überzeugt bin, dass mir dieses Ziel etwas bringt und ich etwas Sinnvolles lernen kann.

Michael: Wie sieht das Lernen dann bei dir aus? Wie bereitest du dich auf die Prüfung und auf das Ziel vor, welches du erreichen willst?

Christian: Ich gehe mit unterschiedlichen Maßnahmen daran. Dinge, die ich mir nicht gut merken kann, schreibe ich auf Karteikarten — ganz oldschool. Alles andere lese ich, präge es mir ein und übe es dann wieder und wieder. Ich wiederhole es. Zum Beispiel durfte ich für den Sportseeschifferschein sehr viel Gezeitennavigation üben. Dafür hatte ich eine große Karte, einen Zirkel, ein übergroßes Geodreieck und Tabellen. Mit diesem sogenannten *Besteck* wird dann navigiert. Das habe ich sehr häufig geübt. Das hat mir so viel Spaß gemacht, dass ich es hätte stundenlang machen können. Ich wollte es einfach gerne lernen und verstehen.

Michael: Das ist ein Beispiel für etwas, das dir Spaß macht, du es gerne lernst und deshalb motiviert bleibst.

Christian: Ja, genau. Vor allem die Abwechslung ist für mich wichtig. Aktuell lerne ich zum Beispiel Italienisch. Mal lerne ich mit einem Lehrer, mal durch das Lesen von Büchern, durch das Anschauen von Filmen oder durch eine App, mit der ich Vokabeln trainieren kann. Die verschiedenen Formate helfen mir, dran zu bleiben. Ich nutze das eine solange, bis mir langweilig wird, dann wechsle ich das Format.

Michael: Cool, verstehe.

Christian: Wie machst du es denn?

Michael: Wenn ich so zurückblicke, habe ich eigentlich am meisten dadurch gelernt, dass ich die Dinge selbst angewendet und sogar anderen beigebracht habe. All die Themen, die wir hier besprechen, habe ich früher einmal in einem Training gehört, in einem Buch gelesen oder bei anderen beobachtet. Ich war so begeistert davon, dass ich die Dinge einfach selbst ausprobiert habe. Gerade all die NLP-Tricks, die Sprachtechniken und die Inhalte aus den Führungskräfte-Coachings, die ich selber mitgemacht habe, habe ich in meinem Team weitergegeben und angewendet. Ich habe mir all den

Fundus an Methoden zu eigen gemacht und angefangen, es auch anderen beizubringen, zu diskutieren und mir anzuhören, wie es andere erlebt haben. Ich habe mit meinem Team regelmäßig Trainings- und Weiterbildungstage organisiert, die wir sehr ernst genommen haben. Jedes Mal haben wir uns dabei andere Themen vorgenommen. Ich hatte immer totale Lust darauf. Im Nachhinein, nach etwa fünfzehn Jahren stelle ich fest, dass ich am meisten dabei gelernt habe, die Themen anderen beizubringen. Das, was ich selbst gelernt habe, anderen zu erklären, immer wieder mit anderen Beispielen und Fragen konfrontiert zu sein, auch kontrovers darüber zu diskutieren und sich immer wieder mit den Themen auseinanderzusetzen, neue Blickwinkel kennenzulernen — so haben sich die Inhalte am besten bei mir festgesetzt. Auch wenn ich mich in manchen Themen von Anfang an gar nicht so sicher gefühlt habe, war es doch die effektivste Trainingsmethode, selbst als Trainer die Dinge weiterzugeben, die ich schon wusste und neue Dinge gemeinsam auszuprobieren. So bin ich am schnellsten weitergekommen und habe auch während meiner eigenen Trainings immer wieder dazugelernt. Mit den Teilnehmern zusammen, konnte ich die Inhalte noch tiefer durchdringen.

Wodurch ich nicht so viel lerne, sind diese klassischen Schulungen, in denen ein Lehrer in einem Klassenzimmer vorne steht und doziert. Ich schaffe es dabei nie länger als fünf Minuten wach zu bleiben und zuzuhören. Wenn es eine Mischung ist und viel diskutiert wird, im Raum etwas passiert – Gruppenarbeiten zum Beispiel — dann ist es ok. Dann schaffe ich es, motiviert zu bleiben, und nehme auch etwas aus der Schulung mit. Auch das ist eine Erkenntnis darüber, wie ich am besten lernen kann. Ich habe gelernt, mir Zeit zum Lernen zu nehmen. Ich nehme mir zum Beispiel für einen Kurs eine ganze Woche Zeit. Ich widme mich in dieser Woche nur diesem Kurs beziehungsweise diesem Thema und konzentriere mich auf die Inhalte. Nicht, weil jemand fünf Tage lang vor mir steht und mir etwas erklärt, sondern weil ich mich dem Thema aktiv widmen kann, ausprobieren darf und mit anderen experimentiere. Das war eine wichtige Erkenntnis auf meiner Reise – Lernen braucht Zeit.

Christian: Das kann ich absolut nachvollziehen. Auch ich verbringe viel Zeit mit den Themen, die ich lernen will. Auf verschiedene Arte und Weise, mit verschiedenen Medien, lesen und sprechen. Das, was du eben beschrieben hast, ist die Feynman-Methode. Richard Feynman, Physiknobelpreisträger hat gesagt: „Wenn ich etwas lernen will, lese ich es mir durch und versuche es dann, jemandem zu erklären." Spätestens dann merke ich, ob ich etwas verstanden habe oder nicht.

Michael: Richtig. Einstein — auch ein Physiker — hat doch auch so einen Spruch dazu gehabt. „Wenn ich etwas nicht einfach erklären kann, habe ich es noch nicht gut genug verstanden." Geil.

Christian: Was bedeutet das denn nun für mich und meine Mitarbeiter? Sollen meine Mitarbeiter mir nun alles erklären, was ich bereits kann, nur damit sie es auch lernen?

Michael: Warum nicht? Vielleicht erklären sie es ihren Kollegen.

Christian: Für mich gibt es ein paar Dinge, ein paar Skills oder Fähigkeiten, die ich im Unternehmen für essentiell halte. Dazu zählt zum Beispiel die Fähigkeit, ein Projekt zu managen, Mitarbeitermeetings effizient zu moderieren und eloquent zu präsentieren. Ich unterstütze meine Mitarbeiter immer dabei, dies selbst zu lernen.

Michael: Dabei geht es um Verhaltensflexibilität, richtig? Es ist keine fachliche Knowhow-Vermittlung im Sinne von: *Wie hole ich aus dieser Kaffeebohne noch mehr Aroma heraus*, sondern es geht darum, seine Rolle besser ausfüllen zu können.

Christian: Genau. Mein Ansatz ist, wenn es von einem Mitarbeiter erledigt werden kann, darf es auch von einem Mitarbeiter erledigt werden. Wenn ich zum Beispiel für einen Vortrag auf einer Konferenz angefragt wurde, habe ich zugesagt und gleichzeitig darauf bestanden, eine Kollegin mitzubringen, die den zweiten Teil des Vortrags hält. Das Schöne war, von diesem Moment an brauchte ich keinen einzigen Vortrag mehr halten, denn spätestens dann hat sie es gekonnt und auch gemacht.

Michael: Und sie war sicher turbo-motiviert.

Christian: Aber hallo! Das gleiche habe ich mit Mitarbeitermeetings gemacht. Diese zu moderieren ist stets Aufgabe der Mitarbeiter. Ich habe schon häufig das Feedback bekommen, dass auch die Meetings mit Kunden viel leichter und effektiver sind, seit die Mitarbeiter auch die internen Meetings ein paar Monate lang moderiert haben.

Michael: Ja, klar. Sie hatten die Chance, diese Skills aufzubauen und zu trainieren. Witzig, dass du das erwähnst. Dazu habe ich auch eine wichtige Erfahrung gemacht. Ich habe immer schon gerne moderiert und Workshops durchgeführt. Das hat dazu geführt, dass ich die meisten Workshops und Meetings im Team selbst geleitet habe. Das mache ich heute nicht mehr. Damals kam jemand aus meinem Team zu mir und sagte von sich aus: „Michael, wir würden gerne auch mal selbst moderieren und hätten dich gerne als Ressource dabei. Es wäre klasse, wenn wir den Prozess und die Struktur selbst entscheiden und moderieren dürfen und du als Teilnehmer dabei bist.“ Dieses Feedback hat meine Perspektive, mein Mindset total verändert und ich war super dankbar dafür. Ich dachte bis dahin immer, dass ich als Chef selbst durch den Prozess führen müsste. In dem Moment habe ich verstanden, dass auch ich einfach nur mal Teilnehmer sein darf, während jemand anderes den Prozess führt und Führung übernimmt. Plötzlich wurde es viel einfacher für mich, denn ich brauchte nur noch Input zu geben und konnte mich auf mein Team verlassen.

Christian: Für dich ist es einfacher geworden, für die Mitarbeiterin war es motivierend und vielleicht sind sogar die Meetings besser geworden. Ich habe das auch erlebt. Ich habe eine Weile immer einfach meinen Stiefel durchgezogen und sobald es jemand anderes in die Hand genommen hat, war plötzlich Raum für Verbesserungen da.

Michael: Ich habe dadurch gelernt, dass ich selbst Dinge, die ich gut kann, auch an jemand anderes delegieren darf. Das, was ich für eine meiner Kernkompetenzen gehalten habe, konnte ich dennoch abgeben. Das war super.

Christian: Die Kernkompetenz wird zu einer anderen. Deine Kernkompetenz ist dann *abgeben*.

Michael: Absolut richtig. Delegieren, Aufgaben abzugeben ist eine Kompetenz, die ich aufbauen durfte. Das ist mir nicht leicht gefallen. Ich war bei einigen Dingen eher ein Kontrollfreak und wollte selbst beteiligt sein.

Erst über die Jahre habe ich gelernt, dass es viel einfacher und besser ist, Aufgaben vollständig abgeben zu können und vertrauen zu dürfen.

Christian: Wir haben gerade über *Adult Learning*, das Lernen von Erwachsenen, gesprochen. Wie kann ich das nun im Unternehmen für jeden Mitarbeiter kontinuierlich implementieren und sicherstellen? Sind Workshops der richtige Weg? Ist es ein Teil davon? Hilft E-Learning dabei?

Michael: Ich würde es immer wieder zurückführen auf die drei Elemente, die im Adult Learning gut funktionieren und die wir im Grunde eben in unseren Geschichten bereits beschrieben haben. Interessanterweise sind dies alles Elemente, die eher kinästhetischer Natur sind. Der Lernende macht dabei eine körperliche Erfahrung. Wenn ich als Trainer Inhalte selbst lehre, mache ich eine körperliche Erfahrung. Ich höre nicht nur etwas, ich sehe nicht nur etwas, sondern ich erlebe diese Rolle mit meinem gesamten Dasein. Wenn ich etwas ausprobiere, ist es ebenfalls eine Erfahrung. Wenn ich etwas ausprobiere, stehe ich dafür gerade, ich diskutiere — vielleicht sogar kontrovers — und nehme dabei eine Haltung ein. Ich stecke quasi auch emotional mit drin. Wenn ich hingegen ein Buch lese, im Klassenzimmer sitze oder bloß ein Video-Tutorial anschaue, nehme ich dies rein visuell oder auditiv war. Es ist keine kinästhetische, keine körperliche Erfahrung. Worauf ich bei Weiterbildungen achte, ist, dass die Formate abwechslungsreich und die Erfahrungen ausgeglichen sind. Bücher sind immer noch eine sinnvolle Sache, klassische Schulungen können auch helfen, Video-Tutorials, zum Beispiel auf Youtube sind häufig ein super Einstieg. Es gibt einen gigantischen Fundus an Inhalten, aus denen ich irre viel mitnehmen kann. Am größten ist der Lernerfolg, wenn ich all das kombiniere mit Experimenten und Diskussion. Und es ist sehr wichtig, es einfach zu machen und es direkt selber zu lehren. Wenn sich jemand in ein neues Thema einarbeitet, ist es sicher sinnvoll, dies mithilfe von YouTube-Tutorials zu tun oder ein Seminar zu besuchen. Danach würde ich diejenige bitten, die Inhalte im Team weiterzugeben. Das kann ich direkt miteinander verknüpfen und ein Meeting organisieren, in dem das Team in ein, zwei Stunden ebenfalls von den Inhalten profitieren kann. So wird das Gelernte noch einmal verstärkt, vielleicht durch die eigene Aufbereitung der Mitarbeiterin sogar noch erweitert. Das Team hat etwas davon und ich selbst lerne auch noch etwas. Es ist eine Win-Win-Situation für alle.

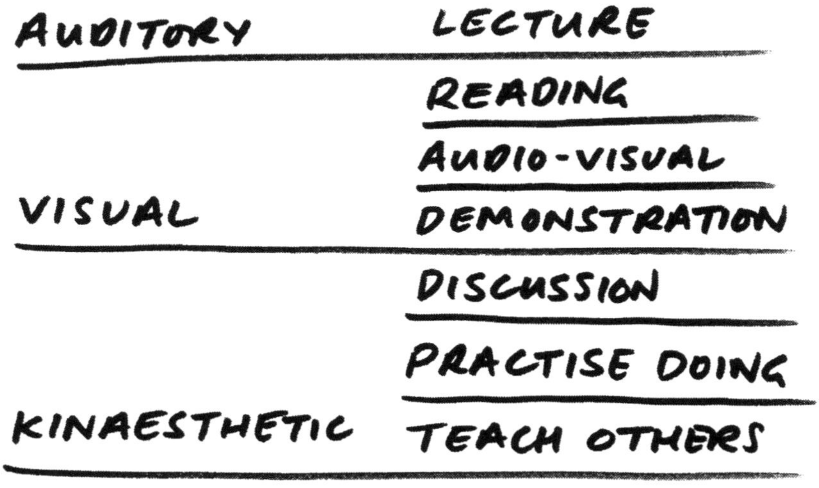

Abbildung: Effektives Lernen
Erst wenn ich anderen etwas beibringe, erkenne ich selbst, ob ich es wirklich verstanden habe. Es ist für mich die wirkungsvollste Art zu lernen. Alle Sinne werden dabei aktiviert.

Christian: Als du gerade die kinästhetischen Erfahrungen erwähnt hast, habe ich nochmal an meinen Sportseeschifferschein gedacht. Auch da habe ich das Gelernte immer direkt mit allen Sinnen erlebt und assoziiert. Am einfachsten zu lernen war das Navigieren, da ich durch die Karte, den Zirkel und so weiter die gelernten Formeln und Inhalte direkt erlebt habe. Die Theorie, die ich zuvor gelesen habe, habe ich kinästhetisch erlebt. Wenn mich wirklich etwas interessiert, stelle ich es mir mit all meinen Sinnen vor. So kann ich es mir gut einprägen. Es funktioniert vermutlich nur, wenn mich etwas wirklich begeistert.

Michael: Das erinnert mich an die Geschichte von einem Captain der US Army in Kriegsgefangenschaft. Ich glaube, es war während des Vietnamkriegs. Jedenfalls geht die Geschichte wie folgt. Der Captain war Golfer und viele Jahre in Gefangenschaft, eingesperrt in einer kleinen Zelle. Um nicht durchzudrehen, hat er sich jeden Tag mit all seinen Sinnen vorgestellt, er würde auf seinem Lieblings-Golfplatz Golf spielen. Er hat alle Schläge haarklein durchgespielt und sich diese mental vorgestellt. Nach vielen Jahren der Gefangenschaft kam er wieder nach Hause. Als er dann tatsächlich auf dem Golfplatz stand und spielte, hatte er ein deutlich besseres Handicap als vor der Gefangenschaft. Alles nur, weil er sich mit allen Sinnen in jeden Schlag hinein gefühlt und jede Bewegung durchgespielt hat. Selbst seine körperliche Verfassung, seine Muskeln haben sich tatsächlich entsprechend aufgebaut. Er hatte sogar bessere Reflexe als vorher. *Mind over matter.*

Christian: Das hört man auch von Rennfahrern. Ich war mal in einem Vortrag von Walter Röhrl, dem Rallyefahrer. Auch er hat es genauso gemacht. Während die anderen abends gefeiert haben, saß er in seinem Zimmer und ist die Strecke Kurve für Kurve in seinem Kopf durchgegangen. Er hat es kinästhetisch assoziiert. Er hat alles gespürt, wahrscheinlich hat er sogar das Innere von seinem Auto gerochen.

Michael: Ich kenne das selbst vom Klavierspielen. Wenn ich ein neues Stück lerne und es unbedingt können will, komme ich irgendwann an einen Punkt, an dem ich anfange, wie besessen davon zu sein. Egal wo ich dann bin, fange ich an, mir vorzustellen, wie ich dieses Stück spiele, wo die kniffligen Stellen sind, an denen ich besonders darauf achte, dass die Finger die richtigen Tasten treffen. Das Spiel geht mental immer weiter. Dazu gibt es auch ein Buch von einem berühmten Coach. Es heißt *The Inner Game of Tennis*. Der Autor beschreibt darin, wie ich ein Tennismatch nicht nur physisch, sondern zuerst mental gewinne.

Christian: Jetzt wäre es spannend zu wissen, ob ich Tennis nur durch meine Vorstellung lernen kann.

Michael: Na, dann mal los.

Christian: Ich probiere es aus. Wir sehen uns nächstes Jahr in Wimbledon.

Michael: Ich spiele mich dann schon mal warm.

Inhalte aus Projekten, Schulungen oder Weiterbildungen selbst im Team vorzustellen ist wirklich eine gute Idee. Es lohnt sich dies zu institutionalisieren und zu rotieren, sodass jeder mal etwas an seine Kollegen weitergibt, was er gelernt hat oder worin er wirklich gut ist. So bekommt jeder noch mehr Verständnis dafür, mit welchen Themen sich die Kollegen beschäftigen und erweitert seine eigene Kompetenz. Auch Lernmethoden und der Einsatz von Medien kann untereinander ausgetauscht und in geschützter Atmosphäre ausprobiert werden. Je besser das Ganze funktioniert, desto größer können diese Sessions ausgeweitet werden und auch Teamübergreifend stattfinden, sodass das gesamte Unternehmen profitiert.

ENTSCHEIDUNGEN UND PRIORITÄTEN

ICH, DU, WIR ODER EISENHOWER?

Christian: Es ist 2020 und die Corona-Krise hat uns voll im Griff. Viele Unternehmer drehen am Rad. Was können wir tun? Wie können wir ihnen helfen?

Michael: Aus einer kleinen Krisensituation in meiner Vergangenheit habe ich mir die Baseball-Analogie gemerkt. Ich kenne sie aus Amerika und ich glaube, sie ist gerade in den aktuellen Zeiten eine gute Hilfestellung. Mein damaliger Mentor Terry hat sie mir beigebracht. Er war damals Strategiedirektor von einem internationalen Konzern — ein super smarter Typ. Heute ist er Professor an der Stanford University. Ich konnte mich glücklich schätzen, ihn als Mentor zu haben. Wir haben uns damals ein bis zweimal pro Jahr gesehen und hatten bloß jeweils eine halbe Stunde Zeit zusammen. Für mich war jede dieser dreißig Minuten super powerful. Bei unserem allerersten Treffen habe ich ihm von meiner neuen Rolle erzählt. Ich hatte zu dieser Zeit über hundert Leute in meinem Team und ziemlich viel Verantwortung. Es war sehr operativ und super hektisch. Es blieb wenig Zeit zum Planen. Terry kennt sich als Amerikaner ziemlich gut mit Baseball aus. Als ich ihm meine Situation erklärte, fragte er mich daraufhin: „Do you know what a batting average is?" Ich antwortete: „Nein, das weiß ich nicht." Er erklärte es mir. „Wir nutzen es im Baseball, um zu messen, wie häufig ein Spieler einen Ball trifft." Der *baseball bat* ist der Holzschläger, den ein Spieler beim Baseball in der Hand hält. Die Rolle des Spielers nennt sich *Batter*. Der *Batting Average* bewertet den Spieler, indem er misst, wie viele von einhundert Bällen der *Batter* mit seinem Schläger trifft. Der *Batting Average* ist also ein KPI, der als Zahl zwischen Null und Eins ausgedrückt wird, und zwar mit drei Nachkommastellen. Die besten Spieler auf der Welt haben einen Batting Average von über 0,300 und ganz wenige sind jemals über 0,400 gekommen. Die besten der Besten versemmeln also über sechs von zehn Schlägen.

Christian: Das ist eine ganze Menge.

Michael: Ja, und dennoch ist es Weltklasse. Terry sagte dann im Hinblick auf meine Situation: „If you are in a leadership position like this, it comes down to your batting average as a leader." Er hat die Situation als Führungskraft mit Baseball verglichen und sagte damit im Grunde, dass es in hektischen Situationen darauf ankommt, Entscheidungen schnell zu treffen. Ich versuche den Ball sofort zu treffen, wenn er auf mich zu geflogen kommt. Wenn ich abwarte und nichts tue, also die Entscheidung hinauszögere, ist der Ball verloren. Es ist ein Miscount.

Christian: Und der Ball landet womöglich in deinem Gesicht.

Michael: Vermutlich. Jedenfalls passiert mit ziemlicher Sicherheit nichts Gutes. Abwarten ist also keine Option. Er sagte, ich solle mir darüber klar werden, dass ich als Führungskraft nicht jede Entscheidung richtig treffen werde. Es ist daher insbesondere in Krisensituationen viel wichtiger, Entscheidungen schnell zu treffen, damit es weitergehen kann. Gerade jetzt in Corona-Zeiten hilft mir diese Baseball-Analogie sehr. Ich denke häufig daran zurück. Es hilft mir, mich zu entspannen und mir auch selber zu verzeihen, wenn ich mal die eine oder andere falsche Entscheidung treffe. Wichtig ist, dass ich die Bälle schlage, wenn sie geflogen kommen.

Christian: Spannend an dieser Analogie ist auch, dass die Profispieler ihre Schläge vorher bereits ausprobiert und geübt haben. Sie haben durch üben und wiederholen eine Trefferquote von über 30 % erreicht. Die Dinge, die ich außerhalb der Krise gelernt und die Gewohnheiten, die ich mir angeeignet habe, kann ich in der Krise anwenden, ohne dass ich gezwungen bin, etwas Neues unter Zeitdruck zu lernen. Wenn ich es vorher schon mal geübt habe, kann ich in der Krise darauf zurückgreifen und die Dinge noch konsequenter umsetzen.

Michael: Genau. In der Situation gilt es dann, mir selbst zu vertrauen. Wir stehen jetzt auf dem Spielfeld und spielen. Ich schlage den Ball, wenn er kommt. Ich bin, wer ich bin und ich leiste, was ich leiste. Und das ist gut so.

Christian: Richtig, denn es ist genau, wie du gesagt hast — keine Entscheidung zu treffen ist der schlechteste Weg. Eine falsch getroffene Entscheidung kann ich gegebenenfalls schnell wieder rückgängig machen und daraus lernen. „Okay, ich habe geschlagen, es hat nicht geklappt. Jetzt machen wir es anders."

Michael: Wir sehen Gleiches gerade jetzt im Zusammenhang mit der Corona-Pandemie auch in der Politik. Entscheidungen werden zur Zeit täglich neu getroffen. Und Entscheidungen, die getroffen worden sind, werden nach ein oder zwei Tagen wieder revidiert. Es ist ein schönes Beispiel für die Baseball-Analogie. Ich würde sogar behaupten, dass wir sehr gut beobachten können, welche Spieler auf der politischen Bühne gerade besonders hohe Batting Averages haben und welche nicht. Es sind sehr spannende Zeiten.

Christian: Ja, wir sehen förmlich, wer bereits geübt hat, Entscheidungen schnell zu treffen und wer nicht. Lass uns das Bild noch etwas erweitern. Stellen wir uns vor, ich stehe als *Batter* auf dem Spielfeld, es kommt ein Ball geflogen und gleichzeitig ruft mir der Trainer noch etwas zu. Ich darf also in dem Moment, in dem ich schlage, auch noch priorisieren.

Michael: Priorisieren ist dann ganz wichtig. In dem Zusammenhang hilft mir die Eisenhower-Matrix. Damit kann ich zwischen dringenden und wichtigen Dingen unterscheiden. Ich benutze diese Matrix sehr gerne. Dabei male ich mir eine 2x2-Matrix auf. An die eine Achse schreibe ich *dringend* und an die andere Achse *wichtig*. Ich erhalte wie so oft vier Quadranten. In dem Quadranten, in dem sowohl die Wichtigkeit als auch die Dringlichkeit hoch ist, scheint sich in Krisensituationen einiges zu türmen. Doch es gibt auch den Quadranten mit wichtigen Dingen, die noch nicht dringend sind. Diese Dinge kann ich später machen. Bleiben noch zwei Quadranten mit unwichtigen Dingen. Unwichtig und nicht dringend ignoriere ich einfach. Dringende Sachen, die nicht so wichtig sind, versuche ich zu delegieren. Ich selbst beschäftige mich als Führungskraft ausschließlich mit den beiden Quadranten, die die wichtigen Dinge enthalten.

Abbildung: Eisenhower-Matrix
Als Chef kümmere ich mich nur um Wichtiges. Wenn ich gut plane, habe ich fast nichts Dringendes. Weniger Wichtiges delegiere oder lösche ich.

Christian: Was sind denn die Kriterien für *wichtig* und *dringend*? Ich kenne das noch von meiner Firma. Damals war immer alles wichtig und dringend. Niemand wollte sich wirklich eingestehen, dass ein paar Dinge in einen anderen Quadranten hineingehören. So wurde fast alles in einen gequetscht. Was ist denn wirklich wichtig?

Michael: Gute Frage. Ich male mir diese Matrix meistens direkt morgens auf und überlege, was für den heutigen Tag absolut dringend ist und auf jeden Fall erledigt werden darf. Gerade jetzt in der Krise gibt es Dinge, die wie der Ball im Baseball sind. Sie kommen auf mich zu geflogen. Wenn ich sie nicht sofort erledige, habe ich verloren. Das kann ich mir gerade nicht leisten. Wenn ich hingegen strategisch plane, betrachte ich *dringend* eher auf einer Jahresbasis oder einer 3-Jahresbasis. In einer Krise betrachte ich jeden einzelnen Tag und überblicke vielleicht noch die kommende Woche. Was in dieser Zeit erledigt werden darf, ist dringend. Ob etwas wichtig ist, entscheide ich nach dem Impact, den die Aufgabe hat. Welche Auswirkungen hat es, wenn ich diese Aufgabe erledige oder nicht erledige? Vielleicht ist es nur eine Kleinigkeit, die keine großen, negativen Konsequenzen für die

Firma oder mich hat, wenn sie daneben geht oder nicht gemacht wird. Ich kann es mir leisten, wenn sie zu den 40 % der Schläge gehört, die daneben gehen. Dann ist es vielleicht dringend und nicht unbedingt wichtig.

Christian: *Dringend* hat eher etwas mit Zeit, mit der Uhrzeit zu tun und damit, was in meinem Kalender steht. *Wichtig* steht doch sicher auch in Verbindung mit meinem Purpose, meiner Vision und meinen Zielen, oder?

Michael: Ja, genau. Wie wichtig etwas ist, beschreibt die Auswirkungen auf meinen Purpose, meine Vision, meine Werte und meine Strategien — wichtig für unseren Masterplan, das große Ganze. Gerade in Krisenzeiten schaue ich täglich darauf. Wofür machen wir das alles überhaupt? Was ist unser Purpose und unsere Vision? Wo wollen wir überhaupt hin und was dürfen wir — gerade jetzt in der Krise tun, um der Vision näher zu kommen? Falls wir durch die Krise sogar zurückgefallen sind, überlege ich, was wir tun können, um dies wieder aufzuholen. Gerade die Values sind in einer Krise wichtig. Sie sind die entscheidenden Leitplanken, um im Team auch unter Druck zu funktionieren. Wenn ich zu meinem Team sage: „Leute, macht so schnell ihr könnt", „Baseball Batting Average" und so weiter, geben mir die Werte Auskunft darüber, ob der Ball, der gerade auf mich zugeflogen kommt noch im Spielfeld oder schon außerhalb ist. Meine Werte helfen mir zu entscheiden, wie und wann ich den Ball — gerade in Stresssituationen — schlage.

Christian: Ursprünglich war die Eisenhower-Matrix eine 2x1-Matrix. Eisenhower war anscheinend der Meinung, dass Dinge, die dringend sind, niemals wichtig sind und Dinge, die wichtig sind, nicht gleichzeitig dringend sein können. Den Gedanken finde ich auch spannend. Ich überprüfe damit meine Entscheidung, was ich als dringend und wichtig kategorisiert habe. Ich frage mich selbst: „Erscheint mir das gerade wichtig, nur weil es dringend ist? Oder ist es tatsächlich wichtig?" Entspricht es wirklich meinem Purpose, meiner Vision und meinen Werten?

Michael: Gute Challenge. Gerade jetzt zu Zeiten des Lockdowns durch das Corona-Virus denke ich oft an Cashflow. Die dringenden Themen sind natürlich Liquidität zu behalten und den Cashflow zu managen. Ich treffe jetzt Entscheidungen, damit die Firma im Zweifelsfall überleben kann. Es ist ähnlich wie unsere Definition von Purpose. *Purpose is why we do what we do beyond making money*. Wir erleben dies gerade auch bei vielen unserer Klienten. Geld und Liquidität stehen aktuell im Vordergrund, es sind dringende Themen und das ist vollkommen in Ordnung. Denn wenn ich die Kohle nicht gemanaged bekomme, kann ich auch meinen Purpose und meine Vision und Werte vergessen. Ohne Geld läuft es eben gegebenenfalls nicht weiter.

Christian: Es gibt also durchaus Dinge, die dringend und gleichzeitig wirklich wichtig sind.

Michael: Vielleicht ist gerade in einer Krise genau die Gelegenheit, bei der dringende Themen wichtig werden. In vielen Fällen hat Eisenhower sicher recht gehabt, indem er sagte, dass dringende Themen nicht gleichzeitig wichtig sein können. Die Matrix wurde möglicherweise ohne sein Wissen zu einer 2x2-Matrix erweitert. Vielleicht meinte er damit auch, dass er sich selber nur um Wichtiges kümmert und alles Nicht-Wichtige an andere übergibt oder einfach ignoriert.

Christian: Was in einer Krise neben dem Priorisieren zusätzlich wichtig ist, ist die Kommunikation mit den Mitarbeitern. Derzeit sind viele Mitarbeiter im Homeoffice und sind sehr verunsichert über ihre persönliche Zukunft, vielleicht sogar über die Zukunft des Unternehmens, über ihren Arbeitsplatz und über ihr Einkommen. Daher ist vor allem die Kommunikation mit den Mitarbeitern dringend und wichtig zugleich.

Michael: Das stimmt. Kommunikation ist in der Krise Prio Nummer Eins. Remote Working ist im Moment auch ein großes Thema. Erst gestern haben wir darüber in einer Coaching-Session gesprochen. Es ist wichtig, die digitalen Kanäle zu nutzen und so zu orchestrieren, dass es sich für das Team gut anfühlt und die Mitarbeiter trotz der räumlichen Distanz eng zusammenarbeiten und sich nah sind.

Christian: Kommen wir noch einmal zurück auf die Entscheidungen, die es zu treffen gilt. Wie schaffe ich es denn, dass all diese Entscheidungen im Unternehmen getroffen werden? Treffe ich diese als Unternehmer, als Geschäftsführer alleine oder kann ich einige davon abgeben?

Michael: Gute Frage. Auch dafür nutze ich eine Matrix. Ein kleines Tool, das ich durch einen meiner anderen Mentoren kennengelernt habe. Die Decision-Matrix. Dieses Mentoren-Ding ist schon eine tolle Sache.

Christian: Besorge dir einen Mentor!

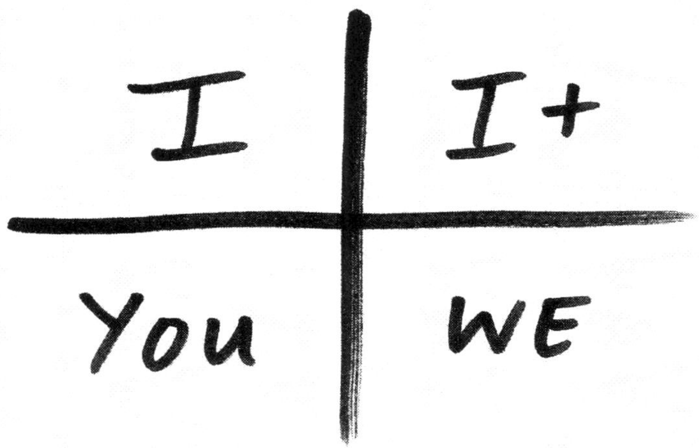

Abbildung: Entscheidungs-Matrix
Wir bestimmen, wer wie welche Entscheidung trifft.

Michael: Ja, das kann ich nur empfehlen. Auch die Decision-Matrix ist eine 2x2-Matrix. Es gibt vier Entscheidungsmodi. Der erste Entscheidungsmodus ist *Ich*, auf Englisch *I*. Hier treffe ich selbst die Entscheidung. Der zweite Modus ist der *Ich*+-Modus. Im Englischen heißt er *I*+. Auch hier entscheide ich als Chef, hole mir jedoch vorher Input aus dem Team und treffe erst dann die Entscheidung. Der dritte Modus ist der *Du*-Modus. Im Englischen heißt er *You*. In diesem Modus delegiere ich die Entscheidung an jemand anderen. Ich übertrage also jemandem die Verantwortung, diese Entscheidung zu treffen. Sie ist accountable und muss mich nicht vorher fragen. Natürlich darf sie mich um Rat fragen, wenn sie möchte. Die Entscheidung trifft jemand, den ich auswähle, nicht ich selbst. „Ich vertraue auf deine Entscheidung und stehe auch für diese ein. Ich stehe hinter dir und wir ziehen es gemeinsam durch."

Der vierte Modus ist *Wir*. Hier treffen wir die Entscheidung gemeinsam. Dieser Modus fühlt sich häufig sehr harmonisch, sehr demokratisch an. Allerdings hat er einen kleinen Haken. Es ist dabei wichtig, von Anfang an festzulegen, wie wir zu dieser Entscheidung kommen. Entscheiden wir per Mehrheitsbeschluss? Bedarf es einer Zweidrittelmehrheit? Brauchen wir eine absolute Mehrheit oder reicht eine einfache Mehrheit? Entscheiden wir durch Würfeln oder Abstimmen? All das gilt es vorher festzulegen.

Bei allen vier Modi ist es wichtig, dass ich vorher mit allen involvierten Leuten plane, wer was entscheiden wird.

Christian: Eine weitere wichtige Entscheidung: Habe ich ein Veto?

Michael: Dann sind es nicht mehr *wir*, die entscheiden. Dann bin wieder *ich*, der der entscheidet. Der Klassiker. Das Wichtige bei diesen vier Modi — *Ich*, *Ich+*, *Du* und *Wir* ist, vorher zu vereinbaren, welcher der Entscheidungsmodus für das jeweilige Thema ist.

Christian: Ich entscheide zu jedem Thema und zu jeder Entscheidung, die ansteht, wer diese Entscheidung trifft, richtig?

Michael: Wir entscheiden. Wir einigen uns darauf, welchen Modus wir gemeinsam befolgen werden.

Christian: Dann werden die Entscheidungen verteilt. Diese gelten dann auch für alle, oder?

Michael: Genau. Alle stehen zu den Entscheidungen, die nach der Entscheidungsmatrix von wem auch immer getroffen wurden. Das ist ganz wichtig. Jeder akzeptiert jede dieser Entscheidungen. Alle committen sich darauf, egal welcher Entscheidungsmodus angewandt wurde. Wir ziehen das gemeinsam als Team durch. Das können wir wunderbar mit der Eisenhower-Matrix — *urgent and important* — und der Baseball-Analogie kombinieren. Das sind aus meiner Sicht wirklich hilfreiche und coole Werkzeuge, mit denen ich durch eine Krise in sehr hohem Tempo erfolgreich steuern kann.

Christian: Klasse. Gibt es sonst noch etwas Wichtiges dazu?

Michael: Nein, das wars.

Christian: Super. Dann entscheide ich, dass wir jetzt mit dem Thema fertig sind.

Schöne Analogien! Im Grunde ist all das nichts Neues. Wenn ich eure Zeilen lese, wird mir klar, wie viel davon in der Realität trotzdem häufig schiefläuft. Die Welt wird immer komplexer und immer schneller – nicht zuletzt durch den technologischen Fortschritt. Daher gilt es nicht nur in Krisenzeiten immer mehr und immer schnellere Bälle zu schlagen. Ich werde dies mehr und mehr im ganz normalen Alltagsgeschäft bewältigen. Durch Kontrolle und Micromanagement, ohne Vertrauen lässt sich dies gar nicht stemmen. Eine klare Vision, klare Ziele und Werte, die die Rahmenbedingungen festlegen, ermöglichen es meinen Mitarbeitern, selbst diese Entscheidungen zu treffen, um zusammen mehr und schnellere Bälle schlagen zu können. Vielen Dank für dieses tolle Bild in meinem Kopf.

„DIESER RHYTHMUS, DASS JEDER MIT MUSS"

— UDO LINDENBERG, 1974

MEETINGRHYTHMUS

DIE ZEITLICHE GESTALTUNG UND ORDNUNG VON ZUSAMMENARBEIT

Christian: Hey Michael, du bist doch Musiker, richtig? Mir kommt gerade das Bild eines Schlagzeuges in den Sinn. Für einen richtig guten Groove besteht mein Drumset aus einer Bass Drum, einer Snare, einem Hi-Hat und vielleicht ist zwischendurch in meinem Groove noch das Becken zu hören und alle paar Takte ein Fill. So entsteht ein schöner, melodischer Rhythmus in dem Song. Das Drumset gibt die Struktur vor und jeder einzelne Bestandteil des Sets ist für den Rhythmus wichtig. Dieses Bild nutze ich gerne für den Meeting-Rhythmus in einer Organisation, quasi der Drumbeat im Unternehmen. Andere nennen es den Kreislauf, den Heartbeat. Mir gefällt die Bass Drum. Ich betrachte das Teammeeting gerne als Bass Drum und das Daily Huddle als Hi-Hat.

Michael: Zusätzlich kommen dann noch die Tomtoms dazu und wie sie alle heißen.

Christian: Zwischendurch gibt es immer mal wieder ein Fill — wir machen zum Beispiel als Team alle drei Monate etwas Besonderes. Welche Meetings gibt es denn im Unternehmensalltag? Welche sind wichtig?

Michael: Bleiben wir bei der Musikanalogie. Es gibt zum einen den gesamten Song und zum anderen einzelne Abschnitte, bestehend aus Takten und Noten — ganze Noten, halbe Noten, Viertelnoten und Achtelnoten. Genauso verhält es sich mit dem Firmen-Rhythmus. Es gibt den jährlichen, quartalsweisen, monatlichen, wöchentlichen und den täglichen Rhythmus. Das sind zumindest die Rhythmen, die ich kennen- und schätzen gelernt habe. Manche Meetings finden auch zweiwöchentlich statt. Auch das habe ich schon mal erlebt.

Christian: Es gibt möglicherweise auch unterschiedlich nervöse Unternehmen. Manche funktionieren eher wie der Funk Style — sie sind sehr schnell auf der Hi-Hat. Andere agieren eher im Laid Back Rhythmus

— etwas gemütlicher. Es hängt höchstwahrscheinlich auch mit der Branche zusammen.

Michael: Ich höre plötzlich ein bisschen Free Jazz in meinem Ohr oder 12-Ton-Musik.

Christian: Das funktioniert, wenn alle denselben Musikgeschmack haben.

Michael: Unter Rhythmus verstehe ich etwas, das alle verbindet. Wenn wir alle den gleichen Rhythmus spielen, den gleichen Song im selben Tempo, kommt am Ende ein geiler Groove heraus. Wenn jeder ein anderes Lied spielt oder Free Jazz hineinmischt mit unterschiedlich gestimmten oder sogar ungestimmten Instrumenten, hält es keiner von uns lange aus. Damit werden wir sicher auch nicht viele Eintrittskarten verkaufen.

Christian: Was bedeutet das? Was ist denn im Unternehmen wirklich wichtig? Beim Schlagzeug scheint es offensichtlich klar zu sein. Wie ist es im Unternehmensalltag? Wöchentliche Teammeetings sind wichtig, oder?

Michael: Zumindest haben wir es immer so gemacht. Das hat gut funktioniert. Das Managementmeeting haben wir eine Zeitlang zweiwöchentlich stattfinden lassen. Da hat allerdings etwas gefehlt. Das war nicht so gut. Wir haben es dann wieder auf wöchentlich geändert, allerdings ein wenig umstrukturiert und gekürzt. Es war vorher für drei Stunden angesetzt, die wir auch immer ausgenutzt haben. Das war einfach zu lang.

Christian: Wenn ihr euch drei Stunden Zeit nehmt, dauert es auch drei Stunden.

Michael: Genau. Daher bin ich ein großer Freund von sehr knackigen Formaten geworden. Das entspricht auch meinem Persönlichkeitstyp. Jeden Morgen ein zehnminütiges *Daily Huddle* mit allen zusammen. Alles wird nur kurz angerissen und der Tag strukturiert. So weiß jeder über das Wichtigste Bescheid und ist für den Tag sortiert. Es bringt total viel und kostet jeden nur zehn Minuten Zeit. Es wirkt wie ein Booster für den Tag. Jeder ist total fokussiert.

Christian: Wir sprechen noch an anderer Stelle darüber, wie ein Daily Huddle genau funktioniert. Ziel ist, dass jede ein ganz kurzes Update gibt, was am

Vortag passiert ist und was sie am heutigen Tag macht. So weiß jede, was los ist.

Michael: Es ist wie ein kleiner Rhythmus. Der nächste Takt ist das wöchentliche Teammeeting. Es ist eine wertvolle Struktur, die ebenfalls hilft, fokussiert zu bleiben. Auch wenn ich selber ab und zu improvisiere und ausprobiere, hilft es dabei, das Meeting effizient zu gestalten, sodass es nicht zu einer Laber-Veranstaltung wird.

Christian: Du meinst die Meetingstruktur? Eine Agenda zur Strukturierung des Meetings hilft.

Michael: Ja, genau, die Struktur. Ich meine nicht den Inhalt des Meetings, sondern den Rahmen. Warum sind wir heute hier? Zu welchem Zweck findet dieses Meeting statt? Wer ist anwesend und was wollen wir heute konkret erreichen? Es ist dann ein gutes Meeting gewesen, wenn nach einer halben Stunde alle aus dem Meeting herausgehen und eine klare Action-Liste haben. Wer macht was bis wann? So stelle ich sicher, dass nach dem Meeting auch etwas passiert und all die Worte nicht nur in der Luft bleiben.

Christian: Auch die äußere Struktur ist aus meiner Sicht wichtig. Wenn wir uns darauf einigen, dass wir einmal pro Woche im Teammeeting zusammenkommen, dann findet das Meeting auch statt. Es wird nicht wegen fadenscheiniger Ausreden abgesagt. So wie: „Diese Woche ist es bei mir schlecht." Es ist verbindlich und verpflichtend für alle.

Michael: Absolut. Es ist im Grunde die wichtigste gemeinsame Zeit für das Team. Das Commitment darf von jedem gegeben sein.

Christian: Die Themen der Meetings unterscheiden sich. Im Daily Huddle besprechen wir sehr operative, kurzfristige Dinge. Im wöchentlichen Meeting blicken wir auf die gesamte Woche. Im monatlichen oder dreimonatlichen Strategiemeeting nehmen wir eine etwas langfristigere Perspektive ein. So stellen wir sicher, dass nichts vergessen wird.

Michael: Wir sprechen wieder über Rocks, Pebbles und Sand — die großen Brocken und die kleinen Körner, erinnerst du dich? Alle drei Dinge können durch diese Meetingstruktur im jeweils richtigen Rahmen angesprochen werden. Die kleinen Körnchen besprechen wir im Daily Huddle. „Ich habe hier ein Problem und komme gerade nicht weiter. Kann mir jemand heute kurz helfen?" Die Pebbles spreche ich eher im wöchentlichen Meeting an. Die großen Rocks benötigen vielleicht auch mal eine oder zwei Stunden Zeit. Diese setze ich auf die Agenda des Strategiemeetings. Wir können sie in der Gruppe dann gemeinsam tiefer durchdringen und uns entsprechend Zeit nehmen.

Christian: Stell dir mal vor, jemand sagt im Daily Huddle: „Hey Leute, ich würde gerne den Purpose noch einmal neu definieren."

Michael: [*lacht*] „Klar, kein Problem. Wir haben noch drei Minuten Zeit. Let's do it."

Christian: „Ihr Zwei setzt euch nachher mal zusammen und macht das bitte."

Michael: Oder andersherum: Ich sitze im *Annual Strategy Retreat* und beschäftige mich damit, dass bei einem meiner 10.000 Kunden ein Systemfehler aufgetreten ist, weil in dem Feld, in das eigentlich die E-Mail-Adresse gehört, die Telefonnummer stand.

Christian: Oh ja, darüber können sich alle Manager sicher eine viertel Stunde aufregen. [*lacht*]

Michael: Auf jeden Fall.

Christian: Für mich sind auch noch die wöchentlichen *Check-Ins* mit meinen direkten Mitarbeitern wichtig. Jede Woche eine halbe Stunde mit jeder Mitarbeiterin. Darüber haben wir schon im Kontext von Führungstools gesprochen. Diese Meetings helfen mir enorm beim Führen von Mitarbeitern.

Michael: Du meinst die 1:1-Gespräche?

Christian: Ja, genau. Diese Meetings haben meinen Führungsstil und meine Managerfähigkeiten nochmal um ein Level gesteigert. Die Gespräche sind super, ich finde sie sehr wichtig und hilfreich.

Michael: Es ist eine super Disziplin, mir jede Woche eine halbe Stunde Zeit für meine Mitarbeiter zu nehmen.

Christian: Die Mitarbeiterin nimmt sich für mich als Führungskraft immer Zeit, wenn ich das möchte. Wenn ich frage: „Hey, hast du mal fünf Minuten für mich", wird sie in der Regel „ja" sagen. In die andere Richtung ist es eine Hemmschwelle. „Chefin, hast du mal fünf Minuten für mich?"

Michael: Wenn die Hemmschwelle nicht da ist und du sieben oder acht Mitarbeiter hast, die alle zwischendurch mal fünf Minuten Zeit von dir brauchen, ist dein Tag sehr schnell zerschossen. Dein Fokus richtet sich nicht mehr auf die Dinge, die wichtig sind.

Christian: Dann gibt es noch die Quartalsmeetings.

Michael: Ja, die sind super. Die mag ich besonders. Sie sind allerdings auch ein Haufen Arbeit. Am Anfang haben wir noch mit allen Leuten, der gesamten Firma jedes Quartal ein Offside gemacht. Es war ein ganzer Tag. Dann haben wir es irgendwann auf einen halben Tag reduziert, denn wir konnten auch operativ nicht mehr einfach die gesamte Firma für einen ganzen Tag herausnehmen. Wir haben es dann umstrukturiert. Etwa ein Monat vor dem *quarterly All-Hands* haben wir das Meeting im Top-Management-Team vorbereitet. Wir haben uns das Ziel überlegt und was wir im kommenden All-Hands erreichen wollen. Dann haben wir dies etwa zwei Wochen vor dem All-Hands mit der nächsten Führungsebene, dem Leadership-Team konkretisiert. Das war eine Gruppe von etwa dreißig Leuten, mit denen wir einen 2-Tages-Offside gemacht haben, um alles ganz konkret, inhaltlich zu planen. Im eigentlichen All-Hands haben wir dann mit dem gesamten Leadership-Team von etwa dreißig Leuten eine richtig geile Show vor allen vierhundert Mitarbeitern hingelegt. In Kleingruppen haben wir mit allen erarbeitet, was wir im nächsten Quartal erreichen wollen, was unser Plan ist — das, was für die gesamte Firma relevant ist. Wir hatten dafür einen klaren Prozess.

Ich habe es unserem damaligen CEO zu verdanken, dass All-Hands so zu strukturieren und vorzubereiten. Ich wäre nie auf den Gedanken gekommen, so viel Zeit zu investieren, um dieses Meeting durchzuführen. Es war wirklich aufwendig. Erst die Vorbereitung im Executive-Team, dann die zwei Tage Offside mit dem Leadership-Team und dann noch der halbe Tag mit allen zusammen — und das jedes Quartal. Doch es bringt wirklich unglaublich viel. Wir haben die gesamte Firma mitgenommen, alle wussten, worum es geht, wo die Firma steht, wofür wir all das tun. Der Purpose, unsere Vision und so weiter haben sich jedes Mal ein Stückchen mehr gefestigt und die Mitarbeiter identifizieren sich damit. Die Vorbereitungszeit hat sich definitiv ausgezahlt. Im Nachhinein ist mir total klar, dass es unsere Verantwortlichkeit als Führungsteam ist, solche Dinge zu organisieren. So kann ich viele Leute auf einmal sehr sinnvoll und zielgerichtet führen.

Christian: Das habe ich auch ausprobiert. Bevor wir eine vernünftige Meetingstruktur bei *chicco* hatten, dachten wir, wir können alles in einem Meeting regeln. Wir sind dermaßen in operativen Themen abgedriftet, das war nicht mehr feierlich. Alle Mitarbeiter wollten endlich mal ihre Themen anbringen, weil es keine andere Möglichkeit gab. Wir haben vorher einfach nicht richtig geführt. Mit der Zeit haben wir dann diese Meetingstruktur eingeführt und es lief viel, viel besser. Die Mitarbeiter konnten ihre Themen in den Daily Huddles, Teammeetings oder 1:1-Gesprächen anbringen und unsere monatlichen oder quartalsweisen Meetings sind sehr viel zielführender und effizienter geworden. Wir konnten uns wieder auf die wichtigen, großen Themen konzentrieren und sind nicht mehr in die *Klein-Klein-Themen* abgedriftet. Es ist wichtig, von Meeting zu Meeting die Perspektive zu ändern und die Themen zu unterscheiden, die in dem jeweiligen Format besprochen werden.

Michael: Dann braucht auch die Hi-Hat nicht mehr versuchen, Bass Drum zu spielen.

Christian: Richtig, sie kommt dann viel besser durch.

Michael: Ich freue mich schon richtig auf den Groove.

Christian: Eine Sache würde ich gerne noch ansprechen. Seth Godin[33] hat mal gesagt: „Es gibt drei Arten von Meetings und es ist wichtig, diese nicht zu vermischen." Die erste Art von Meetings dient dazu, Informationen auszutauschen. Informationen wandern von A nach B. Die zweite Meetingart ist dafür da, sich eine Meinung zu bilden, zu diskutieren und zu brainstormen. Die dritte Art ist ausschließlich für Entscheidungen da. Hier werden Entscheidungen getroffen. Diese Unterscheidung finde ich super. So wird deutlich, dass es unterschiedliche Zielsetzungen von Meetings gibt

33 Seth Godin, US-amerikanischer Unternehmer und Autor

und es nicht sinnvoll ist, alles in einem unterzubringen. Erst werden in einem Meeting Informationen ausgetauscht, dann wird diskutiert und sich eine Meinung gebildet und zum Schluss treffe ich eine Entscheidung.

Michael: Das finde ich auch super. Es erinnert mich an das Modell, mit dem ich meine Notizen strukturiere. Das hatte ich schon mal erklärt. Ein *i* als Randbemerkung meiner Notizen steht für eine Information, die für mich wichtig ist. *a* steht für eine Aktion oder ein To-do, das ich mitnehme. Ein *d* vermerke ich neben der eigentlichen Notiz, wenn eine Entscheidung, eine *Decision*, getroffen wurde.

Ich finde es super, immer klar zu machen, was der Zweck des Meetings ist, das gerade stattfindet. Ein Board-Meeting zum Beispiel ist ein typisches Entscheidungsmeeting. Auch damit haben wir verschiedene Erfahrungen gemacht. Wenn ein Board-Meeting in einem großen, börsennotierten Unternehmen stattfindet, werden die Leute teilweise extra eingeflogen. Eine Woche vorher erhalten sie ein Dokument, ein Pre-Read mit etwa hundert Seiten, das sie sich vor dem Board-Meeting durchlesen und verstanden haben sollen. Auch Fragen werden bereits vorab geklärt, sodass in dem Board-Meeting auch wirklich eine Entscheidung getroffen werden kann. In dem Pre-Read stehen bereits Handlungsempfehlungen drin. Wenn das Board-Meeting dann zusammenkommt, schauen sich alle in die Augen, treffen eine Entscheidung und committen sich dann auch darauf.

Christian: Auch da gibt es sicher vorher noch Informationsmeetings und Meinungsbildungsmeetings, in denen ein paar Dinge dazu in etwas kleinerem Kreis diskutiert werden. In dem eigentlichen Board-Meeting wird dann nur noch die Entscheidung getroffen und fertig.

Michael: Was ich zum Thema Meetingstruktur darüber hinaus noch zu schätzen gelernt habe — egal ob es ein taktisches, kurzfristiges oder ein strategisches, langfristiges Meeting ist — immer wieder einen Check-in zu machen und das große Ganze zu betrachten. „Was hat dieses Meeting, diese Entscheidung mit unserem Purpose, unserer Vision, den Werten und den Strategien zu tun?", „Wo stehen wir gerade?", „Wie kommen wir unserem großen Ziel damit näher?", „Wie darf das Meeting ablaufen, damit es konform zu unseren Werten ist?", „Auf welche Strategie zahlt es ein?" Ich frage dann auch ruhig mal zum Beispiel: „Ist das hier nach wie vor in Einklang mit Strategie Nummer 3 und unserem Purpose?" So erinnere ich auch immer wieder an unseren großen Masterplan, unseren Purpose, an die Vision, die Werte und die Strategien. Ich bin der Chief Repeating Officer.

Christian: Wir haben häufig am Ende eines Meetings ein *Start-Stop-Keep* gemacht. So haben wir entschieden, beim nächsten Mal mit Projekt X zu starten, Projekt Y ist gut gelaufen und Projekt Z lassen wir besser weg. Immer vor dem Hintergrund unseres Masterplans — wo wollen wir denn eigentlich hin?

Michael: Cool, das kenne ich genauso. Wir haben es *Start-Stop-Continue* genannt. Es ist dasselbe. Wir treffen ganz bewusste Entscheidungen darüber, was wir tun und was wir nicht tun. Irgendwann haben wir es sogar *Stop-Start-Continue* genannt. Wir sind mit den *Stop*-Themen gestartet und haben uns als allererstes überlegt, was wir in Zukunft nicht mehr machen wollen, insbesondere bei strategischen Planungen. „Was stoppen wir ab sofort, um mehr Zeit und Ressourcen für neue, sinnvolle Dinge frei zu machen?" Dann haben wir überlegt, was bereits sehr erfolgreich läuft, um daran festzuhalten. Die Stop-Themen aktiv zu planen, war ein super Learning mit einem riesen großen Effekt.

Christian: Strategie ist eben auch das, was wir nicht machen.

Michael: Genau. Daran darf ich bei meiner Planung auf jeden Fall denken.

Christian: Richtig, wir machen erst einen Stop. Dann noch einen Fill und dann gehen wir auf die Ride.

Michael: Großartig. Das war sehr erfolgreich und hat Spaß gemacht. To be continued.

Meeting-Kultur ist wirklich ein endloses Thema. Es erscheint mir oft wie die Suche nach dem heiligen Gral. Mir gefällt euer Rhythmus und vor allem die Struktur. Entscheidend ist tatsächlich, dass alle Meetings gut vorbereitet, strukturiert moderiert sind und klar ist, wer das Meeting leitet. Ich habe mir schon oft überlegt eine Uhr in unsere Meetingräume zu hängen, auf der eine digitale Anzeige das Geld in Echtzeit zählt, welches gerade durch unnötige Diskussionen, Unaufmerksamkeit oder durch das Warten auf weitere Teilnehmer verbrannt wird. Leider kommen zu den regelmäßigen Rhythmus-Meetings oft noch diverse Projekt- oder themenbezogene Meetings hinzu. Den Tipp, zu hinterfragen, ob das Meeting wirklich sinnvoll ist, und auf unseren Purpose, die Vision oder unsere Werte und Ziele einzahlt, bevor ich zu dem Meeting einlade oder eine Einladung mit einer Zusage beantworte, ist eine gute Strategie.

DAILY HUDDLES

PROGRESS – PROBLEMS – PLAN

Michael: Der Purpose für unsere gemeinsame Unternehmung, für die CoA-Academy, dreht sich ja darum, Menschen dabei zu helfen, entspannt produktiv zu sein, richtig? Wie läuft es bei dir dahingehend? Wo stehst du gerade?

Christian: Nun, wir haben in den letzten 24 Stunden zwei weitere Podcast-Episoden fertig gestellt. Außerdem habe ich jemanden gefunden, der uns dabei unterstützt, unseren Podcast in Kapitel für unser Buch zu übersetzen, welches wir schon bald veröffentlichen wollen. Das ist ein großer Schritt für uns. Soviel zum Thema *Progress*, das erste *P* des *PPP-Updates*. Das zweite *P* steht für *Problem*. Ich habe folgendes Problem: Du hast mir das Inhaltsverzeichnis für unser Buch geschickt. Ich habe gemerkt, dass es wirklich eine Menge Stoff ist. Ich bin daher unsicher, wie ich damit umgehe und wie ich daran weiterarbeite. Darüber werde ich noch einmal nachdenken. Mein *Plan* — dafür steht das dritte *P* im PPP-Update — ist nun, weitere Podcast-Episoden aufzunehmen und mit den ersten Kapiteln des Buches zu starten.

Michael: Klasse. Jetzt habe ich ein gutes Bild davon, wo du stehst. Brauchst du bei deinem Problem mit dem Inhaltsverzeichnis Unterstützung? Sollen wir gemeinsam etwas verändern oder etwas tun, um das Problem zu lösen?

Christian: Im Moment noch nicht. Ich denke noch einmal darüber nach und komme gegebenenfalls morgen auf dich zu.

Michael: Okay, cool. Alles klar.

Christian: Wie sieht es mit deinem PPP-Update aus?

Michael: Zu meinem *Progress*: Ich habe das Inhaltsverzeichnis für unser Buch erstellt. Es hat Spaß gemacht und ich bin sehr zufrieden damit, wie es geworden ist, vor allem damit, wie unser Buch langsam Form annimmt. Zudem habe ich mit Andi über unsere nächste Coaching-Session gesprochen, die wir ab nächster Woche über Zoom anbieten werden. Wir haben besprochen, wie wir die Session gestalten, das läuft also. Außerdem habe ich den ersten Abschnitt von unserem Buch reviewed, an dem wir gerade arbeiten. Mein *Problem* ist, dass ich etwas mehr Zeit für mich benötige. Auch durch die Corona-Pandemie bedingt ist bei mir einiges los, ich habe sehr viele private Projekte, um die ich mich gerade kümmere. Ich spüre gerade jetzt, wie wichtig es ist, die Balance zu halten und im Moment droht sie ein wenig zu kippen. Mein *Plan* ist, in den nächsten 24 Stunden die Video-Nuggets zu bearbeiten, die wir als weiteres Format anbieten wollen. Das sind kurze Videos mit jeweils einem Thema. Dieses Format wollen wir testen. Dabei arbeite ich vor allem an unserem Branding, auch für das Buch. Ich hätte gerne schon jetzt ein realistisches Bild von unserem Buch, von dem Buchcover und den Innenseiten, sodass ich im Grunde nur noch die Inhalte hineinschreiben darf. Das war mein PPP-Update.

Christian: Okay, super. Danke dir. Kann ich dich bei deinem Problem unterstützen? Können wir an unserer Zusammenarbeit etwas ändern, damit es dir leichter fällt, in Balance zu bleiben?

Michael: Nein, eigentlich nicht. Ich finde es klasse, wie unsere Zusammenarbeit funktioniert. Daran möchte ich nichts ändern. Es ist mir nur wichtig, dass du dir meiner Situation bewusst bist. Wenn sich bei mir etwas ändert, melde ich mich.

Christian: Okay, klasse.

Michael: Wie fühlst du dich jetzt? Beschreibe es mal in einem Wort.

Christian: Energisch. Und wie fühlst du dich?

Michael: Zufrieden.

Christian: Super, das war unser *Daily Huddle*.

Michael: Und jetzt?

Christian: Wir hatten gerade unser *Daily Huddle* und haben uns gegenseitig unser *PPP-Update* vorgestellt, jeder hat sein *Progress-Problem-Plan-Update* gegeben. Wir haben also erzählt, was wir in den letzten 24 Stunden geschafft haben und wie dies auf unsere gemeinsamen Ziele einzahlt. Unser Purpose ist es, Menschen zu entspannter Produktivität zu verhelfen. Ein kurzfristiges Ziel dabei ist, Podcasts zu verschiedenen, sinnvollen Themen zu veröffentlichen. Mittelfristig wollen wir ein Buch herausbringen. Wir haben also Progress geschaffen, um diese Ziele zu erreichen und unseren Purpose zu erfüllen. Gleichzeitig hat jeder von uns möglicherweise Probleme, die uns daran hindern, schneller voranzukommen. Auch darüber haben wir gesprochen und überlegt, ob und wie wir uns gegenseitig helfen können. Als Letztes hat dann jeder von uns seinen Plan vorgestellt, das, was er in den nächsten 24 Stunden tut, um die Ziele zu erreichen. So haben wir beide einen guten Einblick in den Fortschritt des jeweils anderen bekommen. Du hast sogar etwas sehr Persönliches geteilt, nämlich dass du strauchelst, aus der Balance zu geraten. Das hilft mir, dich und deine Situation zu verstehen. Wenn ich deine Situation kenne, ist es für mich einfacher, mit dir zusammenzuarbeiten.

Abbildung: PPP-Update
Alles, was für mich wichtig ist, aus meinen Kollegen zu wissen: Was habe ich geschafft, was mache ich heute und wobei benötige ich Hilfe.

Michael: Ja, genau. Ich schaue gerade auf die Uhr. Wir haben etwa dreieinhalb oder vier Minuten für das PPP-Update gebraucht. Pro Person also nur maximal zwei Minuten. Wenn ich das nun mit meinem Team, bestehend aus zehn Leuten mache, brauchen wir etwa eine Viertelstunde, maximal zwanzig Minuten Zeit dafür. Danach weiß jeder von jedem, was gerade Sache ist und wie es läuft. Nach zwanzig Minuten sind alle informiert und abgeholt, vorausgesetzt, wir ziehen es ebenso knackig durch.

Christian: Häufig geht es erfahrungsgemäß sogar noch ein bisschen schneller. Wir haben es eben sehr ausführlich und explizit gemacht. Wir haben es oft in dreißig Sekunden pro Person geschafft. Bei zehn Leuten sind wir dann nach fünf Minuten durch.

Michael: Ich habe noch eine weitere Regel bei dem PPP-Update eingeführt. Ich nenne sie *Top-3-Regel*. Pro *P* lasse ich nur drei Punkte zu. Bei Progress habe ich eben auch drei Themen genannt. Ein Einzelnes kam mir irgendwie zu wenig vor. Ich habe häufig das Bedürfnis, drei Items zu nennen. Mehr nicht, mehr als drei ist zu viel. Es funktioniert natürlich auch mit nur einem großen Punkt pro *P*. Dann geht es schneller. One progress, one problem, one plan. Next.

Christian: Wenn wir täglich ein Daily Huddle machen, gibt es manchmal bei Progress oder Problem nicht viel zu sagen. Bei den Plänen erwarte ich schon, dass etwas kommt.

Michael: Das Daily Huddle ist ein tägliches, sehr kurzes Teammeeting zum Synchronisieren, Austauschen und um sich gegenseitig zu unterstützen.

Christian: Wer nimmt daran teil?

Michael: Na das Team. Also du mit deinem, ich mit meinem.

Christian: Wie lange dauert ein Daily Huddle?

Michael: Wenn es bei zehn Minuten bleibt, bringt es erfahrungsgemäß am meisten und macht sogar richtig Spaß. Es ist wirklich nur ein *Huddle* — Köpfe schnell zusammenstecken, kurz austauschen und dann weiter machen. Auf keinen Fall setzen wir uns dabei hin oder vertreten uns die Beine. Wir holen auch nicht noch schnell einen Kaffee oder so etwas. Nur kurz die Köpfe zusammenstecken, ein knackiger Austausch und los geht's.

Christian: Und die PPP-Updates helfen, um den Austausch zu strukturieren?

Michael: Genau.

Christian: Und wenn doch ein Diskussionsthema aufkommt? Dann bespreche ich es danach?

Michael: Ganz genau. Auf keinen Fall im Huddle. Diskussionsthemen besprechen anschließend nur die Leute, die das Thema betrifft. Sonst sitzen die anderen nur gelangweilt da und drehen Däumchen. Eine Sache ist noch wichtig. Wir haben zu Beginn immer einen Check-in gemacht und am Ende einen Check-out. Dabei haben wir uns gefragt, wie wir uns gerade fühlen. Es geht dabei um die emotionale Ebene. Ich selbst neige dazu, diese manchmal etwas zu vernachlässigen. Daher habe ich gelernt, dass es sehr wertvoll ist, von jedem auch zu hören, wie er sich gerade fühlt. Jeder Mitarbeiter formuliert dies am Anfang beim Check-in und am Ende beim Check-out. Daran erkenne ich, ob nicht doch noch etwas im Argen liegt. Wenn es so ist, gehe ich nachher noch mal auf die Mitarbeiterin zu und kläre es separat, außerhalb des Huddles.

Christian: Das war mal wieder ein smarter und zackiger Daily Huddle mit uns beiden. Danke dir, Michael.

Michael: Wir steuern auf unser Ziel zu. Alles im Lot.

Stehenbleiben, nicht hinsetzen. Maximal zehn Minuten. Progress, Problem, Plan und ein kurzes Balance-Update pro Person. Alles andere folgt später. Das merke ich mir. In den meisten Fällen neigen wir doch dazu, aus einem Daily Huddle ein 45-Minütiges-Plaudermeeting zu machen. Jetzt nicht mehr. Die Zeit ist nun vorbei. Dadurch sinkt sicher auch das Frustlevel und die Teilnehmerzahl steigt.

4.

LEADING ORGANISATIONS

„THIS IS HOW WE'RE GOING TO RUN THIS COMPANY"

— GRAHAME MAHER, 2008

IT'S ALL ABOUT THE PEOPLE!

WIR ALLE SIND IM MITARBEITERGESCHÄFT

Christian: Hey Michael, du sagst doch gerne: *It's all about the people*. Wie kommst du eigentlich darauf?

Michael: Ja, richtig. Dieser Spruch ist mir in der Vergangenheit an zwei Stellen begegnet, die mir in Erinnerung geblieben sind. Das eine Mal hat es jemand in einem etwas zynischen Unterton zu mir gesagt. Damals wurde ein neuer CEO für unsere Firma angekündigt. Ihm wurde nachgesagt, sehr beliebt zu sein. Ich habe damals mit einem Kollegen gesprochen, und der sagte, der neue CEO sei ein guter Typ, den die Leute mögen. Dann brachte er diesen Spruch und sagte: „Er ist eben so ein People-Typ, weißt du?! It is all about the people, man." Er hat es irgendwie ziemlich schnöselig gesagt. Am liebsten hätte ich dazu etwas gesagt, doch ich habe nur betreten gegrinst und an die Geschichte gedacht, als mir der Spruch zum ersten Mal begegnet ist. In Südafrika habe ich gelernt: *It's really all about people*. Zwei Jahre zuvor war ich dort angekommen und durfte dort ein Callcenter managen. Am Anfang hatte ich nur ein kleines Team, dann wurde es immer größer. Es wurden schnell 220 Leute, am Ende waren es sogar über 2.500 Mitarbeiter im Team. Für mich war wirklich *all about the people*. Es war ein reines People-Business. Ich habe zu der Zeit mehr HR-Aufgaben bewältigt als alles andere. Der Spruch ist mir beim Zusammentreffen mit Moneeb, einem meiner damaligen Mitarbeiter begegnet. Es war mein erster Tag in Südafrika, ich kam als Greenhorn dorthin. Zum einen kam ich aus einem anderen Land, einer anderen Kultur und zum anderen hatte ich überhaupt keine Ahnung von Callcentern. Moneeb war hingegen schon über zehn Jahre im Callcenter-Management und kannte alles rauf und runter. Er nahm mich damals ins Gebet, auf eine nette Art und Weise. Ich war ja quasi sein neuer Chef. Er schaute mir in die Augen, blinzelte und machte dann etwas, was wir unseren Coachees eigentlich genau nicht beibringen. Er zeigte mit seinem Zeigefinger auf mich und hatte dabei einen sehr ernsten, fast drohenden Gesichtsausdruck. Er sagte: „Michael, the people can make you or they can break you." Ich kann mich noch genau daran erinnern, ich könnte sogar die Stelle im Gebäude noch finden, wo wir gestanden haben. Es war im 12. Stock, Pier Place, Downtown Cape Town. Ich hatte ein total gemischtes Gefühl. Einerseits fand ich es irgendwie amüsant, ich dachte mir „Mensch, wieso macht er daraus so eine Show?!" Gleichzeitig realisierte ich, dass ich ihn vielleicht ernst nehmen und ihm zuhören sollte. Er will mir damit offensichtlich irgendetwas sagen. Viele Jahre später habe ich ihn angerufen und mich bei ihm bedankt. Er hat gelacht und konnte sich tatsächlich noch an die Situation erinnern - nach über zehn Jahren. Es war wirklich ein sehr schöner Moment. Ich habe sehr viel aus diesem Augenblick mitgenommen. Obwohl ich sein Chef war, hat er mich geführt — Leading upwards. Er hat es mir so deutlich ins Gesicht gesagt und mir dabei tief in die Augen geschaut, dass ich es wirklich ernstgenommen habe. *It is all about the people*, er hat es mir regelrecht demonstriert. Er hat die Kommunikationsform gewählt, mit der er definitiv zu mir durchgedrungen ist. Ich hatte das Glück, zwei Jahre in dem Umfeld arbeiten zu dürfen und hatte den Spruch von Anfang an im Kopf: *It is all about the people*. Es wurde ein großer Erfolg, vielleicht der größte meiner beruflichen Laufbahn, zumindest im Hinblick auf People Management und Kultur. Wir haben uns super verstanden und echt etwas auf die Beine gestellt, das Berge versetzt hat. Ich bin sehr dankbar über diese megamäßige Erfahrung.

Christian: *It is all about the people.* Ich denke dabei auch an die Geschichte, die Howard Schultz von Starbucks zugeschrieben wird. Er sagte einmal: „Wir sind nicht im Kaffeegeschäft und beschäftigen Mitarbeiter. Wir sind im Mitarbeitergeschäft und verkaufen Kaffee." Das hat mich sehr beeindruckt, denn bei *chicco di caffe* war das genau der Punkt. Achtzig oder neunzig Prozent von dem, was wir jeden Tag taten, drehte sich um Mitarbeiterführung und Kundenbetreuung, es ist ebenfalls ein People-Business. Ich behaupte, nur fünf bis zehn Prozent dreht sich tatsächlich um den Kaffee, den wir ausschenken. Unsere Kunden kommen nicht nur wegen des Kaffees, sie kommen auch wegen der Menschen hinter der Theke. Ich habe nie wirklich herausgefunden, wie groß der Anteil der Gäste tatsächlich ist, die vornehmlich zum Quatschen zu uns kommen. Ich vermute, es sind über sechzig oder siebzig Prozent. Kaffeetrinken ist eben nur ein Teil der Experience bei *chicco*.

Michael: Also, eigentlich ist es auch ein Eisberg.

Christian: Ja, das stimmt. Wir dachten immer, wir sind im Kaffeegeschäft. Das war auch die Geschichte, die wir uns erzählt haben, ebenso wie das Label, was oben drüber stand. Doch letztlich waren wir im Mitarbeitergeschäft.

Michael: Ähnlich geht es den Automobilkonzernen. Sie verstehen langsam auch, dass sie nicht mehr im Autogeschäft sind, sondern im Mobilitätsgeschäft.

Christian: Zumindest erzählen sie uns die Geschichte, dass sie es begriffen hätten. Wenn du allerdings zu einem der großen Automobilhersteller fährst und versuchst um 10 Uhr morgens einen Parkplatz zu bekommen — ist das fast unmöglich. Zumindest vor der Krise.

Michael: [*lacht*] Ja, das stimmt. [*Pause*] Als ich dann später von Südafrika nach Katar kam, habe ich dort den neuen CEO, von dem ich zu Beginn erzählt habe, kennengelernt. Er war nicht nur mein Chef, sondern wurde auch zu meinem Freund und Mentor. Grahame war sein Name. Ihm wurde sein Motto nachgesagt: *It's all about people,* und es war tatsächlich so. Er hat es wirklich mit jeder Faser gelebt. Es drehte sich für ihn alles um den Menschen. Am Anfang ist mir das schwergefallen. Es hieß immer, wir sind eine Technology Company, haben ein cooles Produkt, Technologie, bauen ein Data Center auf, legen eine Pricing Strategie fest und weiß der Geier, was noch. Dann habe ich begriffen, dass all das dennoch von Menschen gemacht wird und es auch Menschen sind, die all das konsumieren. Das Spiel, in dem ich als Chef, als Geschäftsführer, als CEO oder leitender Angestellter stecke, ist im Grunde immer das Spiel Mensch. Es dreht sich alles um den Menschen. Ich habe mittlerweile begriffen, dass es zwei Seiten der Medaille gibt, und diese sind genau das, was mich am Business reizt. Die eine Seite ist die Kultur, die Verhaltensweisen, Werte, Bräuche und Riten einer Firma — eben wie die Company drauf ist. Auf der anderen Seite steht die Marke, das, was die Firma nach außen ausstrahlt, das wofür sie wahrgenommen wird. Ich meine damit nicht das Marketing und das Branding, sondern wirklich das, wofür der Laden steht. Diese zwei Seiten der Medaille sind für mich direkt miteinander verbunden. Nur durch eine bestimmte Art der Kultur, die von innen kommt, kann ich eine bestimmte Marke nach außen transportieren und ausstrahlen. Wenn die Kultur und die Marke nicht kongruent sind, führt es nicht zum Erfolg. Schmerzen und Anstrengung sind vorprogrammiert, eine entspannte Produktivität ist im Grunde gar nicht möglich.

Christian: Genau. Sowohl die Menschen im Unternehmen als auch die Menschen außerhalb spüren, dass da etwas nicht stimmt. Es ist nicht authentisch.

Michael: *It is all about the people* — Brand, Marke und die Kultur sowieso.

Christian: Im B2B-Geschäft fällt mir das immer wieder besonders auf. Ich habe noch nie einem Unternehmen etwas verkauft. Ich verkaufe immer an einen Menschen, der zum Unternehmen gehört. Die Person ist natürlich mit dem Unternehmen, mit der Kultur und der Marke in gewisser Weise verbunden und befugt, bestimmte Dinge zu tun oder nicht zu tun. Überzeugt habe ich dennoch immer den Menschen, nicht das Unternehmen. Es läuft von Mensch zu Mensch.

Michael: Ja, das stimmt. People to people. Von Mensch zu Mensch, egal ob B2B oder B2C oder B2B2C. Diese Erkenntnis ist super powervoll für das Sales-Team. Wenn ich den Sales-Bereich optimieren möchte, überlege ich mir, wer die Menschen, die Personen sind, die involviert sind. Wie komme ich an sie heran und wie kann ich sie überzeugen, beeinflussen, führen?

Christian: Auch hier hilft wieder Verhaltensflexibilität.

Michael: Das ist wohl wahr. Wenn ich mit vielen Menschen — innerhalb und außerhalb der Organisation — zu tun habe, hilft es mir, empathisch für jeden Einzelnen zu sein. Ich akzeptiere, dass jeder von ihnen anders ist und versuche die verschiedenen Typen und ihr Verhalten nachzuvollziehen. Im Rheinland sagen wir dazu: *Jede Jeck is anders*. Das verstehe ich mittlerweile auch genauso so, anders ist immer besser. Jeder Jeck ist anders und das ist gut so. Ich genieße es total, Leute kennenzulernen, die total anders sind, als ich es bin. Es ist für mich immer wieder bereichernd, Gestalten zu begegnen, denen ich so noch nie begegnet bin. Ich versuche offen für alle zu sein. Ich nehme immer wieder etwas Neues aus den Begegnungen mit. Diversität ist eine entscheidende Zutat für Erfolg. Die Verschiedenartigkeit trägt zu einem besseren Gesamtergebnis bei. Dafür darf ich natürlich zunächst verstehen, wie die Leute ticken und wie ich mit ihnen kommuniziere. Denn ich brauche Kommunikation zum Führen.

Christian: In dem Punkt habe ich viel von Ralf, meinem Geschäftspartner bei *chicco*, gelernt. Am Anfang sind wir gerne zu zweit zum Kunden gegangen und haben vor Ort geschaut, wer es schafft, eine bessere Beziehung zu dem Kunden oder dem Ansprechpartner aufzubauen. Derjenige hat dann auch den Lead übernommen. Einer von uns beiden hat es immer geschafft, Rapport aufzubauen und eine Beziehung herzustellen. Nur einmal ist es uns passiert, dass tatsächlich keiner von uns es geschafft hat, zu dem Kunden durchzudringen. Daraus ist dann auch nichts geworden.

Michael: *People like people who are like themselves*. Von Sales-Leuten haben viele direkt einen besonderen Stereotypen im Kopf. Wenn jemand von einem richtig guten Sales-Typen spricht, klingelt es direkt bei mir im Ohr. *Das ist so ein typischer Sales-Typ*. Die Frage ist: *Für wen ist es ein typischer Sales-Typ? People like people who are like themselves*. So wie ihr es gemacht habt — Chapeau. Denn der beste Sales-Typ ist derjenige, der die beste Beziehung zu jemandem aufbaut. Das ist selten immer derselbe Sales-Typ, ganz im Gegenteil. Das ist eine entscheidende Erkenntnis. Vielleicht klappt es mit dem einen Kunden deshalb nicht, weil die Vertrieblerin noch nicht über die ausreichende Verhaltensflexibilität verfügt. Sie hat sich vielleicht nicht auf den Kunden einstellen können. Eine Lösung ist, jemanden zu diesem Kunden zu schicken, die sich gar nicht erst anpassen muss, weil sie vielleicht die gleichen oder ähnliche Präferenzen hat wie die Person auf Kundenseite. Sie hätte es dann viel leichter im Verkauf.

Christian: *It is all about the people*. Was mache ich damit nun als Chef?

Michael: Ich nehme mir das zu Herzen und verknüpfe es direkt mit meinem Purpose. Es gibt zwei besonders wichtige Dinge. Erstens die Menschen, zweitens mein Purpose. „Warum sind wir eigentlich alle hier?", „Warum machen wir das und nicht etwas anderes?", „Warum habe ich Bock, morgens aus dem Bett zu springen und zur Arbeit zu fahren?" Weil ich genau das unbedingt machen will. *It is all about the people and then get the right people on the bus*, nämlich diejenigen, die an den Purpose glauben. Diejenigen, die morgens genau dafür aufstehen, motiviert sind und für die große Vision kämpfen wollen. Das ist zumindest das, was ich damit machen würde. [*grinst*]

Christian: Wenn dann die richtigen Leute im Bus sitzen, halte ich sie auch dort und liefere mit ihnen zusammen großartige Ergebnisse.

Michael: Exakt, wir erreichen unsere Ziele und halten unsere Mitarbeiter.

Christian: It is all about the people, man.

Michael: And woman.

So ist es. Menschen, Bedürfnisse, Motive, Ultimative Verhaltensflexibilität. Haben Frauen darin jetzt einen Vorteil? Oder ist dies nur ein Vorurteil?

LINKES HIRN, RECHTES HIRN

RATIO UND EMOTIO IM EINKLANG

Christian: Ich möchte mit dir über unsere rechte und linke Gehirnhälfte sprechen und darüber, welche Krankheitsformen daraus für mich persönlich und im Unternehmen resultieren können. Du nutzt dazu gerne das Beispiel von van Gogh[34], dem Künstler, der sich selber das Ohr abgeschnitten haben soll.

Michael: Ja, das stimmt. Ich frage mich, wie er das hingekriegt hat.

Christian: Ziemlich verrückt, sich selbst ein Ohr abzuschneiden.

Michael: Auf jeden Fall, er war wohl eher etwas eindimensional unterwegs.

Christian: Wenn wir über unsere rechte und linke Gehirnhälfte im Unternehmen sprechen, worum geht es dabei?

Michael: Es gibt ja das allgemeine Verständnis darüber, dass die rechte und linke Gehirnhälfte unterschiedliche Funktionen haben. Für diese oder jene Fähigkeit ist eher die linke, für das andere eher die rechte Hälfte zuständig. Das Hörzentrum ist eher auf der einen, das Sehzentrum eher auf der anderen, die logische Kognition findet eher hier statt und so weiter. Die Wissenschaft wartet derzeit immer wieder mit neuen Erkenntnissen darüber auf, welche Seite unseres Hirns was genau leistet. Wir nutzen dies eher exemplarisch. Unsere Leser werden uns hoffentlich verzeihen, dass wir das, was wir sagen, eher modellhaft meinen.

Christian: Gut, dass du das nochmal sagst. Alles, was wir zu dem Thema besprechen, ist eher bildhaft zu sehen und nicht unbedingt medizinisch korrekt.

Michael: Wir betrachten es nicht wissenschaftlich.

Christian: Es geht eher um den ganzheitlichen Ansatz. Um das große Ganze.

Michael: In dem Zusammenhang sprichst du ja gerne auch von *Yin* und *Yang*. Das finde ich super, denn es ist ein Jahrtausende altes Bild von

34 Vincent van Gogh (1853-1890) war ein niederländischer Maler und Zeichner

Verschiedenartigkeiten. In jedem ist ein bisschen etwas von dem anderen drin und es ist in einem Kreis zusammengefasst. Es ist ein wirklich schönes Bildnis. Beide Teile machen ein Ganzes aus. Das ist es eben, was auch eine Organisation, eine Firma oder ein Team erfolgreich macht. Es gilt, beide Seiten zusammenzubringen, das Yin und das Yang koexistieren und liefern gemeinsam ein geiles Ergebnis.

Christian: Was hat das jetzt mit einem Unternehmen zu tun?

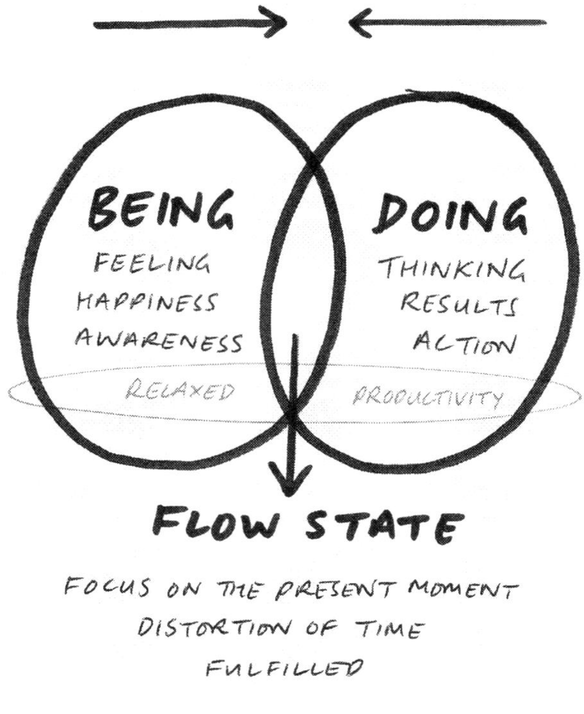

Abbildung: Die menschliche Dynamik mit Sein und Tun
Entspannte Produktivität entsteht durch die Balance aus Tun und Sein, Ratio und Emotio, Entspannung und Produktivität.

Michael: Wenn wir noch einmal das Modell unseres Masterplans - das Herz mit den drei Kreisen - betrachten, sehen wir, dass in der Mitte, im Zentrum des Ganzen, der Kreis mit unserem Purpose steht. Darüber ist ein Kreis mit der Vision abgebildet, daneben ist das Herz gemalt. Links und rechts unterhalb des Purpose gibt es zwei weitere Kreise. Unten links stehen die Values und unten rechts die Strategien.

Im Grunde kann ich die linke Seite mit unserer linken Gehirnhälfte vergleichen. Hier geht es um unser Sein, um unser zwischenmenschliches Verhalten, um unsere Werte, Gefühle, die sogenannte softe oder emotionale Seite. Sie stellt das Yin eines Unternehmens da — oder wie immer ich es auch nennen mag. Es ist die eine Seite unserer Dynamik. Auf der anderen Seite, rechts unten, stehen die harten Fakten, unsere Strategien und Ziele — unser Tun. Das bezeichnen wir als die rechte Gehirnhälfte oder das Yang. In der Sprache von Jung ist es die Sachorientierung, während die linke Seite der Gefühls- oder Menschenorientierung entspricht. Wir erkennen also wieder Parallelen zu unseren Insights-Typen und den Farbenergien. Es gibt Organisationen, die sich eher auf der rechten Hälfte bewegen, auf der Seite des Machens. Sie sind eher faktenorientiert. Andere wiederum bewegen sich sehr stark in der Gefühlsorientierung, im emotionalen Sein. Welche Unternehmen fallen dir ein, die du entweder auf der einen oder anderen Seite einsortieren würdest?

Christian: Ich denke zunächst, dass die Unternehmen, die beides in Balance bringen, die sind, die am erfolgreichsten sind. Firmen, die sich nur auf einer der beiden Seiten bewegen, manövrieren sich aus meiner Sicht ziemlich schnell aus dem Markt.

Michael: Das sehe ich ganz genauso. Lass uns der Einfachheit halber mal mit ein paar Stereotypen anfangen. Welche Unternehmen fallen dir ein, die eher sachorientiert sind?

Christian: Vor allem sehr faktenbasierte Branchen kommen mir da in den Sinn: Banken, IT-Firmen, Luft- und Raumfahrt-Unternehmen.

Michael: Ja. Firmen, bei denen es um sehr sachliche Themen geht. Wie du schon sagst, vielleicht auch eine Firma, die Software programmiert — eine Tech-Company. Was wären denn Firmen, die sich eher auf der linken, der gefühlsorientierten Gehirnhälfte aufhalten?

Christian: Spontan fallen mir da die NGOs[35] ein, also Nichtregierungsorganisationen, die sehr Purpose-getrieben sind.

35 NGO, englische Abkürzung für Non-Governmental Organization, deutsch: Nichtregierungsorganisation

Michael: Die WHO[36] zum Beispiel.

Christian: Oder der Umweltschutz, eben alles, was irgendwie gut für die Welt ist und einen starken Purpose hat.

Michael: Lass uns mal statt der Unternehmens-Ebene einzelne Rollen betrachten. Welche typischen Rollen im Unternehmen gibt es, die eher mit der rechten oder linken Gehirnhälfte agieren, die eher im Machen oder mehr im Sein sind?

Christian: Im Machen, also auf der rechten Seite bewegt sich vermutlich ein CFO, die Buchhaltung oder Sales. Marketing-Manager orientieren sich vielleicht schon eher zur Mitte. Ein Chief Happiness Officer ist auf jeden Fall auf der linken Seite.

Michael: Ich denke an die Sozialpflege, jemand im Krankenhaus, eine Ärztin, ein Krankenpfleger — das fühlt sich nach der linken Gehirnhälfte an. Auch Psychologen beschäftigen sich viel mit den Gefühlen von Menschen und ihrem mentalen Zustand.

Christian: Ja, es fühlt sich so an. Doch ich glaube, es ist nicht so. Als Arzt in einem Krankenhaus zum Beispiel bin ich durchaus auch stark auf der Sachebene unterwegs — zumindest hoffe ich das.

Michael: Stimmt, da darf durchaus alles 100 Prozent sachlich und faktisch richtig sein.

Christian: Ich hätte zumindest gerne einen Arzt, der auch auf der Sachebene stark ist.

Michael: Damit wären wir schon beim wesentlichen Punkt. Das, was wir im Grunde gerade machen, ist sehr ähnlich zu den Insights-Typen, nur eben sehr eindimensional. Wir sprechen über Präferenzen und Grundhaltungen. Menschen sind sehr verschieden und das ist gut so. Denn Verschiedenartigkeit bedeutet auch, dass wir unterschiedliche Stärken haben. Der eine nutzt eher die linke, der andere die rechte Gehirnhälfte. Die eine hat mehr Yin, die andere mehr Yang, ist mehr im Sein oder mehr im Machen. Wie auch immer ich diese beiden Dimensionen nenne, wichtig ist, dass ein Unternehmen beide

36 WHO, englische Abkürzung für World Health Organization, deutsch: Weltgesundheitsorganisation

Dimensionen abdeckt, um auf deinen Punkt von vorhin zurückzukommen. Du hast natürlich recht. Denn aus der Vielfalt entsteht Stärke und diese Stärke hilft uns, unsere Ziele zu erreichen. Erinnerst du dich noch an dein Beispiel mit dem Joch? Du hast die Ehe als Joch betrachtet.

Christian: Ich möchte an dieser Stelle noch einmal klarstellen, dass es nicht mein Vergleich, sondern das Zitat eines Priesters war. Er hat es bei einer Trauung gesagt. Und ja, es stimmt. Wenn einer von zwei Ochsen stärker ist als der andere, dann pflügen sie im Kreis.

Michael: Sie bewegen sich dann nicht aufs Ziel zu, sie laufen im Kreis, genauso ist es. Die beiden Löcher sehen so ähnlich aus wie die zwei Kreise, die ich mir zur Orientierung auf ein Stück Papier vor mir gemalt habe. Wenn ich sowohl die emotionale als auch die faktenorientierte Seite gewinnbringend einsetzen kann und auf dasselbe Ziel ausrichte, erhalte ich die maximale Kraft, um das Ziel schnell zu erreichen. Und nur darum geht es. Ich brauche beide Gehirnhälften, die softe Seite und die harte Seite. Als Führungskraft, im Grunde als Mensch, benötige ich Softskills und Hardskills.

Christian: Bei unserem Kommunikations-Eisberg, über den wir lange gesprochen haben, geht es auch um die beiden Gehirnhälften. Der Rapport, der für erfolgreiche Kommunikation am stärksten ins Gewicht fällt, findet auf der linken Seite, auf der Gefühlsebene, statt. Gleichzeitig benötige ich auch die Sachebene für das, was ich kommuniziere. Beide Seiten dürfen in Einklang gebracht werden, sowohl bei der 1:1-Kommunikation als auch ganzheitlich im Unternehmen. Der Rapport im Unternehmen und die Sachebene dürfen stimmig sein.

Michael: Die beiden Kreise schweben also nicht irgendwo nebeneinander, sondern überlappen sich. Es gibt einen Overlap zwischen den beiden Kreisen, eine Schnittmenge. Dort spielt die Musik, dort bin ich *in the zone*. Dort sind unsere beiden Gehirnhälften und die des Unternehmens so kombiniert, dass wir mit maximaler Power auf unsere Ziele zusteuern. Dort habe ich auch alle verschiedenartigen Präferenzen der beteiligten Menschen zufriedengestellt und bedient. Denn, um in dieser Zone zu sein, braucht natürlich jeder Mitarbeiter etwas anderes. Die eine braucht mehr Ergebnisse — sie ist eher auf der rechten Hälfte stark, die andere braucht mehr Zwischenmenschliches, denn sie nutzt eher die linke Hälfte. Es ist meine Aufgabe als Chef, das sicherzustellen. Ich stelle sicher, dass beide Seiten genutzt werden und zum Tragen kommen, damit alle Mitarbeiter happy sind, wir unsere Ziele erreichen und unseren Zweck erfüllen.

Christian: So weit, so gut. Wie mache ich das denn?

Michael: Du meinst, wie gehe ich mit der Yin- und Yang-Geschichte um? Nun, der erste Schritt ist, dass alle mitbekommen, dass es mir als Chef und damit auch dem Unternehmen wichtig ist. Wir wollen Leute mit einer ausgeprägten rechten und Leute mit einer ausgeprägten linken Gehirnhälfte, wir brauchen Leute im Sein und Leute im Tun. Wir wollen uns ganzheitlich aufstellen, weil es einen Zweck hat. Nur so erfüllen wir unseren Purpose und erreichen unsere Vision. Ich darf also mit meinen Mitarbeitern offen über dieses Modell sprechen. Ich diskutiere und reflektiere mit jeder einzelnen Person: „Wo siehst du dich eher? Auf der linken oder rechten Hälfte? Bist du mehr Yin oder mehr Yang? Wie ich es auch immer nenne, wichtig ist, dass ich das Gefühl erzeuge, dass Beides in unserer Firma erwünscht ist und jeder hier zu Hause ist, so wie sie ist. Dann bringe ich das Ganze in Einklang mit dem Geschäftsmodell und unserem Masterplan. *This is how we gonna run this company.* Wenn wir also über Purpose, Vision, Werte und Strategie sprechen, zeigen wir auf, dass insbesondere unsere Werte der Garant dafür sind, dass wir sowohl die linke, als auch die rechte Gehirnhälfte nutzen und beide Seiten wertschätzen. Ich kann es im Unternehmen nicht oft genug wiederholen, irgendwann ist es in der Kultur drin. Auf der rechten Seite in unserem Masterplan stehen die Strategien und Ziele, das, was wir tun und erreichen wollen. Auf der linken Seite stehen unsere Werte, Verhaltensweisen, unser Herz. Diese beiden Seiten bringen wir in Einklang. „Das ist das, was wir dieses Jahr tun. Das sind unsere Verhaltensleitplanken. So gelangen wir zu unserer großen Vision."

Christian: Ich spreche also ganz offen über das, was ich erreichen will. Ich spreche auch über die linke und die rechte Gehirnhälfte des Unternehmens.

Michael: Chief Repeating Officer.

Christian: Genau, immer wieder. „Ich will einen Burger. Ich möchte, dass wir diesen ganzheitlichen Ansatz fahren. Ich möchte, dass wir die linke und rechte Gehirnhälfte mitnehmen." Ich wiederhole es immer und immer wieder.

Michael: Purpose, Vision, Values, Strategies. Linkes Hirn, rechtes Hirn. Yin und Yang. Alles gehört zu uns. Alles gehört zusammen. Ganzheitlich.

Christian: Wenn ich das schaffe und beide Seiten in Einklang bringe, ist mein Unternehmen gesund. Ich brauche mir kein Ohr abzubeißen.

Michael: Alles ist dann entspannt und produktiv. Entspannt links, produktiv rechts.

Es ist wie mit den Insights-Typen. Ich kommuniziere, dass es diese Andersartigkeit gibt, dass sie wertfrei ist, dass wir bewusst ausgeglichene Teams entwickeln wollen und schaffe Verständnis für die jeweiligen Präferenzen. Mit den resultierenden Konflikten lerne ich umzugehen und sicherzustellen, dass niemand im Team für seine Präferenz verurteilt oder „abgestempelt" wird. Idealerweise ist bereits das Top-Management mit unterschiedlichen Präferenzen ausgestattet und kommuniziert dies ebenfalls ganz offen im Unternehmen und proklamiert dies als Stärke.

KOLLABORATIE

DER KOMPROMISS ZWISCHEN HIERARCHIE UND HOLOKRATIE

Christian: *Trust and respect!* oder *trust and support*! Wir sind mitten im Thema Organisationsstrukturen. Hast du das bemerkt?

Michael: Ja? Wie wollen wir uns denn organisieren?

Christian: Ich bin ein Fan von hierarchischen Strukturen.

Michael: Na dann erzähl' mal.

Christian: Ich bin deshalb ein Fan von Hierarchie, weil ich einige Vorteile sehe. Ich mag zum Beispiel klare Strukturen. Ich finde es gut, wenn ein paar Dinge klar definiert sind. Wer ist mein Chef? Wer darf mich befördern oder kündigen? Wer entscheidet über meinen Urlaub und über mein Gehalt? Auch für meine Mitarbeiter finde ich es gut, wenn sie wissen, wer ihr Chef ist. Es ist für jede Mitarbeiterin immer gut zu wissen, wer die Chefin ist. Daher finde ich hierarchische Strukturen prinzipiell gut.

Michael: Das ist interessant. Im Moment gibt es ja eher einen gegenläufigen Trend. Freiheitliche Organisationsformen, Homeoffice und selbstorganisierte Teams werden immer populärer. Es gibt viele Beispiele von erfolgreichen Firmen, die mit anderen Organisationsformen als klassischer Hierarchie arbeiten. Siehst du darin auch Vorteile?

Christian: Schon, ja. Ich denke, ein Unternehmen kann so möglicherweise schlagkräftiger und flexibler agieren. Mit einer eher konsensorientierten, demokratischen Haltung hat jedes Organisationsmitglied eher das Gefühl, mitreden und mitentscheiden zu können. Das hat auch etwas mit Wertschätzung zu tun.

Michael: Das Stichwort ist *Agilität*. Es ist möglich, schneller, schlagkräftiger und flexibler in einer Welt zu agieren, die sich immer schneller und radikaler verändert.

Christian: Richtig. Ich denke, dass es für jedes Unternehmen eine geeignete Organisationsstruktur gibt. Bei *chicco di caffe* zum Beispiel war alles sehr standardisiert. Im Prinzip funktioniert eine Kaffeebar wie die andere. Es ist wichtig, dass überall die gleichen Hygienestandards herrschen, dass die Qualität überall stimmt und die Abrechnungsprozesse einheitlich sind. Ich finde die klassische Organisationsstruktur, in der von oben vieles vorgegeben wird, für *chicco* schon sehr passend. So konnten wir sicherstellen, dass wir unseren Kunden überall den gleichen hohen Standard bieten. Es ändert sich dort eben nicht viel von einem auf den anderen Tag.

Michael: Welche Nachteile hast du dabei auch erlebt?

Christian: Wir haben uns schon sehr genau überlegt, was wir von oben vorgegeben haben. Denn wenn es unsinnig oder nicht für alle gleichermaßen umsetzbar war, ist es uns sehr schnell um die Ohren geflogen.

Michael: Wenn ich also Mist vorgebe, kommt am Ende auch Mist dabei heraus.

Christian: Genau: *Garbage in, garbage out*. Es hängt also alles an der Chefetage, an diesen allwissenden Unternehmer-Typen, die alles können und alles richtig machen. Darin besteht das Risiko.

Michael: Als ich damals zu dem Callcenter dazugestoßen bin, haben dort mehrere tausend Leute in einer sehr hierarchischen Struktur gearbeitet. Es ging dort zu wie in einer Fabrik. Es war immer das gleiche Geschäft, die gleichen Dinge, die am Tag immer und immer wieder gemacht worden sind. Das Üble dabei war, dass im Grunde jede Entscheidung nach oben weitergereicht wurde. Der Standardsatz einer jeden Mitarbeiterin war: „Da muss ich mal meinen Chef fragen." Das fing sogar bereits bei kleinen Kundenanfragen an. Am Telefon sagte der Callcenter-Agent zum Kunden: „Ich verstehe Sie, lieber Kunde. Da muss ich mal meine Chefin fragen." Dann fragte dieser Agent seinen Teamleiter. Dieser antwortete dann: „Das kann ich leider auch nicht entscheiden, ich gebe es weiter an meine Chefin." Danach kam der Supervisor, die dann wiederum sagte: „Das hat etwas mit dem Produkt zu tun, das darf ich auch nicht entscheiden." Es wurde dann an irgendeine Managerin weitergegeben, dann an den Executive und irgendwann lag die Sache auf dem Tisch des CEOs, der dann über eine Fünfzig-Euro-Gutschrift für einen von Millionen Kunden entscheiden durfte. Es hat das gesamte Unternehmen lahmgelegt. Das ist der Nachteil einer hierarchisch geführten

Organisation, wenn nicht geklärt ist, welche Entscheidungen nicht nach oben eskaliert werden.

Christian: Bei *chicco di caffe* durfte der Barista vor Ort durchaus eigene Entscheidungen treffen. Wir haben sichergestellt, dass der Espresso überall gleich schmeckt und die Milch überall gleich aufgeschäumt wird. Wenn jedoch ein Kunde vor Ort in der Bar etwas an dem Kaffee zu bemängeln hatte oder ihm das Sandwich nicht geschmeckt hat, lag es in der Hand des Baristas zu entscheiden, ob er dem Kunden einen neuen Kaffee macht oder ihm das Geld für das Sandwich zurückgibt.

Michael: Es gibt also selbst in einer hierarchischen Struktur Vertrauen in die Mitarbeiterinnen, eigene Entscheidungen zu treffen und Verhaltensspielraum, in dem sie agieren können, auch wenn dies vielleicht nicht der Regelfall ist. Ich möchte ja nicht jeder Kundin einen neuen Kaffee machen.

Christian: Schon. Allerdings wird auch von oben die Entscheidung getroffen, wer was entscheiden darf, damit es auch wirklich in allen Kaffeebars gleiche Entscheidungsspielräume gibt.

Michael: Ich kenne es häufig aus solch hierarchischen Unternehmen, dass es feste Rollen gibt, die definiert sind. Diese Rollen haben dann eine ganz klare Rollenbeschreibungen, in der sehr detailliert niedergeschrieben ist, welche Rolle für was zuständig ist, wofür sie befugt ist und wofür nicht. In vielen Konzernen heißt das im Englischen *Policies and Procedures*. Es ist ein Dokument bestehend aus hunderten Seiten. Ich bin mir sicher, dass es von den 70.000 Konzernmitarbeiterinnen niemanden gibt, die das wirklich gelesen hat — außer denjenigen, die es geschrieben haben. Der Zweck dieses Dokumentes ist lediglich, dass der Konzern ein Regelwerk hat, nachdem Fehlverhalten geahndet werden kann. Mithilfe dieses Regelwerkes kann ich mich dann schnell von Leuten trennen, weil sie gegen einen Paragraphen dieser *Policies and Procedures* verstoßen haben, die sie natürlich nie gelesen haben.

Christian: Das ist derselbe Trick wie mit dem Kleingedruckten bei Versicherungen. Ich schließe eine Hausratversicherung ab und sobald ich einen Schadensfall habe, steht irgendwo geschrieben, dass genau dieser Fall nicht abgedeckt ist.

Michael: Es ist überhaupt nicht mehr pragmatisch.

Christian: Es kostet Vertrauen und Spaß an der Arbeit.

Michael: Richtig. Wie bei der Versicherung. Am Ende treffe ich die Entscheidung auf der Basis von Vertrauen. Selbst wenn ich das Kleingedruckte lese, bin ich gezwungen, alles zu googeln, was ich nicht verstehe und darf mich intensiv damit auseinandersetzen. Das kann Wochen dauern, also hole ich mir einen Rat ein, auf den ich vertraue.

Christian: Nun haben wir über Hierarchie gesprochen. Wie sieht es denn mit einer gegenteiligen Organisationsform aus? Unsere Zusammenarbeit hat zum Beispiel gar nichts mit Hierarchie zu tun.

Michael: Das stimmt. Wir arbeiten überhaupt nicht in hierarchischen Strukturen. Obwohl ich auch ein leichtes Bedürfnis nach Kontrolle und klarer Struktur habe, ist mir Freiheit in meiner eigenen Arbeitsweise sehr wichtig. Zwar sind mir einige Elemente einer hierarchischen Organisation willkommen und ich verstehe einige ihrer Vorteile, ich präferiere es jedoch, selbst zu entscheiden, wie ich meine Arbeit gestalte, organisiere und wie ich vorgehe. Das wiederum passt gar nicht zu einer hierarchischen Organisation. Ich kann sehr gut nachvollziehen, wieso viele Wachstumsfirmen und Gründerinnen heutzutage Ambitionen haben, ihr Unternehmen anders zu gestalten als die Generationen vor ihnen. Sie streben nach einem höheren Grad an Freiheit. Dabei steht vor allem die *Kollaboration*, also die gemeinschaftliche Zusammenarbeit im Vordergrund. Es gibt keine einfachen Arbeitsanweisungen wie in einer klassischen Hierarchiestruktur. Ich habe eine ähnliche Erfahrung gemacht. Wir waren ein wirkliches Team, eine Gemeinschaft von Leuten, die zusammen auf einer Reise war. Alle Mitarbeiter und sogar externe Firmen haben in einer Gemeinschaft an einem Ziel gearbeitet und hatten ein höheres Maß an Freiheit, ihre Arbeit zu organisieren, als es damals zum Beispiel zu Rockefellers Zeiten in einer altbackenen, konservativen und hierarchischen Struktur je möglich gewesen wäre.

Christian: Das funktioniert am besten in einem sehr flexiblen Umfeld. Du und ich bewegen uns mit unserer Unternehmung auch in einem sehr flexiblen Umfeld. Wir entscheiden quasi laufend darüber, wie wir zusammenarbeiten und mit wem wir zusammenarbeiten. Es ist ja ein relativ loser Zusammenschluss, in dem wir uns befinden.

Michael: Genau. Wir haben ein paar Grundpfeiler geschaffen, die uns leiten und uns eine gewisse Struktur vorgeben. Diese Struktur fühlt sich wesentlich freiheitlicher, flexibler und lockerer an als eine Hardcore-Hierarchiestruktur der alten Schule.

Christian: Lass mich raten: Mit den Grundpfeilern, die du ansprichst, meinst du unseren Purpose, unsere Vision, die Values und Strategies?

Michael: Exakt — wie immer. Der große Masterplan beschreibt, wofür wir machen, was wir machen, wo wir hinwollen und wie wir uns verhalten. Außerdem bestimmt er die großen strategischen Ziele für die nächsten Monate. Dieser Masterplan gibt den Rahmen vor für jede Mitarbeiterin. Wenn jeder diesen Plan zur Verfügung hat, ist es leicht zu entscheiden, ob das, was diejenige tun möchte, zu dem Plan passt oder nicht. Zahlt dies auf unsere Ziele, unsere Vision ein oder nicht? Der große Masterplan bestimmt die Grundpfeiler, zwischen denen sich jeder frei bewegen kann.

Christian: Dabei bewegen wir uns schon wieder in einer 2x2-Matrix. Wir können es wirklich nicht lassen. Diese Matrix wird aufgespannt durch die beiden Achsen *Trust* und *Support*, Vertrauen und Unterstützung.

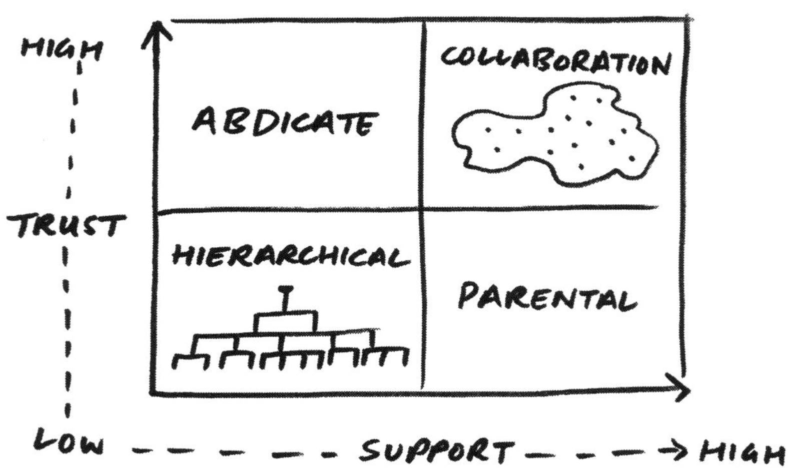

Abbildung: Trust & Support
Performante Zusammenarbeit fußt auf Vertrauen und gegenseitiger Unterstützung.

Michael: Stimmt, es gibt mal wieder vier Quadranten in dieser 2x2-Matrix. Fangen wir mit dem Quadranten unten links an. Hier gibt es wenig Vertrauen und wenig Unterstützung. Dieser Quadrant beschreibt die klassische hierarchische Organisationsform. Auch hier gibt es ein gewisses Maß an Vertrauen und Unterstützung, allerdings braucht es davon wenig, da alles sehr klar geregelt und festgelegt ist. Je mehr Regeln es gibt, desto weniger Vertrauen ist notwendig. Die Mitarbeiter benötigen gleichzeitig weniger Unterstützung, da im Grunde jede weiß, was zu tun ist und welche Mittel ihr zur Verfügung stehen.

Christian: Und wenn jemand einen Fehler macht, nimmt man das große Regelwerk zur Hand, das hundertseitige Dokument, hebt den Finger und sagt: „Hier steht es, du hast einen Fehler gemacht. Du warst nicht befugt."

Michael: Der gegenüberliegende Quadrant in der Matrix beschreibt das, was ich mit *Kollaboratie* meine. Hier ist viel Vertrauen und viel Unterstützung notwendig, damit es funktioniert. Es beschreibt ein kollaboratives Zusammenarbeiten. Alle können selbst entscheiden, wie sie sich organisieren, wie sie zusammenarbeiten und wie sie vorgehen. Hier kommen die unterschiedlichen Persönlichkeitstypen und Farbenergien sehr stark zum Tragen. Der eine arbeitet gerne ganz in Ruhe, die andere hat lieber viele Leute um sich herum. Dem einen geht es mehr um die Sache, dem anderen um den Menschen. Ich kann mich in diesem System sehr viel stärker entfalten, mich in meiner Komfortzone bewegen und meinen Stärken und meinen Präferenzen nachgehen. Ich hole das Beste aus jedem heraus. Allerdings benötige ich ein hohes Maß an Vertrauen und Unterstützung der Gemeinschaft, damit das Ganze funktioniert.

Christian: Es gibt noch zwei weitere Quadranten. Der eine beschreibt ein hohes Maß an Vertrauen und wenig Support, der andere drückt ein geringes Maß an Vertrauen und viel Unterstützung aus. Mir fällt keine wirklich sinnvolle Organisationsstruktur ein, in der diese Kombination vorherrscht.

Michael: Ja, das stimmt. Es beschreibt deshalb die Fehler, die ich machen kann, wenn ich ein kollaboratives Modell anstrebe und eine der notwendigen Komponenten nicht ausreichend bereitstelle. Es fehlt also in solchen Situationen entweder an Vertrauen in die Mitarbeiter oder das Team erhält zu wenig Unterstützung. Im zweiten Szenario, in dem ich zwar viel Vertrauen in das Team stecke, es jedoch nicht genügend Support erhält, lasse ich die Leute im Stich. „Ich vertraue euch voll und ganz, ihr macht das schon." Sie benötigen jedoch mehr Ressourcen, Material, Zeit oder Knowhow, um erfolgreich zu sein. Wenn ich das nicht berücksichtige und einfach sage: „Ihr macht das schon, zeigt mir in sechs Monaten, was ihr geschafft habt", wird es nicht funktionieren.

Christian: „Ihr schafft das schon."

Michael: Das zu hören, fühlt sich nicht gut an. Die Mannschaft fühlt sich im Stich gelassen. Daher nennen wir diesen Quadranten *Abdicate*, im Sinne von: *sich der Verantwortung entziehen.* Die andere Stolperstelle ist fehlendes Vertrauen in das Team. Wenn ich die Mitarbeiter ausreichend unterstütze und gleichzeitig mein Vertrauen fehlt, wird die Kollaboration im Team auch nicht funktionieren. In diesem Fall hege ich ständig Zweifel. Ich fange an, die Mitarbeiter zum Beispiel durch Micromanagement zu kontrollieren und bin ständig übertrieben vorsichtig. Das verhält sich ähnlich zu einer Eltern-Kind-Rolle. Ich agiere nicht auf Augenhöhe mit meinen Leuten, sondern ich befinde mich im Elternmodus. Ich habe das Gefühl, dass die Verantwortung zu groß ist für mein Kind und vertraue ihm nicht, dass es das schaffen wird. Selbst wenn ich es vollends unterstütze, ohne Vertrauen kann ich nicht loslassen und das Team fängt an, bewusst oder unbewusst, selbst an sich zu zweifeln. Auch dann wird meine Firma nicht erfolgreich sein.

Christian: Es erinnert mich daran, als meine Tochter ihren Führerschein gemacht hat und wir die ersten Male gemeinsam Auto gefahren sind. Ich hatte alle Nase lang das Bedürfnis, ihr ins Lenkrad zu greifen.

Michael: „Hier hast du meine Unterstützung, mein Vertrauen darfst du dir noch verdienen." [*lacht*]

Christian: Das ist natürlich super demotivierend. Allerdings kann es auch eine Zeit dauern, bis das Vertrauen untereinander aufgebaut ist. Es ist also möglicherweise eine Übergangsphase bis zur Zielstruktur.

Michael: Es sind grundsätzliche Überlegungen zur Organisationsform. Die Frage ist, wie möchten wir als Unternehmen sein? Wie wollen wir uns organisieren? Soll es einen geben, der alles bestimmt und wir diktieren die

Entscheidungen top-down oder wollen wir uns etwas moderner organisieren, mehr Freiheiten einräumen und von verschiedenen Meinungen und Perspektiven profitieren? Es stecken auch eine ganze Menge Emotionen in diesem Thema. Für mich persönlich ist es wichtig, die Balance zu finden, die am Ende zum Ziel führt. Die Frage ist also, mit welcher Organisationsform erreiche ich am besten meine Ziele, meine Vision? Welche Struktur passt zu unseren Werten und zu unserem Purpose? Welche Kultur möchte ich schaffen, damit meine Mitarbeiter glücklich sind, wertgeschätzt werden und im Unternehmen bleiben? Wie unterstütze ich meine Mitarbeiter am besten dabei, erfolgreich zu sein?

Christian: Es ist also nicht schwarz oder weiß, nicht entweder so oder so. Es gibt sehr viele Übergangsphasen und Möglichkeiten, mein Unternehmen zu organisieren. Ich frage mich, ob es nicht in gewisser Hinsicht immer ein bisschen hierarchisch ist. Es ist im Idealfall ja immer eine Vision vorgegeben. In der Kollaboratie gibt es eine hierarchisch vorgegebene Vision, die dann auf Einzeltätigkeiten heruntergebrochen wird. In einer klassischen Hierarchiestruktur gibt es zudem eine organisatorische Hierarchie.

Michael: Nun, dazu kommt mir ein wichtiger Gedanke: Struktur ist nicht das gleiche wie Hierarchie. Eine Struktur ist immer notwendig. Die Frage ist, wie sind wir innerhalb der Struktur organisiert? Wer darf welche Entscheidungen treffen? Wie wird zusammengearbeitet? Wie viele strikte Regeln gibt es? In jedem Organisationsmodell steckt eine Struktur. Du hast eben auch beschrieben, dass ihr zwar sehr hierarchisch strukturiert seid, euer Organisations-Chart sieht also sehr klassisch wie eine Pyramide aus. Oben steht der CEO, darunter die Abteilungs- und dann die Teamleiterinnen und so weiter. Dennoch hat jede Kaffeebar, jeder Barista, jede Mitarbeiterin einen eigenen Handlungsspielraum. Es gibt also vorgegebene Standards und gleichzeitig erhält nicht jeder Mitarbeiter eine strikte Arbeitsanweisung, sondern darf selber Entscheidungen treffen.

Christian: Ja, richtig. Es ist auch häufig so, dass sich Mitarbeiter untereinander kennen und sich austauschen. Der CEO spricht mit einem Sachbearbeiter, die Barista aus verschiedenen Standorten kennen sich noch aus der Ausbildung. So fließen viele Informationen und es entstehen gute Beziehungen und Erfahrungsaustausche. Früher wurde das *der kleine Dienstweg* genannt.

Michael: [*schmunzelt*] Der kleine Dienstweg ist also Teil des kollaborativen Modells. Auch das funktioniert nur mit Leitplanken und ein paar grundsätzlichen Regeln.

Christian: Was der Struktur eines Unternehmens letztendlich zugrunde liegt, sind Beziehungen zwischen den Menschen.

Michael: It is all about the people.

Christian: Trust and respect!

Eine spannende Perspektive. Meine Organisation folgt also nicht zwangsläufig einem vorgefertigten Modell. Ich bin nicht gezwungen, mich zwischen Hierarchie und Holokratie zu entscheiden, sondern ich kann mir das beste aus allen Organisationsformen herausnehmen. Wichtig ist, dass ich Entscheidungsbefugnisse und die Struktur klar definiere und alle das gleiche Verständnis über die Organisation in unserem Unternehmen haben. Egal welche Form ich wähle, Purpose, Vision, Werte und Strategien helfen den Mitarbeitern und Führungskräften eigene, schnelle Entscheidungen im Sinne des Unternehmens und der Selbstverwirklichung jedes Einzelnen zu treffen.

DAS GROSSARTIGSTE STRATEGIEMODELL ALLER ZEITEN

PURPOSE, VISION, VALUES, STRATEGIES

Christian: Sag mal, wie führst du eigentlich ein Unternehmen? Wie machst du das?

Michael: Das ist meine Lieblingsfrage. Darf ich dazu eine Geschichte erzählen?

Christian: Ich bitte darum.

Michael: Ich hatte ja schon mal erwähnt, dass ich eine Zeit lang beruflich in Katar im mittleren Osten war. Ich hatte das außerordentliche Glück, dort für den Konzern, für den ich damals gearbeitet habe, ein Start-up aufzubauen. Am Anfang waren wir ein ganz kleines Team, wir waren zu viert. Relativ schnell sind wir dann gewachsen und waren zwanzig Leute. Wir haben einfach angefangen, eine neue Firma zu sein. Ich hatte irgendwie ein ganz komisches Gefühl dabei. Wir hatten keinen gescheiten Plan und ich hatte das Gefühl, dass wir nicht wirklich wussten, was wir da eigentlich taten.

Christian: Ihr hattet operative Hektik?

Michael: Ja, absolut. Wir haben einfach bloß gemacht. Wir waren wie *headless chicken*, wir sind herumgelaufen wie kopflose Hühner. Es ist ein ziemlich brutales Bild, doch so war es.

Christian: Mein Vater sagt dazu immer: „Operative Hektik ersetzt geistige Windstille."

Michael: [*schmunzelt*] Ja, genauso war es. Mir wurde von Tag zu Tag bewusster, dass wir irgendetwas ändern mussten. Wir hatten damals noch keinen CEO. Es war auch noch nicht klar, welche Rolle ich genau in dem Start-up spielen würde. Alles, was ich wusste, war, dass ich Teil des Top-Teams bin und kommerzielle Verantwortung hatte. Wir hatten irrsinnigen Zeitdruck, etwas auf die Beine zu stellen und unser Produkt auf den Markt zu bringen. Irgendwann hieß es dann: „Wir haben einen CEO gefunden. Nächste Woche findet ein erster Workshop mit ihm zusammen statt." Der Workshop war in einem riesigen Meetingraum im Sheraton Hotel mit Blick auf den Persischen Golf. Es war wirklich eine beeindruckende Location. Dann kam dieser Moment, den ich nie vergessen werde. Grahame, der neue CEO, stand auf und stellte sich vorne neben ein Flipchart. Er malte drei Kreise darauf. Erst einen, dann zwei weitere Kreise darunter und daneben ein Herz. Dann zeichnete er noch einen waagerechten Strich von der untersten Stelle des Herzens in die Schnittmenge der drei Kreise und sagte: „This is how we are going run this company."

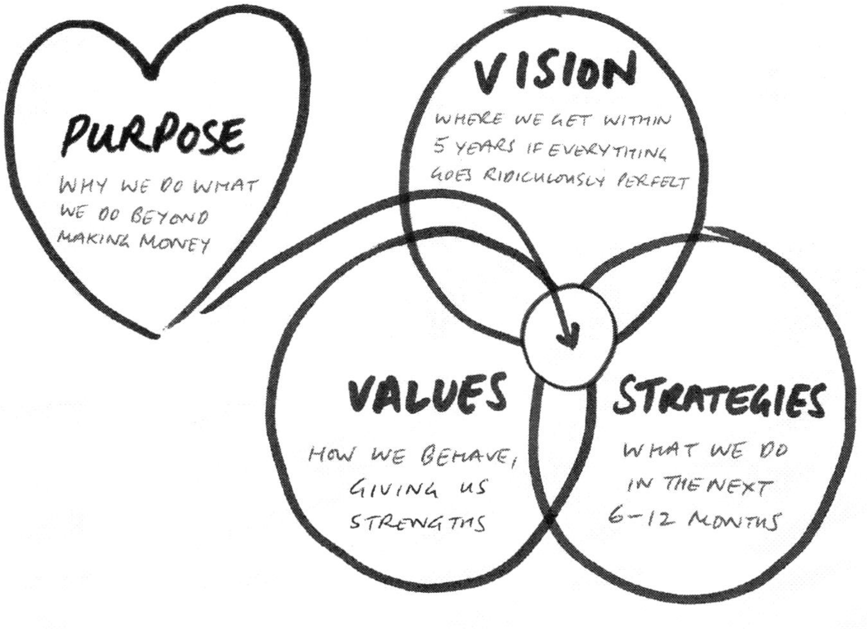

Abbildung: Das großartigste Strategiemodell aller Zeiten
eignet sich für Menschen, Paare, Teams und Unternehmen.

Christian: Da war erst einmal Stille, oder?

Michael: Es war mucksmäuschenstill. Der ganze Raum hat ihn angeschaut. Ich habe dankbar in den Himmel geschaut und gedacht, „Lieber Gott, liebes

Universum, vielen Dank, dass du uns diesen Typen geschickt hast. Ich glaube, er weiß, was er tut und wie er eine Firma führt." Grahame schrieb über das Herz das Wort *Purpose* und sagte: „Purpose is why we do what we do beyond making money."

Christian: Darüber haben wir schon gesprochen. Dies haben wir als unsere Definition von Purpose übernommen.

Michael: Genau. In den oberen Kreis schrieb er in großen Lettern *Vision*. Etwas kleiner, in denselben Kreis schrieb er noch *BHAG* — Big, Hairy, Audacious Goal und das Wort *where*. Dazu sagte er: „This is where we will get in five years." In den Kreis unten links stand kurz darauf „Values", „This is how we will behave." In den letzten Kreis, unten rechts schrieb er „Strategies". Dazu sagte er: „This is what we will do in the next twelve months." Neben das Wort *Purpose* und das Wort *Values* malte er noch ein Unendlich-Zeichen und erklärte: „Das wird immer unser Purpose sein und auch unsere Werte werden bleiben. Es ist unsere DNA." An die Vision schrieb er noch die Jahreszahl 2013. Es war damals 2008 und er sagte: „Das ist unsere Fünfjahres-Vision." Neben *Strategie* schrieb er „2009". Es sind die konkreten Aktionen, die wir in den nächsten zwölf Monaten tun. Und dann sagte er abschließend: „This is my model, my framework, my belief. This is how we are going to run this company."

Christian: Es gab also gar keine Wahl mehr?

Michael: Nein, das war sein Modell und fertig. Es war gut so. Als CEO hat er natürlich auch die Möglichkeit, eine solche Vorgabe zu machen. Aus meiner Sicht kam er damit genau zur richtigen Zeit, denn wir befanden uns beim Thema Führung in einem völligen Vakuum.

Christian: Es ist im Grunde ja auch keine Raketenwissenschaft. Es sind die W-Fragen, die wir auch beim Notruf lernen: Wofür? Wohin? Wer? Wie? Was?

Michael: Die großen Fragen des Lebens.

Christian: Genau. Die großen Fragen, die beantwortet werden. Es ist plakativ. Wie hat er es denn dann in das Unternehmen konkret hineingebracht? Konnte es nach einer bestimmten Zeit jeder auswendig aufsagen?

Michael: Guter Punkt. Es war ein guter Start und einige von uns haben sicher gedacht: „Es ist ja super, ein Modell zu haben. Das gibt es später sicher als PowerPoint-Folie und vielleicht noch als Broschüre."

Christian: [*grinst*] „Die drucken wir uns aus und lassen sie im Schreibtisch verschwinden."

Michael: Ja, richtig. Oder wir hängen es an die Wand. So war es zum Glück nicht. Es folgte zunächst ein Prozess, der sieben oder acht Monate dauerte. Wir haben gemeinsam im Leadership-Team mit acht Leuten unseren Purpose, die Vision, unsere Werte und Strategien definiert. Am längsten gedauert haben die Werte. Parallel haben wir die Firma weiter aufgebaut, es ging im Vollspeed weiter. Wir sind sehr schnell gewachsen, im ersten Jahr waren wir bereits hundert Leute. Wir haben das Modell fertiggestellt und alle Mitarbeiter miteinbezogen. Grahame hat sehr schnell klar gemacht, dass es keine basisdemokratische Veranstaltung ist, sondern wir uns Input von allen Mitarbeitern einholen, alle Mitarbeiter mitnehmen und die Verantwortung bei uns liegt. Es ist unsere Führungsaufgabe, auch im Sinne der Shareholder, festzulegen, was die DNA unserer Firma ist. So haben wir es auch gemacht. Wir haben viele Workshops durchgeführt, in denen wir die Gedanken, den Input der Mitarbeiter zu unserem Purpose, unserer Vision, unseren Werten und Strategien eingeholt haben. Nach acht Monaten haben wir dann ein All-Hands organisiert. Wir haben alle Mitarbeiter einen Tag aus der Firma herausgezogen und uns Zeit genommen für ein ganztägiges Meeting — alle Hände, alle Mitarbeiter waren dabei. Wir haben den Tag begonnen mit der Vorstellung unseres Plans. Es lief ab wie eine Show, im positiven Sinne. Wir haben uns ganz genau überlegt, wer was sagt und dass jeder von uns etwas sagt. Es war uns wichtig, dass wir unseren Plan auf den Punkt bringen und die genauen Worte unseres Plans für sich sprechen lassen, ohne viel Drumherum zu erklären. Den Rest des Tages haben wir dafür genutzt, dass alle neunzig Leute, die mit uns in dem Raum saßen, die Worte und unseren Masterplan durchdringen konnten. Coaches haben uns dabei unterstützt und moderiert. Wir haben Gruppenarbeiten durchgeführt, um jede einzelne Komponente des Plans in gemischten Gruppen durchzuarbeiten und zu verstehen. Am Nachmittag sind dann die funktionalen Teams losgezogen, und haben basierend auf dem Masterplan ihren eigenen Plan für die Abteilung ausgearbeitet und sich mit den anderen Abteilungen dazu ausgetauscht.

Christian: Woran haben sie genau in den Teams gearbeitet? An den Strategien? Daran, was es im nächsten Jahr zu tun gibt, um die Vision zu erreichen? Denn Purpose, Values und Vision stehen fest, richtig? Darüber gibt es keine Diskussion mehr.

Michael: Richtig. Über unseren Purpose, die Vision und Werte haben wir nicht mehr diskutiert. Das war genau der Punkt. Dafür haben wir den Input vorher eingeholt, das war sehr wertvoll. Der Zweck des Tages war *to communicate, clarify and align*. Wir haben unseren Plan, das Modell kommuniziert, Fragen geklärt, die gegebenenfalls entstanden sind und uns gemeinsam daran ausgerichtet. Ziel war, dass wir mit dem, was wir tun, alle in die gleiche Richtung laufen und alles auf unsere Vision einzahlt. Daher haben wir die vier, fünf großen Strategien vorgegeben. Es war also für alle klar, was die großen Dinge sind, die wir in den nächsten sechs bis zwölf Monaten erreichen wollen, um voranzukommen, um unsere Vision zu erreichen. Was wir nicht vorgegeben haben, war das, was die einzelnen Abteilungen, also jeder Mitarbeiter tut, um dazu einen Beitrag zu leisten. Das haben die Teams an dem Tag selbst erarbeitet. Wir haben also zu Beginn vorgestellt, welche fünf Dinge wir am Ende der zwölf Monate erreicht haben wollen und dann den Teams die Möglichkeit gegeben, selbst zu entscheiden, welchen Beitrag sie dafür leisten wollen. „Was wollt ihr tun? Was darf in eurer Abteilung passieren, damit wir diese fünf Dinge erreichen können?" Dazu haben wir auch eine super Methode angewendet, über die wir auch schon gesprochen haben. *Stop-Start-Continue*. Es ist superwichtig, bei der strategischen Planung ebenfalls zu berücksichtigen, was wir nicht mehr tun. Welche Aufgaben oder Projekte stoppen wir? Womit hören wir ab sofort auf? Bis dato hatte ich darüber nie nachgedacht. Es wurden eigentlich immer nur mehr Dinge, die wir tun wollten. Irgendwann war es in dem Zeitrahmen gar nicht mehr umsetzbar. Daher haben wir zuerst gefragt, was wir ab sofort nicht mehr tun. Dann haben wir überlegt, was wir weiterhin tun werden, weil es sich als sinnvoll bewährt hat. Erst zum Schluss haben wir uns dann gefragt, was wir zusätzlich tun wollen. Was wollen wir tun, was wir bisher noch nicht getan haben, um unsere Ziele zu erreichen?

Christian: Ich nehme noch einmal das Beispiel der Mount Everest-Besteigung, welches wir für die Vision genutzt haben. Ich überlege also, welche Schritte mich in die richtige Richtung führen und welche nicht. Letztere lasse ich einfach weg, weil sie mich nicht zum Gipfel bringen. Zum Beispiel höre ich auf, im *Basislager 1* Regenschirme zu verkaufen, weil es gerade regnet. Das lasse ich vielleicht besser weg.

Michael: Möglicherweise habe ich bereits Ausrüstung mitgebracht oder mir über Werkzeuge und Taktiken Gedanken gemacht, die mir bei der Everest-Besteigung helfen. Vor Ort bei einer weiteren Planungsrunde habe ich dann neue Erkenntnisse, zusätzliche Informationen und stelle fest: „Okay, gut. Das war damals eine gute Idee, jetzt benötigen wir etwas anderes. Das schleppen wir besser nicht mit hoch." Ich entscheide mich also am Basecamp, diesen Teil der Ausrüstung doch besser dort zu lassen, weil ich sonst unnötig Kraft und Sauerstoff verbrauche.

Christian: Als ihr diesen Prozess durchgeführt habt, habt ihr ja bereits zwei oder drei Jahre operativ gearbeitet, richtig? Das Unternehmen lief bereits eine Zeit, bevor der neue CEO kam.

Michael: Nein, nein. Grahame kam bereits nach zwei Monaten. Das war unser großes Glück. Dass jemand mit einer solchen Klarheit diese Führungsrolle einnimmt, habe ich nur dieses eine Mal in meinem Berufsleben erlebt. Es war wie ein Geschenk des Himmels. Ich habe in dieser Zeit sehr, sehr viel gelernt. Vier Jahre war ich insgesamt dort und habe miterlebt, wie wir dieses Modell wirklich gelebt haben. *We used this model to run this company all the time*. Ich gebe zu, manchmal ging mir diese Konsistenz auch ein klein wenig auf den Keks. „Können wir nicht mal etwas anderes machen oder etwas Neues ausprobieren?" — „Nein, wir halten Kurs. Das ist unser Plan. This is how we gonna run this company. If you don't like it, you can leave."

Christian: Wie hat er es denn geschafft, diese Konsistenz zu bewahren?

Michael: Repeat, repeat, repeat. Wir hatten doch schon den *Chief Repeating Officer* eingeführt. Das habe ich von Grahame gelernt. Sein Ausdruck beziehungsweise seine Analogie, die er genutzt hat, war eine zerkratzte Schallplatte. Er war schon etwas älter. Schallplatten habe ich gerade noch so mitbekommen, daher wusste ich, was er meinte: ständiges Wiederholen, immer und immer wieder. Wir haben unseren Masterplan in allen Formen wiederholt und auch die Leute animiert, es zu wiederholen, zu durchdringen und zu durchdenken. Das ist der große Erfolgsfaktor, der große Unterschied.

Ich habe es damals zum ersten Mal verstanden. Eine Strategie von ein paar wenigen klugen Leuten entwickeln zu lassen, sind eben nur 5 % des Geheimnisses. 95 % der Arbeit ist es, diese in die Köpfe und Herzen aller Mitarbeiter zu bekommen. Denn sie sind es, die diese Strategien am Ende umsetzen.

Christian: Wie hat er das konkret gemacht? Hat er es in jedem Meeting wiederholt oder gab es spezielle Meetings dafür? Gab es einen Newsletter? Wie sahen diese Wiederholungen konkret aus?

Michael: Das Thema Rhythmus war dabei ein großes Thema. Diese All-Staff- oder All-Hands-Meetings, von denen ich eben erzählt habe, haben wir vierteljährlich durchgeführt. Einmal im Jahr haben wir uns dafür einen ganzen Tag Zeit genommen. In den anderen Quartalen dauerte das Meeting einen halben Tag. In jedem dieser Meetings haben wir den großen Masterplan wiederholt, erzählt, worum es geht, was wir vorhaben. Dies haben wir dann gemeinsam mit den Mitarbeitern immer wieder in den Kleingruppen ausgearbeitet. Auch in all den anderen regelmäßigen Meetings — Top-Teammeetings oder reguläre Teammeetings — unser Purpose, die Vision, die Werte und Strategien wurden immer wieder herausgekramt. Bei allem, was wir taten, haben wir uns immer die Frage gestellt, ob das wirklich auf unsere Vision, unsere Ziele einzahlt und unseren Purpose und unsere Werte erfüllt. Diese Diskussion war im Grunde omnipräsent. Es hatte schon fast etwas Religiöses. Wir waren nachher 400 Leute und jeder hatte das drin, in jedem Gespräch, in jedem Meeting war es Thema. Du hättest jeden der 400 Leute fragen können, jeder hätte dir unseren Purpose, die Vision und Werte aufsagen können. Niemand brauchte es ablesen. Einige konnten jeden einzelnen Wert mit Definition auswendig aufsagen. Wir haben sie nicht gezwungen, das zu lernen. Sie fanden es einfach geil und haben sich damit identifiziert. All unsere Prozesse haben dazu geführt, dass alle es selbst ständig wiederholten und reflektiert haben — das hat es natürlich gefördert. In Jahresgesprächen, in Mitarbeiter-Reviews, Feedbackgesprächen, Einstellungsgesprächen — es war immer ein Thema. Passt du zu unserem Purpose, zu unserer Vision, unseren Werten? Die Strategien kamen eher zum Schluss. Das Spannende dabei ist, wenn Purpose, Vision und Werte erst einmal definiert sind, ist das Festlegen der Jahresstrategie total easy — echt unglaublich.

Christian: Wart ihr denn erfolgreich damit?

Michael: Ja. Unsere Vision war es, innerhalb von fünf Jahren die bekannteste und beliebteste Marke im ganzen Land zu werden — *the #1 Brand*. Gemessen haben wir das anhand des NPS und mithilfe von Markenbekanntheit-Scores. Das haben wir tatsächlich erreicht und sogar früher als wir dachten. Das ganze Land hat über uns gesprochen, wir waren der Benchmark. „So wie die das machen, wollen wir das auch." Unser Purpose war, *To make a world of difference for all people in Qatar*. Dies wurde uns häufig an vielen Stellen bestätigt. Wir haben wirklich einen Unterschied gemacht, für alle. Es war ein wirklich schönes Gefühl, sowohl etwas für die Arbeiter aus der Unterschicht, die Armen zu bewirken, die aus vielen fernen Ländern kamen und auch für die superreichen Katarer, die dort heimisch sind. Es war ein Riesenerfolg. Wir sind mit einer Milliardenbewertung an die Börse gegangen und haben innerhalb von vier Jahren einen Umsatz von 500 Millionen Dollar erreicht. Natürlich spielen dabei noch viele andere Dinge eine Rolle, um das zu realisieren. Ich würde nicht so weit gehen, dass das Modell der einzige Grund für unseren Erfolg war. Wir hatten in vielerlei Hinsicht Glück und waren zur richtigen Zeit am richtigen Ort. Es hat sich schon bemerkenswert angefühlt, dies in einer solchen Klarheit und in diesem Tempo zu erreichen. Selbst damals schon, zu der Zeit, als es passiert ist.

Christian: Cool.

Ok, so langsam kommen wir der Sache näher. Ihr habt so viel über Purpose, Vision, Strategien und Werte gesprochen, dass ich zwar schon überzeugt war, dass dies eine clevere Methode ist. Doch jetzt habe ich Blut geleckt und bin gespannt, noch mehr zu erfahren, wie ihr dies tatsächlich operativ in einem großen Unternehmen umsetzt. Ich habe das Gefühl, da kommt noch etwas. Dieser Grahame gefällt mir.

... UND WIE WIR ALLE MITNEHMEN

DER STRATEGIE KICK-OFF

Christian: Wir haben bereits über das großartige Strategiemodell gesprochen: Purpose, Vision, Werte, Strategie. Ich möchte nun konkret wissen, wie ich es schaffe, dies in meinem Unternehmen umzusetzen. Wie kommuniziere ich es am geschicktesten? Wie nehme ich alle Mitarbeiter mit? Eine Menge Wie-Fragen.

Michael: Wenn du möchtest, teile ich gerne ein paar Erfahrungen dazu.

Christian: Das war meine Hoffnung. Ich weiß, dass du viele Erfahrungen zu dem Thema hast und spezielle Workshops dazu gibst.

Michael: Das Modell, welches du gerade beschrieben hast — Purpose, Vision, Values, Strategies — nenne ich selbst *das großartigste Strategiemodell aller Zeiten*. Es hat bisher immer funktioniert, daher bin ich davon absolut überzeugt. Ich nutze es seit etwa zwölf Jahren. Wie wir zu unserem Purpose und zu unserer Vision kommen, haben wir bereits geklärt. Besprochen haben wir auch, wie ich die gemeinsamen Werte in meiner Firma identifiziere, die unsere Stärken widerspiegeln und helfen, die gesteckten Ziele zu erreichen. Danach lege ich dann die Strategien der nächsten sechs bis zwölf Monate fest, die dazu führen, dass die Ziele erreicht werden und wir der Vision ein Stückchen näher kommen. Wenn dies im Top-Management oder im Leadership-Team — je nachdem, wie ich es nennen möchte — geschehen ist, stellt sich, wie du richtig sagst, die Frage, wie ich dieses Strategiemodell nun im gesamten Unternehmen integriere. Wie schaffe ich es, dass meine 10, 50, 100, 500, 2000 Mitarbeiter und Mitarbeiterinnen das Modell verstehen und umsetzen? Ich mache das auf eine kollaborative Art und Weise. Ein- oder zweimal im Jahr kommen alle Mitarbeiter zusammen, um genau dieses Alignment herzustellen. Alignment für die gemeinsame Ausrichtung, das gemeinsame Ziel und die Fokussierung auf die notwendigen Strategien und Aktionen, um das Ziel zu erreichen. Der Ablauf sieht zum Beispiel folgendermaßen aus. Wir treffen uns alle zusammen in einer schönen Location, idealerweise draußen im Grünen, wo wir einen weiten Ausblick haben. Bei strategischen Themen hilft es, in einer anderen, freien Umgebung zu sein, wo ich meinen Blick in die Ferne schweifen lassen kann. Es wirkt inspirierend und befreiend. Ich habe dann eine bessere Perspektive und kann über den Dingen stehen und sie aus einem neuen Blickwinkel betrachten. Die ersten zehn Minuten blicken wir zunächst zurück auf die Erfolge der Vergangenheit und feiern uns dafür — *celebrate success*. Das habt ihr doch sicher auch gemacht, oder? Wenn ihr ein wichtiges Unternehmensziel erreicht habt, ist es toll, diesen gemeinsam zu feiern und vielleicht eine kurze Rede zu halten.

Christian: Wir sind immer zum Mexikaner gegangen und haben dort gegessen. Leider kommt das Feiern häufig zu kurz. Es ist eine gute Sache, sich immer mal wieder auf die kleinen und großen Erfolge zu besinnen und diese auch zu feiern. Das hebt die Stimmung. Es passiert schnell, dass man sich in den Alltagsproblemen verliert und den Erfolg gar nicht mehr richtig auf dem Schirm hat.

Michael: Ja, es ist wichtig, das anzuerkennen und wertzuschätzen. Wir erstellen manchmal eine kleine Slideshow mit Fotos von den Teams und den erreichten Meilensteinen zusammen. Das kann ein Messeauftritt, ein Markenlaunch oder ein neues Produkt sein. Ich finde es schön, wenn dabei vor allem die Personen gezeigt oder genannt werden, die an dem Erfolg mitgewirkt haben. Es ist ein kleines Dankeschön: „This is how we gonna run this company — dank eurer Mithilfe habt ihr einen wichtigen Beitrag in den letzten Wochen und Monaten zu unserer Vision und unserem Purpose beigetragen." Dann erläutern wir, dass wir in dieser Zeit ebenfalls an unseren Werten, unserer Vision und unserem Purpose gearbeitet haben und stellen diese vor. „Um das gemeinsam zu schaffen, stellen wir euch nun die vier, fünf, sechs wichtigsten Strategien und Ziele vor, die wir in den kommenden sechs bis zwölf Monaten zusammen mit euch umsetzen wollen." Es läuft dann ein bisschen wie eine kleine Show ab.

Christian: Der Moderator als Showmaster.

Michael: Es ist gut, jemanden zu haben, der eloquent durch das Programm führt. Ich denke dabei immer an Apple und ihre Produktshows. Wenn Steve Jobs, jetzt Tim Cook vorne auf der Bühne steht und den nächsten

Coup vorstellt. Das ist eine riesen Show und es wird richtig gefeiert, dass es nun etwas Neues gibt. Alle wichtigen Leute sind dort. Es ist gut, wenn das gesamte Führungsteam oben steht und den Purpose, die Vision, die Werte und Strategien gemeinsam vorträgt. Bei uns liest dann der Erste das Purpose-Statement vor, das dauert circa zwanzig Sekunden. Danach geht der zweite ein Stück nach vorne und sagt zum Beispiel: „Unsere große Vision ist … . Bis zum Jahr XY werden wir … erreichen. Dies messen wir mit folgenden Kriterien … ." Wir lesen es einfach nur vor, es gibt keine Interpretation oder weiteren Worte. Dann tritt der Nächste vor: „Unsere Werte, die uns auf dem Weg zu unseren Zielen Stärke geben, sind A, B, C." Dann sagt der Nächste: „Der Wert A bedeutet, … [*Definition des Wertes A]*", dann der Nächste: „Der Wert B bedeutet, … [*Definition des Wertes B]*." Wieder ein anderer sagt: „Der Wert C bedeutet, … [*Definition des Wertes C]*." Jetzt wurden Purpose, Vision und Werte vorgetragen und je nach Führungsteam hat nun jeder etwas gesagt. Im vorletzten Schritt trägt dann jemand die Strategien der nächsten Monate vor. „Folgendes werden wir zusammen in den nächsten sechs bis zwölf Monaten umsetzen: Nummer 1 …, Nummer 2 …, Nummer 3 …" Den letzten Schritt übernimmt dann typischerweise der CEO. Er zeigt das gesamte Strategiemodell noch einmal auf einem einzigen Slide: Purpose, Vision, Werte und Strategien — die drei Kreise mit dem Herz.

Dann haben es sicher alle gehört. Ich empfehle dringend, diese Show vorher gemeinsam zu üben. Die Ausstrahlung jedes Einzelnen im Topmanagement überträgt sich ab diesem Augenblick auf alle Mitarbeiter und wird multipliziert — wie unser Eisberg es beschreibt. Es ist nicht zu unterschätzen, wie viel in diesem Moment zwischenmenschlich passiert. Entweder das Führungsteam schafft es, in diesen Augenblicken Rapport herzustellen und Teil der Ergebnismenge 7±2 zu werden oder nicht. Es lohnt sich, ausreichend Vorbereitungszeit zu investieren, um dann anständig abzuliefern.

Christian: Denn natürlich haben alle, die dort sitzen, sehr feine Antennen. Sie achten mit Argusaugen darauf, wie das Topmanagement präsentiert und wirkt.

Michael: Absolut. Wenn ich mir meiner Sache dort oben nicht sicher bin, kann ich davon ausgehen, dass sich diese Unsicherheit multiplizieren wird. An dieser Stelle bin ich als Führungskraft echt gefragt abzuliefern. Ich will keinen Druck aufbauen. Hier ist es wichtig, selbstsicher auf den Punkt zu bringen, was der Plan ist.

Christian: Und das darf ich wirklich üben?

Michael: Absolut. 10.000 Stunden lang muss ich eine Sache tun, bis ich es drauf habe und richtig gut darin bin.

Christian: Wenn ich richtig gut darin sein will, vor Menschen etwas zu präsentieren, darf ich es 10.000 Stunden üben.

Michael: Nun, ich bin dann gut genug vorbereitet gewesen, wenn es aussieht, als wäre es für mich eine Leichtigkeit. Es ist wie bei einem guten Zauberer. Bei ihm sieht jeder Trick aus, als wäre es kinderleicht, dabei hat er jahrelang an jedem einzelnen Trick gearbeitet.

Nachdem der CEO all das nun ein zweites Mal wiederholt hat, kommen häufig einige Fragen hoch, die es zu klären gilt. An dieser Stelle dürfen Fragen gestellt werden. Das Mindset, in dem wir jetzt als Führungsteam dabei sind, ist allerdings nicht darüber zu debattieren. Wir haben uns den Input bei der Erarbeitung von allen eingeholt. Heute geht es darum, ein gemeinsames Verständnis zu generieren. Jetzt wird Klarheit geschaffen. Jetzt findet eine Gruppenarbeit statt. Der Raum wird in cross-funktionale Gruppen geteilt. Etwa sieben bis zehn Leute aus unterschiedlichen Teams in unterschiedlichem Alter mit verschiedenen Erfahrungen und Rollen sitzen nun an einem Tisch. Runde Tische sind hierfür am besten geeignet. Hierbei geht es um Diversity. Wenn sich die Leute bisher noch gar nicht kennen — umso besser. Ich würfel die Teams zum Beispiel vorher oder stelle sie zufällig zusammen. Wir fangen dann mit dem ersten Punkt des Modells an. Ich zeige das Purpose-Statement groß auf der Leinwand und sage: „Der Zweck unserer Firma, der Grund, warum wir all das — über das Geldverdienen hinaus machen, ist ....[*Purpose Statement*]." In den nächsten sieben bis zehn Minuten — eine Minute pro Person — antwortet nach der Reihe jeder auf die Frage: „Was bedeutet dieser Purpose für mich in meiner Rolle?" Jeder hat dafür eine Minute Zeit. Es geht darum, dass jeder in der Gruppe sieben Minuten lang zuhört und eine Minute spricht. Bei zehn Personen, hört jeder neunmal zu. Und an diesem Zeitpunkt fängt die Magie an zu passieren. Jeder Mitarbeiter assoziiert sich nun mit dem Unternehmenspurpose. „Wenn das unser Purpose ist, dann heißt das für mich, in meiner Rolle, dass ich ...” Jeder reflektiert nun für sich, hört die Meinung der anderen und alle tauschen sich untereinander aus. Es entwickelt sich Verständnis, verschiedene Perspektiven werden betrachtet und am Ende begreift jeder das große Ganze und hat nicht mehr nur seinen eigenen Schreibtisch im Kopf. Danach fragt der Moderator jeden Tisch, was in den letzten acht Minuten besprochen worden ist und was zum Thema Purpose aufgekommen ist. Ich gehe dann zum Beispiel zu jedem Tisch und hole mir eine Antwort ab. Ein Mitarbeiter an jedem Tisch gibt circa dreißig Sekunden Feedback.

Christian: Du bekommst also von jedem Tisch eine Meinung, die dann wiederum in das Purpose-Statement eingearbeitet wird?

Michael: Nein, an dem Purpose-Statement wird nichts mehr verändert. Es geht eher darum, ein einheitliches Verständnis darüber zu generieren, welches sich auch im Kopf festigt.

Christian: Diese Frage wurde mir auch schon mal in einem Workshop gestellt. Das Purpose-Statement steht fest und wird nach einer solchen Diskussion nicht mehr verändert.

Michael: Die Diskussion dient lediglich dem einheitlichen Verständnis. Das ist am Ende das Wichtigste. Es ist nicht entscheidend, dass die Wörter für jeden passend gewählt sind, sondern dass alle wissen, was gemeint ist. Das war nun also Schritt eins. Schritt zwei ist die Vision. Auch diese projiziere ich groß für jeden sichtbar an die Wand. Für alle Mitarbeiter am Tisch gibt es wieder die gleichen Aufgaben, nur diesmal mit Bezug zur Vision. „Was bedeutet diese Vision für mich in meiner Rolle?” Diese Übung dauert ebenfalls acht Minuten. Manchmal mische ich die Gruppen nochmal durch, nicht unbedingt nach jeder Übung, das wird zu hektisch, ein- oder zweimal reicht. Auch hier berichtet nachher eine Person von jedem Tisch über die Ergebnisse.

Christian: Danach wird die gleiche Übung dann für die Werte gemacht. Wird dabei jeder Wert einzeln besprochen oder alle zusammen?

Michael: Einzeln, das ist ganz wichtig. In der Regel sind die Werte komplementär zueinander, daher spanne ich einen guten Wertekorridor auf und stelle wirklich sicher, dass jeder jeden Wert versteht und verinnerlicht. Zu jedem Wert machen wir dann wieder eine Acht-Minuten-Runde. Diesmal stelle ich die Fragen noch etwas konkreter. Sie lauten: „Was bedeutet der Wert A für mich und meine Rolle?" und „Welche Verhaltensweise habe ich in meinem Team bereits beobachtet, die als vorbildhaftes Verhalten für diesen Wert dienen kann?" So verstärken wir positive Verhaltensbeispiele und machen klar, wie wir im Unternehmen agieren wollen. Auch deshalb ist es wichtig, sich Zeit für jeden einzelnen Wert zu nehmen. Für jeden Wert gibt eine Runde und nach jeder Runde ebenfalls ein kurzes Feedback von jedem Tisch ins Plenum. Bei drei Werten haben wir drei Runden, bei vier Werten gibt es vier Runden. Mehr als vier Werte empfehle ich eher nicht. Die drei bis vier wichtigsten Werte, die uns als Company Stärke verleihen. Dann sind wir durch unseren Purpose, unsere Vision und die Werte durchgegangen und haben sie vertieft, eine gute Stunde ist also bereits rum. Nun folgen die Wiederholungen der Strategien. Meistens dauert dies etwa bis zur Mittagspause. Hier tauschen sich dann alle nochmal in lockerer Atmosphäre aus, bevor es dann nach der Pause in einem etwas anderen Modus weitergeht. Im zweiten Teil des Tages starten wir nach dem Lunch häufig mit einem kurzen Energizer, etwas Lustigem oder sogar einem kleinen Tanz zum locker werden. Das hebt die Stimmung und kurbelt die Motivation an. Danach verteilen sich alle Mitarbeiter in ihre funktionalen Teams und starten mit dem so genannten *Pitch and Coach*. Das funktioniert wie folgt: Jedes Team erhält einen Ausdruck von unserem Masterplan — Purpose, Vision, Werte, Strategien und zieht sich damit in verschiedene Räume zurück. Die Teams haben nun zwanzig Minuten Zeit, sich zu überlegen, was dies nun genau für ihr Team bedeutet. Sie überlegen sich, was sie als Team nun in den nächsten sechs bis zwölf Monaten angehen wollen, welche Aufgaben und Projekte sie stoppen und welche sie weiterverfolgen. Das Modell heißt *Stop-Start-Continue*. Ich habe verschiedene Modelle und Aufgaben probiert. Dieses hat sich an dieser Stelle als beste Methode bewährt. Es lenkt den Fokus auf das Stoppen von Projekten und das richtige Priorisieren. Die Mitarbeiter verstehen also unseren Masterplan nicht als zusätzliche Ziele, sondern als Hilfe zur Priorisierung und als Fokus für ihre Tätigkeiten. Sie haben zwanzig Minuten Zeit, sich einen eigenen Plan über die Projekte zu machen, die sie weiterverfolgen wollen, die sie stoppen wollen und welche sie neu beginnen möchten. Jetzt folgt das eigentliche *Pitch and Coach*. Zwei Teams kommen in einem Raum zusammen und pitchen ihre Projekte dem jeweils anderen Team. Dafür haben sie genau zehn Minuten Zeit. Keine Minute länger. Danach gibt das andere Team fünf Minuten Feedback. Das heißt, sie geben Anregungen, wie das Team ihren Pitch und auch ihren Plan noch besser gestalten kann. Nach einer Viertelstunde ist Seitenwechsel. Das zweite Team trägt ihre *Start-Stop-Continue*-Projekte vor. Team 1 hört aufmerksam zu und gibt im Anschluss fünf Minuten Feedback. Bei vier Teams im Unternehmen benötige ich zwei Räume, in denen jeweils zwei Teams pitchen und sich gegenseitig coachen. Bei sechs Teams benötige ich drei Räume und so weiter. Bei einer ungeraden Anzahl an Teams teile ich eine Gruppe noch einmal auf, sodass es aufgeht. Nachdem alle Teams einmal gepitcht und einmal gecoacht haben, gibt es eine zweite Runde. In dieser Iteration verfeinern die Teams innerhalb von weiteren zwanzig Minuten ihren Plan und ihren Pitch. Bei der nächsten Pitchrunde werden die Teams noch einmal neu verteilt. Das heißt, Team 1 pitcht nun vor Team 3 und umgekehrt. Team 2 ist dann mit Team 4 in einem Raum. Danach gibt es eine dritte Iteration. Team 1 und Team 4 sind in einem Raum und Team 2 und 3 pitchen voreinander. Am Ende des Tages hat jedes Team in drei Iterationen seinen Plan verfeinert, dreimal gecoacht und kennt den Plan aller Teams. Danach sind meistens alle ziemlich geschafft. Wir lassen den Tag dann noch mit einem gemeinsamen Bier und Abendessen ausklingen und fallen dann alle zufrieden ins Bett. All das haben wir an nur einem Tag geschafft.

Christian: Du hast gesagt, das Feedback wird im Coaching-Modus gegeben. Wie moderierst du das an?

Michael: Das ist eine gute Frage. Die Rolle des Leadership Teams ist an diesem Tag sehr wichtig. Sie stehen am Vormittag auf der Bühne und fungieren am Nachmittag als Coaches. Sie gehen durch die Räume, antworten auf offene Fragen, schauen, ob die Teams Unterstützung brauchen und helfen bei Bedarf. Sie sitzen nicht unbedingt mit an den Tischen. Das ist durchaus möglich, je nachdem, wie das Unternehmen, die Kultur und das Leadership, funktioniert. Die Führung übernehmen am Nachmittag häufig die Teamleads. Sie moderieren in den jeweiligen Räumen oder haben sich überlegt, wen sie als Co-Moderator hinzunehmen. Beim Thema Feedback gehen die

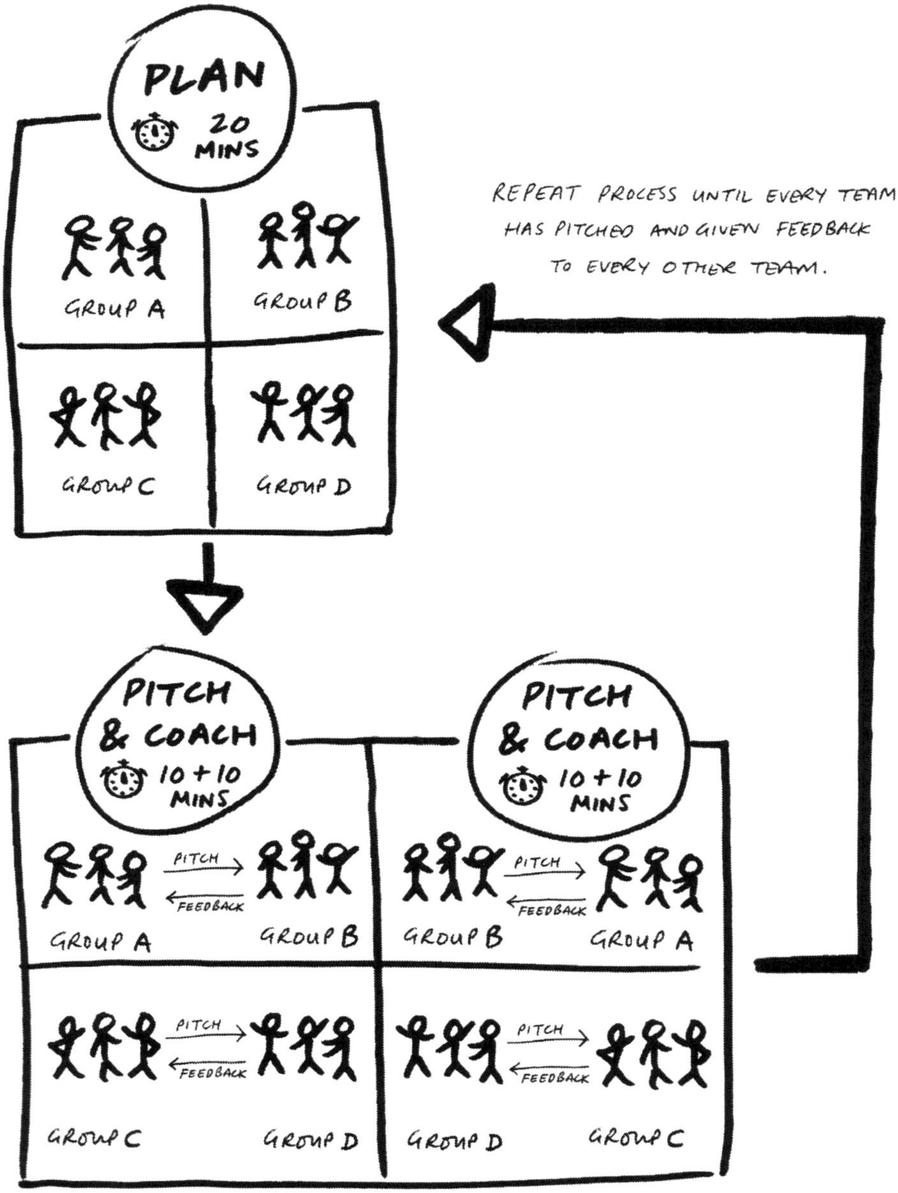

Abbildung: PLAN-PITCH-COACH
Eine wirkungsvolle Methode, um in einem Workshopformat alle Mitarbeiterinnen mitzunehmen.

Teamleads als Führungskraft mit gutem Beispiel voran. Sie formulieren ihr Feedback positiv und achten ebenfalls darauf, dass dies im gesamten Feedbackprozess eingehalten wird. Es ist ihre Aufgabe, sich als Leader zu behaupten und sicherzustellen, dass ihr Team im richtigen Mindset ist. „Mein Feedback ist ein Geschenk und es dient dazu, dass ihr euren Plan und euren Pitch noch besser machen könnt." Es geht nicht um das Herunterrattern von wilden Ideen oder darum, sich selbst zu positionieren.

Christian: Im positiven Mindset sind die Teilnehmer in der Regel auch noch vom Vormittag, als sie die Werte und Ziele des Unternehmens und vor allem den Zweck verinnerlicht haben. Dabei ging es ebenfalls um die Frage, wie wir zusammenarbeiten wollen.

Michael: Genau. Der ganze Tag dient der Zukunftsplanung. *Was werde ich in Zukunft machen?* Es geht nicht darum, Probleme aufzuzeigen oder darüber zu diskutieren, warum etwas nicht funktionieren wird. Es geht darum, Lösungen zu finden.

Christian: Ein einziger Tag und alle sind dabei. Ich habe an nur einem einzigen Tag alle mitgenommen.

Michael: Super. Alle sind begeistert, dass sie nun den großen Masterplan kennen und daran mitarbeiten konnten. Sie haben verstanden, welchen Beitrag sie selbst und die anderen leisten können. Sie freuen sich, dass das Führungsteam sie mit einbezogen hat, und fühlen sich wertgeschätzt. Häufig haben die große Vision und die Strategien eine geheimnisvolle Aura. Nun dürfen sie selbst daran teilhaben und ihren eigenen Beitrag im Team planen. Ich als CEO oder Führungsteam freue mich, dass die Umsetzung quasi von ganz alleine funktioniert.

Here we go. Jetzt ist das Fleisch am Knochen. Darauf habe ich gewartet. Das ist der Unterschied zwischen wahren Leadern, dem Leben einer Vision, eines Purpose sowie den Werten im Unternehmen und der Platzierung eines schicken Statements auf der Webseite. So richtet all das wirklich etwas aus. Es ist eigentlich ganz einfach, wenn alle im Top-Team davon überzeugt sind und mitziehen. Dann funktioniert der Masterplan, dann habe ich High-Performance-Kick-Ass-Teams und bin gewappnet für die Herausforderung der Zukunft. So lässt sich Großes erreichen. Ein super Beispiel!

KULTUR UND MARKE

KONGRUENZ SCHAFFT VERTRAUEN

Christian: Michael, wir haben viel darüber gesprochen, wie ich in meinem Unternehmen zur entspannten Produktivität komme. Wir haben über Kommunikation im Unternehmen gesprochen und über Kultur. Worüber wir bisher noch nicht gesprochen haben, ist, wie ich die Unternehmenskultur nach außen transportieren kann, um neue Kunden zu gewinnen. Wir haben über Purpose und den Zweck gesprochen, warum wir das tun, was wir tun — über das reine Geldverdienen und Arbeitsplätze schaffen hinaus. Über Geldverdienen und die notwendige Kommunikation nach außen haben wir noch nicht viel erzählt. Wie transportiere ich also all das, was wir in den vorherigen Kapiteln besprochen haben, nach außen zu meinen potenziellen Kunden? Wie werden meine Kunden darauf aufmerksam, sodass sie sich vielleicht denken: „Hey, die haben eine tolle Unternehmenskultur. Die stehen für etwas und tun etwas aus einem ganz bestimmten Grund."

Michael: Dazu spanne ich mal einen großen Bogen. Seitdem es uns Menschen gibt, also seit über 300.000 Jahren Homo sapiens hat jeder Einzelne von uns gelernt, Beziehungen zu anderen Menschen aufzubauen. Wir haben gelernt zu erkennen, wer ähnlich und wer anders ist als wir selbst. Wir haben durch unser Verhalten eine Bezogenheit, Rapport zueinander entwickelt. Das steckt in unserem Verhalten seit 300.000 Jahren tief in uns drin. Gleichzeitig gibt es seit etwa 150 Jahren den Begriff der Marke. Der Begriff hat sich seither weiterentwickelt zu dem, wofür er heute steht. Heute führt er zu einer hohen Bewertung an der Börse. Bis zu 30 % des Wertes einer erfolgreichen Firma macht die Marke aus und damit der Name der Firma. Dabei stellt sich mir die Frage, wem diese Marke eigentlich gehört und vor allem, wo existiert diese Marke überhaupt, die so viel Geld wert ist? Sie existiert nur in meinem Kopf. Wenn ich *Coca Cola* oder *Disney* sage — wo existiert diese Marke dann? In deinem und meinem Kopf. Wir modellieren sie in unseren Köpfen so, wie wir auch andere Menschen modellieren und einen Bezug zu ihnen herstellen.

Eine Marke kann in unserem Leben für uns wie ein Mensch werden. Eine Marke hat etwas sehr Emotionales und Menschliches.

Christian: Einen Menschen schätze ich so ein, wie ich ihn kennenlerne, so wie er sich mir gegenüber verhält. Ich weiß nicht, wie dieser Mensch wirklich ist. Ich kann nur davon ausgehen, wie dieser Mensch ist nach dem, was ich empfinde. Und so verhält es sich auch mit Unternehmen. Auch bei einem Unternehmen weiß ich als Außenstehender, nicht wie es wirklich ist. Ich kann nur bewerten, wie es sich mir gegenüber verhält und was ich empfinde. Ich erlebe von außen nur die Marke.

Michael: Es geht also wieder um das Thema Ausstrahlung und Kommunikation. Im Zwischenmenschlichen sagen wir immer, wie wichtig es als Führungskraft ist, dabei flexibel zu sein und die eigene Kommunikation auf verschiedene Typen anzupassen. Bei einer Marke sehe ich das etwas anders.

Christian: Wenn ich mir eine Marke vorstelle, die immer flexibel auf jeden eingeht, kann sich nicht herumsprechen, wofür sie eigentlich steht. Es gibt keine einheitliche und klare Botschaft.

Michael: Genau! Stichwort Differenzierung. Differenzierung ist bei einer Marke sehr wichtig. Für eine Führungskraft ist das eher schwierig. Wenn ich mich als Führungskraft stark differenziere, provoziere ich eventuell Ergebnisse, die ich gar nicht haben möchte. Für eine Marke finde ich es hingegen sehr wichtig. Bei Marken-Kommunikation denke ich immer an den alten Blues Brothers Film[37]. Die beiden Brüder heißen Jake und Elwood und haben den Namen des jeweils anderen auf die Knöchel ihrer Finger tätowiert. Und das wiederum erinnert mich an einen noch älteren Film[38], in dem der Bösewicht die Wörter *LOVE* und *HATE* ebenfalls auf die Knöchel seiner Finger tätowiert hat. Wenn seine Hände zu einer Faust geballt sind, steht auf der einen Faust *LOVE* und auf der anderen *HATE*. Die Eigenschaft einer starken Marke ist, dass sie sowohl geliebt als auch gehasst wird. Starke Marken polarisieren. Manche Menschen lieben sie, manche hassen sie, nur wenige haben gar keinen Bezug zu ihr. McDonald's ist ein gutes Beispiel. Einige lieben

37 US-amerikanische Filmkomödie aus dem Jahr 1980
38 https://de.wikipedia.org/wiki/Die_Nacht_des_Jägers

es. Sie sagen, es schmeckt ihnen, sie finden es toll und die Kinder haben Spaß. Andere hassen McDonald's. Sie sagen, es ist nicht gesund, macht dick, ist nicht nachhaltig und so weiter. Es gibt nur wenige Menschen, die gar keine Meinung zu McDonald's haben. McDonald's ist eine starke Marke. Kommen wir zurück zum Thema Marke und Psychologie. *People like people who are like themselves.* Das trifft auch auf Marken zu. *People like brands that are like themselves.* Ich finde Marken gut, mit denen ich mich identifizieren kann, weil sie zu mir passen.

Christian: Es sei denn, du bist ein Mismatcher.

Michael: Richtig. Dann stehe ich vielleicht auf Marken, die vollkommen anders sind, um einen Kontrast herzustellen oder ein Statement zu setzen — gut beobachtet. Mismatcher gehen tatsächlich anders mit Marken um. Sie mögen nicht den Mainstream, sondern entscheiden sich vielleicht aus Protest für eine Marke, um einen Unterschied zu machen. Sie wollen nicht der Masse folgen. Es ist quasi die Differenzierung von der Differenzierung. Ich mismatche mit dem, was eigentlich zu mir passt, weil ich es nicht mag, wenn etwas zu mir passt. Lass uns nochmal über die große Mehrheit Matcher reden.

Christian: Die Werte eines Unternehmens polarisieren auch. Im besten Falle lieben die Mitarbeiter die Unternehmenswerte. Diejenigen, die damit nichts anfangen können, gehen besser woanders hin. Wie schaffe ich es nun, diese Werte auf meine Marke zu übersetzen und nach außen zu transportieren?

Michael: Ich stelle es mir als eine Medaille mit zwei Seiten vor. Auf der einen Seite stehen die Unternehmenswerte, unsere *Core Values*. Jeder davon hat eine eigene Definition und im Unternehmen herrscht ein gemeinsames Verständnis. Darüber haben wir bereits viel gesprochen. Auf der anderen Seite der Medaille steht die Persönlichkeit der Marke. Die Werte im Unternehmen und die Persönlichkeit einer Marke sind nicht das Gleiche. Ich nutze am liebsten das Wort kongruent. Werte und Marke müssen kongruent zueinander sein, wenn ich möchte, dass es gut funktioniert.

Abbildung: Zwei Seiten einer Medaille
Kultur und Marken gehören zusammen, sie dürfen stimmig sein. Es ist nicht das gleiche.

Christian: Woran erkenne ich denn, dass beides kongruent ist? Oder anders gefragt: Woran erkenne ich, dass es nicht kongruent ist?

Michael: An der Authentizität. Wenn jemand über ein Unternehmen sagt, „Das ist überhaupt nicht authentisch, das kaufe ich denen nicht ab. Es passt gar nicht zu denen", dann sind die zwei Seiten der Medaille nicht kongruent zueinander. Das Unternehmen wird es am Markt schwer haben. Etwas nach außen zu projizieren, was innen nicht existiert, ist selten erfolgreich. Ich mache ein Beispiel. Stell dir folgende Botschaft einer Marke vor. "Wir sorgen uns um dich. Wir kümmern uns um dich und deine Familie. Hier bist du gut aufgehoben. Für uns steht der Mensch im Mittelpunkt. Happy Harmony."

Christian: Klingt nach einer Versicherung.

Michael: In der Kultur dieser Firma sind gleichzeitig Core Values verankert wie: „Wir geben Gas, wir liefern Ergebnisse, wir treffen rationale Entscheidungen und sind zahlengetrieben." Diese Werte passen nicht so richtig in die familiäre, harmonische Ausstrahlung, die ich eben beschrieben habe. Den Mitarbeitern im Unternehmen wird es schwerfallen, nach außen eine Marke auszustrahlen, die entgegengesetzt zum inneren Gefüge ist.

Christian: Nehmen wir an, es wäre tatsächlich eine Versicherung, dann würde ich dies als Kunde vermutlich auch spüren. Wenn ich einen Schadensfall habe, werden mir Ansprüche vielleicht nicht bewilligt oder Kosten nicht erstattet. Ich werde am Telefon in Sekundenschnelle abgefrühstückt oder erreiche vielleicht niemanden. Ich fühle mich möglicherweise über den Tisch gezogen und nicht so, als ob ich als Mensch tatsächlich im Mittelpunkt stehe. Als Kunde spüre ich, dass es nicht stimmt, was sie nach außen kommunizieren.

Michael: Genau. In dem Fall sind Marke und Kultur zwei unterschiedliche Seiten einer Medaille, die nicht kongruent sind. Und so ein Geldstück ist nichts wert. Firmen in Gründungs- oder Wachstumsphasen haben es leichter, solch eine starke Marke aufzubauen. Denn hier bietet sich die Gelegenheit, von Anfang an eine starke Kultur mit Purpose, Vision und Values zu pflegen. Dies sind die Grundpfeiler einer Firma. Wenn es um die Kultur geht, sind die Strategien noch gar nicht so wichtig. Wenn ich weiß, wo ich hin will, wie wir uns verhalten und warum wir das tun, gehe ich den zweiten Schritt an. Im zweiten Schritt betrachte ich den Markt und schaue mich um, wer die anderen Player sind, wie sie am Markt agieren und auftreten. Basierend darauf suche ich mir eine Lücke, in der ich mich positionieren und mit meiner Kultur, meinem Verhalten, meinen Stärken und meiner Vision differenzieren kann. Im besten Fall strahle ich von innen und außen etwas aus, was kein Konkurrent ausstrahlt.

Christian: Bei der Gestaltung der Unternehmenskultur ist mein Wirkungsgrad etwas eingeschränkt. Denn die Kultur eines Unternehmens hängt sehr stark von den Gründern und den ersten Mitarbeitern ab, die die Firma gestalten. Beides ergibt die DNA des Unternehmens, die der Kultur zugrunde liegt. Im Grunde entdecke ich die Kultur meiner Firma zunächst und gebe diese dann an neue Mitarbeiter weiter. Bei der Marke habe ich von Beginn an mehr Gestaltungsfreiraum oder täusche ich mich?

Michael: Ja und nein. Bei dem ersten Teil deiner Aussage hast du absolut recht. Als Gründer bringe ich meine Persönlichkeit und meinen eigenen Wertekatalog automatisch mit ein. Beides fließt in die Kultur ein, die ich in einer Firma entwickele. Wenn ich mir dessen bewusst bin, kann ich die Unternehmenskultur sehr viel effektiver steuern und stark machen.

Christian: Eine große Wahl habe ich dabei eigentlich nicht, oder? Ich kann es eigentlich nur gut formulieren und kommunizieren.

Michael: Du meinst die internen Werte?

Christian: Ja.

Michael: Ja, das stimmt schon. Es ist schwierig und nicht unbedingt empfehlenswert, als Gründer in meiner Firma einen Wertekodex zu integrieren, der stark von meinem eigenen abweicht. Irgendwann würde ich mich in meinem eigenen Unternehmen nicht mehr wohl fühlen. Vielleicht geht es, wenn ich von Anfang an meinen baldigen persönlichen Exit plane und es deshalb sehr dissoziiert betrachte. Als Start-up-Gründer kann ich natürlich sagen: „Ich baue es so für ein, zwei Jahre auf und übergebe es dann ohnehin an jemand anderen oder steige aus." Das könnte möglicherweise funktionieren. Ich denke jedoch, dass es sehr viel erfolgreicher ist und vor allem sehr viel mehr Spaß macht und leichter fällt, ein Unternehmen aufzubauen, das zu mir passt.

Christian: Anders ist es, wenn ich eine große alteingesessene Firma habe und die Kultur verändern möchte. Das ist ein langer Change-Prozess. Solche Projekte sind meistens echte Großprojekte, dauern lange und funktionieren nur manchmal.

Michael: Oh ja. Die Kultur eines Unternehmens zu verändern ist aus meiner Sicht die größte Challenge im Business-Kontext. Es gibt viele Geschichten von Unternehmen, die sich im Kern verändern wollten. Bei ein paar hat es geklappt, bei vielen nicht.

Christian: Kommen wir zurück auf die äußere Wahrnehmung, auf die Marke. Hier habe ich sehr viel mehr Gestaltungsmöglichkeiten. Es ist wichtig, darauf zu achten, dass sie kongruent zur Kultur ist.

Michael: Durch das Wort kongruent ist mein Gestaltungsspielraum natürlich auch eingeschränkt. Mein Purpose, die Vision und meine Werte geben bei der Positionierung einer Marke die Richtung vor. Die detaillierte Positionierung kann ich dann frei gestalten. Allerdings gibt es auch noch den Markt, die Konkurrenz. Idealerweise differenziere ich mich mit meiner Marke von den anderen Playern und positioniere mich nicht im selben Feld wie meine Mitbewerber. Nur in einem Verdrängungswettbewerb kann es sinnvoll sein, mich an die gleiche oder ähnliche Stelle zu positionieren. Hier überzeuge ich Kunden dann durch andere Argumente, über die Produktqualität oder über den Preis, nicht über die Marke. Im Telekommunikationsbereich herrscht zum Beispiel ein Verdrängungswettbewerb. Hier sehen sich die Marken sehr ähnlich und differenzieren sich kaum. Zumindest war es vor Jahren so, als diese Branche sich konsolidierte. Viele Telekommunikationsunternehmen waren rot, magentafarben oder weiß mit schlichter Schriftart. Sie wurden dann gerne von Mitbewerbern, die ähnlich aussahen, aufgekauft. Es ist eine Taktik, die Braut passend zum potenziellen Bräutigam zu kleiden und für ihn hübsch zu machen.

Christian: Die Produkte auf diesem Markt sind eben austauschbar. Ich bekomme Internetzugang, Bandbreite und einen Telefonanschluss. Was ist denn noch wichtig beim Thema Marke und Kultur?

Michael: Nun, wichtig ist, selber zu verstehen, wer ich bin, welche Präferenzen ich als Gründer oder CEO habe und wofür meine Marke stehen soll. Entscheidend ist, die beiden Dinge auseinanderzuhalten und mich selbst nicht mit der Marke zu verwechseln. Ich habe tatsächlich mal jemanden begleitet, der das sehr erfolgreich gemacht hat. Er selbst war in unserem Persönlichkeitsmodell sehr ergebnis- und menschenorientiert. Ein extrovertierter Typ. Er hatte viel gelbe und rote Energie, orange beschreibt ihn womöglich am besten. Ihm ist es tatsächlich gelungen, eine Firma aufzubauen, die sehr analytisch funktioniert hat. Er selbst hat dabei sogar eine eher introvertierte Rolle übernommen, bei der es sehr stark auf Genauigkeit und Logik ankam. Er hat viele datenbasierte Auswertungen gemacht. Der Unterschied wurde ihm schnell bewusst. Gemeinsam haben wir eine Marke entwickelt, die gleichzeitig modern, jugendhaft und analytisch-seriös war. Es war immer ein kleiner Spagat zwischen diesen beiden Facetten. Gerade wenn wir strategische Themen besprochen haben, gab es immer wieder Situationen, in denen seine kreative Denke mit ihm durchging. Darüber war er sich irgendwann bewusster und hat schneller eingelenkt: „Das ist eine schöne Idee und es würde mir total Spaß machen. Für unsere Marke ist es nicht das Richtige." Er hatte volles Bewusstsein darüber, dass er einen anderen Persönlichkeitstyp hatte als die Marke, die er aufgebaut hatte. Er stand darüber und konnte damit sehr gut umgehen.

Christian: Er hat es also geschafft, trotz seines eigenen, abweichenden Persönlichkeitstypus, Marke und Kultur kongruent zu halten.

Michael: Ja, soweit ich das beurteilen kann. Und ich glaube, es war manchmal sehr anstrengend für ihn und die Menschen um ihn herum.

Das finde ich nachvollziehbar. Das, was ich nach außen kommuniziere, ist dann glaubwürdig, wenn ich selber im inneren davon überzeugt bin. Das gilt für mich selbst genauso wie für ein Unternehmen. Das, was ich sage und das, was ich tue ist nicht das gleiche – es darf stimmig sein. Dann bin ich und das Unternehmen authentisch.

GELD VERDIENEN

GELD IST MITTEL ZUM PURPOSE

Christian: Bei uns dreht sich viel um unseren Purpose. Purpose ist das, wofür wir all das tun, abgesehen vom Geldverdienen. Jetzt möchte ich über Geldverdienen sprechen.

Michael: Zu Recht. Auch das ist wichtig. Im Grunde geht es darum, wie ich führe — wie ich mich führe, wie ich Menschen führe und wie ich ein Unternehmen führe. Führung bedeutet Verantwortung — auch für die finanzielle Situation des Unternehmens. Ohne Geld kann ich wenig tun, um meinen Purpose zu erfüllen und die Vision zu erreichen. Ohne Geld kann ich keine Mitarbeiter unterhalten, die unsere Werte leben und sich nach ihnen verhalten. Ohne Geld zu verdienen, mache ich Pleite und meine Mitarbeiter verlassen das Unternehmen. Werte hin oder her. Ohne Geld geht es also leider auch nicht.

Christian: Damit das Unternehmen stabil bleibt, um die Vision zu erreichen und meinen Purpose zu erfüllen, verdiene ich Geld. Wenn ich Geld verdiene, schaffe ich es auch, eine Krise zu überstehen, denn ich bin finanziell abgesichert — auch wenn ich zum Beispiel einen großen Kunden verliere. Für all das brauche ich Geld.

Michael: Ganz genau. Unterm Strich kann ich sagen, wenn ich entspannt, produktiv führe und meinen Purpose erfülle, darf ich auch viel Geld verdienen.

Abbildung: Geldverdienen
Nur wenn das Geldverdienen funktioniert, können wir als Firma unseren Purpose erfüllen und unsere Vision mittels Strategien, in Einklang mit unseren Werten erreichen - zum Wohle aller beteiligten Menschen im und außerhalb des Unternehmens. Ganz ohne Geld wird es nicht funktionieren.

So schaut's aus. Ganz entspannt.

LITERATURVERZEICHNIS

KAPITEL 1 – MICH FÜHREN

Lieblingsbücher

Achor, Shawn. „The Happiness Advantage: The Seven Principles of Positive Psychology that Fuel Success and Performance at Work"

Byrn, Rhonda. „The Secret — Das Geheimnis"

Covey, Stephen. „7 Habits Of Highly Effective People"

Dweck, Carol. „Mindset: Changing The Way You think To Fulfil Your Potential"

Kahneman, Daniel. „Schnelles Denken, langsames Denken"

Kishimi, Ichiro und Koga, Fumitake. „Du musst nicht von allen gemocht werden: Vom Mut, sich nicht zu verbiegen"

Plato. „Das Höhlengleichnis"

Strelecky, John. „The Big Five for Life: Was wirklich zählt im Leben"

Klasse Bücher

Albom, Mitch. „Dienstags bei Morrie: Die Lehre eines Lebens"

Ariely, Dan. „Predictably Irrational, Revised: The Hidden Forces That Shape Our Decisions"

Brafman, Ori. „Kopflos: Wie unser Bauchgefühl uns in die Irre führt — und was wir dagegen tun können"

Clear, James. „Atomic Habits: Tiny Changes, Remarkable Results"

Csikszentmihaly, Mihaly. „Flow: The Psychology of Optimal Experience"

Deida, David. „The Way of the Superior Man: A Spiritual Guide to Mastering the Challenges of Women, Work, and Sexual Desire"

Duhigg, Charles. „The Power of Habit: Why We Do What We Do, and How to Change"

Emmons, Robert A. „Gratitude Works! A 21-Day Program for Creating Emotional Prosperity"

Frankel, Lois P. "Nice Girls Don't Get the Corner Office: Unconscious Mistakes Women Make That Sabotage Their Careers (A NICE GIRLS Book)"

Goldsmith, Marshall und Reiter, Mark. „Triggers: Creating Behavior That Lasts — Becoming the Person You Want to Be"

Goldsmith, Marshall und Reiter, Mark. „What Got You Here Won't Get You There: How Successful People Become Even More Successful"

Harris, Dan. „Wie ich die entscheidenden 10 % glücklicher wurde: Meditation für Skeptiker"

Hicks, Esther und Hicks, Jerry. „The Law of Attraction: Das kosmische Gesetz hinter THE SECRET"

Hodgkinson, Tom. „How to Be Idle: A Loafer's Manifesto"

Lama, Dalai und Tutu, Desmond. „Das Buch der Freude"

Levitin, Daniel J. „The Organized Mind: Thinking Straight in the Age of Information Overload"

Merath, Stefan. „Der Weg zum erfolgreichen Unternehmer: Wie Sie und Ihr Unternehmen neue Dynamik gewinnen"

O'Connor, Joseph und Seymour, John. „Introducing Nlp: Psychological Skills For Understanding And Influencing People"

Pletzer, Marc A. „Die Cappuccino-Strategie: Besser Ziele erreichen!"

Rendall, David. „Pink Goldfish: Defy Normal, Exploit Imperfection and Captivate Your Customers"

Stankiewicz, Piotr. „Does Happiness Write Blank Pages? On Stoicism and Artistic Creativity"

Tan, Chade-Meng. „Search Inside Yourself: The Unexpected Path to Achieving Success, Happiness (and World Peace)"

Vanderkam, Laura. „168 Hours: You Have More Time Than You Think"

Vanderkam, Laura. „What the Most Successful People Do Before Breakfast: How to Achieve More at Work and at Home"

Watzlawick, Paul. „Anleitung zum Unglücklichsein"

Watzlawick, Paul. „Vom Unsinn des Sinns oder Vom Sinn des Unsinns"

Williams, Caroline. „My Plastic Brain: One Woman's Yearlong Journey to Discover If Science Can Improve Her Mind"

KAPITEL 2 – ANDERE FÜHREN

Lieblingsbücher

Blanchard, Ken und Zigarmi, Patricia. „Der Minuten-Manager: Führungsstile: Situationsbezogenes Führen (Vollständig überarbeitete Ausgabe für die Manager von heute)"

Bungay Stanier, Michael. „The Coaching Habit: Say Less, Ask More & Change the Way You Lead Forever"

Landsberg, Max. „The Tao of Coaching: Boost Your Effectiveness at Work by Inspiring and Developing Those Around You"

Rosenberg, Marshall B. und Chopra, Deepak. „Nonviolent Communication: A Language of Life: Life-Changing Tools for Healthy Relationships"

Klasse Bücher

Carnegie, Dale. „How to Win Friends and Influence People"

Chapman, Gary. „Die 5 Sprachen der Liebe: Wie Kommunikation in der Partnerschaft gelingt"

Charvet, Shelle Rose. „Wort sei Dank: Von der Anwendung und Wirkung effektiver Sprachmuster. Angewandtes NLP"

Dörner, Dietrich. „Die Logik des Misslingens: Strategisches Denken in komplexen Situationen"

Grinder, John und Bandler, Richard. „Metasprache und Psychotherapie. Die Struktur der Magie"

Heen, Sheila und Stone, Douglas. „Thanks for the Feedback: The Science and Art of Receiving Feedback Well"

Kline, Nancy. „Time to Think: Listening to Ignite the Human Mind"

Krogerus, Mikael und Tschäppeler, Roman. „The Communication Book: 44 Ideas for Better Conversations Every Day"

Nasher, Jack. „Convinced!: How to Prove Your Competence & Win People Over"

Rosenzweig, Phil. „The Halo Effect: ... and the Eight Other Business Delusions That Deceive Managers"

Schulz von Thun, Friedemann. „Miteinander reden 1-4: Störungen und Klärungen / Stile, Werte und Persönlichkeitsentwicklung / Das "Innere Team" und situationsgerechte Kommunikation / Fragen und Antworten"

KAPITEL 3 – TEAMS FÜHREN

Lieblingsbücher

Allen, David. „Wie ich die Dinge geregelt kriege: Selbstmanagement für den Alltag"

Boynton, Andy und Fischer, Bill. „Virtuoso Teams: Lessons from Teams That Changed Their Worlds"

Collins, Jim und Hansen, Morten T. „Great by Choice: Uncertainty, Chaos, and Luck — Why Some Thrive Despite Them All"

Gawande, Atul. „The Checklist Manifesto: How to Get Things Right"

Lencioni, Patrick. „Die 5 Dysfunktionen eines Teams"

Schmidt, Eric et al. „Trillion Dollar Coach: The Leadership Handbook of Silicon Valley's Bill Campbell"

Smart, Geoff et al. „Who: The A Method for Hiring"

Wiseman, Liz. „Multipliers, Revised and Updated: How the Best Leaders Make Everyone Smart"

Klasse Bücher

Bossidy, Larry et al. „Execution: The Discipline of Getting Things Done"

DeMarco, Tom. „Der Termin: Ein Roman über Projektmanagement"

Fried, Jason und Heinemeier Hansson, David. „ReWork: Change the Way You Work Forever"

Gladwell, Malcolm. „The Tipping Point: How Little Things Can Make a Big Difference"

McChrystal, Stanley et al. „Team of Teams: New Rules of Engagement for a Complex World"

Pritchett, Bob. „Fire Someone Today: And Other Surprising Tactics for Making Your Business a Success"

Rath, Tom. „Entwickle deine Stärken: mit dem StrengthsFinder 2.0"

Rogelberg, Steven. „The Surprising Science of Meetings"

Scott, Kim. „Radical Candor: Fully Revised and Updated Edition: How to Get What You Want by Saying What You Mean"

KAPITEL 4 – UNTERNEHMEN FÜHREN

Lieblingsbücher

Collins, Jim. „Good to Great: Why Some Companies Make the Leap...And Others Don't"

Drucker, Peter F. „The Effective Executive: The Definitive Guide to Getting the Right Things Done"

Ferriss, Timothy. „Die 4-Stunden-Woche: Mehr Zeit, mehr Geld, mehr Leben"

Sinek, Simon. „Start with Why: How Great Leaders Inspire Everyone to Take Action"

Klasse Bücher

Amoruso, Sofia. „#GIRLBOSS"

Bessau, Hubertus et al. „Das Startup-Buch der mymuesli-Gründer"

Bogusky, Alex und Winsor, John. „Baked In: Creating Products and Businesses That Market Themselves"

Clason, George. „Der reichste Mann von Babylon: Erfolgsgeheimnisse der Antike — Der erste Schritt in die finanzielle Freiheit"

Daly, Jack. „Hyper Sales Growth: Street-Proven Systems & Processes. How to Grow Quickly & Profitably."

Doerr, John. „Measure What Matters: OKRs: The Simple Idea that Drives 10x Growth"

Drucker, Peter F. „Daily Drucker: Wirtschaftswissen zum täglichen Gebrauch"

Ferrazzi, Keith. „Geh nie alleine essen! Und andere Geheimnisse rund um Networking und Erfolg"

Godin, Seth. „This is Marketing: You Can't Be Seen Until You Learn To See"

Goldratt, Eliyahu M. und Cox, Jeff. „Das Ziel: Ein Roman über Prozessoptimierung"

Goldsborough, Ridgely et al. „The Why Engine CEO Edition"

Harmon, Colin. „What I Know About Running Coffee Shops"

Harnish, Verne und Ladanyi, Nikolai. „Scaling Up. Skalieren auch Sie! Weshalb es einige Unternehmen packen… und warum andere stranden"

Harnish, Verne. „The Greatest Business Decisions of All Time: How Apple, Ford, IBM, Zappos, and others made radical choices that changed the course of business."

King, Will. „The King of Shaves Story: How I Built a Great Business in Tough Times"

Knight, Phil. "Shoe Dog: Die offizielle Biografie des NIKE-Gründers"

Lafley, A.G. und Martin, Roger L. „Playing to Win: How Strategy Really Works"

LeBoeuf, Michael. „The Greatest Management Principle in the World"

Monocle Series. „The Monocle Guide to Good Business"

Robertson, Brian J. „Holacracy: Ein revolutionäres Management-System für eine volatile Welt"

Sandberg, Sheryl. „Lean In: Women, Work, and the Will to Lead"

Semler, Ricardo. „Maverick: The Success Story Behind the World's Most Unusual Workplace"

Sincero, Jen. „You Are a Badass at Making Money: Master the Mindset of Wealth"

Taleb, Nassim Nicholas. „Antifragilität: Anleitung für eine Welt, die wir nicht verstehen"

Taleb, Nassim Nicholas. „Der Schwarze Schwan: Die Macht höchst unwahrscheinlicher Ereignisse"

Taylor, William C. und LaBarre, Polly G. „Mavericks at Work: Why the Most Original Minds in Business Win"

Thiel, Peter. „Zero to one"

Walsh, Bill et al. „The Score Takes Care of Itself: My Philosophy of Leadership"

PODCASTVERZEICHNIS

Der CHIEF OF ANYTHING Podcast ist auf coa.podigee.io und vielen weiteren Podcast-Plattformen zu hören.

1 – LEADING MYSELF

KENNE DICH SELBST

Selbsterfüllende Prophezeiungen	**#027**
Leader statt Opfer	**#026**
Selbstverantwortung	**#012**
Wer bin ich?	**#030**
Ich bin, wer ich will	**#029**
Story of my life	**#059 #060**

IT'S MY LIFE

Erreichbare Lebensziele	**#025**
Purpose	**#010**
Vision	**#013**
Values	**#009**
Strategien	**#045**

DER VERSTAND IST ALLES. WAS ICH GLAUBE, DAS WERDE ICH.

Individuelle Wahrnehmung	**#018**
Glaubenssätze	**#040**
Awareness und Mindfulness	**#041**

EINE FRAGE NOCH

3 – LEADING TEAMS

WORLD-CLASS-HIGH-PERFORMANCE-VIRTUOSO-KICK-ASS TEAMS

FORDERN & FÖRDERN

4 – LEADING ORGANISATIONS

ÜBER DIE AUTOREN

Christian Kohlhof ist studierter Teilchenphysiker, Kosmologe und Wirtschaftswissenschaftler und obendrein leidenschaftlicher Segler und Kaffeetrinker. Nach einem beruflichen Ausflug in die Luftfahrt und die Bankenbranche erkannte er seine eigentlichen Talente und Präferenzen, machte sich selbstständig und gründete erfolgreich eine Kaffeebar-Kette und eine Kaffeerösterei. Zusammen mit seinem Geschäftspartner führte er das Startup zur Marktführerschaft mit mehr als 160 Kaffeebars. Er schaffte einen erfolgreichen Exit und folgt jetzt seinem wahren Purpose: Menschen zur entspannten Produktivität verhelfen. Als Mitgründer der CoA Academy arbeitet er nun als ausgebildeter NLP-Coach und gibt seine Erfahrungen als echter Leader weiter.

Seit bald 20 Jahren ist Christian glücklich verheiratet und stolzer Vater zweier wunderbarer Töchter. Zusammen leben sie in München.

Michael Portz wurde 1970 erfolgreich im Rheinland geboren. Mehr als 20 Jahre hat er als Manager bei namhaften Unternehmen, als Firmengründer und Business Angel auf nahezu jedem Kontinent gelebt und gearbeitet. Er greift auf außergewöhnlich bunte Erfahrungen im Aufbau und Führen von Teams und Unternehmen zurück. Michael hat bis zu 2.500 Mitarbeiter gelenkt und mehrere hundert Millionen Dollar Umsatz verantwortet.

Er hat dabei viel über Menschen, Kulturen, Führung und sich selbst gelernt, was er in sein heutiges Wirken einfließen lässt. Als Mitgründer der CoA Academy sowie als ausgebildeter Executive Coach, hilft er nun Menschen dabei, sich ihr Leben leichter zu machen und ihre Ziele zu erreichen.

Michaels Passion ist die Musik. Wo es ein Klavier und gut gelaunte Menschen gibt, sorgt er gerne mit seiner Musik für besondere Momente. Michael lebt zur Zeit mit seiner Drei-Generationen-Familie wieder in seiner Heimat.

Leonie Schulze Bölling ist seit über 12 Jahren in der Digitalbranche. Zunächst agierte sie als Marketing- und PR-Managerin auf seiten eines mittelständischen Technologieanbieters, später begleitete sie bei Amazon namhafte Marken auf dem Weg in den E-Commerce. Bereits seit mehreren Jahren berät sie insbesondere den Deutschen Mittelstand als Digital- und Innovationsberaterin. Als Gründerin von B.Craft spezialisiert sie sich nun als freiberufliche Beraterin auf den Aufbau und die Befähigung von Innovationsteams und folgt dabei ihrem ganz persönlichen Auftrag: Menschen, Spaß und Motivation an ihrer Arbeit zu bereiten, um bessere Ergebnisse zu erzielen. Ihre Rheinische Frohnatur und ihre Neugier für das Neue helfen ihr, die Menschen um sie herum zu begeistern und mitzureißen. Sie ist außerdem leidenschaftliche Autorin, Snowboarderin und Bergsteigerin.